Stricken · Neue Mode mit Chic

Stricken
Neue Mode mit Chic

Prisma Verlag

Redaktion und Verlag haben alle Vorschläge in diesem Buch sorgfältigst geprüft. Eine Haftung für Sach-, Personen- und Vermögensschäden jedoch ist ausgeschlossen.

© Copyright: PRISMA VERLAG GmbH,
Gütersloh
Alle Rechte vorbehalten
Satz:
Satzzentrum Oldenburg GmbH,
Oldenburg (Oldb)
Reproduktion:
Niemann Scan Reprotechnik GmbH,
Oldenburg (Oldb)
ISBN 3.570.09839.7

Inhaltsübersicht

Vorwort 6

Stricken mit rechten und linken Maschen 7–28
Abbildungen 33–48

Stricken mit Zopfmustern und Noppen 29–32, 49–66
Abbildungen 81–96

Stricken mit Lochmustern 67–80, 97–108
Abbildungen 129–144

Stricken mit Jacquardmustern 109–154
Abbildungen 177–192

Stricken mit Intarsienmustern 155–176, 193–210
Abbildungen 225–240

Stricken mit Garn- und Mustermix 211–224, 241–272,
                                                                                                                          289–301
Abbildungen 273–288

Modellverzeichnis 302–304

Stricken ein Freizeitvergnügen

Das ist es sicher. Unterhaltsam, auf spielerische Weise eine schöpferische Beschäftigung, ebenso nützlich wie entspannend.

Die wichtigsten Grundkenntnisse können wir wohl voraussetzen, denn wer hat sich nicht in der Schule damit abgeplagt. Aber es soll ja keine Plage sein, sondern Freude bereiten, und damit das gute Stück auch wirklich gut gelingt, möchten wir mit ein paar wichtigen Tips beginnen.

Aus Kostengründen braucht heutzutage wohl niemand mehr zu stricken. Wenn man weg will von Maschinenware, ein ganz individuelles Modell tragen will, sollte man mit einem schönen Garn beginnen, angenehm zum Anfühlen und schon als Knäuel hübsch anzusehen. Für solche Qualitäten braucht man keine sinnlosen Fantasiepreise zu bezahlen, aber man soll sich auch nie von „besonders günstig", von „billig" leiten lassen. Die Vielfalt unserer Modelle beruht auf der Vielfalt der Garne, welche heute angeboten werden, und vom Rustikalen, Sportlichen bis zu raffinierten Effekten und Couture-Modellen ist unsere Palette sehr groß. Schön anzusehen und anzufühlen, das ist Voraussetzung, ganz gleich, ob Sie für sich selbst stricken oder andere bestricken. Und sollte Ihre Tochter schon mit dem Stricken beginnen, dann sollte sie es auch mit einem Garn, das ihr wirklich gefällt. So wird ihr erstes Stück schneller und leichter von der Hand gehen, als wenn sie „Resteverwertung" betreiben muß.

Natürlich bleiben Reste. Aber aus diesen können lustige Mützen und Schals entstehen.

Grundkenntnisse setzen wir also voraus. Aber wir haben bei unserem Buch bedacht, daß sich auch eine Anfängerin zurechtfinden kann und von ganz leichten bis etwas aufwendigeren Modellen Schritt für Schritt gut vorankommen wird.

Deshalb haben wir unsere Auswahl in sechs Gruppen geordnet:

1. **Rechte und linke Maschen.**
2. **Zopfmuster, welche sich ja aus rechten und linken Maschen bilden.**
3. **Lochmuster.**
4. **Jacquardmuster leicht einzustricken.**
5. **Intarsienmuster.**
6. **Garn- und Mustermix.**

Und in den Anleitungen werden Sie ganz bestimmt einiges finden, was Sie nicht in der Schule gelernt haben. Was aber problemlos nachzuarbeiten ist.

In vielen Jahren intensiver Arbeit, mit immer wieder Ausprobieren und etwas Neues zu wagen, haben wir doch einige Tricks und Kniffe gefunden, mit deren Hilfe wir Ihnen die Arbeit erleichtern wollen und zum Gelingen Ihres guten Stückes beitragen können.

Denn p e r f e k t soll das neue Stück ja aussehen.

Dies zu erreichen beginnt, wie schon gesagt, bei der Garnauswahl und endet beim „Konfektionieren".

Letzteres, nicht das Stricken an sich, ist die eigentliche Kunst. Doch davon später.

Stricken mit rechten und linken Maschen

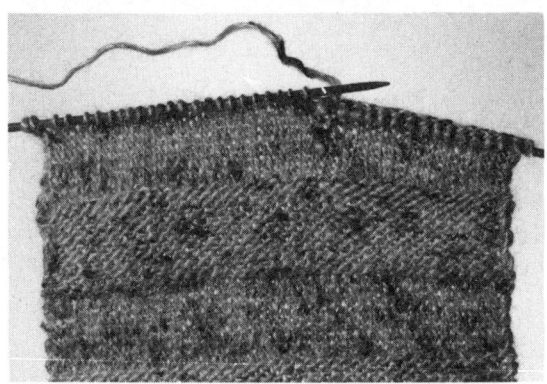

Beginnen wir mit

Rechten und linken Maschen

Die einfachste Art zu stricken. Aber wie schlagen Sie an? Nehmen Sie gleich 2 Nadeln? „Stricken Sie auf"? Und wie sehen dann Ihren Unterkanten aus?
Probieren Sie einen ganz normalen Anschlag mit nur einer Nadel! Aber, bitte, den Faden dabei nicht zu fest anziehen.
Stricken Sie fest oder locker? Ob das eine oder andere: Sie dürfen sich niemals die Mühe machen, sich auf eine festere oder lockerere Art zu konzentrieren, das würden Sie niemals durchhalten! Stricken Sie, wie es Ihrer Art, Ihrem Wesen, Ihrem Temperament entspricht. Denn Sie können das Strickbild mit unterschiedlichen Nadelstärken erzielen!
Wenn Sie grundsätzlich sehr locker stricken, dann sollten Sie auf gerade Jackennadeln „umsteigen". Sie werden dann sehr schnell feststellen, daß das Strickbild fester wird und gleichmäßiger ausfällt.
Geraten Ihnen die linken Maschen zu locker? Nehmen Sie für die Linksreihen eine dünnere Nadelstärke. Um eine halbe Nadelstärke geringer genügt fast immer, und das Stricken wird dadurch nicht mühevoller.
Rundstricknadeln sind zwar überaus bequem zu handhaben, verlocken aber geradezu, lockerer zu stricken. Also lieber mehrere Maschenproben machen, bis das erforderliche Strickbild erreicht ist.
Die **Maschenprobe** ist wichtigste Voraussetzung zum Nachstricken eines Modells. Hier können und müssen Sie Ihre Nadelstärke festlegen!

Nun die einfachsten Muster:

Rechts kraus: Alle Reihen werden rechts gestrickt.

Glatt rechts: Die Hinreihen werden rechts, die Rückreihen links gestrickt.

Glatt links: Gewissermaßen das umgekehrte Strickbild: Die Hinreihen werden links, die Rückreihen rechts gestrickt.

Randmaschen: Randmaschen sollten Knötchen sein! Denn die Kanten werden etwas enger, und die Teile lassen sich viel leichter zusammennähen.
Grundsätzlich die letzte Masche jeder Reihe, also auch jeder linken Reihe, rechts verschränkt abstricken! Den dann hinter der Arbeit liegenden Faden beim Wenden mit herumführen und die 1. Masche der nun folgenden Reihe abheben. Weiter im Muster stricken.

Zusammennähen: In allen Anleitungen heißt es, wenn ein Teil fertig gestrickt ist: Alle Maschen abketten, im Maschenrhythmus abketten, locker abketten …
Die Teile werden dann in der angegebenen Reihenfolge zusammengenäht. Das ist die einfachste und gebräuchlichste Methode.
Das Zusammennähen kann man aber, ohne Mehraufwand an Arbeit eleganter ausführen. Gerade bei den heutzutage gebräuchlichsten Schnittformen, gerade, T-förmig, gelingt dies kinderleicht! Wenn das Rückenteil beendet ist, werden die Schultern gleichmäßig abgekettet. Die Schultermaschen des Vorderteils dagegen werden zunächst offen auf der Nadel bzw. einer Hilfsnadel oder einem Maschenraffer liegengelassen. Dasselbe gilt für den Abschluß der Ärmel.
Nun können die Teile mit Maschenstichen zusammengenäht werden.
Die Teile werden flach nebeneinander gelegt.
Bei glatt rechts gestrickten Teilen wird von unten nach oben gearbeitet: Aus der 1. Masche des unteren Teils ausstechen, von oben nach unten in die 1. Masche des oberen Teiles einstechen und dann von unten nach oben aus der danebenliegenden Masche wieder ausstechen. Wieder in die 1. Masche des unteren Teils zurückstechen und von unten nach oben bei der folgenden Masche weiterarbeiten usw.
Bei glatt links gestrickten Teilen wird dementsprechend gegengleich gearbeitet: Von oben nach unten in die 1. Masche des unteren Teils einstechen, von unten nach oben aus des gegenüberliegenden Teils ausstechen, von oben nach unten in die folgende Masche zurückstechen und in diesem Rhythmus weiterarbeiten.
Wenn nun Rippen, also rechte und linke Maschen auf der Nadel sind, wird im entsprechenden Rhythmus ebenso mit Maschenstichen zusammengenäht.

Maschenstiche erfordern keine große Übung, da die Teile aneinanderliegen und so immer ein schönes Bild zur Kontrolle bieten.
Als erstes werden immer die Schulternähte geschlossen! Diese nun mit Maschenstichen wie beschrieben.
Als nächstes werden die Ärmel an die Ärmelansatzkanten genäht. „Wie im Schnitt markiert", d. h., daß die Ärmelmitte zur Schulternaht gehört und das vordere und rückwärtige Ärmelteil maschengleich an die entsprechenden Teile genäht wird. Hier darf nicht gemogelt werden.
Die oberen, in diesem Falle stillgelegten Ärmelmaschen noch auf der Nadel lassen, die Mitte markieren und die Maschen zu beiden Seiten nochmals genau auszuzählen. Diese müssen stimmen, bei gerader ebenso wie bei ungerader Maschenzahl – bei letzterer gibt es dann eine Mittelmasche.
Nun bei Vorder- und Rückenteil ab der Schulternaht nach unten die angegebene, also jeweils halbe Ärmelweite abmessen, den jeweiligen Punkt markieren und die Randmaschen, d. h. die Knötchen zählen. Wenn Sie z. B. auf jeder Ärmelhälfte 57 Maschen liegen haben und entlang der Ärmelansatzkanten nur 38 Knötchen, so sieht dies nur verwirrend aus, da Maschen- und Reihenzahl niemals übereinstimmen.
In diesem Falle passen 3 Maschen auf 2 Knötchen! Dieses Verhältnis ist in jedem Falle leicht auszurechnen.
Und das Aneinandernähen der offenen Ärmelmaschen an den Knötchenrand mit Maschenstichen ist ganz einfach:
1. Stich:
Eine Masche auf ein Knötchen.
2. Stich:
Zwei Maschen auf ein Knötchen.
3. Stich:
Eine Maschen auf ein Knötchen.
4. Stich:
Zwei Maschen auf ein Knötchen.
In diesem Rhythmus können Sie dann weiterarbeiten, bis der ganze Ärmel angenäht ist.
Aber was tun, wenn Maschen und Knötchen nicht so schön aufgehen wie beschrieben? Schummeln gilt nicht. Das heißt nun „gleichmäßig verteilen", d. h. Sie können ein paar überzählige Maschen ohne weiteres gleichmäßig verteilt an die Knötchen bringen, aber dieses gleichmäßige ist von Fall zu Fall verschieden. Verteilt müssen sie sein, und dieses geht nur nach dem jeweiligen Strickbild. Und dieses soll flache, schöne und unauffällige Nähte ergeben. Ein bißchen Gefühl gehört schon dazu, aber schwierig ist es niemals.
Die Seiten- bzw. Ärmel-Seitennähte, da ja die Schultern geschlossen und die Ärmel angenäht sind, werden am schönsten von rechts im Matratzenstich geschlossen. Die Teile nebeneinander, rechte Seite oben, legen und entlang der Knötchen zusammennähen.

Nochmals bildhaft die Maschenstiche:

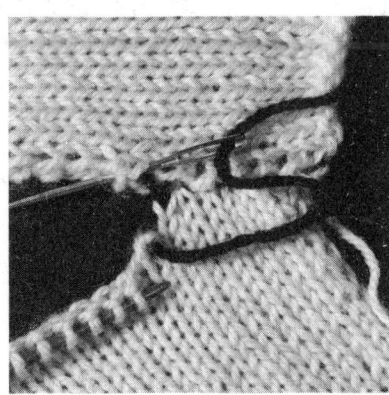

Wenn Sie nicht nur einfach glatt rechts und links stricken wollen:
Rechte und linke Maschen können auch Patent aussehen.
Diese Muster heißen Patent und sind nicht schwierig zu stricken – der Schein trügt.
Es ist nur sehr empfehlenswert, zu Beginn der Arbeit auf das Strickbild zu achten, um den Musterverlauf ins Gefühl zu bekommen. Auch dann strickt sich Patent wie von selbst.

Die wichtigsten Patentmuster sind:

1. Vollpatent

1. R: Rand M, 1 M re ★ 1 M mit einem Umschlag li abheben, 1 M re, ab ★ wiederholen und mit 1 Rand M enden
2. R: Rand M, 1 M mit einem Umschlag links abheben ★ 1 M re und dabei den Umschlag und die abgehobene M der Vor R zusammen re abstricken, 1 M mit Umschlag li abheben, ab ★ wiederholen und mit 1 Rand M enden
Die 1. + 2. R fortlaufend wiederholen.

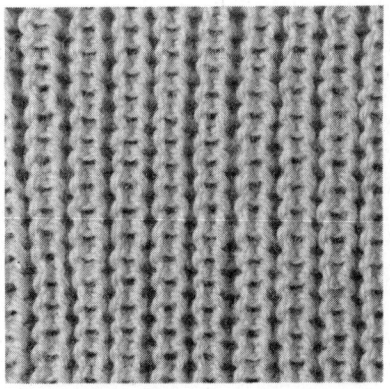

2. Halbpatent

1. R: Rand M, 1 M re ★ 1 M li, 1 M re, ab ★ wiederholen und mit 1 Rand M enden
2. R: Rand M, 1 M mit Masche li abheben, ★ 1 M re, 1 M mit Masche li abheben, ab ★ wiederholen Rm
Die 1. + 2. R fortlaufend wiederholen.

3. Netzpatent

Maschenzahl teilbar durch 2 plus 2 Randmaschen

1. R: Rand M ★ 1 Umschlag, 1 M abheben, 1 M re, ab ★ wiederholen und mit 1 Rand M enden
2. R: Rand M ★ 2 M re, den Umschlag der Vor R abheben und dabei den Faden hinter der Arbeit halten, ab ★ wiederholen und mit 1 Rand M enden
3. R: Rand M ★ 1 M mit dem Umschlag zusammen re abstricken, 1 Umschlag, 1 M abheben, ab ★ wiederholen und mit 1 Rand M enden
4. R: Rand M, 1 M re ★ den Umschlag der Vor R abheben und dabei den Faden hinter der Arbeit halten, 2 M re, ab ★ wiederholen.
Die Reihe endet mit: den Umschlag der Vor R abheben, 1 M re, Rand M
5. R: Rand M ★ 1 Umschlag, 1 M abheben, die folg. M mit dem Umschlag zusammen re abstricken, ab ★ wiederholen und mit 1 Rand M enden
Die 2.-5. R fortlaufend wiederholen.

Falsches Netzpatent

1. R: Rand M, alle M re, Rand M
2. R: Rand M ★ 1 M mit einem Umschlag li abheben, 1 M re, ab ★ wiederholen und mit 1 Rand M enden
3. R: Rand M, alle M re und dabei die Umschläge mit den abgehobenen M zusammen re abstricken, mit 1 Rand M enden
4. R: Rand M ★ 1 M re, 1 Umschlag mit 1 M li abheben, ab ★ wiederholen und mit 1 Rand M enden
Die 1.-4. R fortlaufend wiederholen.

Wichtig: Bei Patent – mit Ausnahme von Netzpatent – sollten Sie, auch entgegen vieler Anleitungen und aller Schulweisheit, immer mit einer ungeraden Maschenzahl arbeiten! Auf diese Weise erhalten Sie 2 gleiche Kanten, was das Zusammennähen sehr erleichtert, Sie müssen dann nicht bei einer Kante jeweils 1 M wegmogeln, damit die 2. Kante der ersten gleicht.

Wichtig: Bei Patentmustern wird es Ihnen immer wieder passieren, daß eine Kante schön gerade verläuft, die andere etwas weiter wird und fast „ausgeleiert" wirkt. Das wird sich oft nicht vermeiden lassen, aber beim Zusammennähen läßt sich dies geschickt ausgleichen.

Einfache Muster aus rechten und linken Maschen sind auch die Perlmuster.

Kleines Perlmuster (auch Reismuster genannt)
1. R: 1 M re – 1 M li im Wechsel
2. R: 1 M li – 1 M re im Wechsel
Die 1. und 2. R fortlaufend wiederholen.

Großes Perlmuster (auch Gerstenkornmuster genannt)
1. + 2. R: 1 M re – 1 M li im Wechsel
3. + 4. R: 1 M li – 1 M re im Wechsel
Die 1.-4. R fortlaufend wiederholen.

Auf diese Weise kann man auch **grobkörnige** Strukturen arbeiten, z. B.
1. + 2. R: 2 M re – 2 M li im Wechsel
3. + 4. R: 2 M li – 2 M re im Wechsel
und diese 4 R fortlaufend wiederholen.
Soviel zu den einfachen Mustern.

Und nun greifen wir das Thema **Maschenstiche** auf andere Weise auf: Schöne Muster kann man nicht nur mit Einstricken erzielen, sondern auch mit Sticken. Letzteres bietet zwei wesentliche Vorteile: Man hat nicht, wie bei durchlaufenden Jacquardmustern, auf der Rückseite über mehrere Maschen mitgeführte Fäden liegen, was allein schon die Arbeit erleichtert, man kann auch durch aufsticken sehr verblüffende Effekte erzielen, da die Motive wesentlich plastischer erscheinen.

Und mit einer stumpfen Sticknadel der Garnstärke entsprechend kann man, wie auf den beiden Bildern ersichtlich, mühelos mit Maschenstichen arbeiten. Das Aufsticken geschieht am besten vor dem Zusammennähen.

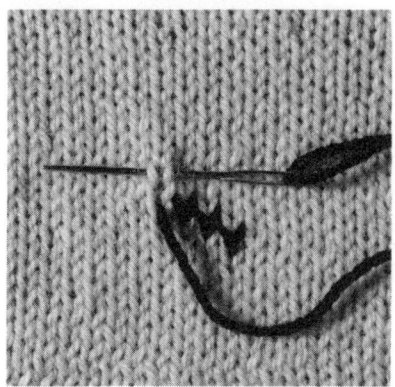

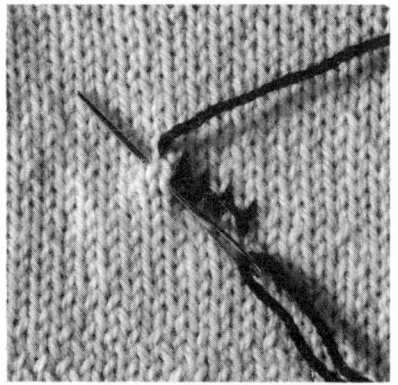

Ehe Sie aber mit dem Stricken beginnen, sollten Sie immer erst die Anleitung gründlich und mehrmals durchlesen und dann zeichnen Sie den **Schnitt**. Mit Schnitt geht die Arbeit viel leichter voran, Sie haben immer eine Kontrolle der Maße und können die fertigen Teile aufnadeln. Und stricken Sie die Maschenprobe. Sogar etwas größer als 10 cm im Quadrat! Probieren Sie solange, bis Ihre Maschen- und Reihenzahl mit der in der Anleitung angegebenen übereinstimmt.
Je präziser Sie vorarbeiten, desto leichter wird Ihnen dann die Arbeit von der Hand gehen.

Ganz einfach Nr. 1

Farbbild Seite 33

Pulli

für Größe 38/40 (42/44)

MATERIAL
Voltige von WELCOMME
400 g (500 g) Jour, Farbe 08
Lauflänge 95 m per 50 g Knäuel
(64% Wolle, 36% Acryl)
Je 1 Paar Stricknadeln Nr. 5½ und 6

MUSTER
Grundmuster I: Rechts kraus
(Hin R re – Rück R re)
Grundmuster II: Glatt rechts
Hin R re – Rück R li
Grundmuster III: Kleines Perlmuster
1. R.: 1 M re – 1 M li im Wechsel
2 R: 1 M li – 1 M re im Wechsel
Die 1. + 2. R fortlaufend wiederholen.
Maschenprobe: Mit Nadeln Nr. 6 gestrickt ergeben 15 M in der Breite und 20 R in der Höhe 10 cm im Quadrat.

AUSFÜHRUNG
Rückenteil: 62 M (68 M) mit Nadeln Nr. 5½ anschlagen und das Bündchen 4,5 cm 1 M re – 1 M li im Wechsel stricken. Dabei innerhalb der letzten Rück R gleichmäßig verteilt noch 14 M zunehmen. Mit Nadeln Nr. 6 in der Streifenfolge gerade hochstricken:
★ 10 R rechts kraus
10 R glatt rechts
10 R Perlmuster
ab ★ fortlaufend wiederholen.
In 50 cm (52 cm) Gesamthöhe für den Halsauschnitt die mittleren 22 M und zu beiden Seiten noch in jeder 2. R 1mal 4 M abketten.
In 52 cm (54 cm) Höhe die jeweils 23 (26) Schultermaschen abketten.
Vorderteil: 62 M (68 M) mit Nadeln Nr. 5½ anschlagen und wie das Rückenteil stricken.
Dabei aber mit dem Halsausschnitt schon in 46 cm (48 cm) Gesamthöhe beginnen: Die mittleren 20 M und dann in jeder 2. R. noch 1mal 3 und 2mal 1 M abketten. In Rückenteilhöhe die Schultermaschen locker abketten.
Ärmel: 33 M (36 M) mit Nadeln Nr. 5½ anschlagen und das Bündchen 5 cm 1 M re – 1 M li im Wechsel stricken. Mit Nadeln Nr. 6 in der Musterstreifenfolge des Rückenteils weiterarbeiten und dabei für die Schrägungen zu beiden Seiten abwechselnd 12mal in jeder 2. und in jeder 4. R. je 1 M und dann 12mal in jeder 2. R je 1 M zunehmen.
In 36 cm (39 cm) Ärmelhöhe alle 81 M (84 M) locker abketten.
Ausarbeitung: Eine Schulternaht schließen.
Entlang der Halskante 66 M mit Nadeln Nr. 5½ auffassen und das Bündchen 2 cm 1 M re – 1 M li im Wechsel stricken.
Alle M abketten wie sie erscheinen.
Die 2. Schulternaht und die Halsbündchenenden schließen.
Die Ärmel wie im Schnitt markiert an die Ärmelansatzkanten nähen und die Ärmel- und Seitennähte schließen.

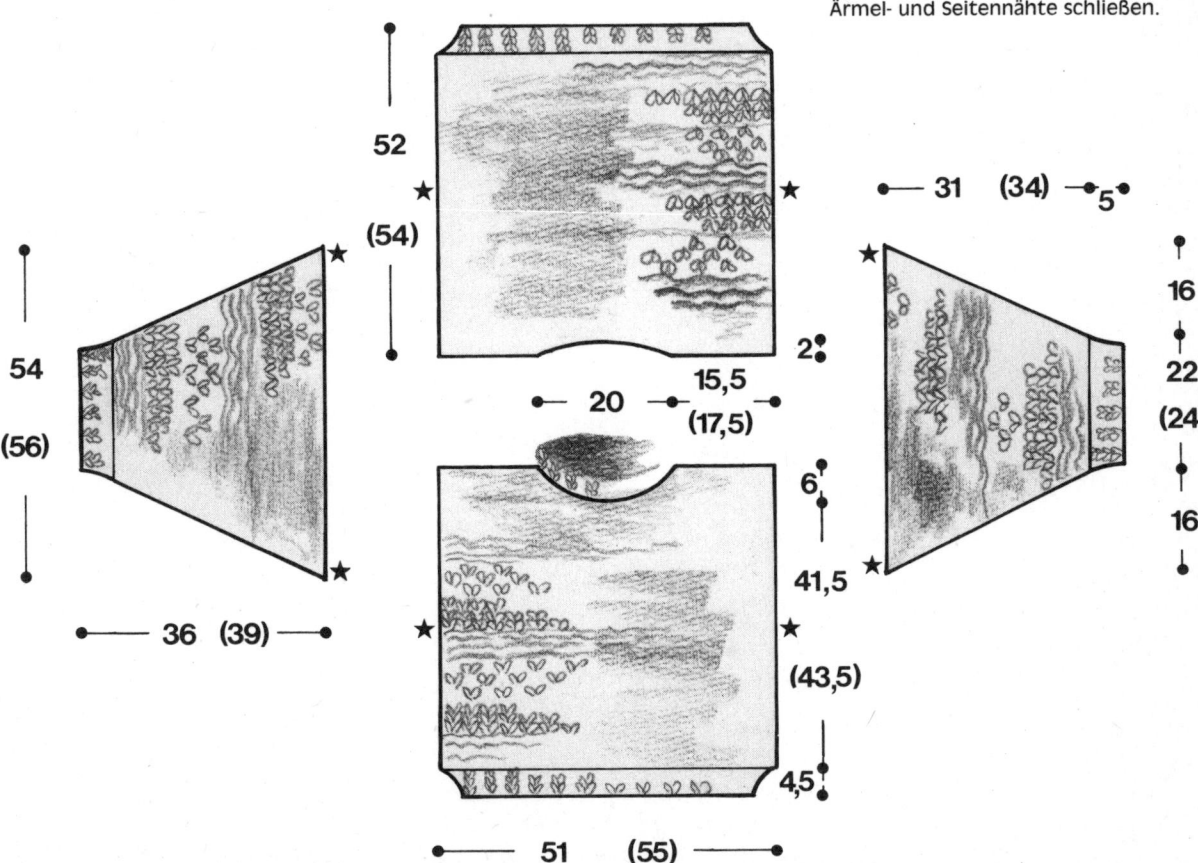

Jacke

für Größe 38/40 (42/44)

Modisch und vielseitig Nr. 2

Farbbild Seite 34

MUSTER
Grundmuster I: Glatt rechts
(Hin R re – Rück R li)
Grundmuster II: Glatt links
(Hin R li – Rück R re)
Maschenprobe: 16 M in der Breite und 21 R in der Höhe ergeben 10 cm im Quadrat.

AUSFÜHRUNG
Rückenteil: 77 M (84 M) anschlagen und 2 cm glatt re für den Saum stricken.
Weiter glatt li gerade hochstricken.
Nach 10 cm (11 cm) Gesamthöhe 1 Lochmusterreihe für den Durchzug stricken: 3 M (3 M) li ★ 2 M zusammenstricken, 1 Umschlag, 4 M li, ab ★ wiederholen und mit 2 M (3 M) li enden.
In 35 cm (36 cm) Gesamthöhe für die Armausschnitte auf beiden Seiten 1mal 3 (1mal 4) und dann in jeder 2. R 2 (1mal 3), 1mal 2 und 1mal 1 M abketten.
In 57 cm (59 cm) Gesamthöhe die restl. 61 M (64 M) abketten.
Linkes Vorderteil: 43 M (46 M) anschlagen und 2 cm glatt re für den Saum stricken. Gerade hoch weiterstricken: Über die 38 M (41 M) der re Seite glatt li und über die 5 M der li – vorderen – Kante für die Blende glatt re.
Nach 10 cm (11 cm) Gesamthöhe für den Durchzug die Lochmusterreihe stricken: 2 M (3 M) li, ★ 2 M zusammenstricken, 1 Umschlag, 4 M li, ab ★ wiederholen.
Die R endet mit 2 M zusammenstricken, 1 Umschlag, 4 M (6 M) li und 5 M re. In 35 cm (36 cm) Gesamthöhe mit dem Armausschnitt beginnen: die Abnahmen wie beim Rückenteil arbeiten.

In 50 cm (52 cm) Gesamthöhe an der vorderen Kante für den Halsausschnitt 1mal 10 und noch in jeder 2. R 1mal 3, 1mal 2 und 4mal 1 M abketten.
In Rückenteilhöhe die 16 (17) Schultermaschen abketten.
Rechtes Vorderteil: Gegengleich dem linken arbeiten. Dabei aber die »doppelten« Knopflöcher einstricken.
Nach 11 cm (12 cm) Gesamthöhe 2 M von der Seitenkante entfernt das erste über 1 M, dann 4 M von diesem entfernt das 2. über 1 M.
Im Abstand von 10,5 cm übereinander die 3 weiteren »doppelten« Knopflöcher einstricken.
Ärmel 41 M (45 M) anschlagen und 2 cm glatt re für den Saum stricken. Glatt li weiterstricken und für die Schrägungen zu beiden Seiten 19mal in jeder 4. R je 1 M zunehmen. Es sind nun 79 M (83 M) auf der Nadel.
Ab 39 cm (40 cm) Gesamthöhe für die Armkugel zu beiden Seiten 1mal 3 und dann 15mal (16mal) in jeder 2. R je 2 M abketten. In 57 cm (59 cm) Gesamthöhe die restl. 13 M abketten.
Ausarbeitung: Die Schulternähte schließen, die Armkugeln einsetzen und die Ärmel- und Seitennähte schließen. Den Saum der Unterkante nach innen legen und mit unsichtbaren Stichen gegennähen.
Die 5 glatt re - M des re Vorderteils nach innen legen und gegennähen, dabei die Knopflöcher anpassen und ausnähen.
Die 5 Blendenmaschen des li Vorderteils nach innen legen und gegennähen. Um die Halsausschnittkante 1 R feste M im Krebsstich häkeln, d. h. feste M von li nach re häkeln.
Eine Kordel von entsprechender Länge drehen und durch die Lochreihe der Taille ziehen. Die Knöpfe annähen.

MATERIAL
Voltige von WELCOMME
500 g (550 g) Cannelle, Farbe 01
Lauflänge 95 m per 50 g Knäuel
(64% Wolle, 36% Acryl)
1 Paar Stricknadeln Nr. 4½
1 Häkelnadel Nr. 4
4 Knöpfe

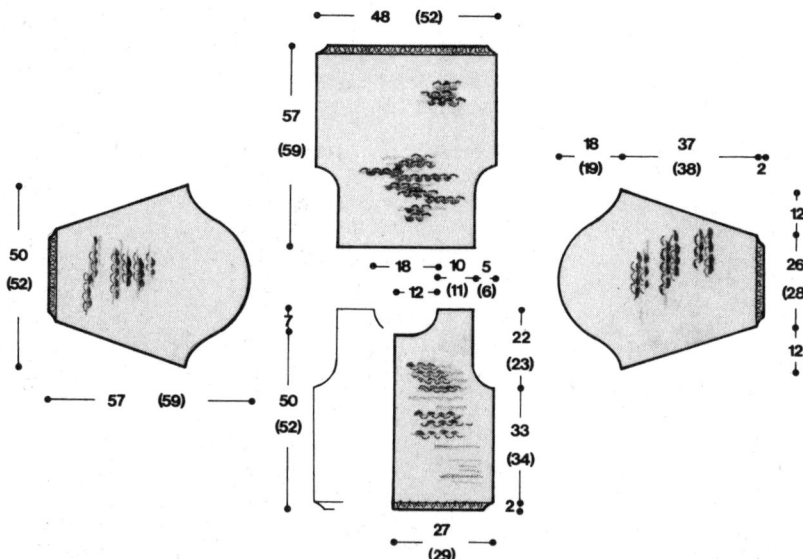

Jacke

für Größe 38/40 (42/44)

Chic mit wenig Strickaufwand Nr. 3

Farbbild Seite 35

MUSTER
Grundmuster I: Glatt rechts
(Hin R re – Rück R li)
Grundmuster II: Glatt links
(Hin R li – Rück R re)
Maschenprobe: Glatt li gestrickt ergeben 16,5 M in der Breite und 22 R in der Höhe 10 cm im Quadrat.

AUSFÜHRUNG
Rückenteil: 86 M (90 M) anschlagen und 2 cm glatt re für den Saum stricken. Glatt li gerade hoch weiterstricken. In 34 cm (36 cm) Gesamthöhe für die Armausschnitte auf beiden Seiten 1mal 4 und noch in jeder 2. R 1mal 2 und 4mal 1 M abketten. Über die nun 66 M (70 M) bis 56 cm (59 cm) Gesamthöhe weiter gerade hochstricken und alle M abketten.
Linkes Vorderteil: 47 M (50 M) anschlagen und 2 cm glatt re für den Saum stricken.
Nun glatt li weiter gerade hochstricken und nach 15 cm (17 cm) Gesamthöhe an der li - vorderen - Kante mit der Ausschnittschrägung beginnen. Für diese abwechselnd alle 2 und alle 4 R 8mal (10mal) 1 M und dann noch 15mal (14mal) in jeder 4. R 1 M abketten. Gleichzeitig ab 34 cm (36 cm) Gesamthöhe den Armausschnitt wie beim Rückenteil arbeiten. In Rückenteilhöhe die 14 (16) Schultermaschen abketten.
Rechtes Vorderteil: Gegengleich dem linken stricken, dabei aber in 4 cm und 15 cm Gesamthöhe 3 cm ab Vorderkante je 1 Knopfloch über 2 M einstricken, d. h. diese 2 M abketten und sofort wieder neu anschlagen.
Ärmel: 42 M (46 M) anschlagen und 2 cm glatt re für den Saum stricken. Glatt li weiterstricken und für die Schrägungen auf beiden Seiten 16mal in jeder 4. R je 1 M zunehmen. Es sind nun 74 M (78 M) auf der Nadel. In 36 cm (37 cm) Gesamthöhe für die Armkugel zu beiden Seiten 1mal 4 und dann in jeder 2. R 2mal 3, 1mal 2, 13mal 1 (14mal 1), 1mal 2 (2mal 2) und 1mal 3 M abketten. In 53 cm (55 cm) Gesamthöhe die restl. 14 M (18 M) abketten.
Kragen: 206 M (212 M) anschlagen und 1 cm glatt li stricken. Nun die 141 M (147 M) der li Kante stilllegen und über die 65 M der re Seite weiterstricken. Dabei an der re Kante in jeder 2. R 5mal 5, 3mal 10 und 1mal 13 M abketten. Gleichzeitig nach 2,5 cm Gesamthöhe an der li Kante, 2 M von der Außenkante entfernt 3mal in jeder 6. R 1 M zunehmen. Das 1. Revers ist beendet. Das 2. Revers über den 65 M der li Seite gegengleich arbeiten. Anschließend die restl. stillgelegten M, die 76 (82) mittleren M wieder aufnehmen und 5 cm glatt li hochstricken. Gleichzeitig auf beiden Seiten, 2 M von der Außenkante entfernt, nach 2 R 1 M abketten und anschließend die 74 (80) restl. M auf einmal abketten.
Ausarbeitung: Die Schulternähte schließen, die Armkugeln in die Armausschnitte einnähen und die Ärmel- und Seitennähte schließen. Die Säume der Unterkante und der unteren Ärmelkanten nach innen legen und mit unsichtbaren Stichen gegennähen. Den Kragen an der Halsausschnittkante ansetzen.
Entlang der beiden Vorderkanten und um die Kragenkante 1 R feste M im Krebsstich häkeln, d. h. feste M von li nach re häkeln. Die Revers nach außen legen und wie auf dem Foto ersichtlich jedes mit einem Knopf festheften.
Die beiden Knöpfe an der li vorderen Kante entsprechend den Knopflöchern annähen.

MATERIAL
Voltige von WELCOMME
550 (600 g) Bougainvillé, Farbe 03
Lauflänge 95 m per 50 g Knäuel
(64% Wolle, 36% Acryl)
1 Paar Stricknadeln Nr. 4 1/2
1 Häkelnadel Nr. 4
4 Knöpfe

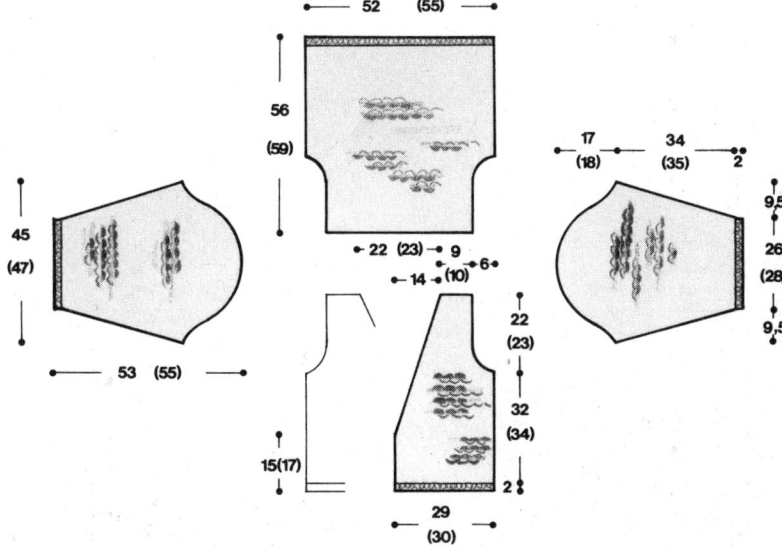

Nr. 4
Pullover

für Größe 48/50 (52/54)

MATERIAL
Bonsai von WOLLSERVICE
750 g (800 g) Braun, Farbe 2
Lauflänge 67 m per 50 g Knäuel
(60% Viskose, 20% Wolle, 20% Acryl)
Je 1 Paar Stricknadeln Nr. 4 und 6
1 Rundstricknadel Nr. 4

MUSTER
Grundmuster I: Glatt rechts
(Hin R re – Rück R li)
Grundmuster II: Glatt links
(Hin R li – Rück R re)
Maschenprobe: Mit Nadeln Nr. 6 glatt re gestrickt ergeben 16 M in der Breite und 20 R in der Höhe 10 cm im Quadrat.
Zählmuster: Vorder- und Rückenteil werden nach dem Zählmuster gestrickt. Dabei das Rückenteil gegengleich arbeiten.
1 Kästchen = 1 M in der Breite und 1 R in der Höhe. Für die Felder bedeuten I = Glatt re; II = Glatt li

Ausführung
Rückenteil: 78 M (82 M) mit Nadeln Nr. 4 anschlagen und das Bündchen 7 cm 2 M re – 2 M li im Wechsel stricken. Dabei innerhalb der letzten Rück R gleichmäßig verteilt noch 14 M (16 M) zunehmen.
Mit Nadeln Nr. 6 gegengleich der Schemazeichnung weiterarbeiten und die 92 M (innere Begrenzung) bzw. 98 M (äußere Linien) entsprechend den Mustern einteilen. Nach dem Zählmuster gerade hochstricken und in 68 cm Gesamthöhe für den Halsausschnitt die mittleren 18 M und zu beiden Seiten noch in jeder 2. R 2mal 5 M abketten. In 70 cm Höhe die Schultermaschen locker abketten.
Vorderteil: 78 M (82 M) mit Nadeln Nr. 4 anschlagen und wie das Rückenteil beginnen. Dabei aber nach dem Zählmuster stricken. In 62 cm Gesamthöhe für den Halsausschnitt die mittleren 14 M und zu beiden Seiten noch in jeder 2. R 2mal 3, 2mal 2 und 2mal 1 M abketten.
In Rückenteilhöhe die Schultermaschen locker abketten.
Ärmel: 38 M mit Nadeln Nr. 4 anschlagen und das Bündchen 7 cm 2 M re – 2 M li im Wechsel stricken. Dabei innerhalb der letzten Rück R gleichmäßig verteilt noch 12 M zunehmen.
Mit Nadeln Nr. 6 durchgehend im Grundmuster I weiterstricken und bis 50 cm Ärmelhöhe auf beiden Seiten gleichmäßig verteilt 20mal je 1 M zunehmen. Alle 90 M locker abketten.
Ausarbeitung: Die Teile auf den Schnitt spannen, mit feuchten Tüchern bedecken und gut trocknen lassen. Die Schulternähte schließen, die Ärmel wie im Schnitt markiert an die Ärmelansatzkanten nähen und die Ärmel- und Seitennähte schließen.
Mit der Rundnadel die M aus der Halskante auffassen und das Bündchen 2,5 cm 2 M re – 2 M li im Wechsel stricken. Alle M im Maschenrhythmus abketten.

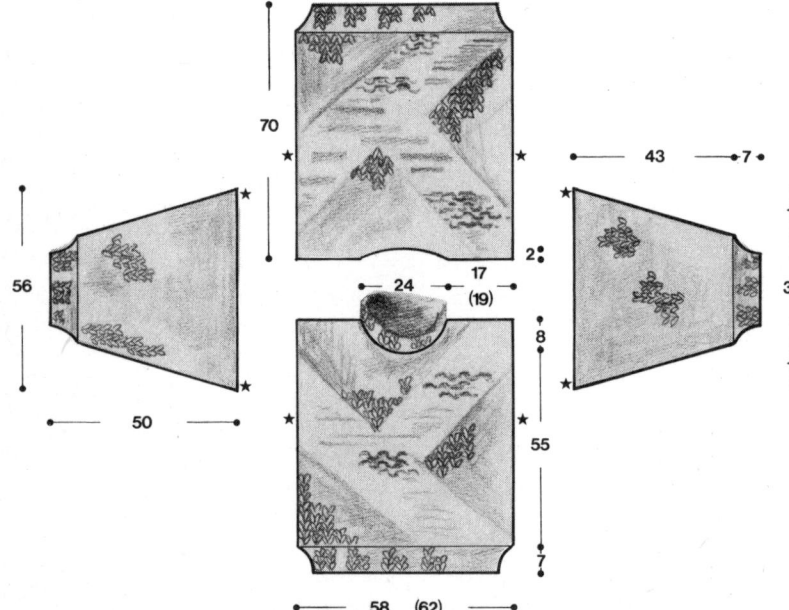

Lässig und bequem Nr. 5

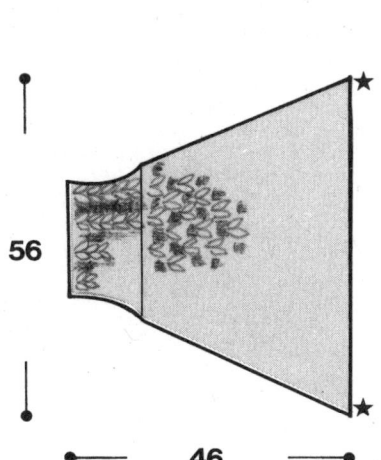

Farbbild Seite 37

Pulli
für Größe 38/40 (42/44)

MATERIAL
BONSAI von WOLLSERVICE
750 g (800 g) Orange, Farbe 10
Lauflänge 67 m per 50 g Knäuel
(60% Viskose, 20% Wolle, 20% Acryl)
Je 1 Paar Stricknadeln Nr. 4½ und 6
1 Rundstricknadel Nr. 4½
5 Knöpfe

MUSTER
Grundmuster: Perlmuster
1. R: Rand M, 1 M re ∗ 1 M li, 1 M re, ab ∗ wiederholen und mit 1 Rand M enden
2. R: wie 1. R
Die 1. R. laufend wiederholen.
Maschenprobe: Mit Nadeln Nr. 6 gestrickt ergeben 15 M in der Breite und 26 R in der Höhe 10 cm im Quadrat.

AUSFÜHRUNG
Rückenteil: 76 M (82 M) mit Nadeln Nr. 4½ anschlagen und das Bündchen 18 cm 1 M re – 1 M li im Wechsel stricken. Dabei innerhalb der letzten Rück R gleichmäßig verteilt noch 11 M zunehmen.
Im Grundmuster mit Nadeln Nr. 6 weiter gerade hochstricken. In 62 cm Gesamthöhe für den Halsausschnitt die mittleren 17 M und zu beiden Seiten noch in jeder 2. R 2mal 5 M abketten. In 64 cm Gesamthöhe die Schultermaschen abketten.
Vorderteil: 76 M (82 M) mit Nadeln Nr. 4½ anschlagen und wie das Rückenteil beginnen. In 35 cm Gesamthöhe für den Knopfleistenschlitz die mittleren 7 M abketten und beide Seiten getrennt und gegengleich beenden. 19 cm gerade hochstricken und dann für die Halsrundung in jeder 2. R 5mal 2 und 5mal 1 M abketten. In Rückenteilhöhe die Schultermaschen locker abketten.
Ärmel: 41 M mit Nadeln Nr. 4½ anschlagen und das Bündchen 12 cm 1 M re – 1 M li im Wechsel stricken. Mit Nadeln Nr. 6 im Grundmuster weiterarbeiten und bis 46 cm Ärmelhöhe auf beiden Seiten gleichmäßig verteilt 22mal je 1 M zunehmen. Alle M locker abketten.
Ausarbeitung: Die Teile auf den Schnitt spannen, mit feuchten Tüchern bedecken und gut trocknen lassen.
Die Schulternähte schließen, die Ärmel wie im Schnitt markiert an die Ärmelansatzkanten nähen und die Ärmel- und Seitennähte schließen.
Für den Kragen mit der Rundnadel 80 M aus der Halsrundung auffassen und 4 cm 2 M re – 2 M li im Wechsel stricken. Alle M im Maschenrhythmus abketten.
Für die Leisten mit der Rundnadel jeweils 40 M auffassen und 4 cm gerade hoch 2 M re – 2 M li im Wechsel stricken. Dabei in der re Leiste gleichmäßig verteilt die 5 Knopflöcher einstricken: Für diese jeweils 2 M abketten und diese fehlenden M sofort wieder neu anschlagen. Dann alle M im Maschenrhythmus abketten. Die Knöpfe annähen.

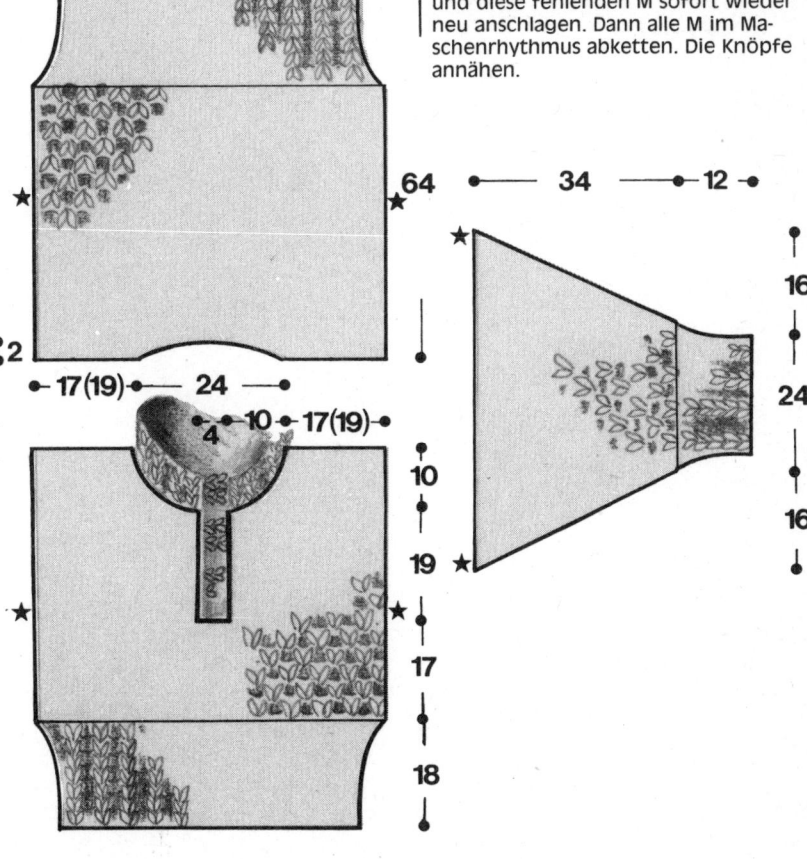

Patent und glatt im Wechsel

Nr. 6

Farbbild Seite 38

Pulli
für Größe 38/40 (42/44)

MATERIAL
La Brillance von WELCOMME
500 g (550 g) Blanche, Farbe 02
Lauflänge 95 m per 50 g Knäuel
(100% Viskose)
Je 1 Paar Stricknadeln Nr. 3½ und 4½
1 Häkelnadel Nr. 3
3 flache Knöpfe von ca. 3 cm Durchmesser

MUSTER
Grundmuster:
1. R: Alle M re
2. R: ★ 1 M re, 1 Doppelmasche re, d. h. mit der Nadel in die folg. M 1 R tiefer als normal einstechen und diese M re stricken, ab ★ wiederholen. Die 2. R fortlaufend wiederholen.
Maschenprobe: Mit Nadeln Nr. 4½ gestrickt ergeben 15 M in der Breite und 29 R in der Höhe 10 cm im Quadrat.

AUSFÜHRUNG
Rückenteil: 76 M (80 M) mit Nadeln Nr. 3½ anschlagen und das Bündchen 9 cm 3 M re - 3 M li im Wechsel stricken.
Mit Nadeln Nr. 4½ im Grundmuster weiterarbeiten und zu beiden Seiten je 1 Rand M dazustricken.
Bis 29 cm (30 cm) Gesamthöhe gerade hochstricken und dann für die Ärmel auf beiden Seiten in jeder 4. R 3mal (4mal) 1 M und dann 8mal in jeder 2. R je 2 M zunehmen. Es sind nun 114 M (120 M) auf der Nadel. Diese noch bis 57 cm (60 cm) Höhe gerade hochstricken und alle M abketten.

Vorderteil: 76 M (80 M) mit Nadeln Nr. 3½ anschlagen und das Bündchen 9 cm 3 M re - 3 M li im Wechsel stricken. Nun die 35 M (37 M) der li Seite stillegen und über den 41 M (43 M) der re Seite im Grundmuster mit Nadeln Nr. 4½ weiterstricken. Dabei die Seitenkante mit dem Ärmel wie beim Rückenteil arbeiten.
In 48 cm (51 cm) Gesamthöhe an der li Kante für den Halsausschnitt 1mal 5 M (1mal 6 M) und noch 11mal in jeder 2. R 1 M abketten. In Rückenteilhöhe die restl. 44 M (46 M) abketten.
Die stillgelegten M der li Seite wieder aufnehmen, aus den 6 mittleren M des Bündchens 9 M dazu auffassen und das re Vorderteil gegengleich dem linken arbeiten. Dabei die 9 M der re Kante für die Knopfleiste 3 M re - 3 M li im Wechsel stricken und in Leistenmitte 3 Knopflöcher in Abständen wie auf dem Foto ersichtlich einstricken. Für diese jeweils 5 M abketten und diese fehlenden M sofort wieder neu anschlagen. Das 1. Knopfloch 15 cm ab Unterkante, die beiden anderen in Abständen von 13,5 cm (15 cm).
Gleichzeitig mit der 1. Abnahme des Halsausschnitts 1mal 8 M (1mal 9 M) abketten und das Teil gegengleich beenden.
Ausarbeitung: Die Ärmel- Schulternähte schließen. Mit Nadeln Nr. 3½ entlang der Halskante 66 M (69 M) auffassen und den Kragen 9 cm 3 M re 3 M li im Wechsel stricken. Alle M abketten wie sie erscheinen.
Die Ärmel- und Seitennähte schließen. Um die Ärmelkanten 1 Rd feste M häkeln. Die Knöpfe annähen.

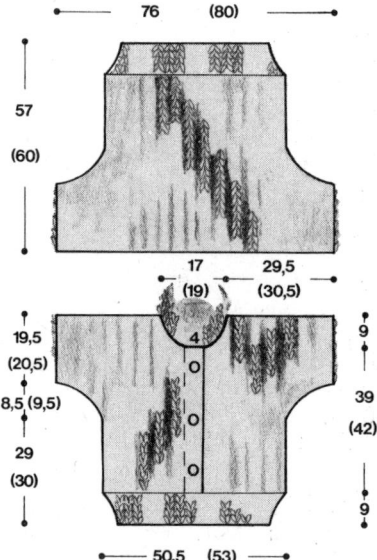

Rechte und linke Maschen im Wechsel

Nr. 7

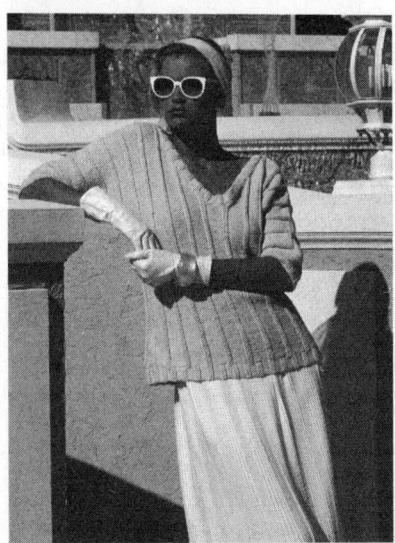

Farbbild Seite 39

Pulli

für Größe 38/40 (42/44)

MATERIAL
Le Coton von WELCOMME
550 g (600 g) Mer du Nord, Farbe 106
Lauflänge 90 m per 50 g Knäuel
(100% Baumwolle)
1 Paar Stricknadeln Nr. 3½

MUSTER
Grundmuster: 8 M links – 2 M rechts im Wechsel
Maschenprobe: 22 M in der Breite und 27 R in der Höhe ergeben 10 cm im Quadrat.

AUSFÜHRUNG
Rückenteil: 110 M (118 M) anschlagen und das Bündchen 4 cm 2 M re – 4 M li im Wechsel stricken.
Im Grundmuster weiter gerade hochstricken – dabei für Größe 38/40 zu beiden Seiten je 1 Rand M dazu mitstricken!
Nach 33,5 cm (35,5 cm) Gesamthöhe für die Ärmel auf beiden Seiten in jeder 4. R 3mal 1 M und dann in jeder 2. R 7mal 3, 3mal 2, 2mal 4, 1mal 5 und noch 1mal 5 (1mal 7) M zunehmen. Dabei gleichzeitig ab 43 cm (45,5 cm) Gesamthöhe für den V-Ausschnitt die Arbeit in der Mitte teilen und beide Seiten getrennt und gegengleich beenden.
Für die Ausschnittschrägung 23mal (24mal) in jeder 2. R 1 M abketten. Dabei nach den Ärmelzunahmen die Seite weiter gerade hochstricken und in 62 cm (65 cm) Höhe die restl. 80 M (85 M) abketten.
Vorderteil: Ebenso stricken.
Ausarbeitung: Die Schulter-Ärmelnähte schließen.
Nun über die halbe Halsausschnittkante, d. h. von einer Spitze zur anderen, 98 M (102 M) aufnehmen und das Bündchen 2 cm 2 M re – 4 M li im Wechsel stricken. Alle M abketten wie sie erscheinen. Die Blende der 2. Kante ebenso arbeiten und die Blendenenden schrägkantig schließen.
Aus den unteren Ärmelkanten jeweils 56 M (60 M) auffassen und die Bündchen 2,5 cm 2 M re – 4 M li im Wechsel stricken. Alle M abketten wie sie erscheinen.
Die Ärmel- und Seitennähte schließen.

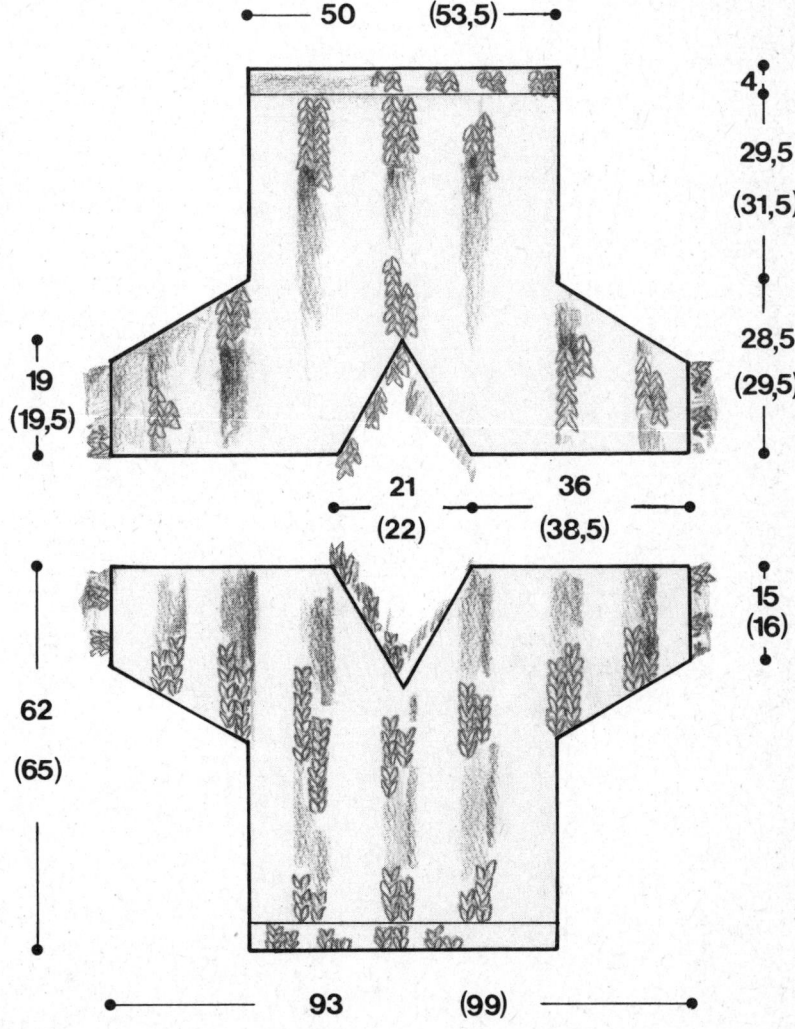

Rechts-Links-Strukturen Nr. 8

Pulli
für Größe 38-42)

MATERIAL
Scaletta von WOLLSERVICE
550 g Blau, Farbe 863
Lauflänge 90 m per 50 g Knäuel
(100% Baumwolle)
Je 1 Paar Stricknadeln Nr. 3 und 4
1 Rundstricknadel Nr. 3

MUSTER
Grundmuster I: Glatt links
(Hin R li – Rück R re)
Grundmuster II: Für die Streifen glatt rechts (Hin R re – Rück R li)
Grundmuster III: Kleines Perlmuster
1. R.: 1 M re – 1 M li im Wechsel
2 R: 1 M li – 1 M re im Wechsel
Die 1. + 2. R fortlaufend wiederholen.
Maschenprobe: Mit Nadeln Nr. 4 glatt links gestrickt ergeben 18 M in der Breite und 28 R in der Höhe 10 cm im Quadrat.
Zählmuster: 1 Kästchen = 1 M in der Breite und 1 R in der Höhe. Die glatt-rechts-Streifen beginnen und enden mit den Punkten.

AUSFÜHRUNG
Rückenteil: 110 M mit Nadeln Nr. 3 anschlagen und das Bündchen 4 cm 2 M re – 2 M li im Wechsel stricken. Dabei in der letzten Rück R auf beiden Seiten je 1 M und in der Mitte die Mittel M zunehmen = 113 M.

Mit Nadeln Nr. 4 weiterstricken und die M aufteilen: 50 M glatt li, 6 M für den Streifen glatt re, die Mittel M Perlmuster, 6 M für den Streifen glatt re, 50 M glatt li.
Nach dem Zählmuster gerade hochstricken und dabei ab der Mittel M gegengleich, also die 56.–1. M stricken.
In 49 cm Gesamthöhe für den Halsausschnitt die mittleren 41 M und zu beiden Selten noch in jeder 2. R 1mal 3, 1mal 2 und 2mal 1 M abketten. In 52 cm Höhe die Schultermaschen abketten wie sie erscheinen.

Farbbild Seite 40

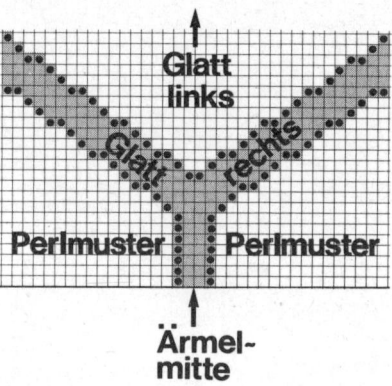

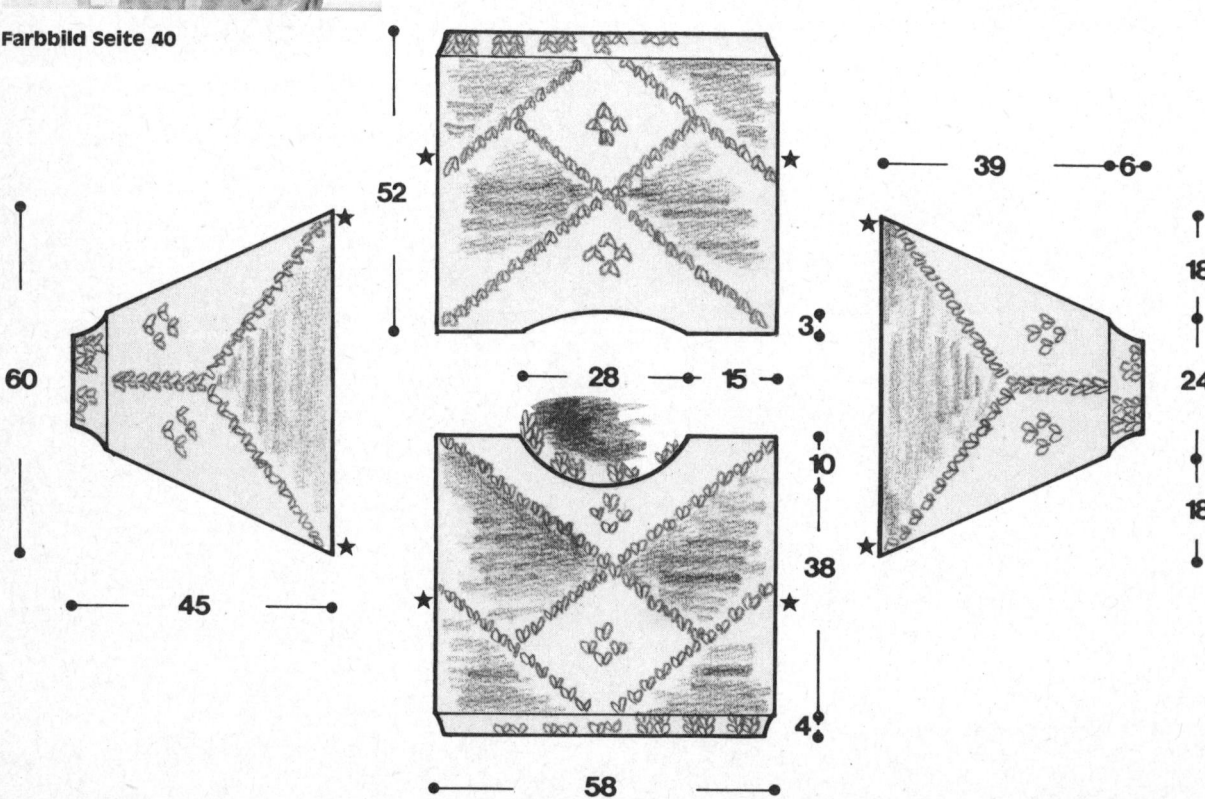

Vorderteil: 110 M mit Nadeln Nr. 3 anschlagen und wie das Rückenteil stricken. Dabei aber mit dem Halsausschnitt schon in 42 cm Gesamthöhe beginnen: die mittleren 27 M und zu beiden Seiten noch in jeder 2. R 1mal 4, 1mal 2 und 8mal 1 M abketten. In Rückenteilhöhe die Schultermaschen locker abketten wie sie erscheinen.

Ärmel: 42 M mit Nadel Nr. 3 anschlagen und das Bündchen 6 cm 2 M re – 2 M li im Wechsel stricken. Dabei innerhalb der letzten R gleichmäßig verteilt noch 18 M zunehmen.
Mit Nadeln Nr. 4 weiterstricken und die 60 M aufteilen: 28 M Perlmuster, 4 M glatt rechts für den Mittelstreifen, 28 M Perlmuster. Im Musterrhythmus beginnen und den Mittelstreifen bis 23 cm Gesamthöhe gerade hochstricken. Dann wie auf dem kleinen Zählmuster ersichtlich 2 glatt-rechts-Streifen nach beiden Seiten bilden und diese im Musterrhythmus bis zu den Seitenenden stricken. Innerhalb dieser Streifen nun glatt links stricken.
Dabei gleichzeitig ab Bündchen für die Schrägungen bis 45 cm Ärmelhöhe auf beiden Seiten gleichmäßig verteilt 25mal je 1 M zunehmen.
Alle 110 M locker abketten.

Ausarbeitung: Die Teile auf den Schnitt spannen, mit feuchten Tüchern bedecken und gut trocknen lassen.
Die Schulternähte schließen, die Ärmel wie im Schnitt makiert an die Ärmelansatzkanten nähen und die Ärmel- und Seitennähte schließen.
Mit der Rundnadel aus der Halskante die M auffassen und das Bündchen 2,5 cm 2 M re – 2 M li im Wechsel stricken. Alle M abketten, wie sie erscheinen.

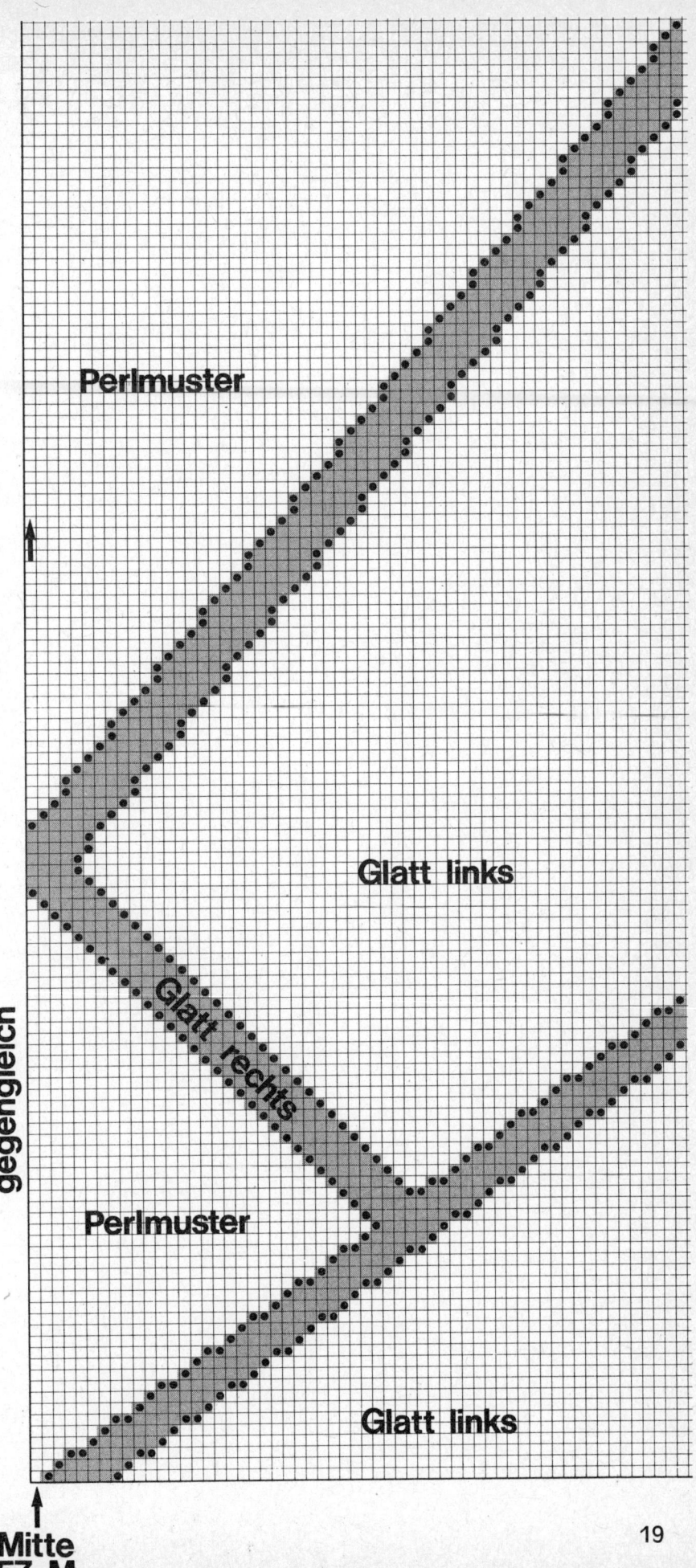

Interessante Optiken Nr. 9

Farbbild Seite 41

Pulli

für Größe 38/40 (42/44)

MATERIAL
Scaletta von WOLLSERVICE
650 g (700 g) Grün, Farbe 859
Lauflänge 90 m per 50 g Knäuel
(100% Baumwolle)
Je 1 Paar Stricknadeln Nr. 3½ und 4
1 Rundstricknadel Nr. 3½

MUSTER
Grundmuster: Strukturmuster in
Glatt rechts (Hin R re – Rück R li)
Glatt links (Hin R li – Rück R re)
Rechts kraus (Hin R re – Rück R re)
1. + 2. R: Rand M, 6mal 1 M glatt re –
1 M glatt li im Wechsel ★ 2 M glatt re,
2 M glatt li, 2 M glatt re, 6mal 1 M
glatt re – 1 M glatt li im Wechsel, ab ★
wiederholen und mit 1 Rand M enden
3. + 4. R: Rand M, 6mal 1 M glatt li –
1 M glatt re im Wechsel ★ 2 M glatt
re, 2 M glatt li, 2 M glatt re, 6mal 1 M
glatt li – 1 M glatt re im Wechsel, ab ★
wiederholen und mit 1 Rand M enden
5.-23. R: Fortlaufend die 1.-4. R stricken
24. R: Rand M, 12 M re ★ 2 M li, 2 M
re, 2 M li, 12 M re, ab ★ wiederholen
und mit 1 Rand M enden
25. + 26. R: Rand M, 12 M glatt re ★
2 M glatt re, 2 M glatt li, 14 M glatt re,
ab ★ wiederholen und mit 1 Rand M
enden
27.-30. R: Rand M, 12 M re kraus ★
2 M glatt re, 2 M glatt li, 2 M glatt re,
12 M re kraus, ab ★ wiederholen und
mit 1 Rand M enden
31. + 32. R: Wie 25. + 26. R
33.-36. R: Wie 27.-30. R
37. + 38. R: Wie 25. + 26. R
39.-42. R: Wie 27.-30. R
43. + 44. R: Wie 25. + 26. R
45.-48. R: Wie 27.-30. R
49. + 50. R: Wie 25. + 26. R
51. + 52. R: Wie 27. + 28. R
53. R: Wie 1. R
Die 1.-52. R fortlaufend wiederholen.
Maschenprobe: Mit Nadeln Nr. 4 gestrickt ergeben 19 M in der Breite und 31 R in der Höhe 10 cm im Quadrat.

AUSFÜHRUNG
Rückenteil: 90 M (98 M) mit Nadeln Nr. 3½ anschlagen und das Bündchen 5 cm 1 M re – 1 M li im Wechsel stricken. Nun 1 R li stricken und nochmals 5 cm 1 M re – 1 M li im Wechsel stricken. Dabei in der letzten Rück R gleichmäßig verteilt noch 14 M zunehmen.
Mit Nadeln Nr. 4 im Grundmuster weiterarbeiten. (Bei Größe 42/44 nach und vor der Rand M jeweils 4 M mehr im Musterrhythmus mitstricken!).
In 57 cm Gesamthöhe für die Halsrundung die mittleren 24 M und zu beiden Seiten noch in jeder 2. R 1mal 3 und 4mal 2 M abketten. In 61 cm Gesamthöhe die Schultermaschen stilllegen.

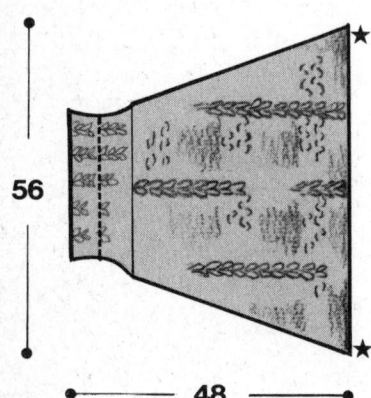

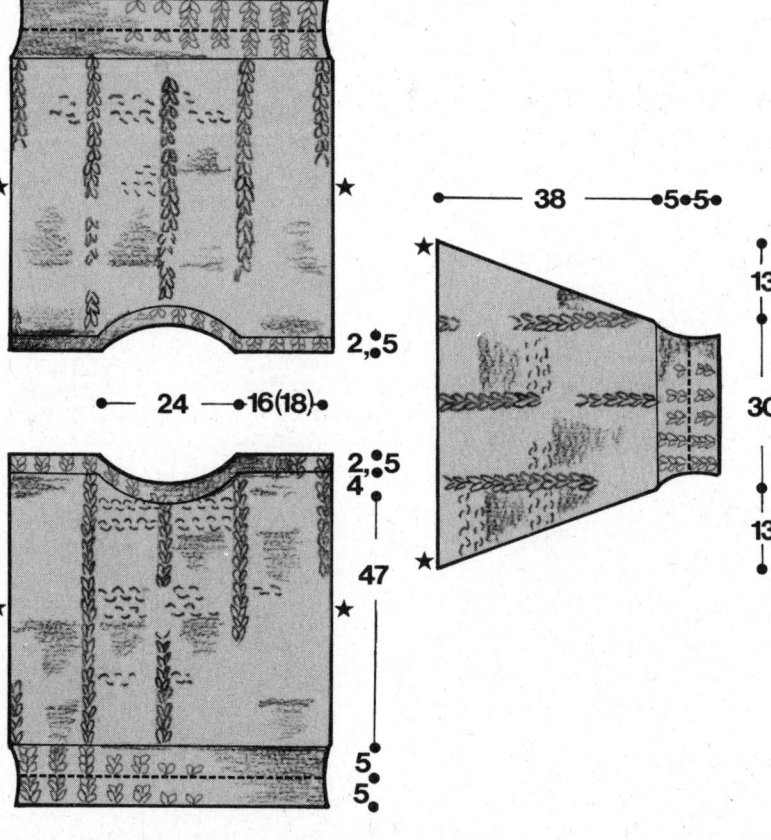

Pulli

für Größe 38/40 (42/44)

MATERIAL
Riccio von WOLLSERVICE
500 g (550 g) Grün, Farbe 71
Lauflänge 85 m per 50 g
(77% Baumwolle, 23% Viskose)
Je 1 Paar Stricknadeln Nr. 4 und 6
1 Rundstricknadel Nr. 4
3 Knöpfe

MUSTER
Grundmuster: Glatt rechts
(Hin R re – Rück R li)
Maschenprobe: Mit Nadeln Nr. 6 gestrickt ergeben 15 M in der Breite und 21 R in der Höhe 10 cm im Quadrat.

AUSFÜHRUNG
Rückenteil: 80 M (84 M) mit Nadeln Nr. 4 anschlagen und das Bündchen 6 cm (7 cm) 2 M re – 2 M li im Wechsel stricken. Dabei innerhalb der letzten Rück R gleichmäßig verteilt noch 10 M (12 M) zunehmen.
Im Grundmuster mit Nadeln Nr. 6 weiter gerade hochstricken. In 67 cm (68 cm) Gesamthöhe für den Halsausschnitt die mittleren 30 M und zu beiden Seiten noch in jeder 2. R 1mal 3 und 1mal 2 M abketten. In 69 cm (70 cm) Höhe die Schultermaschen abketten.
Vorderteil: 80 M (84 M) mit Nadeln Nr. 4 anschlagen und wie das Rückenteil stricken. Dabei aber in 39 cm (40 cm) Gesamthöhe für den Schlitz die mittleren 6 M abketten und beide Seiten getrennt und gegengleich beenden. Die Schlitzkante 16 cm gerade hochstricken und dann für die Halsrundung 1mal 4 und in jeder 2. R noch 1mal 3, 4mal 2 und 2mal 1 M abketten. In Rückenteilhöhe die Schultermaschen locker abketten.
Ärmel: 42 M mit Nadeln Nr. 4 anschlagen und das Bündchen 3 cm 2 M re – 2 M li im Wechsel stricken. Dabei innerhalb der letzten Rück R gleichmäßig verteilt noch 10 M zunehmen.
Im Grundmuster mit Nadeln Nr. 6 weiterstricken und dabei bis 24 cm Ärmelhöhe auf beiden Seiten gleichmäßig verteilt 19mal je 1 M zunehmen. Alle M locker abketten.
Ausarbeitung: Die Teile auf den Schnitt spannen, mit feuchten Tüchern bedecken und gut trocknen lassen.
Die Schulternähte schließen, die Ärmel wie im Schnitt markiert an die Ärmelansatzkanten nähen und die Ärmel- und Seitennähte schließen.
Für die Schlitzblenden mit Nadeln Nr. 4 jeweils die M auffassen und 4 cm 2 M re – 2 M li im Wechsel stricken. Dabei in der re Blende nach 2 cm Höhe ab Unterkante wie auf dem Foto ersichtlich 3 Knopflöcher einstricken. Für diese jeweils 2 M abketten und diese fehlenden M sofort wieder neu anschlagen.
Alle M im Maschenrhythmus abketten. Für die Kragenblende mit der Rundnadel die M aus der Halskante auffassen und 3 cm 2 M re – 2 M li im Wechsel stricken. Alle M im Maschenrhythmus abketten. Die Knöpfe annähen.

Vorderteil: Wie das Rückenteil arbeiten.
Ärmel: 40 M mit Nadeln Nr. 3½ anschlagen und das Bündchen 5 cm 1 M re – 1 M li im Wechsel stricken. Nun 1 R li stricken und nochmals 5 cm 1 M re – 1 M li im Wechsel stricken. Dabei innerhalb der letzten Rück R gleichmäßig verteilt noch 18 M zunehmen.
Im Grundmuster mit Nadeln Nr. 4 weiterarbeiten und bis 48 cm Ärmelhöhe auf beiden Seiten gleichmäßig verteilt 23mal je 1 M zunehmen. Alle M locker abketten.
Ausarbeitung: Aus den oberen Kanten von Vorder- und Rückenteil mit Nadeln Nr. 3½ die stillgelegten Schultermaschen und zwischen diesen jeweils 43 M aus der Halsrundung aufnehmen und die Blenden 2,5 cm 1 M re – 1 M li im Wechsel stricken. Alle M im Maschenrhythmus abketten.
Alle Teile auf den Schnitt spannen, mit feuchten Tüchern bedecken und gut trocknen lassen.
Die Schulternähte schließen, die Ärmel wie im Schnitt markiert an die Ärmelansatzkanten nähen und die Ärmel- und Seitennähte schließen.
Taillen- und Ärmelbündchen entlang der Linksreihe zur Hälfte nach innen einschlagen und mit unsichtbaren Stichen gegensäumen.

Schönes Garn – schöner Pullover Nr. 10

Farbbild Seite 42

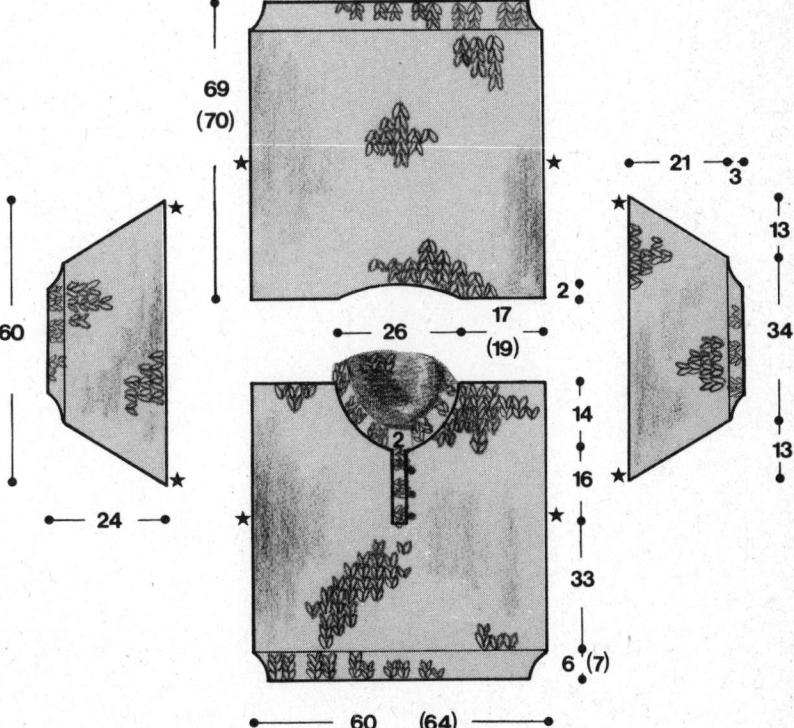

Einfach patent- gestrickt Nr. 11

Farbbild Seite 43

Pulli
für Größe 38/40 (42)

MATERIAL
Riccio von WOLLSERVICE
500 g (550 g) Gelb, Farbe 61
Lauflänge 85 m per 50 g Knäuel
(77% Baumwolle, 23% Viskose)
1 Häkelnadel Nr. 4
4 Knöpfe

MUSTER
Grundmuster: Patent
1. R: Rand M, 1 M re ★ 1 Umschlag mit 1 M li abheben, 1 M re, ab ★ wiederholen und mit 1 Rand M enden
2. R: Rand M, 1 Umschlag mit 1 M li abheben ★ 1 M re und dabei den Umschlag und die abgehobene M der Vor R zusammen re abstricken, 1 Umschlag mit 1 M li abheben, ab ★ wiederholen und mit 1 Rand M enden
Die 1. + 2. R fortlaufend wiederholen.
Maschenprobe: Mit Nadeln Nr. 5 1/2 gestrickt ergeben 13 M in der Breite und 24 R in der Höhe 10 cm im Quadrat.

AUSFÜHRUNG
Rückenteil: 68 M (72 M) mit Nadeln Nr. 4 anschlagen und das Bündchen 11 cm 1 M re – 1 M li im Wechsel stricken. Dabei innerhalb der letzten Rück R gleichmäßig verteilt noch 5 M zunehmen.
Im Grundmuster mit Nadeln Nr. 5 1/2 bis 64 cm Gesamthöhe gerade hochstricken und alle M abketten.
Vorderteil: 68 M (72 M) mit Nadeln Nr. 4 anschlagen und wie das Rückenteil beginnen.
In 26 cm Gesamthöhe für den Schlitz in der Hin R nach der 21. M die Arbeit teilen und beide Seiten getrennt weiter gerade hochstricken. In Rückenteilhöhe alle M locker abketten.
Ärmel: 37 M mit Nadeln Nr. 5 1/2 anschlagen und sofort im Grundmuster stricken. Dabei bis 36 cm Ärmelhöhe auf beiden Seiten gleichmäßig verteilt 18mal je 1 M zunehmen. Alle M locker abketten.
Ausarbeitung: Die Teile auf den Schnitt spannen, mit feuchten Tüchern bedecken und gut trocknen lassen.
Die Schulternähte 16 cm breit (bis zum Schlitz) schließen, die Ärmel wie im Schnitt markiert an die Ärmelansatzkanten nähen und die Ärmel- und Seitennähte schließen.
Um die Schlitzkanten 1 R feste M häkeln, dabei in der re Kante in 4, 8, 12 und 16 cm Höhe je 1 Knopfloch mit Luftmaschen häkeln. Die Knöpfe annähen.

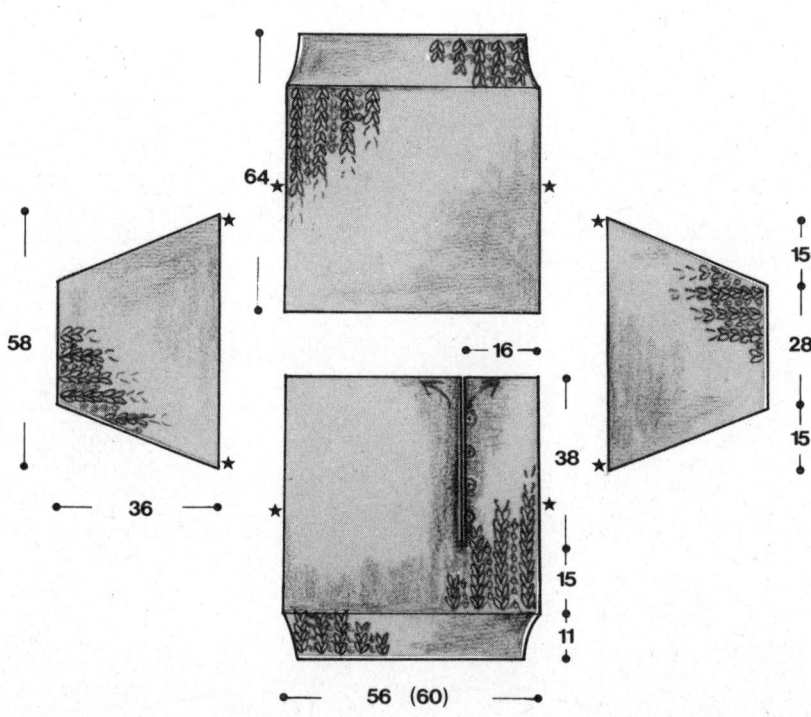

Klein und lieb
Nr. 12

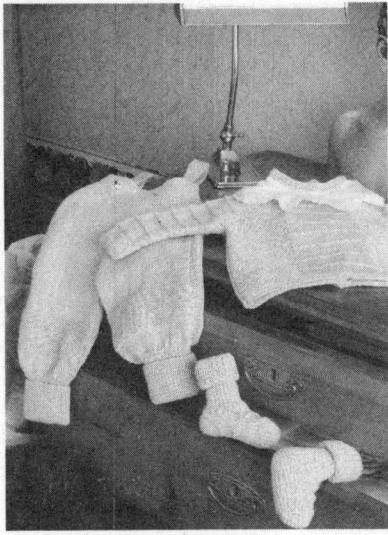

Farbbild Seite 44 + 45

Pulli und Hose

für 3 Monate (6 Monate) (9 Monate)

MATERIAL
Baby Blatt von ANNY BLATT
200 g (250 g) (300 g) Rose, Farbe 1852
Lauflänge 180 m per 50 g Knäuel
(100% Wolle)
Je 1 Paar Stricknadeln Nr. 2 und 2½
6 rosa Knöpfe

MUSTER
Grundmuster I: Glatt rechts
(Hin R re – Rück R li)
Grundmuster II: Fantasiemuster
1.–5. R: Alle M re
6. R: ★ 7 M li, 2 M re, ab ★ wiederholen
7. R: Alle M re
8. R: Wie 6. R
9. R: Alle M re
10. R: Wie 6. R
11. R: Alle M re
12. R: Wie 6. R
13. R: Alle M re
14. R: Wie 6. R
Die 1.–14. R fortlaufend wiederholen.
Maschenproben: Im Fantasiemuster mit Nadeln Nr. 2½ gestrickt ergeben 30 M in der Breite und 48 R in der Höhe 10 cm im Quadrat.
Glatt re mit Nadeln Nr. 2½ gestrickt ergeben 30 M in der Breite und 40 R in der Höhe 10 cm im Quadrat.

AUSFÜHRUNG
Anleitung Pulli: Der Pulli wird in einem Stück gestrickt. Für das Vorderteil 74 M (74 M) (83 M) mit Nadeln Nr. 2½ anschlagen und im Fantasiemuster gerade hochstricken.
In 15 cm (18 cm) (18 cm) Gesamthöhe = 70 R (84 R) (84 R) für die Ärmel auf beiden Seiten je 1mal 43 M (1mal 52 M) (1mal 52 M) neu dazu anschlagen, so daß 160 M (178 M) (187 M) auf der Nadel sind.
Nach Beendigung einer 4. R des Fantasiemusters in 21 cm (24 cm) (24 cm) Gesamthöhe = 102 R (116 R) (116 R) für den Halsausschnitt die mittleren 24 M (24 M) (25 M) abketten, die M der re Seite stillegen und über die 68 M (77 M) (81 M) der li Seite gerade hoch weiterstricken. Dabei für alle Größen die 2 Rand M des Rückenteils re kraus stricken (Hin R re – Rück R re).
Nach 32 R für das re Rückenteil ab Halsausschnitt 1mal 22 M (1mal 22 M) (1mal 27 M) zunehmen, so daß für dieses 90 M (99 M) (108 M) auf der Nadel sind.
Dabei über die 24 M (24 M) (29 M), die re M, für die Halsblende zunächst 4 R re kraus stricken und dann über alle M im Fantasiemuster weiterarbeiten.
In 35 cm (38 cm) (38 cm) Gesamthöhe, wenn nach 172 R (186 R) (186 R) eine 4. R des Fantasiemusters beendet ist, für den Ärmel 1mal 43 M (1mal 52 M) (1mal 52 M) abketten, die restl. 47 M (47 M) (56 M) noch bis 50 cm (56 cm) (56 cm) Gesamthöhe gerade hochstricken und nach wieder einer 4. R des Fantasiemusters alle M abketten.
Die stillgelegten M der re Seite für das li Rückenteil wieder aufnehmen und gegengleich dem rechten stricken. Dabei 3 M vom li Rand entfernt 4 Knopflöcher über je 1 M einstricken: für diese 2 M zusammenstricken, 1 Umschlag. Das erste Knopfloch über dem Halsausschnitt nach 2 cm arbeiten, die 3 anderen jeweils im Abstand von 6 cm. In Höhe des re Rückenteils alle M abketten.
Ausarbeitung: Zunächst mit Nadeln Nr. 2½ aus den unteren Ärmelkanten je 50 M aufnehmen und die Bündchen 5 R re kraus stricken. Alle M locker abketten. Die Seiten- und Ärmelnähte schließen. Die Knöpfe annähen.
Anleitung Hose: Für die re Beinhälfte des Vorderteils 32 M (34 M) (36 M) mit Nadeln Nr. 2 anschlagen und das Bündchen 13 cm 1 M re – 1 M li im Wechsel stricken.
Mit Nadeln Nr. 2½ weiterarbeiten und sofort innerhalb der 1. R gleichmäßig verteilt 10 M zunehmen.
Über diese 42 M (44 M) (46 M) bis auf die 3 li M glatt re stricken, über diesen 3 li M bis zur Taille hin re kraus stricken. Dabei auf der re Seite 5mal in jeder 6. R 1 M zunehmen. Es sind dann 47 M (49 M) (51 M) auf der Nadel.
Dabei aber in 3 cm (3 cm) (4 cm) Höhe ab Rippen 5 cm re kraus über alle M stricken und dann wieder im vorigen Musterrhythmus weiterarbeiten.
Nun in 26 cm (29 cm) (31 cm) Gesamthöhe für den Zwickel auf der re Seite 1mal 2 und nach 2 R noch 1mal 1 M abketten. Die restl. 44 M (46 M) (48 M) stillegen.
Für die li Beinhälfte die gleiche Maschenzahl anschlagen und gegengleich stricken.

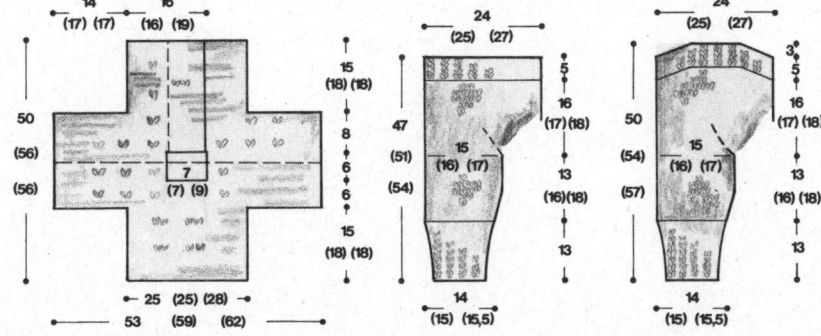

Jäckchen + Schühchen

für 3 Monate (6 Monate)

MATERIAL
Baby Blatt von ANNY BLATT
150 g (150 g) Rose, Farbe 1852
Lauflänge 180 m per 50 g Knäuel
(100% Wolle)
Je 1 Paar Stricknadeln Nr. 2½ und 3
4 Knöpfe
Einen Zierkragen

MUSTER
GRUNDMUSTER I: Glatt rechts (Hin R re – Rück R li)
GRUNDMUSTER: Rechts kraus (Hin R re – Rück R re)
GRUNDMUSTER III: Fantasiemuster in Querstreifen: ★ 8 R glatt re, 2 R re kraus, ab ★ wiederholen
MASCHENPROBEN: Mit Nadeln Nr. 3 re kraus gestrickt ergeben 26 M in der Breite und 56 R in der Höhe 10 cm im Quadrat. Mit Nadeln Nr. 3 im Fantasiemuster gestrickt ergeben 26 M in der Breite und 42 R in der Höhe 10 cm im Quadrat.

AUSFÜHRUNG
Anleitung Jäckchen
Für die linke Rückenteilhälfte 38 M (41 M) mit Nadeln Nr. 2½ anschlagen und 1 cm re kraus stricken.
Mit Nadeln Nr. 3 weiter re kraus stricken und dabei 4 M ab re Rand in 6, 12 und 18 cm Gesamthöhe je 1 Knopfloch einstricken über 1 M, d. h. 1 Umschlag und dann 2 M re zusammenstricken.
Dabei in 14 cm (15 cm) Gesamthöhe an der Seitenkante für die Raglanschrägung 1mal 2 M und dann 7mal in jeder 4. R und 10mal in jeder 2. R 1 M abketten (1mal 2 M, 7mal in jeder 4. R und 13mal in jeder 2. R 1 M abketten). In 23 cm (25 cm) Höhe die restl. 19 M abketten.

Die rechte Rückenteilhälfte gegengleich, aber ohne Knopflöcher stricken.
Vorderteil: 64 M (70 M) mit Nadeln Nr. 2½ anschlagen und 1 cm re kraus stricken. Mit Nadeln Nr. 3 weiterarbeiten und die M einteilen: 19 M (22 M) re kraus, 26 M Fantasiemuster, 19 M (22 M) re kraus.
Dabei in jedem Abschnitt der 8 Glattrechts-R des Fantasiemusters zu beiden Seiten zusätzlich 2 R re kraus stricken.
Ab 14 cm (15 cm) Gesamthöhe zu beiden Seiten die Raglanschrägungen wie beim Rückenteil arbeiten.
In 21 cm (23 cm) Höhe für den Halsausschnitt die mittleren 8 M und zu beiden Seiten noch in jeder 2. R 1mal 3, 1mal 2 und 2mal 1 M abketten. In Rückenteilhöhe die restl. 2 M abketten.
Ärmel: 36 M (38 M) mit Nadeln Nr. 2½ anschlagen und 1 cm re kraus stricken. Mit Nadeln Nr. 3 im Fantasiemuster weiterarbeiten und für die Seitenschrägungen zu beiden Seiten in jeder 8. R 6mal 1 M zunehmen (in jeder 8. R 5mal 1 und dann in jeder 6. R 3mal 1 M zunehmen). Es sind nun 48 M (54 M) auf der Nadel.
Ab 14 cm (15 cm) Gesamthöhe für die Raglanschrägungen zu beiden Seiten 1mal 2 M und dann 2mal in jeder 4. R und 14mal in jeder 2. R je 1 M abketten (1mal 2 M, 4 M höher 1mal 1 und dann 18mal in jeder 2. R je 1 M abketten). Die restl. 12 M abketten.
Ausarbeitung: Die Raglannähte schließen. Mit Nadeln Nr. 2½ aus dem Halsausschnitt 80 M aufnehmen und 2 R re kraus stricken.
In der folg. 3. R 4 M ab li Rand entfernt 1 Knopfloch einstricken. Noch 2 R stricken und in der 6. R alle M abketten.
Die Ärmel- und Seitennähte schließen. Die Knöpfe annähen. Den Kragen entlang der R, in welcher die Halsblende beginnt, annähen.

Anleitung Schühchen: 40 M mit Nadeln Nr. 2½ anschlagen und 13 cm 1 M re – 1 M li im Wechsel stricken. Mit Nadeln Nr. 3 über die 10 Mittelmaschen die Oberseite weiterstricken: 6 R glatt re, 2 R re kraus, 6 R glatt re, 2 R re kraus, 6 R glatt re. Alle M stilllegen.
Nun auf einer Seite die 15 re M wieder aufnehmen, 12 M aus der Oberseite mit dazu auffassen, die 10 stillgelegten M wieder aufnehmen, 12 M aus dem 2. Seitenrand und die 15 M der anderen Seite mit dazunehmen. Es sind nun 64 M auf der Nadel. 2 cm re kraus stricken, dann über die folg. R verteilt 10 M abnehmen, so daß 54 M übrigbleiben.
Die 2 Mittelmaschen markieren und nun zu beiden Seite dieser 2 M sowie am Anfang und Ende der R in jeder 2. R je 1 M abnehmen. Diese Abnahmen insgesamt 3mal arbeiten und die restl. 42 M abketten.
Die rückw. Naht und die Sohlennaht schließen. Dabei die ersten 8 cm des Rippenbündchens für den Umschlag auf re nähen. Das 2. Schühchen ebenso stricken.

Nun beide Teile zusammen auf eine Nadel nehmen – die Abnahmen für den Zwickel in der Mitte – und über alle M stricken:
Re der 2 Mittelmaschen einen einfachen Überzug, d. h. 1 M abheben, die folg. M stricken und die abgehobene M über die gestrickte ziehen,
li der 2 Mittelmaschen 2 M re zusammenstricken.
Diese Abnahmen nun in jeder 2. R noch 7mal wiederholen, so daß 72 M (76 M) (78 M) auf der Nadel bleiben. Ab 42 cm (46 cm) (49 cm) weiter mit Nadeln Nr. 2 den Bund 1 M re – 1 M li im Wechsel stricken. Dabei nach 2,5 cm Höhe 2 Knopflöcher einstricken: 20 M (22 M) (24 M) stricken, 2 M abketten, 28 M stricken, 2 M abketten und 20 M (22 M) (24 M) stricken. Die jeweils abgeketteten M in der folg. R wieder neu anschlagen.
Nach 5 cm Rippenmuster alle M locker abketten wie sie erscheinen.
Für die Rückenteile der Hose zunächst wie die Vorderteile beginnen, dabei nach den Bündchen jedoch nur die 3 seitlichen M re kraus, sonst über die gesamte Höhe glatt re stricken.
Ab 42 cm (46 cm) (49 cm) Gesamthöhe den oberen Bund in verkürzten R stricken: Auf beiden Seiten in jeder 2. R 6mal 4 M (6mal 4 M) (6mal 5 M) stilllegen, 1 R über alle M stricken und dann mit Nadeln Nr. 2 noch 5 cm 1 M re – 1 M li im Wechsel stricken und alle M locker abketten wie sie erscheinen.
Träger: 11 M mit Nadeln Nr. 2 anschlagen und 32 cm (36 cm) (40 cm) 1 M re – 1 M li im Wechsel stricken.
Dann jeweils 2 M zusammenstricken und alle M abketten. Den 2. Träger ebenso stricken.
Ausarbeitung: Die Seitennähte und die inneren Beinnähte schließen, dabei aber die Naht am unteren Rippenbündchen der Beine für den Umschlag zur Hälfte nach re nähen! Die Träger an der Oberkante des Rückenteils festnähen und den Knopflöchern entsprechend je einen Knopf auf das freie Trägerende nähen.

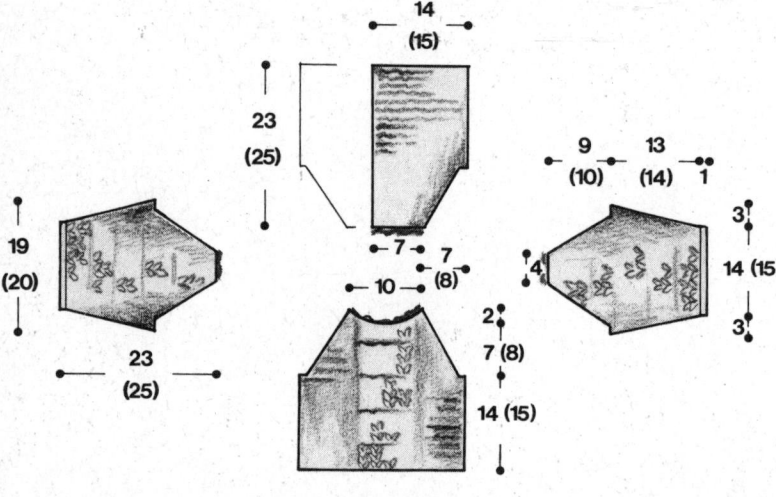

Erst stricken – dann sticken
Nr. 13/14

Farbbild Seite 46

Pullover

MATERIAL
Bonsai von WOLLSERVICE
700 g (750 g) Rosa, Farbe 1
Lauflänge 67 cm per 50 g Knäuel
(60% Viskose, 20% Wolle, 20% Acryl)
Je 1 Paar Stricknadeln Nr. 4 und 5
1 Rundstricknadel Nr. 4
und für die Blumenstickerei:
Sorrent von WOLLSERVICE
Je 50 g Rot, Farbe 7; Apricot, Farbe 5; Pink, Farbe 9; Weiß, Farbe 19; Grün, Farbe 16; Schwarz, Farbe 20

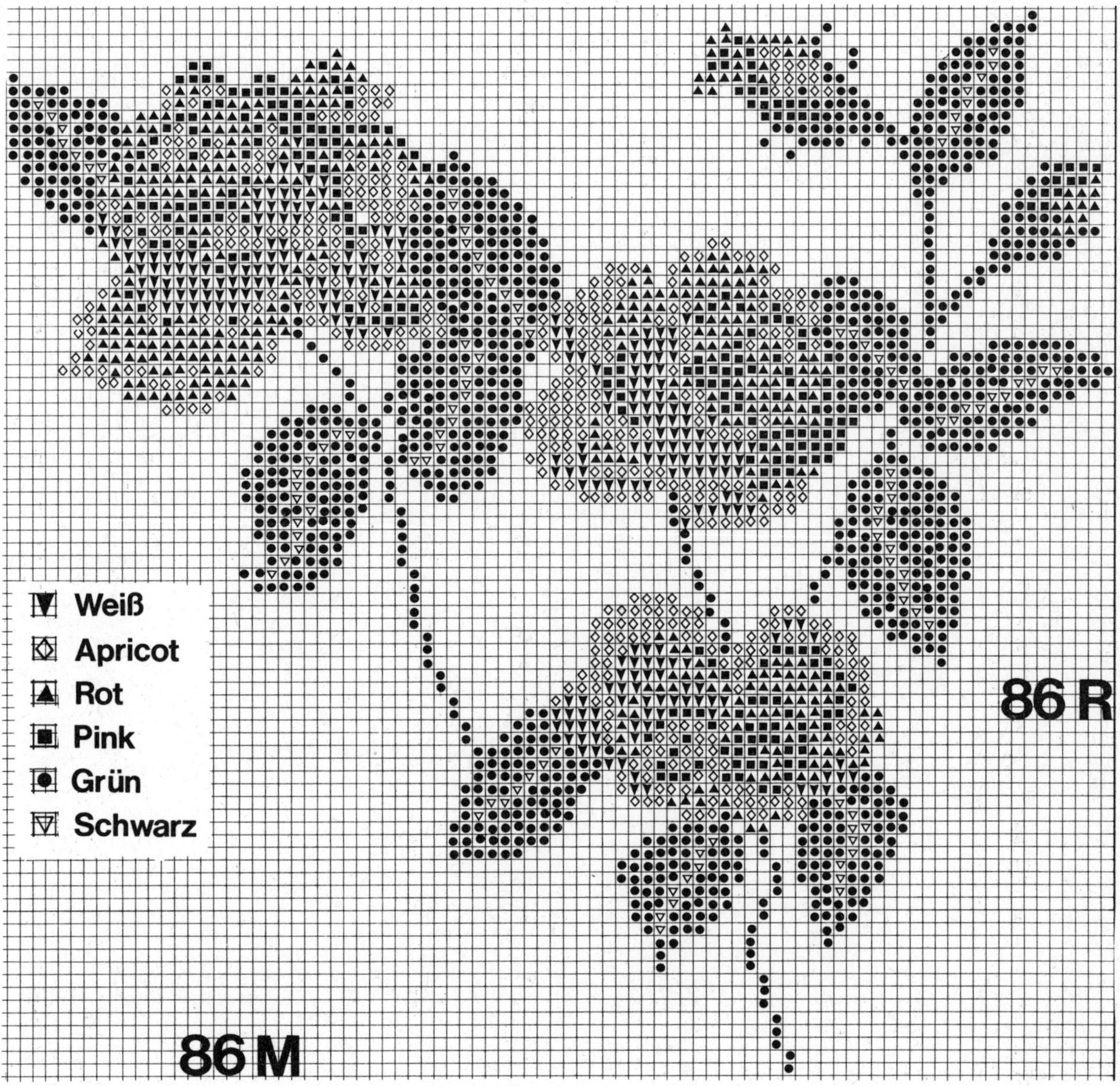

- ▽ Weiß
- ◇ Apricot
- ▲ Rot
- ■ Pink
- ● Grün
- ▽ Schwarz

86 R

86 M

Farbbild Seite 47

MATERIAL
Bonsai von WOLLSERVICE
700 g (750 g) Blau, Farbe 6
Lauflänge 67 cm per 50 g Knäuel
(60% Viskose, 20% Wolle, 20% Acryl)
Je 1 Paar Stricknadeln Nr. 4 und 5
1 Rundstricknadel Nr. 4

Und für die Blumenstickerei:
Sorrent von WOLLSERVICE
Je 50 g Rot, Farbe 7; Apricot, Farbe 5;
Pink, Farbe 9; Weiß, Farbe 19; Grün,
Farbe 16; Schwarz, Farbe 20
1 dicke Sticknadel

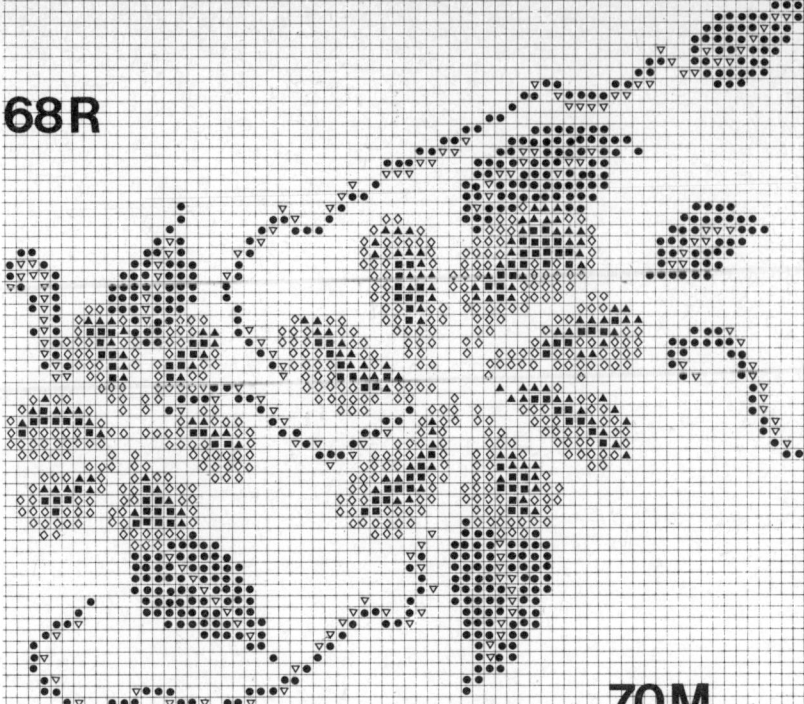

1 Kästchen = 1 M in der Breite und 1 R in der Höhe

Die Punkte = Grün, die Nullen = Schwarz, G = Gelb, s = Bordeaux, b = Braun.

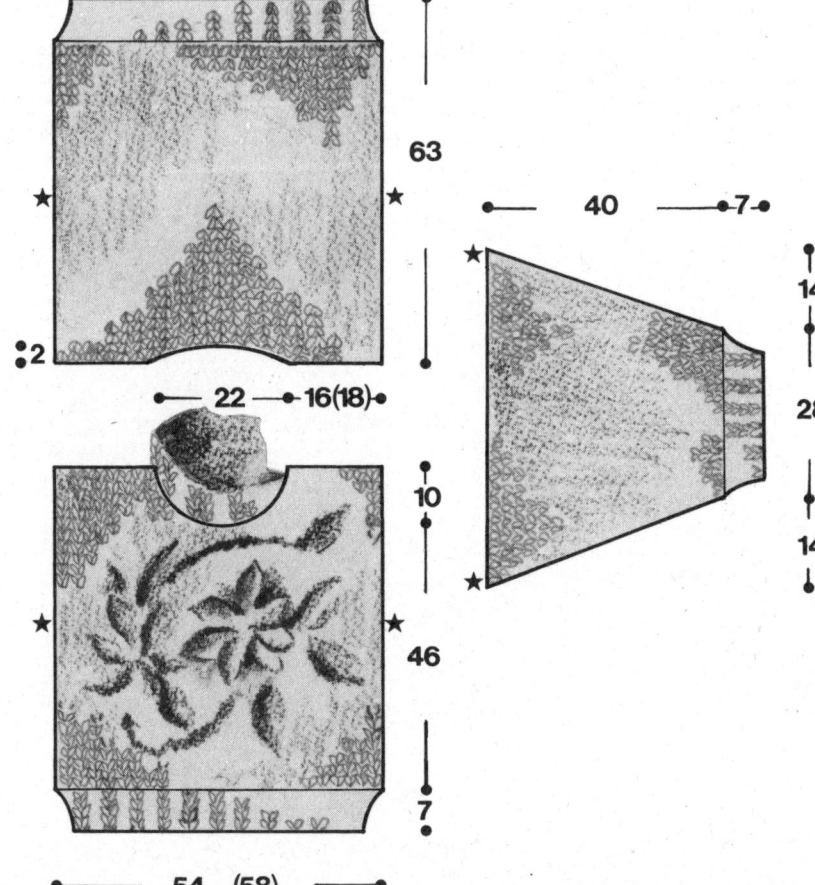

Pulli

für Größe 38/40 (42)

MUSTER
Grundmuster: Glatt rechts
(Hin R re – Rück R li)
Maschenprobe: Mit Nadeln Nr. 5 gestrickt ergeben 17 M in der Breite und 22 R in der Höhe 10 cm im Quadrat.

AUSFÜHRUNG
Rückenteil: in Blau 74 M (80 M) mit Nadeln Nr. 4 anschlagen und das Bündchen 7 cm 1 M re – 1 M li im Wechsel stricken. Dabei innerhalb der letzten Rück R gleichmäßig verteilt noch 18 M zunehmen.
Im Grundmuster mit Nadeln Nr. 5 weiterarbeiten. Bis 61 cm Gesamthöhe gerade hochstricken und dann für den Halsausschnitt die mittleren 30 M und zu beiden Seiten noch in jeder 2. R 1mal 3 und 1mal 1 M abketten. In 63 cm Höhe die Schultermaschen abketten.
Vorderteil: In Blau 74 M (80 M) mit Nadeln Nr. 4 anschlagen und wie das Rückenteil stricken.
Dabei aber schon in 53 cm Höhe mit dem Halsausschnitt beginnen: Die mittleren 18 M und zu beiden Seiten noch in jeder 2. R 1mal 4, 1mal 2 und 4mal 1 M abketten. In Rückenteilhöhe die Schultermaschen locker abketten.
Ärmel: In Blau 32 M mit Nadeln Nr. 4 anschlagen und das Bündchen 7 cm 1 M re – 1 M li im Wechsel stricken. Dabei innerhalb der letzten Rück R gleichmäßig verteilt noch 16 M zunehmen.
Im Grundmuster mit Nadeln Nr. 5 weiterarbeiten und bis 47 cm Ärmelhöhe auf beiden Seiten gleichmäßig verteilt 24mal je 1 M zunehmen. Alle M locker abketten.
Ausarbeitung: Die Teile auf den Schnitt spannen, mit feuchten Tüchern bedecken und gut trocknen lassen.
Das Vorderteil besticken: Die Mitte unterhalb des Halsausschnitts markieren und die Blumenranke nach dem Zählmuster aufsticken.
Die Schulternähte schließen, die Ärmel wie im Schnitt markiert an die Ärmelansatzkanten nähen und die Ärmel- und Seitennähte schließen.
Für die Halsblende mit der Rundnadel in Blau die M auffassen und 3 cm 1 M re – 1 M li im Wechsel stricken. Alle M im Maschenrhythmus abketten.

Schnitt und Musterzeichnungen siehe Seite 25 und 26.

Tweedoptik und Angora Nr. 15

Farbbild Seite 48

Pulli

für Größe 38/40 (42/44)

MATERIAL
Persan von WELCOMME
250 g (300 g) Ebéne, Farbe 12
Lauflänge 60 m per 50 g Knäuel
(45% Mohair, 49% Latex, 6% Polyamid)
La Brillance von WELCOMME
450 g (500 g) Gris, Farbe 01
Lauflänge 95 m per 50 g Knäuel
(100% Viskose)
L'Esquisse von WELCOMME
80 g (100 g) Perle, Farbe 02
Lauflänge 140 m per 20 g Knäuel
(65% Viskose, 35% Polyester)
Strass von WELCOMME
20 g Diam./Noir, Farbe 02
Lauflänge 110 m per 20 g Knäuel
(68% Polyamid, 32% Glas)
Je 1 Paar Stricknadeln Nr. 5 und 6
1 Rundstricknadel Nr. 5

MUSTER
Grundmuster I: Großes Perlmuster
1. R: 1 M re – 1 M li im Wechsel
2. R: Alle M stricken wie sie erscheinen
3. R: 1 M li – 1 M re im Wechsel
4. R: Alle M stricken wie sie erscheinen
Die 1.-4. R fortlaufend wiederholen.
Grundmuster II: Glatt rechts
(Hin R re – Rück R li)
Maschenprobe: Mit Nadeln Nr. 6 gestrickt ergeben 15 cm in der Breite und 22 R in der Höhe 10 cm im Quadrat.

AUSFÜHRUNG
Anleitung: Der Pulli wird in einem Stück quer gestrickt.
Für den **LINKEN ÄRMEL** in Brillance 48 M (52 M) mit Nadeln Nr. 5 anschlagen und das Bündchen 5 cm 2 M re – 2 M li im Wechsel stricken.
Dabei innerhalb der letzten Rück R gleichmäßig verteilt noch 4 M (3 M) zunehmen. Über diese 52 M (55 M) mit Nadeln Nr. 6 weiterstricken und für die Schrägungen auf beiden Seiten 21mal alle 1,5 cm je 1 M zunehmen.
Dabei im Streifenmuster stricken:
6 cm (7 cm) Perlmuster in Brillance + Esquisse
3 cm glatt rechts in Persan
2 cm glatt rechts in Brillance
7 cm (8 cm) glatt rechts in Persan + Strass
2 cm glatt rechts in Brillance
3 cm glatt rechts in Persan
10 cm Perlmuster in Brillance + Esquisse
In nun 38 cm (40 cm) Gesamthöhe sind 94 M (97 M) auf der Nadel.
Nun für das Rücken- und Vorderteil zu beiden Seiten jeweils 1mal 34 M (1mal 37 M) zunehmen und über diese 162 M (171 M) in folg. Muster stricken:
5 cm (6 cm) Perlmuster in Brillance + Esquisse
3 cm glatt rechts in Persan
9 cm (10 cm) Perlmuster in Brillance und Esquisse
3 cm glatt rechts in Persan

2 cm glatt rechts in Brillance
10 cm (11 cm) Mittelstreifen glatt rechts in Persan + Strass.
Nun nach diesen Mittelstreifen das Muster gegengleich weiterstricken, also mit 2 cm glatt re in Brillance; 3 cm glatt re in Persan beginnen usw. Dabei in 53 cm (56 cm) Gesamthöhe für den Halsausschnitt die Arbeit in der Mitte teilen (bzw. die Mittelmasche abketten), die M des Rückenteils stillegen und zunächst die li Seite des Vorderteils weiterarbeiten. Dabei an der Halskante in jeder 2. R 1mal 2 und 3mal 1 M abketten und gerade hochstricken. Nach 10 cm (11 cm) ist die Mitte der Arbeit - die Mitte des mittleren Streifens - erreicht.
Den Halsausschnitt gegengleich beenden und alle M stillegen.
Die stillgelegten M des Rückenteils wieder aufnehmen, für den Halsausschnitt 3mal in jeder 2. R 1 M abketten, bis Arbeitsmitte gerade hochstricken und den Halsausschnitt gegengleich beenden.
Beide Teile wieder auf eine Nadel nehmen (bei Gr. 42/44 noch 1 Mittelmasche zunehmen) und den Pulli gegengleich beenden. Nach dem Bündchen des re Ärmels alle M abketten wie sie erscheinen.

Ausarbeitung: In Brillance mit der Rundnadel 60 M (64 M) aus der Halskante auffassen und das Bündchen 2 cm 2 M re - 2 M li in Runden stricken. Alle M abketten wie sie erscheinen.
In Brillance 48 M (52 M) mit Nadeln Nr. 5 aus der Unterkante des Rückenteils auffassen und das Bündchen 3 cm 2 M re - 2 M li im Wechsel stricken. Alle M abketten wie sie erscheinen.
Das Taillenbündchen des Vorderteils ebenso stricken. Die Ärmel- und Seitennähte schließen.

Rock

MATERIAL
L'Esquisse von WELCOMME
100 g Perle, Farbe Nr. 02
und
La Brillance von WELCOMME
300 g (300 g) Gris, Farbe 01
Je 1 Paar Stricknadeln Nr. 4 und 4½
1 Lastexfaden in Grau
Der Rock wird durchgehend mit doppeltem Faden - 1 Faden Esquisse + 1 Faden La Brillance - gestrickt!

MUSTER
Grundmuster: Glatt rechts
(Hin R re - Rück R li)
Maschenprobe. Mit doppeltem Faden und Nadeln Nr. 4 gestrickt ergeben 17 M in der Breite und 25 R in der Höhe 10 cm im Quadrat.

AUSFÜHRUNG
Vordere Rockbahn: 82 M (88 M) mit Nadeln Nr. 4½ anschlagen und 2 cm 2 M re - 2 M li im Wechsel stricken. Mit Nadeln Nr. 4 glatt re weiter gerade hochstricken.
In 62 cm (65 cm) Gesamthöhe an beiden Außenkanten je 1 M abketten, noch 6 cm Taillenbund 2 M re - 2 M li im Wechsel stricken und alle M abketten wie sie erscheinen.
Rückw. Rockbahn: Ebenso stricken.
Ausarbeitung: Die Seitennähte schließen. Durch die oberen und unteren R des gerippten Taillenbundes einen doppelten Lastexfaden ziehen.

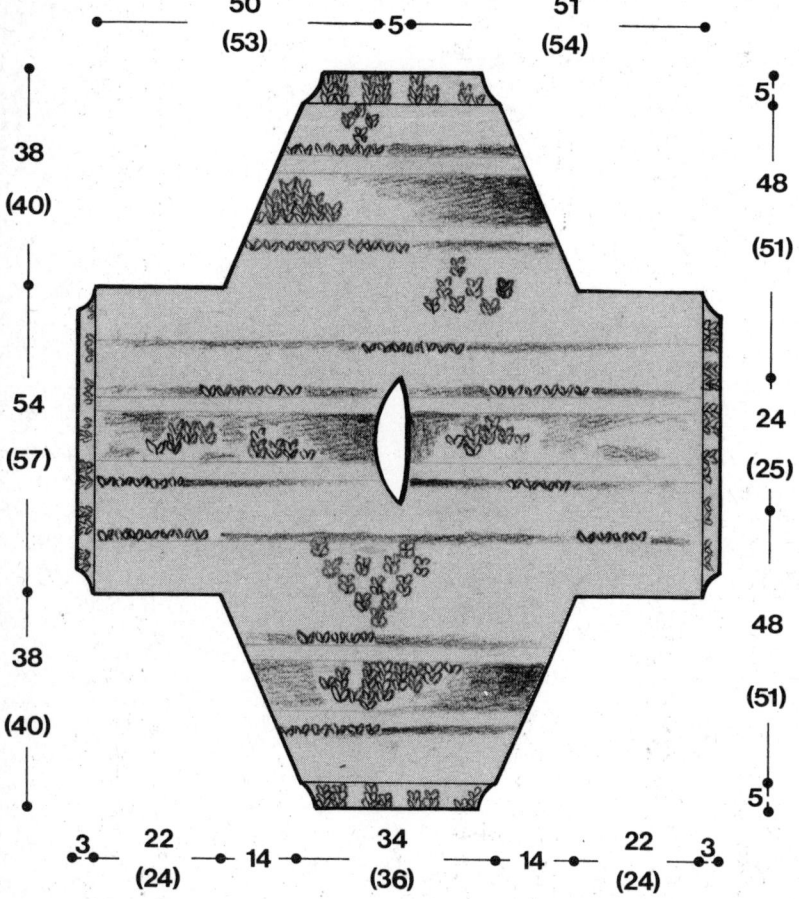

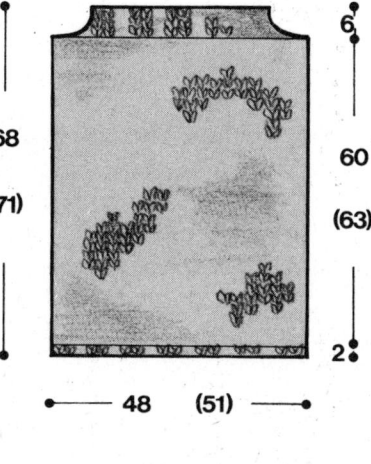

Stricken mit Zopfmustern und Noppen

Glatt rechts und links kann man auch Zöpfe stricken

Zopfmuster gehören zu den ältesten Strickmustern überhaupt. Sie sind variierbar wie die Lottozahlen, aber in ihrem Falle ist es viel, viel einfacher, zu den „richtigen" zu kommen.
Es bereitet keine Schwierigkeit, eine bestimmte Anzahl von Maschen mit einer anderen, meist ebensolchen zu verkreuzen – dies ist der meistgebrauchte Fachausdruck –, und dieses Verkreuzen bedeutet ganz einfach, daß diese bestimmte Maschenzahl entweder auf der Vorder- oder Rückseite der Arbeit an der entsprechenden Maschenzahl vorbeigeführt wird.
Das heißt bei uns:
1 oder mehrere Maschen auf einer Hilfsnadel vor die Arbeit legen

oder 1 oder mehrere Maschen auf einer Hilfsnadel hinter die Arbeit legen.
Man kann Zöpfe in ganz schmalen ebenso wie breiten Streifen stricken, doppelte Zöpfe, dreifache, vierfache, ja man kann sogar über die gesamte Breite eines Schnittteiles „geflochten" stricken. Die Variationsmöglichkeiten sind überaus vielfältig.
Bei Zapfmustern ist die Maschenprobe noch wichtiger als bei glatt gestrickten Mustern.

Denn Zöpfe beanspruchen viel von der Weite, mehr also als ein glatt gestricktes Muster. In den meisten Fällen ist die Maschenprobe für glatt rechts, glatt links oder z. B. für Perlmuster angegeben. Hier freilich ergeben sich dann ganz andere Maschenzahlen, als für ein Zopfmuster notwendig sind.
Es ist deshalb sehr ratsam, einen Zopfmusterstreifen als Probe vorher zu stricken und besonders sorgfältig auszumessen.

Noppen und Blätter sind häufige Begleiter von Zopfmustern

Für Noppen gibt es mehrere Möglichkeiten. Die einfachste und bekannteste ist diese: Auf der Rückseite einer Arbeit aus der betreffenden Grundmasche die entsprechende Maschenzahl herausstricken, z. B. 5 Maschen. Da wird nun abwechselnd aus dem vorderen und dem hinteren Maschenglied je 1 Masche herausgestrickt. Diese Maschen werden dann mit der linken Nadel über diese zuletzt gestrickten Maschen übergezogen.
Diese Art Noppen werden immer auf der Rückseite der Arbeit gestrickt, weil sie ja dann auf die Vorderseite durchschlüpfen!
Es gibt noch eine zweite, schönere Möglichkeit, plastischere Noppen zu arbeiten:
Auf der Vorderseite der Arbeit aus der Grundmasche ★ mit der rechten Nadel aus dem vorderen Maschenglied eine Schlaufe auf die rechte Nadel holen, mit der linken Nadel in diese Schlaufe einstechen und als Masche abstricken.
Nun mit der rechten Nadel aus dem rückwärtigen Maschenglied ebenfalls eine Schlaufe holen, mit der linken Nadel in diese einstechen und als Masche abstricken. Diesen Vorgang ab ★ je nach Bedarf wiederholen.
Zum Abschluß die Grundmasche von der linken Nadel gleiten lassen und mit der linken Nadel alle

neuen Maschen über die letzte „überziehen". Probieren Sie diese Noppen aus. Sie sind viel einfacher zu stricken, als es nach der Beschreibung scheint, und können auch nicht wieder „wegschlüpfen".

Nun gibt es aber auch
ganz dicke Noppen
Diese liegen, wie auf dem Bild ersichtlich, auf. Für diese werden aus der Grundmasche die jeweils angegebenen Maschen herausgestrickt, diese Maschen gesondert, je nach Angabe, 3, 4 oder 5 Reihen im Muster weitergestrickt – glatt rechts oder links oder kraus, eben dem Muster entsprechend – und dann alle Maschen zusammengestrickt. Die letzte verbleibende Masche wird nun wieder in das Strickstück eingefügt.

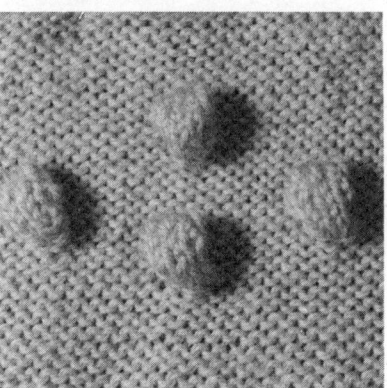

Auch Blätter
werden aus einer Grundmasche gearbeitet. Dabei freilich verändert sich die gesamte Maschenzahl für einige Reihen, was aber für den Musterverlauf keine Bedeutung hat.
Unser Musterblatt ist ganz einfach nachzuarbeiten:
1. R: 1 Umschlag, 1 Masche rechts, 1 Umschlag
2. R: 3 Maschen links
3. R: 1 M re, 1 Umschlag, 1 M re, 1 Umschlag, 1 M re
4. R: 5 M links
5. R: 2 M re, 1 Umschlag, 1 M re, 1 Umschlag, 2 M re
6. R: 7 M li
7. R: 3 M re, 1 Umschlag, 1 M re, 1 Umschlag, 3 M re
8. R: 9 M li
9. R: 4 M re, 1 Umschlag, 1 M re, 1 Umschlag, 4 M re
10. R: 11 M li
11. R: 11 M re
12. R: 11 M li
13. R: 1 einfacher Überzug, d. h. 1 M re abheben, 1 M re stricken und die abgehobene M über diese ziehen, weiter 7 M re, 2 M re zusammenstricken

14. R: Alle 9 M li
15. R: 1 einfacher Überzug, 5 M re, 2 M re zusammenstricken
16. R: Alle 7 M li
17. R: 1 einfacher Überzug, 3 M re, 2 M re zusammenstricken
18. R: Alle 5 M li
19. R: 1 einfacher Überzug, 1 M re, 2 M re zusammenstricken
20. R: Alle 3 M li
21. R: 3 M re zusammenstricken, d. h. 1 M re abheben, 2 M re zusammenstricken und die abgehobene M überziehen
22. R: 1 M li

Bei unserem Blattmuster haben wir die Umschläge ganz normal links abgestrickt. Wenn aber das Blattmuster kein „Lochgerippe" haben soll, dann müssen alle Umschläge links verschränkt abgestrickt werden.
Zöpfe, Knötchen und Blätter sind also kein Problem. Diese Muster sind sehr einfach zu stricken und bieten eine Vielzahl von Möglichkeiten.

Jacken und ihre Blenden

Besonders Jacken werden gerne in Zopfmustern gestrickt. Und die Blenden bzw. Leisten derselben scheinen manchen ein Problem zu sein.
Kein Problem, überhaupt nicht. Natürlich sind sorgfältig gearbeitete Strickteile Voraussetzung dafür, Blenden „kunstgerecht" anzustricken. Also alle Teile – Vorderteile, Rückenteil und Ärmel – mit schönen Kanten, Randmaschen also!, zu Ende stricken, auf den Schnitt spannen – wenn angegeben, auch vorsichtig von links dämpfen – denn dann haben Sie glatte Teile vor sich liegen, keine Schläuche, was die Endarbeit wesentlich erleichtert. Als erstes werden immer die Schulternähte geschlossen.
Bei einer Jacke mit V-Ausschnitt werden dann mit einer ausreichend langen Rundnadel die Maschen ringsum aufgefaßt, d. h. an einer Ecke einer vorderen Kante beginnen, über diese entlang der Ausschnittschrägung, der rückwärtigen Halskante, der zweiten Ausschnittschrägung und der gegenüberliegenden vorderen Kante wieder bis zur unteren Ecke die Maschen aufnehmen: Zwischen jedem Knötchen je 1 Masche herausfassen und entlang der rückwärtigen Halskante aus jeder Masche je 1 Masche auffas-

sen. Dabei bitte nicht der Einfachheit halber aus den vorhandenen Löchern, welche ja immer beim Abketten entstehen, sondern nur aus den Maschen wieder Maschen aufnehmen!
Dabei auch bei den unteren Kanten wirklich ganz unten beginnen und enden, damit die Blende später nicht „hochspringen" kann.

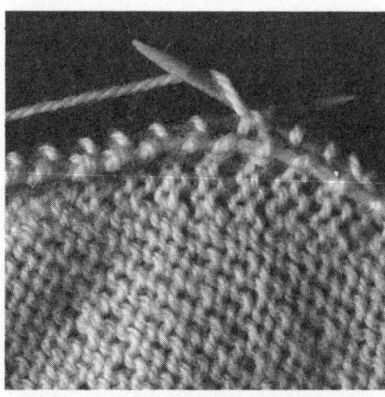

Die 1. Reihe ist immer eine Rückreihe, dazu mit Randmasche und je nach Muster ein oder zwei Maschen links stricken, im Musterrhythmus weiterarbeiten und dieses immer gegengleich beenden! Damit die Blende nicht zusammenzieht, müssen in dieser 1. Reihe Maschen zugenommen werden, was in der Regel so geschieht: Randmasche, 1 Masche stricken, 1 Umschlag ★ 3 Maschen stricken, 1 Umschlag, ab ★ wiederholen und die Reihe gegengleich beenden. Dabei ist zu beachten, daß an der rückwärtigen Halskante immer 6-8 Maschen abgenommen werden können, d. h. 6-8mal gleichmäßig verteilt jeweils 2 M zusammenstricken.
Bei rechts-kraus oder Patent gestrickten Teilen müssen in der Regel aber keine zusätzlichen Maschen mehr aufgenommen werden. Hier kann die Blende in der erforderlichen Breite angestrickt werden.
In der gewünschten Höhe geschieht das Abketten immer in einer Rückreihe. „Im Maschenrhythmus abketten" oder alle Maschen abketten „wie sie erscheinen" bedeutet immer, rechte Maschen rechts und linke Maschen links abzuketten.

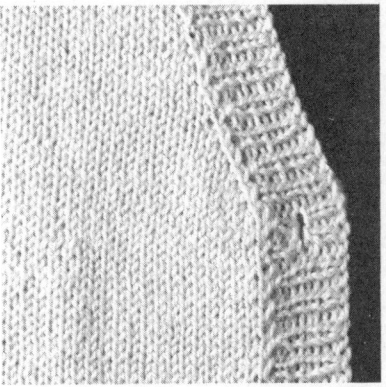

Bei hochgeschlossenen Jacken werden die Maschen aus der Halsrundung aufgefaßt, auch hier jeweils 1 Masche aus einer Masche. Hier freilich kann es vorkommen, daß entlang der vorderen Rundung einige Maschen zugenommen werden müssen. Wobei wieder, wie schon beschrieben, auch hier aus der rückwärtigen Halskante einige Maschen abgenommen werden müssen. Auch das ist Gefühlssache.
Das so ausgerechnete „ausgetüftelte" Bündchen kann nun im Maschenrhythmus abgestrickt werden.

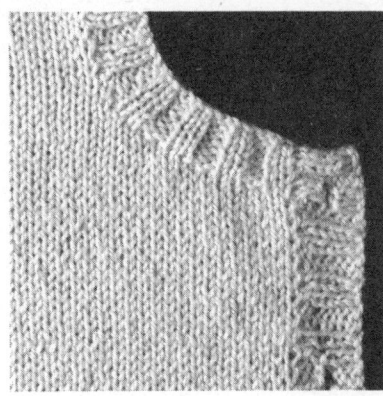

Ein breiter Zopf Nr. 16

Farbbild Seite 81

Pulli
für Größe 38/40 (42/44)

MATERIAL
Pearl'Anny von ANNY BLATT
650 g (700 g) Ecru, Farbe 1458
Lauflänge 150 m per 50 g Knäuel
(100% Baumwolle)
Je 1 Paar Stricknadeln Nr. 4½ und 5½
1 Häkelnadel Nr. 4½

MUSTER
Der Pulli wird durchgehend mit doppeltem Faden gearbeitet
Grundmuster I: Kleines Perlmuster
1. R: 1 M re - 1 M li im Wechsel
2. R: 1 M li - 1 M re im Wechsel
Die 1. + 2. R fortlaufend wiederholen.
Grundmuster II: Falsches Patentmuster. Maschenzahl teilbar durch 4 plus 1 M und 2 Rand M
1. R: Rand M ★ 2 M re, 1 M li, 1 M re, ab ★ wiederholen. Die R endet mit 1 M re, Rand M
2. R: Rand M, 1 M li ★ 3 M re, 1 M li, ab ★ wiederholen und mit 1 Rand M enden
Die 1. + 2. R fortlaufend wiederholen.
Zopfstreifen: 16 M breit
1.-4. R: 3 M glatt links (Hin R li – Rück R re), 10 M glatt rechts (Hin R re – Rück R li), 3 M glatt li
5. R: 3 M li, 5 M auf einer Hilfsnadel vor die Arbeit legen, 5 M re, die 5 M von der Hilfsnadel re abstricken, 3 M li
6. R: Alle M stricken wie sie erscheinen
7.-14. R: Wie 1.-4. R

15. R: Wie 5. R
Die 5.-14. R fortlaufend wiederholen.
Maschenproben: Doppelten Faden beachten! Im Perlmuster mit Nadeln Nr. 4½ gestrickt ergeben 16 M in der Breite und 26 R in der Höhe 10 cm im Quadrat.
19 M im falschen Patentmuster, mit Nadeln Nr. 5½ gestrickt sind 10 cm breit. 1 Zopfstreifen 16 M breit mit Nadeln Nr. 5½ gestrickt ist 7 cm breit.

AUSFÜHRUNG
Anleitung: Der Pulli wird in einem Stück gestrickt.
Für das Vorderteil 90 M (94 M) mit Nadeln Nr. 4½ anschlagen und das Bündchen 7 cm 2 M re – 2 M li im Wechsel stricken. Noch 1 R re M auf der li Arbeitsseite stricken und in dieser R gleichmäßig verteilt noch 17 M (21 M) zunehmen, so daß 107 M (115 M) auf der Nadel sind.
Mit Nadeln Nr. 5½ weiterarbeiten und die M einteilen: Rand M, 21 M (25 M) falsches Patent, 16 M ZOPF, 31 M Perlmuster, 16 M ZOPF, 21 M (25 M) falsches Patent, Rand M.
Wichtig: Bei Größe 38/40 beginnt das Überkreuzen des Zopfes wie im Muster angegeben in der 5. R, bei Größe 42/44 aber erst in der 7. R!
Im Musterrhythmus gerade hochstricken und in 38 cm Gesamthöhe zu beiden Seiten die Rand M für die Armausschnitte kennzeichnen.
In 48 cm (49 cm) Gesamthöhe für den Halsausschnitt die mittleren 11 M abketten und beide Seiten getrennt weiterstricken. Dabei für die Rundung in jeder 2. R 1mal 3, 3mal 2 und 3mal 1 M abketten, die 36 M (40 M) im Musterrhythmus 32 R gerade hochstricken, dann wieder 1mal 1 M und in jeder 2. R 2mal 1, 3mal 2 und 1mal 3 M zunehmen und die M stillegen.
Die 2. Halsausschnittseite gegengleich stricken.
Nun wieder über alle M stricken. Die stillgelegten M wieder auffassen und dazwischen für die rückw. Halskante 1mal 11 M neu dazu anschlagen, so daß wieder 107 M (115 M) auf der Nadel sind.
Weiter im Muster gerade hochstricken und in 80 cm (82 cm) Gesamthöhe die Rand M zu beiden Seiten für den rückw. Armausschnitt kennzeichnen.
In 111 cm (113 cm) Gesamthöhe 1 R re M auf der li Arbeitsseite stricken. Dabei gleichmäßig verteilt 17 (21) M abnehmen. 7 cm 2 M re – 2 M li im Wechsel stricken und alle M locker abketten, wie sie erscheinen.
Ausarbeitung: Die Seitennähte schließen. Um den Halsausschnitt und die Armausschnitte je 1 Rd feste M und 1 Rd feste M im Krebsstich häkeln. (Krebsstich: Feste M von li nach re häkeln.)

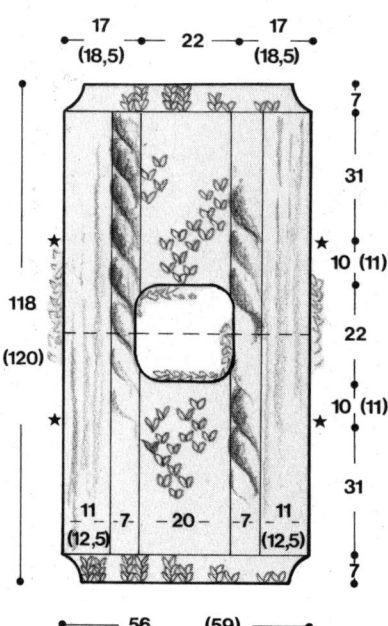

Nr. 1

Selbst als blutige Anfängerin können Sie diesen tollen Pullover stricken. Das ausgefallene Garn sorgt für die entsprechende Wirkung.

Nr. 2

Ein auffälliges Garn, dicke Nadeln und wenige Stunden Arbeit ergeben diese hübsche Jacke für viele Gelegenheiten.

Nr. 3

Eine modische Variante der bekannten Trachtenjacke ist dieses Modell aus lustigem buntem Fransengarn.

Nr. 4

Rechte und linke Maschen in einem Effektgarn ergeben einen schönen Licht-Schatteneffekt. So entsteht große Wirkung mit wenig Arbeit.

Nr. 5

Dem Polostil angelehnt ist dieser Pullover mit Knopfleiste. Das lange Bündchen macht eine schlanke Figur und die Weite sorgt für bequeme Lässigkeit.

Nr. 7

Ein lässiger Hemdpullover mit
großzügigem Rippenmuster. Chic
und lässig – auch mit Bluse oder
T-Shirt zu tragen.

Nr. 6

Im langen geraden Hemdenstil. Ein
schicker Pullover mit einem
auffälligen Strukturmuster. Alles
sieht viel schwieriger aus als es ist.

Nr. 8
Ein sportlich salopper Baumwollpullover mit wechselnder Strukturoptik. Ein Pullover für viele Gelegenheiten.

Nr. 9
Ein einfaches Perlmuster und glatt linke Flächen werden bei diesem Pulli von glatt rechts gestrickten „Bändern" gegeneinander abgesetzt.

Nr. 10

Ein ganz einfaches Hemd aus einem Baumwolleffektgarn mit Knopfleiste. Dieser Pulli paßt in das Garderobenkonzept und wird auch nicht so schnell „out" sein.

Nr. 11

Großzügig salopp ist dieser Pullover aus einem Baumwollfransengarn. Der Knopfverschluß ist modisch zur Seite verschoben und ergibt so einen schönen Krageneffekt.

Nr. 12

Für alle Mütter, Großmütter und Tanten sind diese 2 Seiten gedacht. Entzückende kleine Pullis, Socken und eine Hose für das Nesthäkchen. Wer hat da nicht Lust sofort anzufangen?

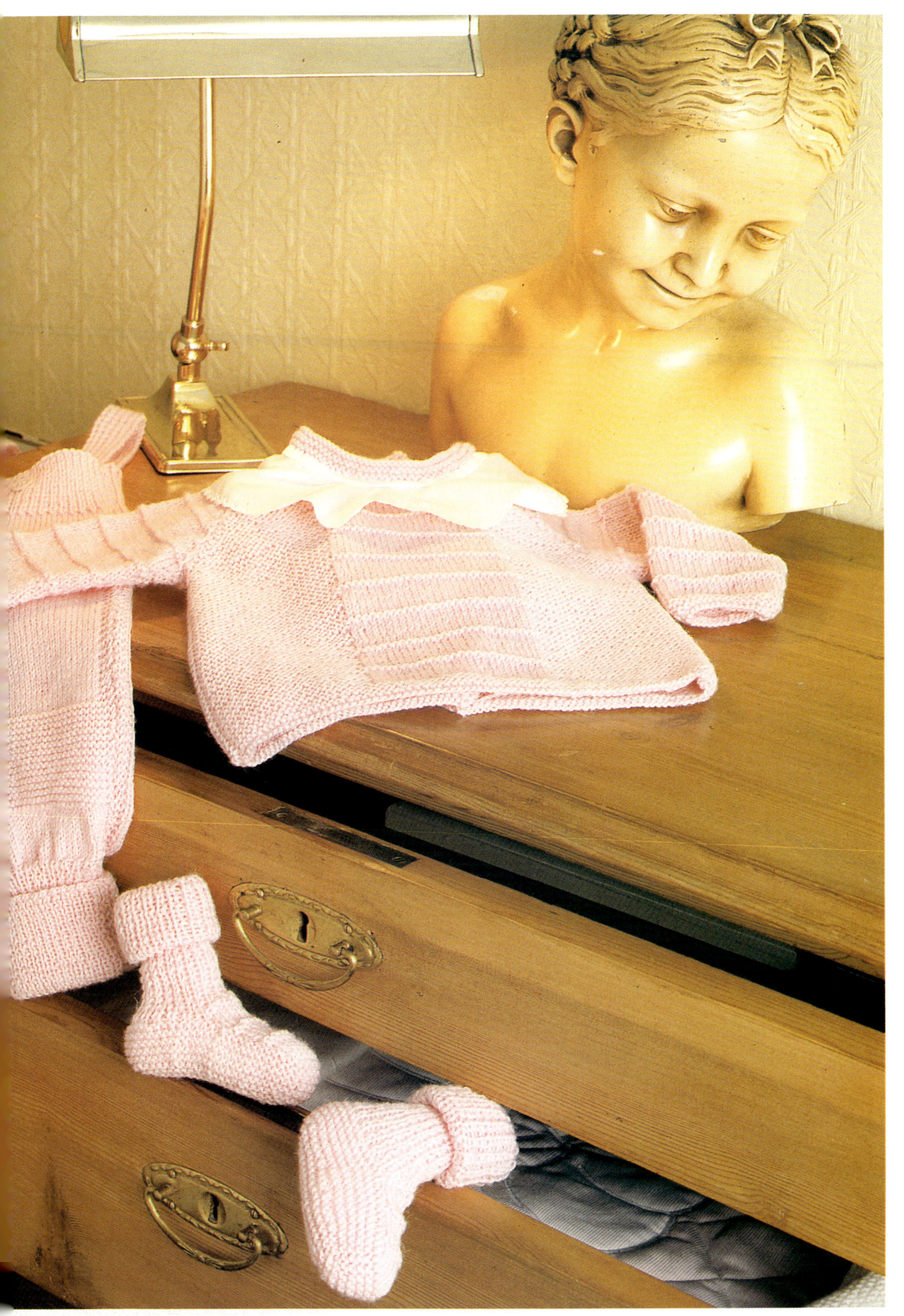

Nr. 13/14

Ganz einfach gestrickt sind diese zwei Pullis aus einem schimmernden Effektgarn. Die großen Blumenmotive sind nachträglich mit Maschenstichen nach der Zählvorlage aufgestickt.

Nr. 15

2-Teiler – saloppe Pullis und schmale Röcke sind modische Renner. Eine schicke Schwarzweiß-Kombination aus Tweedeffekt und schmeichelndem Angora.

Fröhliche Farben
Nr. 17/18

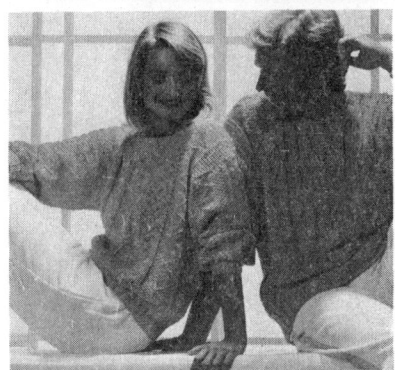

Farbbild Seite 82/83

Pulli
für Größe 38/40

MATERIAL
Solemio von WOLLSERVICE
850 g Gelb, Farbe 803
Lauflänge 65 m per 50 g Knäuel
(100% Baumwolle)
Je 1 Paar Stricknadeln Nr. 3½ und 5
1 Rundstricknadel Nr. 3½

MUSTER
Grundmuster: Alle 3 Musterstreifen nach der Strickschrift arbeiten:
1 Kästchen = 1 M in der Breite und 1 R in der Höhe.
R = Rand M
Die Punkte = Glatt rechts (Hin R re – Rück R li)
Die leeren Felder = Glatt links (Hin R li – Rück R re)
Die versetzten Punkte = Perlmuster (1 M re – 1 li, in jeder R versetzt)

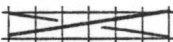

3 re M auf einer Hilfsnadel hinter die Arbeit legen, 3 re M, die 3 M von der Hilfsnadel re abstricken

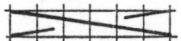

3 re M auf einer Hilfsnadel vor die Arbeit legen, 3 re M, die 3 M von der Hilfsnadel re abstricken

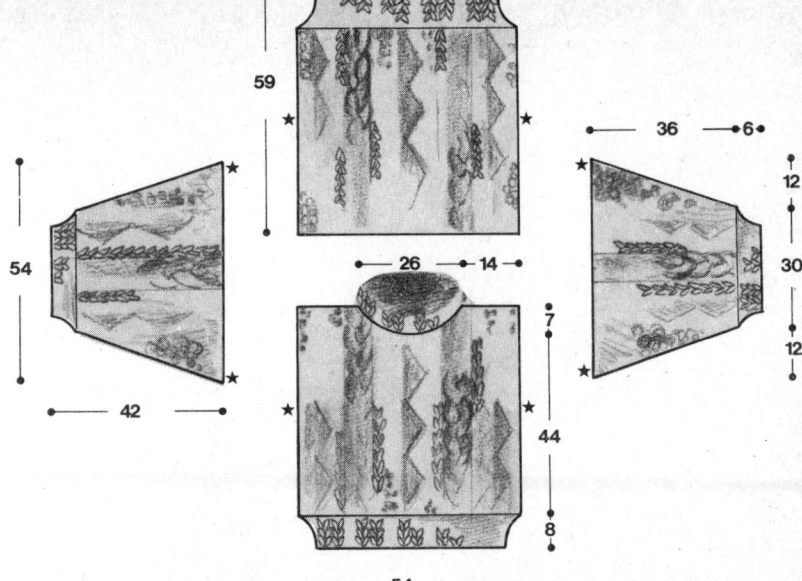

Maschenprobe: Mit Nadeln Nr. 5 glatt re gestrickt ergeben 18 M in der Breite und 23 R in der Höhe 10 cm im Quadrat.

AUSFÜHRUNG
Rückenteil: 80 M mit Nadeln Nr. 3½ anschlagen und das Bündchen 8 cm 2 M re – 2 M li im Wechsel stricken. Dabei innerhalb der letzten Rück R gleichmäßig verteilt noch 18 M zunehmen. Im Grundmuster mit Nadeln Nr. 5 nach der Strickschrift weiterarbeiten und alle 98 M aufteilen: Rand M, 6 M Perlmuster, 10 M Zackenmuster, 6 M Perlmuster, 15 M ZOPF, 6 M Perlmuster, 10 M Zackenmuster, 6 M Perlmuster, 15 M ZOPF, 6 M Perlmuster, 10 M Zackenmuster, 6 M Perlmuster, Rand M. Im Musterrhythmus bis 59 cm Gesamthöhe gerade hochstricken und alle M abketten.
Vorderteil: 80 M mit Nadeln Nr. 3½ anschlagen und wie das Rückenteil stricken. Dabei aber in 52 cm Gesamthöhe für den Halsausschnitt die mittleren 18 M und zu beiden Seiten noch in jeder 2. R 2mal 3, 4mal 2 und 1mal 1 M abketten. In Rückenteilhöhe die Schultermaschen abketten.
Ärmel: 38 M mit Nadeln Nr. 3½ anschlagen und das Bündchen 6 cm 2 M re – 2 M li im Wechsel stricken. Dabei innerhalb der letzten Rück R gleichmäßig verteilt noch 23 M zunehmen. Im Grundmuster mit Nadeln Nr. 5 nach der Strickschrift weiterarbeiten und die M aufteilen: Rand M, 6 M Perlmuster, 10 M Zackenmuster, 6 M Perlmuster, 15 M ZOPF, 6 M Perlmuster, 10 M Zackenmuster, 6 M Perlmuster, Rand M = 61 M.
Im Musterrhythmus bis 42 cm Ärmelhöhe stricken und dabei zu beiden Seiten gleichmäßig verteilt 20mal je 1 M zunehmen, d. h. während der Zunahmen noch 10 M Zackenmuster dazustricken und bei entsprechender Breite im Perlmuster bis zu den Ärmelrändern arbeiten, so daß es nur einen Mittelzopfstreifen gibt! In 42 cm Höhe alle M locker abketten.
Ausarbeitung: Die Teile auf den Schnitt spannen, mit feuchten Tüchern bedecken und gut trocknen lassen. Die Schulternähte schließen, die Ärmel wie im Schnitt markiert an die Ärmelansatzkanten nähen und die Ärmel- und Seitennähte schließen.
Mit der Rundnadel die M aus der Halskante auffassen und die Blende 2 cm 2 M re – 2 M li im Wechsel stricken. Alle M im Maschenrhythmus abketten.

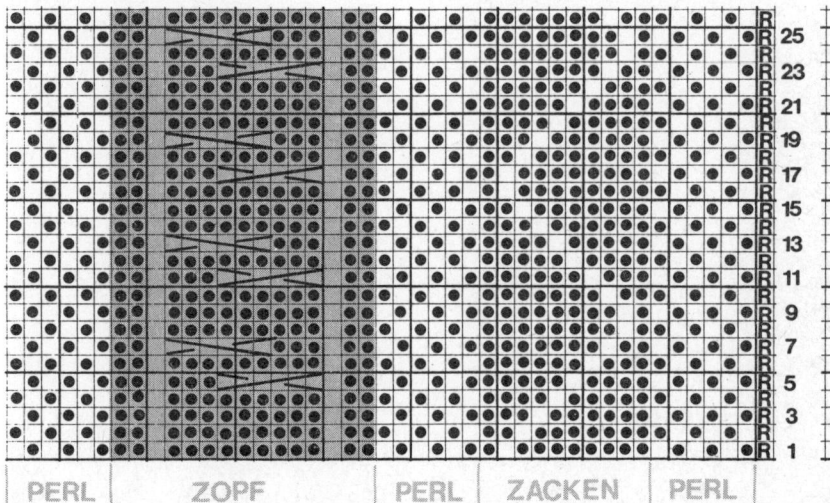

Pullover

für Größe 48/50

MATERIAL
Solemio von WOLLSERVICE
1050 g Türkisblau, Farbe 808
Lauflänge 65 m per 50 g Knäuel
(100% Baumwolle)
Je 1 Paar Stricknadeln Nr. 3½ und 5
1 Rundstricknadel Nr. 3½

MUSTER
Grundmuster: Zopfstreifen nach der Strickschrift arbeiten:
1 Kästchen = 1 M in der Breite und 1 R in der Höhe
R = Rand M
Die Punkte = glatt rechts (Hin R re - Rück R li)
Die leeren Felder = glatt links (Hin R li - Rück R re)

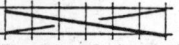
3 re M auf einer Hilfsnadel vor die Arbeit legen, 3 M re, die 3 M von der Hilfsnadel re abstricken

1 li M auf einer Hilfsnadel hinter die Arbeit legen, 2 M re, die M von der Hilfsnadel li abstricken

2 re M auf einer Hilfsnadel vor die Arbeit legen, 1 M li, die 2 M von der Hilfsnadel re abstricken

Maschenprobe: Mit Nadeln Nr. 5 glatt re gestrickt ergeben 18 M in der Breite und 23 R in der Höhe 10 cm im Quadrat.

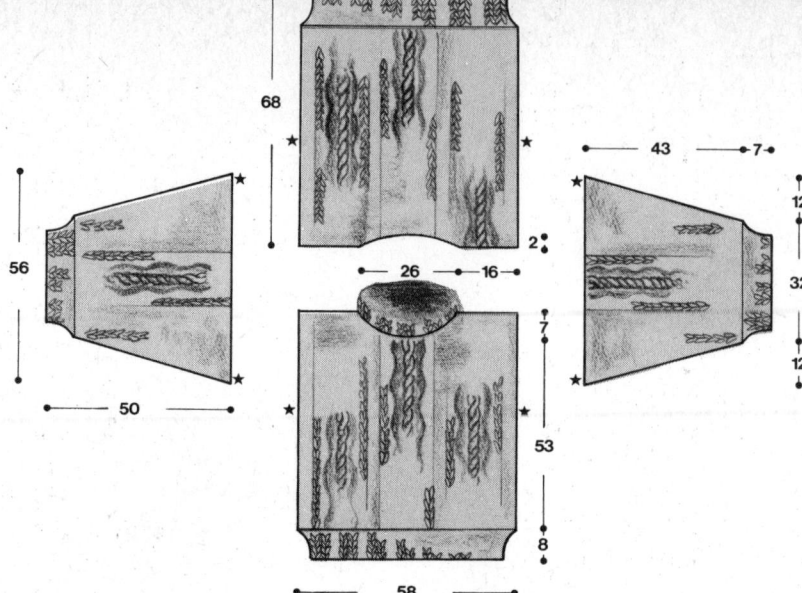

AUSFÜHRUNG
Rückenteil: 84 M mit Nadeln Nr. 3½ anschlagen und das Bündchen 8 cm 2 M re - 2 M li im Wechsel stricken. Dabei innerhalb der letzten Rück R gleichmäßig verteilt noch 20 M zunehmen.
Im Grundmuster mit Nadeln Nr. 5 weiterarbeiten und die 104 M aufteilen: Rand M, 3mal 32 M Musterrapport, 6 M glatt li, Rand M. Im Musterrhythmus gerade hochstricken und dabei in 66 cm Gesamthöhe für den Halsausschnitt die mittleren 26 M und zu beiden Seiten noch in jeder 2. R 2mal 5 M abketten. In 68 cm Höhe alle M abketten.

Vorderteil: 84 M mit Nadeln Nr. 3½ anschlagen und wie das Rückenteil stricken. Dabei aber schon in 61 cm Gesamthöhe mit dem Halsausschnitt beginnen: die mittleren 20 M und zu beiden Seiten noch in jeder 2. R 1mal 4, 1mal 3, 2mal 2 und 2mal 1 M abketten. In Rückenteilhöhe die Schultermaschen abketten.

Ärmel mit Mittelzopfstreifen: 40 M mit Nadeln Nr. 3½ anschlagen und das Bündchen 7 cm 2 M re - 2 M li im Wechsel stricken. Dabei innerhalb der letzten Rück R gleichmäßig verteilt noch 22 M zunehmen.
Im Grundmuster mit Nadeln Nr. 5 weiterarbeiten und die 62 M aufteilen: Rand M, 9 M glatt li, 2 M glatt re-Streifen, die 32 M Zopfmusterrapport nach dem Zählmuster, 6 M glatt li, 2 M glatt re-Streifen, 9 M glatt li, Rand M. Im Musterrhythmus bis 50 cm Ärmelhöhe stricken und dabei auf beiden Seiten gleichmäßig verteilt 20mal je 1 M zunehmen. Alle seitlichen Zunahmen werden glatt li gestrickt! In 50 cm Gesamthöhe alle M locker abketten.

Ausarbeitung: Die Teile auf den Schnitt spannen, mit feuchten Tüchern bedecken und gut trocknen lassen. Die Schulternähte schließen, die Ärmel wie im Schnitt markiert an die Ärmelansatzkanten nähen und die Ärmel- und Seitennähte schließen.
Mit der Rundnadel die M aus der Halskante auffassen und die Blende 3 cm 2 M re - 2 M li im Wechsel stricken. Alle M im Maschenrhythmus abketten.

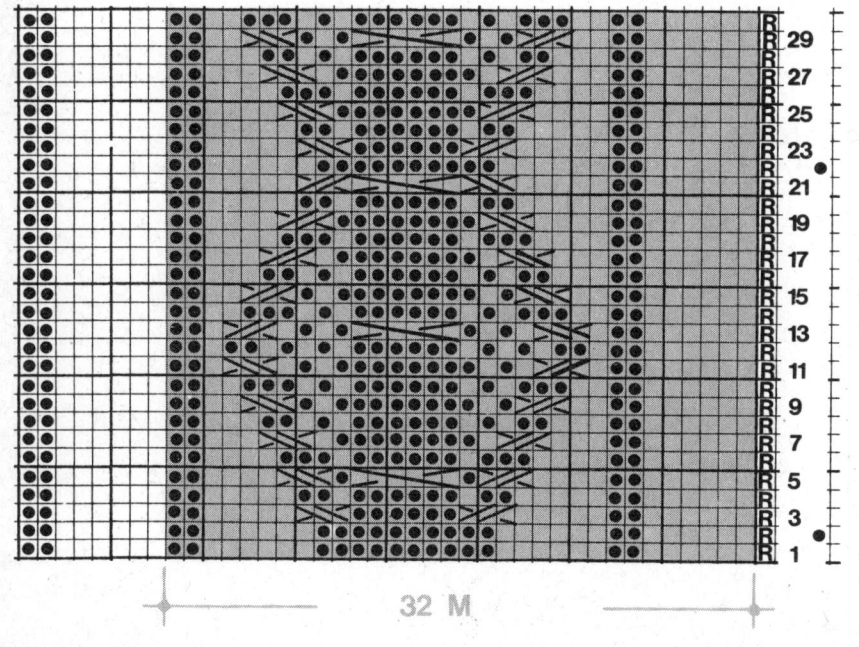

Drei Pullis – eine Musterkombination

Nr. 19
Nr. 20
Nr. 21

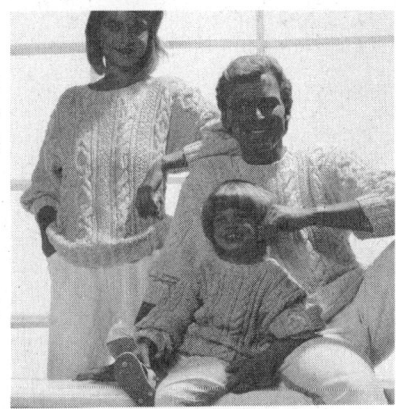

Farbbild Seite 84/85

Pulli

für Größe 38/40

MATERIAL
Solemio von WOLLSERVICE
950 g Türkis, Farbe 808
Lauflänge 65 m per 50 g Knäuel
(100% Baumwolle)
Je 1 Paar Stricknadeln Nr. 4 und 5
1 Rundstricknadel Nr. 4

MUSTER
Grundmuster: Perlmuster
1. R: ★ 1 M re, 1 M li, ab ★ wiederholen
2. R: ★ 1 M li, 1 M re, ab ★ wiederholen
Die 1. + 2. R fortlaufend wiederholen.
Zopfstreifen I: 12 M breit
1.-4. R: 2 M li, 8 M glatt re (Hin R re – Rück R li), 2 M li
5. R: 2 M li, 4 M auf einer Hilfsnadel hinter die Arbeit legen, 4 M re, die 4 M von der Hilfsnadel re abstricken, 2 M li
6.-12. R: Alle M stricken wie sie erscheinen
13. R: Wie 5. R
Die 5.-12. R fortlaufend wiederholen.
Zopfstreifen II: 16 M breit
1.-4. R: 2 M li, 12 M glatt re (Hin R re – Rück R li), 2 M li
5. R: 2 M li, 3 M auf einer Hilfsnadel hinter die Arbeit legen, 3 M re, die 3 M von der Hilfsnadel re abstricken, 3 M auf der Hilfsnadel vor die Arbeit legen, 3 M re, die 3 M von der Hilfsnadel re abstricken, 2 M li
6.-12. R: Alle M stricken wie sie erscheinen
13. R: 2 M li, 3 M auf der Hilfsnadel vor die Arbeit legen, 3 M re, die 3 M von der Hilfsnadel re abstricken, 3 M auf der Hilfsnadel hinter die Arbeit legen, 3 M re, die 3 M von der Hilfsnadel re abstricken, 2 M li
14.-18. R: Alle M stricken wie sie erscheinen
19. R: Wie 13. R
20.-22. R: Alle M stricken wie sie erscheinen
23. R: Wie 5. R
24. R: Wie 2. R
25. R: Wie 1. R
Die 1.-24. R fortlaufend wiederholen.
Maschenprobe: Im Perlmuster mit Nadeln Nr. 5 gestrickt ergeben 18 M in der Breite und 24 R in der Höhe 10 cm im Quadrat.

AUSFÜHRUNG
Rückenteil: 74 M mit Nadeln Nr. 4 anschlagen und das Bündchen 8 cm 2 M re – 2 M li im Wechsel stricken. Dabei innerhalb der letzten Rück R gleichmäßig verteilt noch 23 M zunehmen. Im Grundmuster mit Nadeln Nr. 5 weiter gerade hochstricken und die M aufteilen: Rand M, 2 M li, 1 M re, 12 M ZOPF I, 1 M re, 2 M li, 5 M Perlmuster, 2 M li, 1 M re, 16 M ZOPF II, 1 M re, 2 M li, 5 M Perlmuster, 2 M li, 1 M re, 12 M ZOPF I, 1 M re, 2 M li, 5 M Perlmuster, 2 M li, 1 M re, 16 M ZOPF II, 1 M re, 2 M li, Rand M.
Im Musterrhythmus bis 59 cm Gesamthöhe gerade hochstricken und alle M abketten.
Vorderteil: 74 M mit Nadeln Nr. 4 anschlagen und gegengleich dem Rückenteil stricken. Dabei aber für den Halsausschnitt schon in 52 cm Gesamthöhe die mittleren 17 M und zu beiden Seiten noch in jeder 2. R 1mal 4, 1mal 3, 2mal 2 und 2mal 1 M abketten. In Rückenteilhöhe die Schultermaschen abketten.
Linker Ärmel: 40 M mit Nadeln Nr. 4 anschlagen und das Bündchen 6 cm 2 M re – 2 M li im Wechsel stricken. Dabei innerhalb der letzten Rück R gleichmäßig verteilt noch 21 M zunehmen.
Im Grundmuster mit Nadeln Nr. 5 weiterarbeiten und die M aufteilen: Rand M, 7 M Perlmuster, 2 M li, 1 M re, 12 M ZOPF I, 1 M re, 2 M li, 5 M Perlmuster, 2 M li, 1 M re, 16 M ZOPF II, 1 M re, 2 M li, 7 M Perlmuster, Rand M.

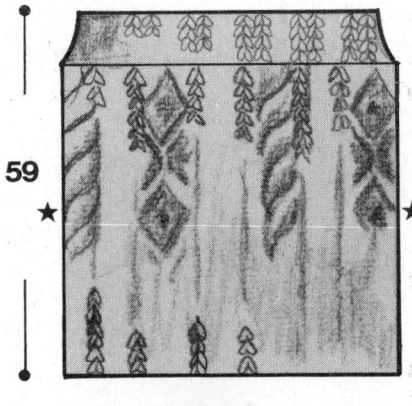

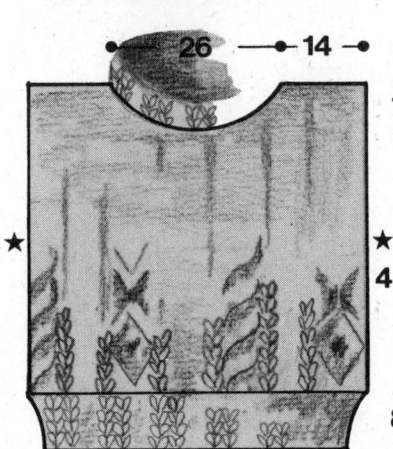

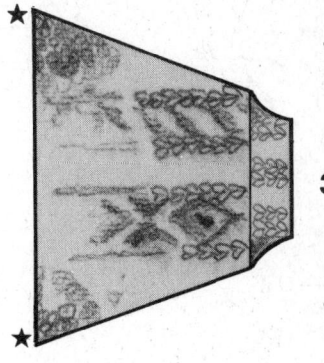

Pulli

für Größe 134–140

MATERIAL
Solemio von WOLLSERVICE
500 G Rosa, Farbe 804
Lauflänge 65 m per 50 g Knäuel
(100% Baumwolle)
Je 1 Paar Stricknadeln Nr. 3½ und 5
1 Rundstricknadel Nr. 3½

MUSTER
Grundmuster: Perlmuster
1. R: ★ 1 M re, 1 M li, ab ★ wiederholen
2. R: ★ 1 M li, 1 M re, ab ★ wiederholen
Die 1. + 2. R fortlaufend wiederholen.
Zopfstreifen I: 10 M breit
1.–4. R: 2 M glatt links (Hin R li – Rück R re), 6 M glatt re (Hin R re – Rück R li), 2 M glatt li
5. R: 2 M li, 3 M auf einer Hilfsnadel hinter die Arbeit legen, 3 M re, die 3 M von der Hilfsnadel re abstricken, 2 M li
6. R: Alle M stricken wie sie erscheinen
7. R: Wie 1. R
Die 1.–6. R fortlaufend wiederholen.
Zopfstreifen II: 12 M breit
1.–4. R: 2 M glatt li, 8 M glatt re, 2 M glatt li
5. R: 2 M li, 2 M auf einer Hilfsnadel hinter die Arbeit legen, 2 M re, die 2 M von der Hilfsnadel re abstricken, 2 M auf der Hilfsnadel vor die Arbeit legen, 2 M re, die 2 M von der Hilfsnadel re abstricken, 2 M li
6.–10. R: Wie 1.–4. R
11. R: 2 M li, 2 M auf der Hilfsnadel vor die Arbeit legen, 2 M re, die 2 M von der Hilfsnadel re abstricken, 2 M auf der Hilfsnadel hinter die Arbeit legen, 2 M re, die 2 M von der Hilfsnadel re abstricken, 2 M li
12.–14. R: Wie 1.–4. R
15. R: 2 M li, 2 M auf der Hilfsnadel vor die Arbeit legen, 2 M re, die 2 M von der Hilfsnadel re abstricken, 2 M auf der Hilfsnadel hinter die Arbeit legen, 2 M re, die 2 M von der Hilfsnadel re abstricken, 2 M li
16. R: Alle M stricken wie sie erscheinen
17. R: 2 M li, 2 M auf der Hilfsnadel hinter die Arbeit legen, 2 M re, die 2 M von der Hilfsnadel re abstricken, 2 M auf der Hilfsnadel vor die Arbeit legen, 2 M re, die 2 M von der Hilfsnadel re abstricken, 2 M li
18. R: Alle M stricken wie sie erscheinen
19. R: Wie 3. R
Die 3.–18. R fortlaufend wiederholen.
Maschenprobe: Im Perlmuster mit Nadeln Nr. 5 gestrickt ergeben 18 M in der Breite und 23 R in der Höhe 10 cm im Quadrat.

AUSFÜHRUNG
Rückenteil: 50 M mit Nadeln Nr. 3½ anschlagen und das Bündchen 5 cm 2 M re – 2 M li im Wechsel stricken. Dabei innerhalb der letzten Rück R gleichmäßig verteilt noch 23 M zunehmen.

Mit Nadeln Nr. 5 weiterarbeiten und die M aufteilen: Rand M, 10 M ZOPF I, 1 M glatt re, 2 M glatt li, 3 M Perlmuster, 2 M glatt li, 1 M glatt re, 12 M ZOPF II, 1 M glatt re, 2 M glatt li, 3 M Perlmuster, 2 M glatt li, 1 M glatt re, 10 M ZOPF I, 1 M glatt re, 2 M glatt li, 3 M Perlmuster, 2 M glatt li, 1 M glatt re, Rand M = 73 M.
Im Musterrhythmus bis 45 cm Gesamthöhe gerade hochstricken und alle M abketten.
Vorderteil: 50 M mit Nadeln Nr. 3½ anschlagen und wie das Rückenteil beginnen. Dabei das Muster gegengleich dem Rückenteil stricken!
In 41 cm Gesamthöhe für die Halsrundung die mittleren 13 M und zu beiden Seiten noch in jeder 2. R 1mal 4, 1mal 3, 2mal 2 und 2mal 1 M abketten. In Rückenteilhöhe die Schultermaschen locker abketten.
Linker Ärmel: 38 M mit Nadeln Nr. 3½ anschlagen und das Bündchen 5 cm 2 M re – 2 M li im Wechsel stricken. Dabei innerhalb der letzten Rück R gleichmäßig verteilt noch 11 M zunehmen.
Mit Nadeln Nr. 5 weiterarbeiten und die M aufteilen: Rand M, 5 M Perlmuster, 2 M glatt li, 1 M glatt re, 10 M ZOPF I, 1 M glatt re, 2 M glatt li, 3 M Perlmuster, 2 M glatt li, 1 M glatt re, 12 M ZOPF II, 1 M glatt re, 2 M glatt li, 5 M Perlmuster, Rand M = 49 M.
Im Musterrhythmus stricken und dabei bis 36 cm Ärmelhöhe auf beiden Seiten gleichmäßig verteilt 12mal je 1 M zunehmen. Dabei alle zugenommenen M im Perlmuster weiterstricken. Alle M locker abketten.
Rechter Ärmel: 38 M mit Nadeln Nr. 3½ anschlagen und wie den linken beginnen. Dabei aber das Muster gegengleich stricken! Die seitlichen Zunahmen ebenso arbeiten und in 36 cm Ärmelhöhe alle M locker abketten.
Ausarbeitung: Die Teile auf den Schnitt spannen, mit feuchten Tüchern bedecken und gut trocknen lassen.

Im Musterrhythmus stricken und bis 42 cm Ärmelhöhe auf beiden Seiten gleichmäßig verteilt 24mal je 1 M zunehmen. Alle zugenommenen Seitenmaschen werden im Perlmuster gestrickt! Alle M locker abketten.
Ausarbeitung: Die Teile auf den Schnitt spannen, mit feuchten Tüchern bedecken und gut trocknen lassen.
Die Schulternähte schließen, die Ärmel wie im Schnitt markiert an die Ärmelansatzkanten nähen und die Ärmel- und Seitennähte schließen.
Mit der Rundnadel die M aus der Halskante auffassen und die Blende 2,5 cm 2 M re – 2 M li im Wechsel stricken. Alle M im Maschenrhythmus abketten.

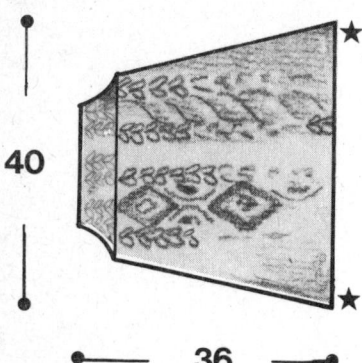

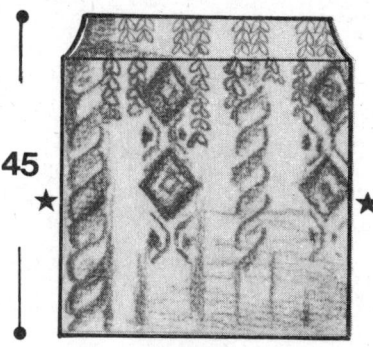

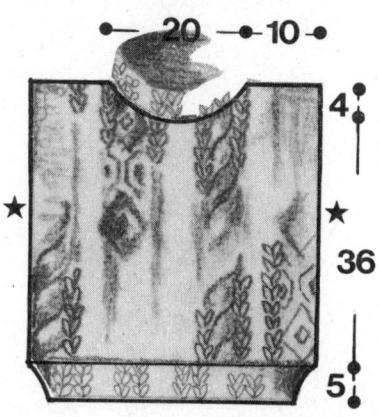

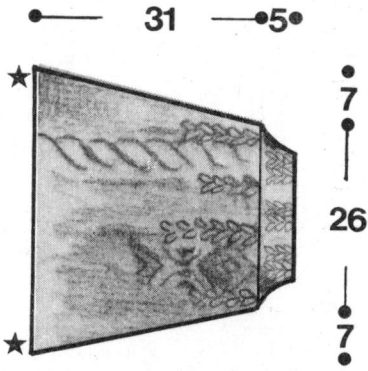

Die Schulternähte schließen, die Ärmel wie im Schnitt markiert an die Ärmelansatzkanten nähen und die Ärmel- und Seitennähte schließen.
Mit der Rundnadel die M aus der Halskante auffassen und die Blende 2 cm 2 M re – 2 M li im Wechsel stricken. Alle M im Maschenrhythmus abketten.

Pullover

für Größe 48/50

MATERIAL
S o l e m i o von WOLLSERVICE
1100 g Gelb, Farbe 802
Lauflänge 65 m per 50 g Knäuel
(100% Baumwolle)
Je 1 Paar Stricknadeln Nr. 4 und 5
1 Rundstricknadel Nr. 4

MUSTER
Grundmuster: Perlmuster
1. R: ★ 1 M re, 1 M li, ab ★ wiederholen
2. R: ★ 1 M li, 1 M re, ab ★ wiederholen
Die 1. + 2. R fortlaufend wiederholen.
Zopfstreifen I: 12 M breit
1.-4. R: 2 M li, 8 M glatt re (Hin R re - Rück R li), 2 M li
5. R: 2 M li, 4 M auf einer Hilfsnadel hinter die Arbeit legen, 4 M re, die 4 M von der Hilfsnadel re abstricken, 2 M li
6.-12. R: Alle M stricken wie sie erscheinen
13. R: Wie 5. R
Die 5.-12. R fortlaufend wiederholen.
Zopfstreifen II: 16 M breit
1.-4. R: 2 M li, 12 M glatt re (Hin R re - Rück R li), 2 M li
5. R: 2 M li, 3 M auf einer Hilfsnadel hinter die Arbeit legen, 3 M re, die 3 M von der Hilfsnadel re abstricken, 3 M auf der Hilfsnadel vor die Arbeit legen, 3 M re, die 3 M von der Hilfsnadel re abstricken, 2 M li
6.-12. R: Alle M stricken wie sie erscheinen
13. R: 2 M li, 3 M auf der Hilfsnadel vor die Arbeit legen, 3 M re, die 3 M von der Hilfsnadel re abstricken, 3 M auf der Hilfsnadel hinter die Arbeit legen, 3 M re, die 3 M von der Hilfsnadel re abstricken, 2 M li
14.-18. R: Alle M stricken wie sie erscheinen
19. R: Wie 13. R
20.-22. R: Alle M stricken wie sie erscheinen
23. R: Wie 5. R
24. R: Wie 2. R
25. R: Wie 1. R
Die 1.-24. R fortlaufend wiederholen.
Maschenprobe: Im Perlmuster mit Nadeln Nr. 5 gestrickt ergeben 18 M in der Breite und 24 R in der Höhe 10 cm im Quadrat.

AUSFÜHRUNG
Rückenteil: 82 M mit Nadeln Nr. 4 anschlagen und das Bündchen 10 cm 2 M re - 2 M li im Wechsel stricken. Dabei innerhalb der letzten Rück R gleichmäßig verteilt noch 23 M zunehmen.
Mit Nadeln Nr. 5 weiter gerade hochstricken und die M aufteilen: Rand M, 4 M Perlmuster, 2 M li, 1 M re, 12 M ZOPF I, 1 M re, 2 M li, 5 M Perlmuster, 2 M li, 1 M re, 16 M ZOPF II, 1 M re, 2 M li, 5 M Perlmuster, 2 M li, 1 M re, 12 M ZOPF I, 1 M re, 2 M li, 5 M Perlmuster, 2 M li, 1 M re, 16 M ZOPF II, 1 M re, 2 M li, 4 M Perlmuster, Rand M.
Im Musterrhythmus bis 68 cm Gesamthöhe gerade hochstricken und dann für den Halsausschnitt die mittleren 23 M und zu beiden Seiten noch in jeder 2. R 2mal 5 M abketten. In 70 cm Höhe die Schultermaschen abketten.
Vorderteil: 2 M mit Nadeln Nr. 4 anschlagen und gegengleich dem Rückenteil stricken. Dabei aber schon in 62 cm Gesamthöhe mit dem Halsausschnitt beginnen: Die mittleren 17 M und zu beiden Seiten noch in jeder 2. R 1mal 4, 1mal 3, 2mal 2 und 2mal 1 M abketten. In Rückenteilhöhe die Schultermaschen locker abketten.
Linker Ärmel: 40 M mit Nadeln Nr. 4 anschlagen und das Bündchen 6 cm 2 M re - 2 M li im Wechsel stricken. Dabei innerhalb der letzten Rück R gleichmäßig verteilt noch 21 M zunehmen.
Im Grundmuster mit Nadeln Nr. 5 weiterarbeiten und die M aufteilen: Rand M, 7 M Perlmuster, 2 M li, 1 M re, 12 M ZOPF I, 1 M re, 2 M li, 5 M Perlmuster, 2 M li, 1 M re, 16 M ZOPF II, 1 M re, 2 M li, 7 m Perlmuster, Rand M.
Im Musterrhythmus stricken und bis 48 cm Ärmelhöhe auf beiden Seiten gleichmäßig verteilt 25mal je 1 M zunehmen. Dabei alle zugenommenen Seitenmaschen im Perlmuster stricken! Alle M locker abketten.
Rechter Ärmel: 40 M mit Nadeln Nr. 4 anschlagen und wie den linken, aber im Muster gegengleich stricken. Alle M locker abketten.
Ausarbeitung: Die Teile auf den Schnitt spannen, mit feuchten Tüchern bedecken und gut trocknen lassen.
Die Schulternähte schließen, die Ärmel wie im Schnitt markiert an die Ärmelansatzkanten nähen und die Ärmel- und Seitennähte schließen.
Mit der Rundnadel die M aus der Halskante auffassen und die Blende 2,5 cm 2 M re - 2 M li im Wechsel stricken. Alle M im Maschenrhythmus abketten.

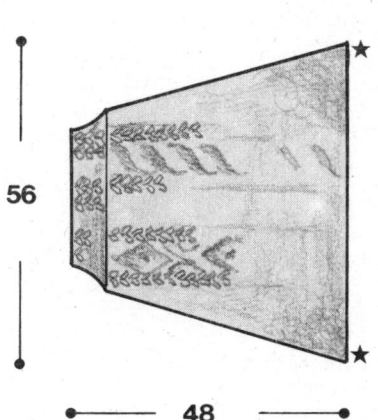

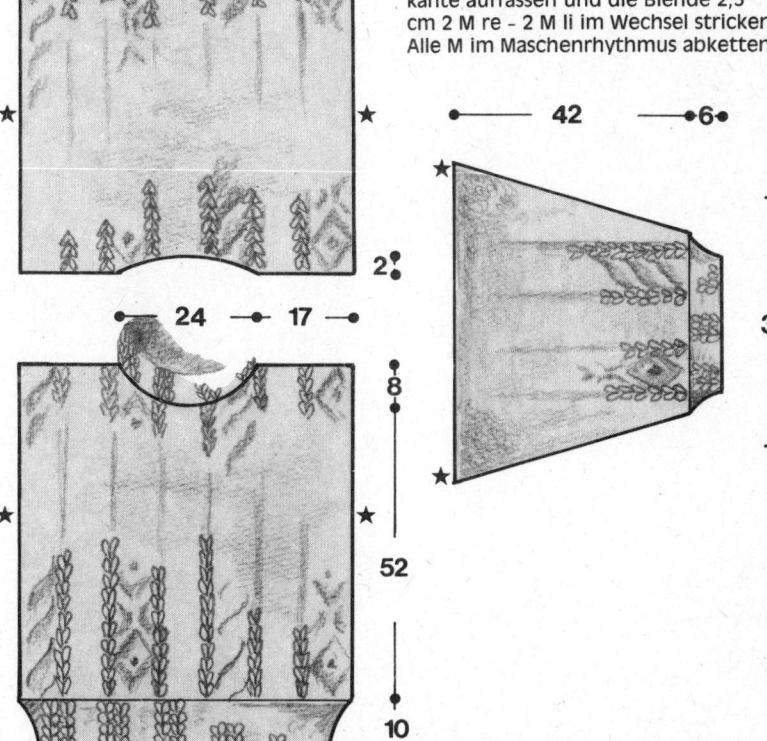

Mustermix mit Zöpfen Nr. 22

Farbbild Seite 86

Pulli

für Größe 38/40

MATERIAL
Scaletta von WOLLSERVICE
650 g Blau, Farbe 863
Lauflänge 90 m per 50 g Knäuel
(100% Baumwolle)
Je 1 Paar Stricknadeln Nr. 3½ und 4

MUSTER
Grundmuster: Quergestreift mit Struktur- und Zopfflächen
1. R: Rand M ★ 1 M li, 1 M auf einer Hilfsnadel vor die Arbeit legen, 1 M re, die M von der Hilfsnadel re abstricken, 12 M re, 1 M auf der Hilfsnadel vor die Arbeit legen, 1 M re, die M von der Hilfsnadel re abstricken, 2 M li, 1 M auf der Hilfsnadel vor die Arbeit legen, 1 M re, die M von der Hilfsnadel re abstricken, nun 6mal 1 M re – 1 M li im Wechsel stricken, 1 M auf der Hilfsnadel vor die Arbeit legen, 1 M re, die M von der Hilfsnadel re abstricken, 1 M li, ab ★ wiederholen und mit 1 Rand M enden
2. R: Alle M stricken wie sie erscheinen
3. R: Rand M ★ 1 M li, 1 M auf der Hilfsnadel vor die Arbeit legen, 1 M re, die M von der Hilfsnadel re abstricken, 12 M re, 1 M auf der Hilfsnadel vor die Arbeit legen, 1 M re, die M von der Hilfsnadel re abstricken, 2 M li, 1 M auf der Hilfsnadel vor die Arbeit legen, 1 M re, die M von der Hilfsnadel re abstricken, nun 6mal 1 M li – 1 M re im Wechsel stricken, 1 M auf der Hilfsnadel vor die Arbeit legen, 1 M re, die M von der Hilfsnadel re abstricken, 1 M li, ab ★ wiederholen und mit 1 Rand M enden
4. R: Alle M stricken wie sie erscheinen
5. + 6. R: Wie 1. + 2. R
7. R: Rand M ★ 1 M li, 1 M auf der Hilfsnadel vor die Arbeit legen, 1 M re, die M von der Hilfsnadel re abstricken, 6 M auf der Hilfsnadel hinter die Arbeit legen, 6 M re, die 6 M von der Hilfsnadel re abstricken, 1 M auf der Hilfsnadel vor die Arbeit legen, 1 M re, die M von der Hilfsnadel re abstricken, 2 M li, 1 M auf der Hilfsnadel vor die Arbeit legen, 1 M re, die M von der Hilfsnadel re abstricken, nun 6mal 1 M li, 1 M re im Wechsel stricken, 1 M auf der Hilfsnadel vor die Arbeit legen, 1 M re, die M von der Hilfsnadel re abstricken, 1 M li, ab ★ wiederholen und mit 1 Rand M enden
8. R: Alle M stricken wie sie erscheinen
9.–18. R: Wie 1.–4. R
19. R: Wie 3. R
20.–22. R: Rechts kraus (Rück R re – Hin R re)
23. R: Rand M ★ 1 Umschlag, 1 M re, ab ★ wiederholen und mit 1 Rand M enden
24. R: Alle M re stricken und dabei alle Umschläge fallen lassen
25. + 26. R: Rechts kraus
27. + 28. R: Wie 23. + 24. R
29. R: Rand M ★ 1 M li, 1 M auf der Hilfsnadel vor die Arbeit legen, 1 M re, die M von der Hilfsnadel re abstricken, dann 6mal 1 M re – 1 M li im Wechsel stricken, 1 M auf der Hilfsnadel vor die Arbeit legen, 1 M re, die M von der Hilfsnadel re abstricken, 2 M li, 1 M auf der Hilfsnadel vor die Arbeit legen, 1 M re, die M von der Hilfsnadel re abstricken, 12 M re, 1 M auf der Hilfsnadel vor die Arbeit legen, 1 M re, die M von der Hilfsnadel re abstricken, 1 M li, ab ★ wiederholen und mit 1 Rand M enden
30. R: Alle M stricken wie sie erscheinen
31. R: Rand M ★ 1 M li, 1 M auf der Hilfsnadel vor die Arbeit legen, 1 M re, die M von der Hilfsnadel re abstricken, nun 6mal 1 M li – 1 M re im Wechsel stricken, 1 M auf der Hilfsnadel vor die Arbeit legen, 1 M re, die M von der Hilfsnadel re abstricken, 2 M li, 1 M auf der Hilfsnadel vor die Arbeit legen, 1 M re, die M von der Hilfsnadel re abstricken, 12 M re, 1 M auf der Hilfsnadel vor die Arbeit legen, 1 M re, die M von der Hilfsnadel re abstricken, 1 M li, ab ★ wiederholen und mit 1 Rand M enden
32. R: Alle M stricken wie sie erscheinen
33.–36. R: Wie 29.–32. R
37. R: Rand M ★ 1 M li, 1 M auf der Hilfsnadel vor die Arbeit legen, 1 M re, die M von der Hilfsnadel re abstricken, nun 6mal 1 M re – 1 M li im Wechsel stricken, 1 M auf der Hilfsnadel vor die Arbeit legen, 1 M re, die M von der Hilfsnadel re abstricken, 2 M li, 1 M auf der Hilfsnadel vor die Arbeit legen, 1 M re, die M von der Hilfsnadel re abstricken, 6 M auf der Hilfsnadel hinter die Arbeit legen, 6 M re, die 6 M von der Hilfsnadel re abstricken, 1 M re, die M von der Hilfsnadel re abstricken, 1 M li, ab ★ wiederholen und mit 1 Rand M enden

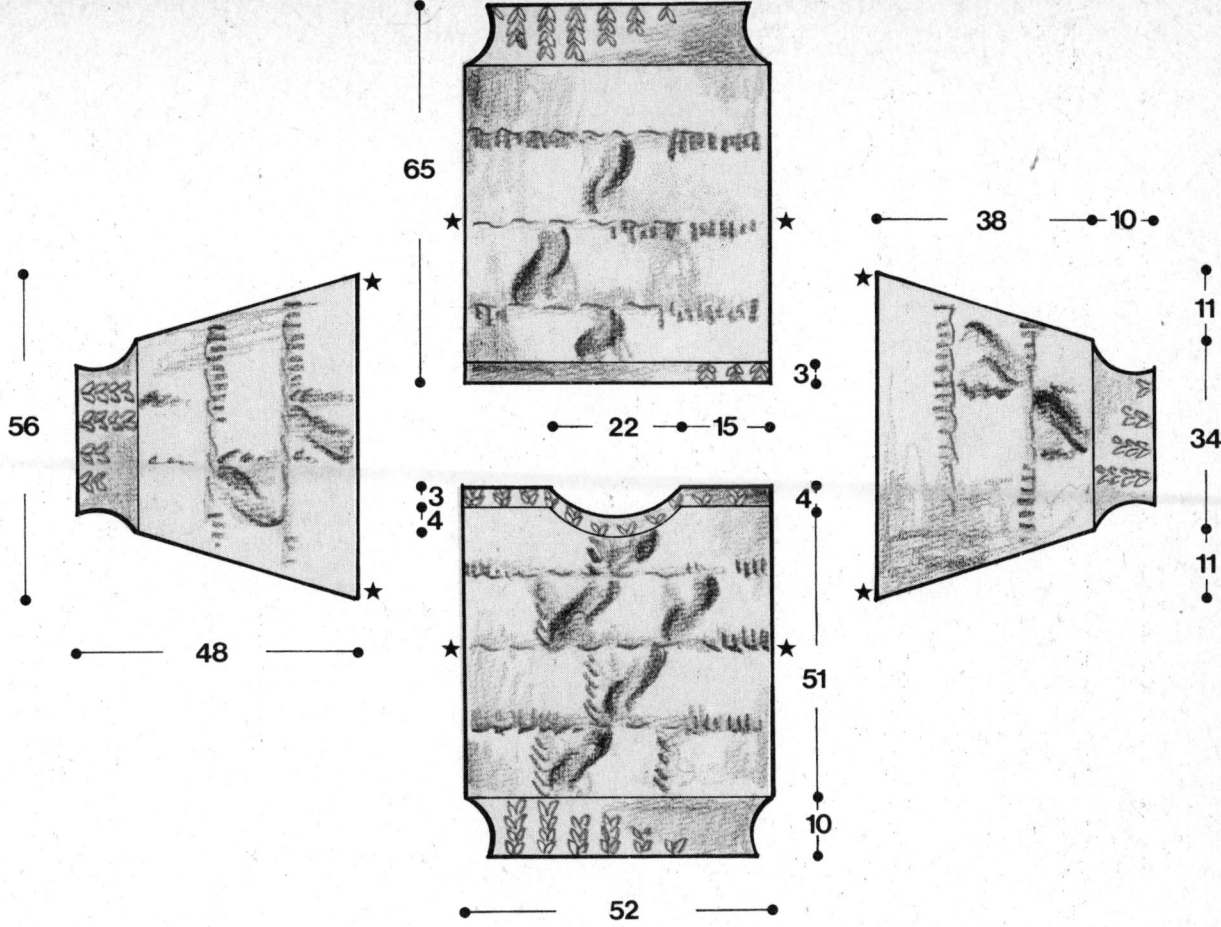

38. R: Alle M stricken wie sie erscheinen
39. R: Wie 31. R
40. R: Alle M stricken wie sie erscheinen
41.-48. R: Wie 29.-32. R
49. R: Wie 29. R
50.-52. R: Rechts kraus
53. + 54. R: Wie 23. + 24. R
55. + 56. R: Rechts kraus
57. + 58. R: Wie 23. + 24. R
59. R: Rand M ★ 1 M li, 1 M auf der Hilfsnadel vor die Arbeit legen, 1 M re, die M von der Hilfsnadel re abstricken, 12 M re, 1 M auf der Hilfsnadel vor die Arbeit legen, 1 M re, die M von der Hilfsnadel re abstricken, 2 M li, 1 M auf der Hilfsnadel vor die Arbeit legen, 1 M re, die M von der Hilfsnadel re abstricken, dann 6mal 1 M li – 1 M re im Wechsel stricken, 1 M auf der Hilfsnadel vor die Arbeit legen, 1 M re, die M von der Hilfsnadel re abstricken, 1 M li, ab ★ wiederholen und mit 1 Rand M enden
60. R: Alle M stricken wie sie erscheinen
61. R: Wie 1. R
Die 1.-60. R fortlaufend wiederholen.
Maschenprobe: Im Grundmuster mit Nadeln Nr. 4 gestrickt ergeben 21 M in der Breite und 29 R in der Höhe 10 cm im Quadrat.

AUSFÜHRUNG
Rückenteil: 86 M mit Nadeln Nr. 3½ anschlagen und das Bündchen 10 cm 1 M re – 1 M li im Wechsel stricken. Dabei innerhalb der letzten Rück R gleichmäßig verteilt noch 24 M zunehmen. Es sind nun 110 M auf der Nadel. Im Grundmuster mit Nadeln Nr. 4 bis 62 cm Gesamthöhe gerade hochstricken, noch 3 cm 1 M re – 1 M li im Wechsel darüber stricken und alle M abketten wie sie erscheinen.
Vorderteil: 86 M mit Nadeln Nr. 3½ anschlagen und wie das Rückenteil stricken. Dabei aber in 58 cm Gesamthöhe für die Halsrundung die mittleren 26 M und zu beiden Seiten noch in jeder 2. R 1mal 3, 2mal 2 und 3mal 1 M abketten. In 62 cm Gesamthöhe die Schultermaschen stillegen.
Ärmel: 44 M mit Nadeln Nr. 3½ anschlagen und das Bündchen 10 cm 1 M re – 1 M li im Wechsel stricken. Dabei innerhalb der letzten Rück R gleichmäßig verteilt noch 30 M zunehmen.
Mit Nadeln Nr. 4 im Grundmuster weiterstricken und dabei bis 48 cm Ärmelhöhe auf beiden Seiten gleichmäßig verteilt 23mal je 1 M im Musterrhythmus zunehmen. Alle 120 M abketten, wie sie erscheinen.

Ausarbeitung: Entlang der oberen Kante des Vorderteils die stillgelegten Schultermaschen wieder aufnehmen und dazwischen aus der Halsrundung 46 M auffassen. 3 cm 1 M re – 1 M li im Wechsel stricken und alle M abketten wie sie erscheinen.
Nun alle Bündchen zur Hälfte nach innen legen und mit unsichtbaren Stichen gegensäumen. Die Teile auf den Schnitt spannen, mit feuchten Tüchern bedecken und gut trocknen lassen. Die Schulternähte schließen, die Ärmel wie im Schnitt markiert an die Ärmelansatzkanten nähen und die Ärmel- und Seitennähte schließen.

Pulli
für Größe 38/40

Zöpfe und Rippen
Nr. 23

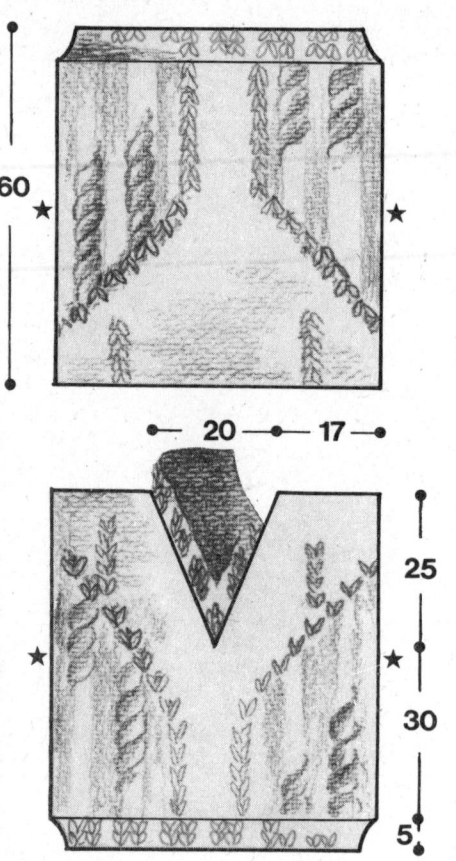

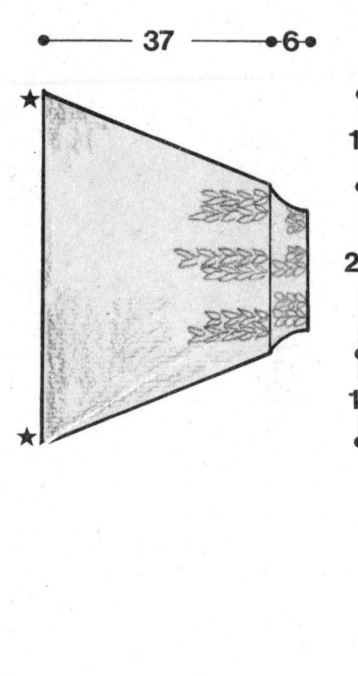

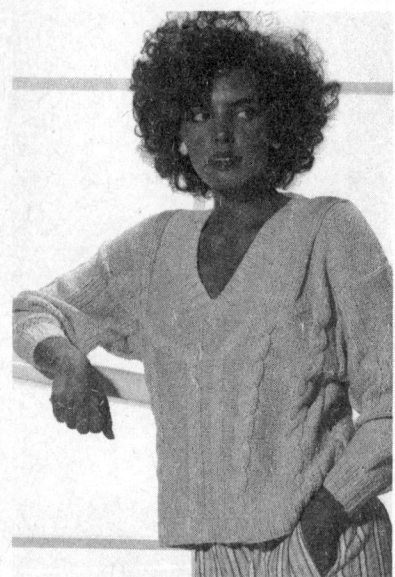

Farbbild Seite 87

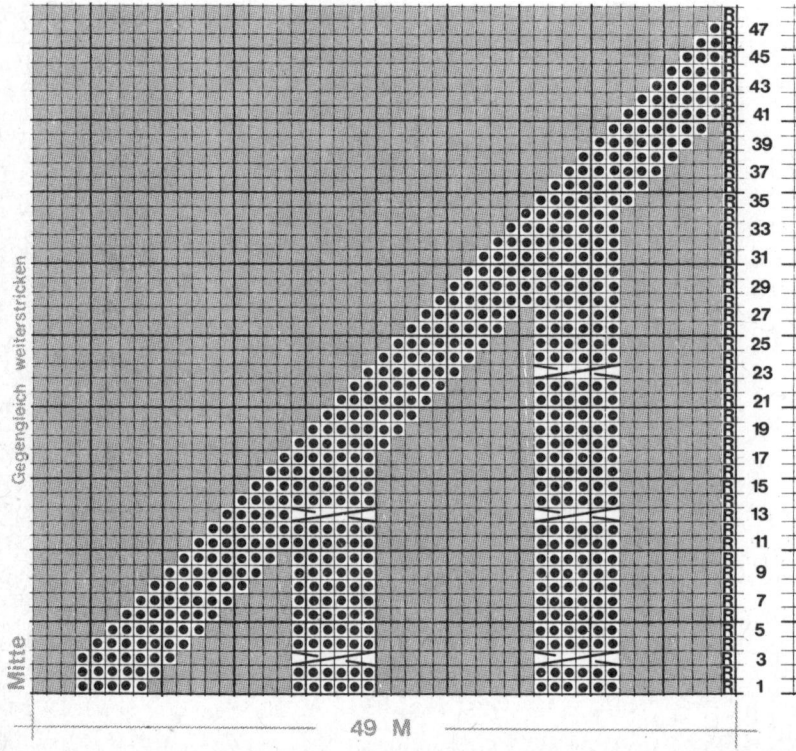

MATERIAL
Como von WOLLSERVICE
700 g Rosé, Farbe 854
Lauflänge 75 m per 50 g Knäuel
(100% Baumwolle)
Je 1 Paar Stricknadeln Nr. 4 und 5½
1 Rundstricknadel Nr. 4

MUSTER
Grundmuster I: Zopfmuster
1.–8. R: Rand M, 7 M li, 6 M glatt re (Hin R re – Rück R li), 11 M li, 6 M glatt re, 11 M li, 4 M glatt re, 6 M li, 4 M glatt re, 11 M li, 6 M glatt re, 11 M li, 6 M glatt re, 7 M li, Rand M
9. R: Rand M, 7 M li, 3 M auf einer Hilfsnadel hinter die Arbeit legen, 3 M re, die 3 M von der Hilfsnadel re abstricken, 11 M li, 3 M auf der Hilfsnadel hinter die Arbeit legen, 3 M re, die 3 M von der Hilfsnadel re abstricken, 11 M li, 4 M re, 6 M li, 4 M re, 11 M li, 3 M auf der Hilfsnadel vor die Arbeit legen, 3 M re, die 3 M von der Hilfsnadel re abstricken, 7 M li, Rand M
10. R: Alle M stricken wie sie erscheinen
11. R: Wie 1. R
Die 1.–10. R wiederholen, bis insgesamt 56 R gestrickt sind!

Grundmuster II: 48 R hoch. Nach der Schemazeichnung stricken.
1 Kästchen = 1 M in der Breite und 1 R in der Höhe
R = Rand M
Die Punkte = glatt rechts (Hin R re - Rück R li)
Die leeren Felder = glatt links (Hin R li - Rück R re)

= 3 M auf einer Hilfsnadel hinter die Arbeit legen, 3 M re, die 3 M von der Hilfsnadel re abstricken

Grundmuster III: Rechts-links-flächig
1. R: Rand M, 20 M li, 4 M re, 48 M li, 4 M re, 20 M li, Rand M
2. R: Alle M stricken wie sie erscheinen
Die 1. + 2. R fortlaufend wiederholen.
Maschenprobe: Mit Nadeln Nr. 5¹/₂ glatt re gestrickt ergeben 18 M in der Breite und 25 R in der Höhe 10 cm im Quadrat.

AUSFÜHRUNG
Rückenteil: 88 M mit Nadeln Nr. 4 anschlagen und das Bündchen 5 cm 2 M re - 2 M li im Wechsel stricken. Dabei innerhalb der letzten Rück R gleichmäßig verteilt noch 10 M zunehmen. Mit Nadeln Nr. 5¹/₂ weiter gerade hochstricken: 56 R im Grundmuster I; 48 R im Grundmuster II (dieses ab Mitte des Zählmusters gegengleich stricken) und dann bis 60 cm Gesamthöhe im Grundmuster III. Alle M abketten.
Vorderteil: 88 M mit Nadeln Nr. 4 anschlagen und wie das Rückenteil beginnen. Dabei aber in 35 cm Gesamthöhe für den V-Ausschnitt die Arbeit in der Mitte teilen und beide Seiten getrennt und gegengleich beenden. Für die Ausschnittschrägung 15mal in jeder 4. R je 1 M abketten. In Rückenteilhöhe die Schultermaschen locker abketten.
Ärmel: 34 M mit Nadeln Nr. 4 anschlagen und das Bündchen 6 cm 2 M re - 2 M li im Wechsel stricken. Dabei innerhalb der letzten Rück R gleichmäßig verteilt noch 20 M zunehmen. Mit Nadeln Nr. 5¹/₂ weiterarbeiten und die M aufteilen: Rand M, 8 M li, 4 M glatt re, 12 M li, 4 M glatt re, 12 M li, 4 M glatt re, 8 M li, Rand M. Im Musterrhythmus weiterstricken und bis 43 cm Ärmelhöhe auf beiden Seiten gleichmäßig verteilt 25mal je 1 M zunehmen. Alle M locker abketten.
Ausarbeitung: Die Teile auf den Schnitt spannen, mit feuchten Tüchern bedecken und gut trocknen lassen.
Die Schulternähte schließen, die Ärmel wie im Schnitt markiert an die Ärmelansatzkanten nähen und die Ärmel- und Seitennähte schließen.
Mit der Rundnadel die M aus der Halskante auffassen und die Blende 3 cm 2 M re - 2 M li im Wechsel stricken. Dabei in der vorderen Mitte in jeder Rd jeweils 2mal 2 M zusammenstricken.
Alle M im Maschenrhythmus abketten.

Ein Zopf mit Fantasie Nr. 24

Farbbild Seite 88

Pullover
für Größe 54

MATERIAL
Alpaga von WELCOME
1350 g Flanelle, Farbe 01
Lauflänge 180 m per 50 g Knäuel
(100% Alpaka)
Je 1 Paar Stricknadeln Nr. 3¹/₂ und 4
1 Rundnadel Nr. 3¹/₂

MUSTER
Der Pulli wird durchgehend mit dreifachem Faden gestrickt
Grundmuster I: Glatt links (Hin R li - Rück R re)
Grundmuster II: Glatt rechts (Hin R re - Rück R li)
Fantasie-Zopfmuster: 12 M breit
1. R: 12 M re
2. R und alle Rück R: 12 M li
3. R: ★ 3 M auf einer Hilfsnadel vor die Arbeit legen, 3 M re, die 3 M von der Hilfsnadel re abstricken, ab ★ noch einmal wiederholen
5. R: Alle 12 M re
7. R: 3 M re, 3 M auf der Hilfsnadel vor die Arbeit legen, 3 M re, die 3 M von der Hilfsnadel re abstricken, 3 M re
9. R: Alle 12 M re
11. R: Wie 3. R
Die 3.-10. R fortlaufend wiederholen.
Maschenproben: Glatt re oder li mit Nadeln Nr. 4 gestrickt ergeben 20 M in der Breite und 24 R in der Höhe 10 cm im Quadrat. 12 M Zopfmuster = 4 cm breit.

AUSFÜHRUNG
Rückenteil: Mit Nadeln Nr. 3¹/₂ und dreifachem Faden 102 M anschlagen und das Bündchen 7 cm 2 M re - 2 M li im Wechsel stricken. Dabei innerhalb der letzten Rück R gleichmäßig verteilt noch 28 M zunehmen.

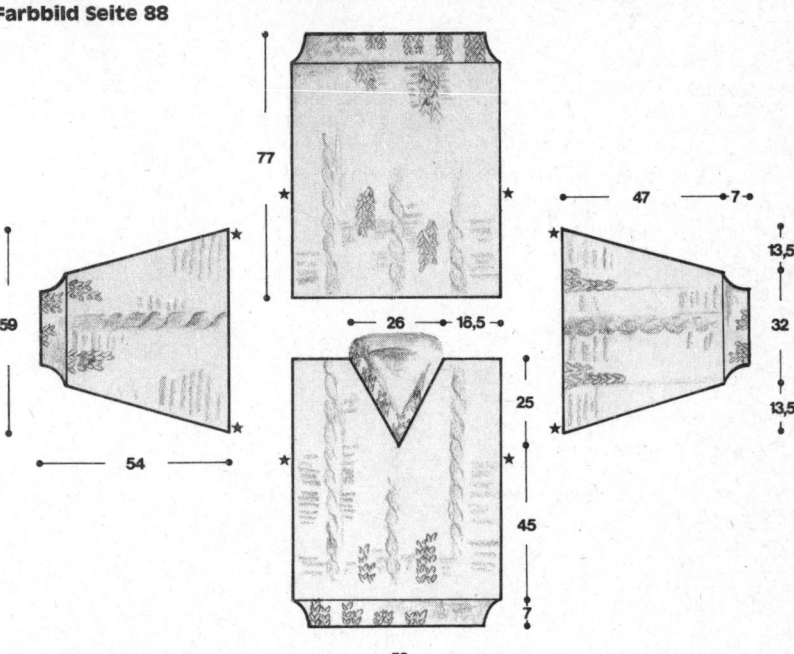

Mit Nadeln Nr. 4 weiterarbeiten und die 130 M einteilen: 11 M glatt li, 12 M ZOPF, 12 M glatt li, 12 M glatt re, 12 M glatt li, 12 M ZOPF, 12 M glatt li, 12 M glatt re, 12 M glatt li, 12 M ZOPF, 11 M glatt li. Im Musterrhythmus bis 77 cm Gesamthöhe gerade hochstricken und alle M abketten.
Vorderteil: Mit Nadeln Nr. 3½ und dreifachem Faden 102 M anschlagen und wie das Rückenteil stricken. Dabei aber in 52 cm Gesamthöhe für den V-Ausschnitt die Arbeit in der Mitte teilen und beide Seiten getrennt und gegengleich beenden. Für die Ausschnittschrägung 28mal in jeder 2. R 1 M abketten. In Rückenteilhöhe die 37 Schultermaschen abketten.
Ärmel: Mit Nadeln Nr. 3½ und dreifachem Faden 46 M anschlagen und das Bündchen 7 cm 2 M re - 2 M li im Wechsel stricken. Dabei innerhalb der letzten Rück R gleichmäßig verteilt noch 22 M zunehmen.
Mit Nadeln Nr. 4 weiterarbeiten und die 68 M einteilen: 4 M glatt li, 12 M glatt re, 12 M glatt li, 12 M ZOPF, 12 M glatt li, 12 M glatt re und 4 M glatt li. Im Musterrhythmus stricken und für die Schrägungen auf beiden Seiten 27mal in jeder 4. R je 1 M zunehmen. In 54 cm Ärmelhöhe alle 122 M abketten.
Ausarbeitung: Die Schulternähte schließen. Mit der Rundnadel verteilt aus der Halskante 182 M und 1 M aus der Ausschnittspitze mit dreifachem Faden aufnehmen und das Bündchen 3 cm 2 M re - 2 M li im Wechsel stricken. Dabei in jeder Rd beiderseits der mittleren M der Ausschnittspitze jeweils 1 M abketten.
Dann alle M abketten wie sie erscheinen. Die Ärmel wie im Schnitt markiert an die Ärmelansatzkanten nähen und die Ärmel- und Seitennähte schließen.

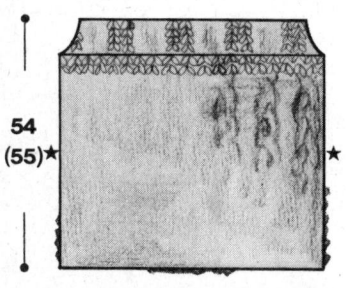

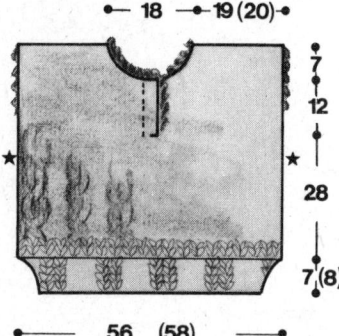

Zopfmuster einmal als Fläche
nr. 25

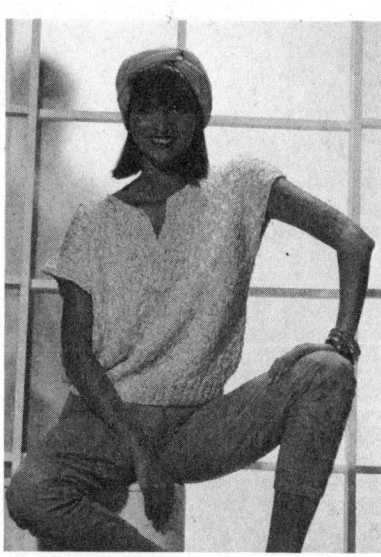

Farbbild Seite 89

Pulli
für Größe 38/40 (42)

MATERIAL
Kimono von WOLLSERVICE
500 g (550 g) Gelb, Farbe 41
Lauflänge 85 m per 50 g Knäuel
(30% Baumwolle, 70% Viskose)
Je 1 Paar Stricknadeln Nr. 3½ und 5½
1 Häkelnadel Nr. 3½

MUSTER
Grundmuster: Zopfmuster
1. + 2. R: Glatt rechts (Hin R re - Rück R li)
3. R: Rand M, 2 M re ★ 2 M auf einer Hilfsnadel hinter die Arbeit legen, 2 M re, die 2 M von der Hilfsnadel re abstricken, 2 M auf der Hilfsnadel vor die Arbeit legen, 2 M re, die 2 M von der Hilfsnadel re abstricken, 4 M re, ab ★ wiederholen und mit 1 Rand M enden
4. R: Alle M stricken wie sie erscheinen
5. + 6. R: Wie 1. + 2. R
7. R: Rand M, 2 M auf einer Hilfsnadel vor die Arbeit legen, 2 M re, die 2 M von der Hilfsnadel re abstricken ★ 4 M re, 2 M auf der Hilfsnadel hinter die Arbeit legen, 2 M re, die 2 M von der Hilfsnadel re abstricken, 2 M auf der Hilfsnadel vor die Arbeit legen, 2 M re, die 2 M von der Hilfsnadel re abstricken, ab ★ wiederholen und mit 1 Rand M enden
8. R: Alle M stricken wie sie erscheinen
9. R: Wie 1. R
Die 1.-8. R fortlaufend wiederholen.
Maschenprobe: Mit Nadeln Nr. 5½ gestrickt ergeben 23 M in der Breite und 23 R in der Höhe 10 cm im Quadrat.

AUSFÜHRUNG
Rückenteil: 100 M (104 M) mit Nadeln Nr. 3½ anschlagen und das Bündchen 7 cm (8 cm) 2 M re - 2 M li im Wechsel stricken. Dabei innerhalb der letzten Rück R gleichmäßig verteilt noch 30 M (34 M) zunehmen.
Mit Nadeln Nr. 5½ weiterarbeiten. (Dabei für Gr. 42 die 8 zusätzlichen M zopfmustergerecht mit einteilen.) Bis 54 cm (55 cm) Gesamthöhe im Musterrhythmus gerade hochstricken und alle M abketten.
Vorderteil: 100 M (104 M) mit Nadeln Nr. 3½ anschlagen und wie das Rückenteil beginnen.
In 35 cm (36 cm) Gesamthöhe für den Schlitz die Arbeit in der Mitte teilen und beim Weiterarbeiten für Über- und Untertritt sofort jeweils 2 M dazu anschlagen. Beide Seiten getrennt und gegengleich beenden.
12 cm gerade hochstricken und dann für die Ausschnittrundung 1mal 8 und in jeder 2. R 1mal 5, 1mal 4, 1mal 2 und 4mal 1 M abketten. In Rückenteilhöhe die Schultermaschen locker abketten.
Ausarbeitung: Die Teile auf den Schnitt spannen, mit feuchten Tüchern bedecken und gut trocknen lassen.
Die Schulter- und Seitennähte schließen. Die unteren Schlitzkanten re über li gelegt annähen. Rund um die Hals- und Schlitzkanten sowie um die Armausschnittkanten je 1 Rd feste M und 1 Rd feste M im Krebsstich häkeln. (Krebsstich: Feste M von li nach re häkeln.)

Zöpfe – Zöpfe – Zöpfe
Nr. 26/27

Farbbild Seite 90

Farbbild Seite 91

Pulli
für Größe 38/40 (42/44)

MATERIAL
Daisy von WOLLSERVICE
700 g (750 g) Grün, Farbe 102
Lauflänge 62 m per 50 g Knäuel
(48% Wolle, 38% Viskose, 14% Dralon)
Je 1 Paar Stricknadeln Nr. 4½ und 6
1 Rundstricknadel Nr. 4½

MUSTER
Grundmuster I: Glatt rechts
(Hin R re – Rück R li)
Grundmuster II: Zopfmuster
1. + 2. R: 2 M li ★ 3 M re, 2 M li, ab ★ wiederholen
3. R: 2 M li ★ 1 M auf einer Hilfsnadel vor die Arbeit legen, 2 M re, die M von der Hilfsnadel re abstricken, 2 M li, ab ★ wiederholen
4.–6. R: Alle M stricken wie sie erscheinen
7. R: Wie 3. R
Die 3.–6. R fortlaufend wiederholen.
Maschenprobe: Mit Nadeln Nr. 6 glatt re gestrickt ergeben 16 M in der Breite und 22 R in der Höhe 10 cm im Quadrat.

AUSFÜHRUNG
Rückenteil: 70 M (80 M) mit Nadeln Nr. 4½ anschlagen und das Bündchen 9 cm 2 M re – 2 M li im Wechsel stricken. Dabei innerhalb der letzten Rück R gleichmäßig verteilt noch 15 M zunehmen.
Mit Nadeln Nr. 6 weiterarbeiten und die M einteilen: 34 M (39 M) Grundmuster I, 17 M Grundmuster II, 34 M (39 M) Grundmuster I.
In diesem Muster beginnen und dabei an den seitlichen Glatt-re-Teilen in jeder 4. R jeweils 2 M zusammenstricken und dafür nach der 5. M bzw. vor der fünftletzten M des Grundmusters II je 1 M zunehmen. Dabei innerhalb der beiden äußeren Zöpfe das Muster entsprechend ergänzen.
Das Teil bis 33 cm Gesamthöhe gerade hochstricken und dann für die Ärmel auf beiden Seiten 13mal in jeder 2. R je 4 M zunehmen. Weiter gerade hochstricken und in 59 cm Höhe für den Halsausschnitt die mittleren 23 M und zu beiden Seiten noch in jeder 2. R 2mal 2 und 1mal 1 M abketten.
In 63 cm Höhe die Schulter-Ärmelmaschen abketten.
Vorderteil: 70 M (80 M) mit Nadeln Nr. 4½ anschlagen und wie das Rückenteil stricken. Dabei aber in 40 cm Höhe für den V-Ausschnitt die mittlere M abketten und beide Seiten getrennt und gegengleich beenden. Für die Ausschnittsschräge 10mal in jeder 2. R und 6mal in jeder 4. R immer die 2. + 3. M zusammenstricken.
In Rückenteilhöhe die Ärmel-Schultermaschen abketten.
Ausarbeitung: Die Teile auf den Schnitt spannen, mit feuchten Tüchern bedecken und gut trocknen lassen.
Die Ärmel-Schulternähte schließen.
Aus den unteren Ärmelkanten mit Nadeln Nr. 4½ jeweils 30 M (34 M) auffassen und die Bündchen 6 cm 2 M re – 2 M li im Wechsel stricken. Alle M abketten, wie sie erscheinen.
Die Ärmel- und Seitennähte schließen.
Mit der Rundnadel die M aus der Halskante auffassen und das Bündchen 3 cm 2 M re – 2 M li im Wechsel stricken. Dabei in der vorderen Mitte in jeder Rd jeweils 2mal 2 M zusammenstricken. Alle M abketten, wie sie erscheinen.

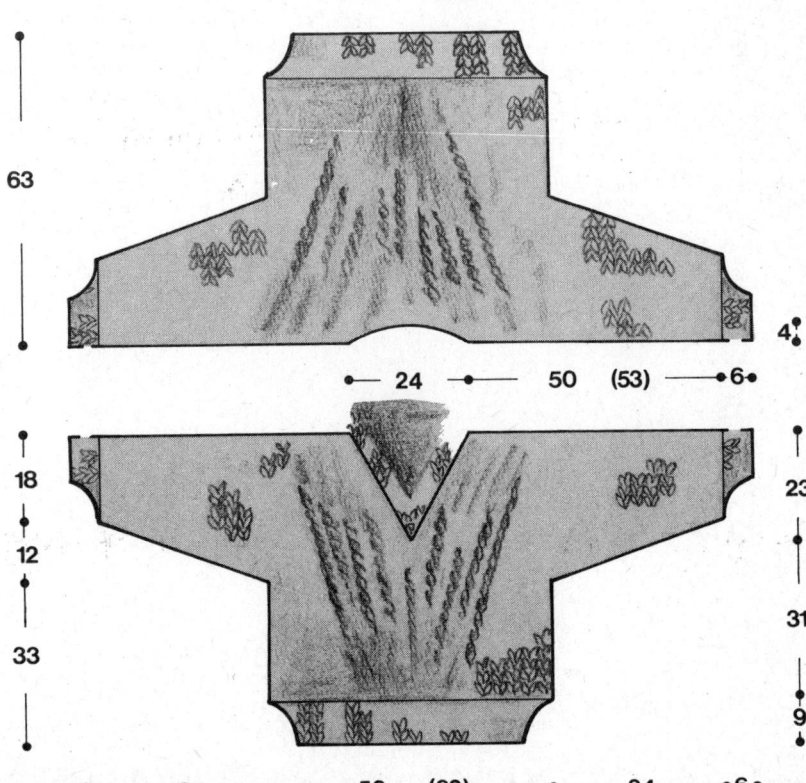

Pulli

für Größe 38-42

MATERIAL
Daisy von WOLLSERVICE
750 g Weiß, Farbe 101
Lauflänge 62 m per 50 g Knäuel
(48% Wolle, 38% Viskose, 14% Dralon)
Je 1 Paar Stricknadeln Nr. 4½ und 6
1 Rundstricknadel Nr. 4½

MUSTER
Grundmuster: Großes Perlmuster
1. + 2. R: 1 M re – 1 M li im Wechsel
3. + 4. R: 1 M li – 1 M re im Wechsel
Die 1.-4. R fortlaufend wiederholen.
Zopfstreifen I: 6 M breit
1.-4. R: Glatt rechts (Hin R re – Rück R li)
5. R: 3 M auf einer Hilfsnadel hinter die Arbeit legen, 3 M re, die 3 M von der Hilfsnadel re abstricken
6. R: Alle M stricken wie sie erscheinen
7.-10. R: Glatt rechts
11. R: Wie 5. R
Die 5.-10. R fortlaufend wiederholen.

Zopfstreifen II: 4 M breit
1. + 2. R: Glatt rechts
3. R: 2 M auf einer Hilfsnadel hinter die Arbeit legen, 2 M re, die 2 M von der Hilfsnadel re abstricken
4. R: Alle M stricken wie sie erscheinen
5. + 6. R: Glatt rechts
7. R: Wie 3. R
Die 3.-6. R fortlaufend wiederholen.
Zopfstreifen III: 4 M breit
1. + 2. R: Glatt rechts
3. R: 2 M auf der Hilfsnadel vor die Arbeit legen, 2 M re, die 2 M von der Hilfsnadel re abstricken
4. R: Alle M stricken wie sie erscheinen
5. + 6. R: Glatt rechts
7. R: Wie 3. R
Die 3.-6. R fortlaufend wiederholen.
Zopfstreifen IV: 6 M breit
1.-4. R: Glatt rechts
5. R: 3 M auf der Hilfsnadel vor die Arbeit legen, 3 M re, die 3 M von der Hilfsnadel re abstricken
6. R: Alle M stricken wie sie erscheinen
7.-10. R: Glatt rechts
11. R: Wie 5. R
Die 5.-10. R fortlaufend wiederholen.
Maschenprobe: Im Grundmuster mit Nadeln Nr. 6 gestrickt ergeben 16 M in der Breite und 22 R in der Höhe 10 cm im Quadrat.

AUSFÜHRUNG
Rückenteil: 78 M mit Nadeln Nr. 4½ anschlagen und den Bund 13 cm 2 M re – 2 M li im Wechsel stricken. Dabei innerhalb der letzten Rück R gleichmäßig verteilt noch 22 M zunehmen. Mit Nadeln Nr. 6 weiterarbeiten und alle 100 M aufteilen: 33 M Grundmuster, 2 M li, 6 M ZOPF I, 3 M li, 4 M ZOPF II, 4 M li, 4 M ZOPF III, 3 M li, 6 M ZOPF IV, 2 M li, 33 M Grundmuster.
Im Musterrhythmus stricken und dabei für die Zopfschrägungen bei den seitlichen Teilen im Grundmuster in jeder 4. R jeweils 2 M re zusammenstricken und für die fehlende M nach dem Zopf I bzw. vor dem Zopf IV jeweils 1 M li zunehmen. In diesen sich so V-förmig verbreiternden Linksmaschenteilen mit jeweils 4 M Abstand neue Zöpfe im Muster II und III einfügen, bis insgesamt 10 schmale Zöpfe innerhalb der V-Form liegen.
Dabei die Seitenkanten bis 35 cm Gesamthöhe gerade hochstricken und dann für die Ärmel auf beiden Seiten 14mal in jeder 2. R je 4 M zunehmen. Dabei am li Ärmel die neuen M aufteilen: 2 M li, 6 M ZOPF I, 2 M li, 6 M ZOPF I, 2 M li und alle restl. M glatt re (Hinr r-Rückr li) stricken. Die M des re Ärmels entsprechend aufteilen: 2 M li, 6 M ZOPF IV, 2 M li, 6 M ZOPF IV, 2 M li und alle restl. M glatt re stricken.
Nach den Ärmelzunahmen noch bis 68 cm Gesamthöhe gerade hochstricken und alle M abketten.
Vorderteil: 78 M mit Nadeln Nr. 4½ anschlagen und wie das Rückenteil stricken. Dabei aber in 42 cm Gesamthöhe für den V-Ausschnitt die Arbeit in der Mitte teilen und beide Seiten getrennt und gegengleich beenden. Für die Ausschnittschrägung 18mal in jeder 2. R immer die 2. + 3. M zusammenstricken. In Rückenteilhöhe die Schulter- Ärmelmaschen abketten.
Ausarbeitung: Die Teile auf den Schnitt spannen, mit feuchten Tüchern bedecken und gut trocknen lassen.
Die Schulter- und oberen Ärmelnähte schließen.
Aus den unteren Ärmelkanten jeweils 34 M mit Nadeln Nr. 4½ auffassen und die Bündchen 7 cm 2 M re – 2 M li im Wechsel stricken. Alle M im Maschenrhythmus abketten.
Die Ärmel- und Seitennähte schließen.
Mit der Rundnadel die M aus der Halskante auffassen und die Blende 8 Rd 2 M re – 2 M li im Wechsel stricken. Dabei in der vorderen Mitte in jeder Rd jeweils 3 M zusammenstricken. Alle M im Maschenrhythmus abketten.

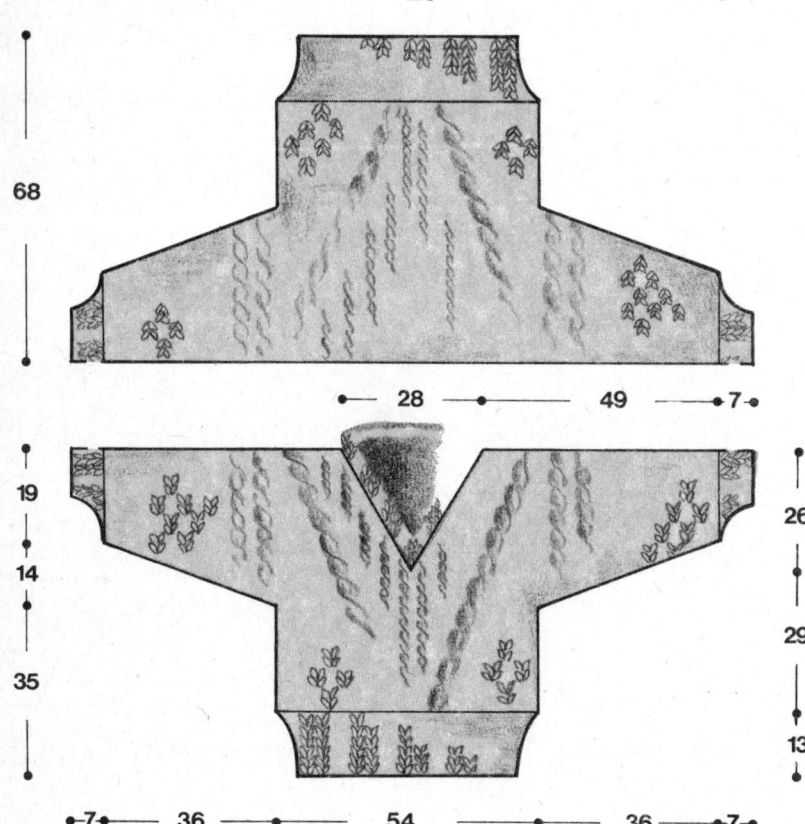

Uni und Bunt
Nr. 28/29

Farbbild Seite 92/93

MATERIAL
Voltige von WELCOMME
400 g (450 g) Bleuet, Farbe 02 (für Nr. 29 Canelle, Farbe 01)
Lauflänge 95 m per 50 g Knäuel
(64% Wolle, 36% Acryl)
und
Le Shetland et Alpaga Nr. 5 von WELCOMME
200 g (200 g) Zinc, Farbe 518
(für Nr. 29 Poisere, Farbe 562)
Lauflänge 70 m per 50 g Knäuel
(90% Wolle, 10% Alpaka)
Je 1 Paar Stricknadeln Nr. 3½ und 4½

Pulli
für Größe 38/40 (42/44)

MUSTER
Grundmuster I: Glatt rechts
(Hin R re – Rück R li)
Grundmuster II: Flecht-Zopf 18 M breit
1. R: Alle M rechts
2. R: Alle M stricken wie sie erscheinen
3. R: 6 M auf einer Hilfsnadel hinter die Arbeit legen, 6 M re, die 6 M von der Hilfsnadel re abstricken, 6 M re
4.-6. R: Alle M stricken wie sie erscheinen
7. R: 6 M re, 6 M auf der Hilfsnadel vor die Arbeit legen, 6 M re, die 6 M von der Hilfsnadel re abstricken
8. R: Alle M stricken wie sie erscheinen
9. R: Wie 1. R
Die 1.-8. R fortlaufend wiederholen.
Maschenprobe: Mit Nadeln Nr. 4½ glatt re gestrickt ergeben 15 M in der Breite und 22 R in der Höhe 10 cm im Quadrat.

AUSFÜHRUNG
Rückenteil: Der Pulli wird quer gearbeitet. Für einen Ärmel in Bleuet (Canelle für Nr. 27) 31 M (32 M) mit Nadeln Nr. 4½ anschlagen und glatt re stricken. Dabei an der li Kante nach 4 R für den Ärmel 3mal in jeder 4. R 1 M und dann in jeder 2. R 4mal 2 (5mal 2) und 7mal 3 M zunehmen, so daß 63 M (66 M) auf der Nadel sind. In 36,5 cm (39 cm) Gesamthöhe an der re Kante für den Halsausschnitt 1mal 5 und noch in jeder 2. R 1mal 3 und 2mal 1 M abketten. Diese 53 M (56 M) 32 R (34 R) gerade hochstricken und dann für den Halsausschnitt wieder in jeder 2. R 2mal 1, 1mal 3 und 1mal 5 M zunehmen. Gerade hoch weiterstricken und nach 21 cm (22,5 cm) ab Halsausschnitt an der li Kante für den Ärmel in jeder 2. R 7mal 3 und 4mal (5mal) 2 M und 3mal in jeder 4. R 1 M abketten. Diese 31 M (32 M) noch 4 R gerade hochstricken und alle M abketten.

Vorderteil: Wie das Rückenteil, aber mit Zopfmuster arbeiten. Dafür 6 M mehr. Für einen Ärmel in Bleuet (Canelle für Nr. 27) 37 M (38 M) mit Nadeln Nr. 4½ anschlagen und die M einteilen: 12 M glatt re, 18 M ZOPF, 7 M (8 M) glatt re.
Im Musterrhythmus stricken und dabei die Ärmelzunahmen, den Halsausschnitt und die gegengleichen Ärmelabnahmen wie beim Rückenteil arbeiten.
In Rückenteilhöhe die restl. 37 m (38 M) abketten.

Ausarbeitung: Eine Schulter-Ärmelnaht schließen.
Mit Nadeln Nr. 3½ in Zinc (Poisere für Nr. 27) 110 M (114 M) aus der Halskante auffassen und das Bündchen 5 cm 2 M re – 2 M li im Wechsel stricken. Alle M locker abketten wie sie erscheinen. Die Halsblende und die 2. Ärmel-Schulternaht schließen. Die Blende zur Hälfte nach rechts umschlagen und mit feinen Stichen ansäumen. Aus jeder unteren Ärmelkante mit Nadeln Nr. 3½ in Zinc (Poisere für Nr. 27) 46 M (50 M) auffassen und die Bündchen 16 cm 2 M re – 2 M li im Wechsel stricken. Alle M abketten wie sie erscheinen.
Eine Ärmel-Seitennaht schließen. Aus der unteren Kante mit Nadeln Nr. 3½ in Zinc (Poisere für Nr. 27) 212 M (228 M) auffassen und 15 cm 2 M re – 2 M li im Wechsel stricken. Alle M abketten wie sie erscheinen. Die 2. Ärmel-Seitennaht schließen.

Schöne Musterkombinationen

Nr. 30/31

Farbbild Seite 94

Pulli

für 6 Jahre (8 Jahre) (10 Jahre)

MATERIAL
Le Shetland et Alpaga Nr. 5 von WELCOMME
350 g (400 g) (450 g) Châtaigne, Farbe 438
Lauflänge 130 m per 50 g Knäuel
(90% Wolle, 10% Alpaka)
Je 1 Paar Stricknadeln Nr. 3 und 3$^{1}/_{2}$

MUSTER
Grundmuster I: Gerstenkornmuster 1 M re – 1 M li im Wechsel.
Das Muster alle 2 R versetzen.
Zopfmuster nach rechts verkreuzt: 10 M breit
1.-4. R: 3 M glatt links (Hin R li – Rück R re), 4 M glatt rechts (Hin R re – Rück R li), 3 M glatt li.
5. R: 3 M li, 2 M auf einer Hilfsnadel hinter die Arbeit legen, 2 M re, die 2 M von der Hilfsnadel re abstricken, 3 M li
6. R: Alle M stricken wie sie erscheinen
7. R: Wie 3. R
Die 3.-6. R fortlaufend wiederholen.
Zopfmuster nach links verkreuzt: 10 M breit
1.-4. R: 3 M glatt li, 4 M glatt re, 3 M glatt li
5. R: 3 M li, 2 M auf einer Hilfsnadel vor die Arbeit legen, 2 M re, die 2 M von der Hilfsnadel re abstricken, 3 M li
6. R: Alle M stricken wie sie erscheinen
7. R: Wie 3. R
Die 3.-6. R fortlaufend wiederholen.
Verschachteltes Zopfmuster: 8 M breit
1.-4. R: Glatt rechts
5. R: 2 M auf einer Hilfsnadel hinter die Arbeit legen, 2 M re, die 2 M von der Hilfsnadel re abstricken, 2 M auf der Hilfsnadel vor die Arbeit legen, 2 M re, die 2 M von der Hilfsnadel re abstricken
6. R: Alle M stricken wie sie erscheinen
7. R: Wie 1. R
Die 1.-6. R fortlaufend wiederholen.
Gittermuster: Nach entsprechender Maschenzahl
1. R: ★ 6 M re, ab ★ wiederholen
2. R und alle geraden R: ★ 6 M li, ab ★ wiederholen
3. R: ★ 3 M nach re kreuzen, d. h. 2 M auf einer Hilfsnadel hinter die Arbeit legen, 1 M re, die 2 M von der Hilfsnadel re abstricken, dann 3 M nach li kreuzen, d. h. 1 M auf der Hilfsnadel vor die Arbeit legen, 2 M re, die M von der Hilfsnadel re abstricken. Ab ★ wiederholen.
5. R: Wie 1. R
7. R: ★ 3 M nach li kreuzen, 3 M nach re kreuzen, ab ★ wiederholen
9. R: Wie 3. R
Die 3.-8. R fortlaufend wiederholen.

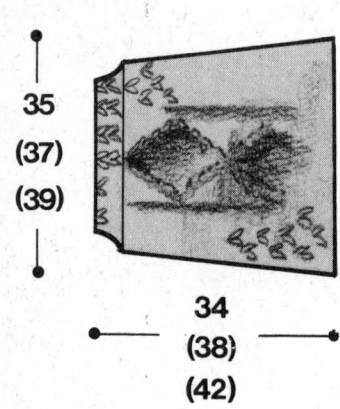

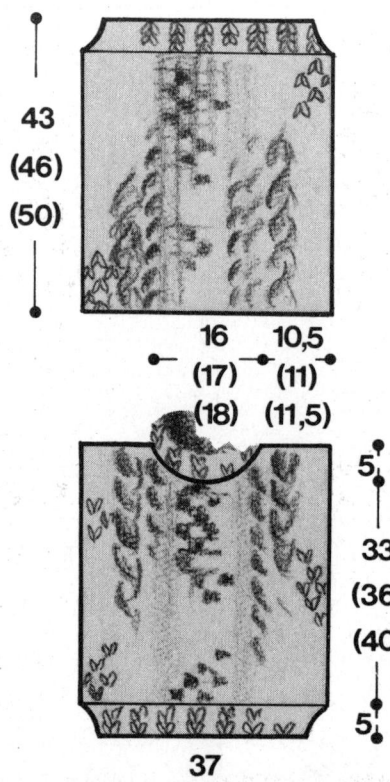

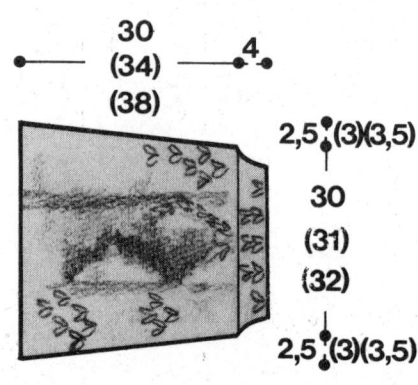

Relief-Rauten: 20 M breit
1. R: 7 M li, 2 M nach re kreuzen, d. h. 1 M auf einer Hilfsnadel hinter die Arbeit legen, 2 M re, die M von der Hilfsnadel li abstricken, dann 2 M nach li kreuzen, d. h. 2 M auf der Hilfsnadel vor die Arbeit legen, 1 M li, die 2 M von der Hilfsnadel re abstricken, 7 M li
2. R und alle geraden R: Alle M stricken wie sie erscheinen
3. R: 6 M li, 2 M nach re kreuzen, 2 M li, 2 M nach li kreuzen, 6 M li
5. R: 5 M li, 2 M nach re kreuzen, 4 M li, 2 M nach li kreuzen, 5 M li
7. R: 4 M li, 2 M nach re kreuzen, 6 M li, 2 M nach li kreuzen, 4 M li
9. R: 3 M li, 2 M nach re kreuzen, 8 M li, 2 M nach li kreuzen, 3 M li
11. R: 2 M li, 2 M nach re kreuzen, 10 M li, 2 M nach li kreuzen, 2 M li
13. R: 1 M li, 2 M nach re kreuzen, 12 M li, 2 M nach li kreuzen, 1 M li
15. R: 2 M nach re kreuzen, 14 M li, 2 M nach li kreuzen
17. R: 2 M nach li kreuzen, 14 M li, 2 M nach re kreuzen
19. R: 1 M li, 2 M nach li kreuzen, 12 M li, 2 M nach re kreuzen, 1 M li
21. R: 2 M li, 2 M nach li kreuzen, 10 M li, 2 M nach re kreuzen, 2 M li
23. R: 3 M li, 2 M nach li kreuzen, 8 M li, 2 M nach re kreuzen, 3 M li
25. R: 4 M li, 2 M nach li kreuzen, 6 M li, 2 M nach re kreuzen, 4 M li
27. R: 5 M li, 2 M nach li kreuzen, 4 M li, 2 M nach re kreuzen, 5 M li
29. R: 6 M li, 2 M nach li kreuzen, 2 M li, 2 M nach re kreuzen, 6 M li
31. R: 7 M li, 2 M nach li kreuzen, 2 M nach re kreuzen, 7 M li
33. R: Wie 1. R
Die 1.–32. R fortlaufend wiederholen.
Maschenproben: Mit Nadeln Nr. 3¹/₂ abwechselnd in den Mustern des Vorderteils gestrickt ergeben 33 M in der Breite und 34 R in der Höhe 10 cm im Quadrat.
Mit Nadeln Nr. 3¹/₂ abwechselnd in den Mustern des Ärmels gestrickt ergeben 25 M in der Breite und 28 R in der Höhe 10 cm im Quadrat.

AUSFÜHRUNG
Rückenteil: 122 M (128 M) (136 M) mit Nadeln Nr. 3 anschlagen und das Bündchen 5 cm 1 M re – 1 M li im Wechsel stricken.
Mit Nadeln Nr. 3¹/₂ weiterarbeiten und die M einteilen: 15 M (18 M) (22 M) Gerstenkornmuster, 10 M ZOPF nach re verkreuzt, 8 M verschachteltes Zopfmuster, 10 M ZOPF nach li verkreuzt, 36 M Gittermuster, 10 M ZOPF nach re verkreuzt, 8 M verschachteltes Zopfmuster, 10 M ZOPF nach li verkreuzt, 15 M (18 M) (22 M) Gerstenkornmuster.
Im Musterrhythmus bis 43 cm (46 cm) (50 cm) Gesamthöhe gerade hochstricken und alle M abketten.

Vorderteil: 122 M (128 M) (136 M) mit Nadeln Nr. 3 anschlagen und wie das Rückenteil arbeiten. Dabei aber in 38 cm (41 cm) (45 cm) Gesamthöhe für den Halsausschnitt die mittleren 14 M (18 M) (22 M) und zu beiden Seiten noch in jeder 2. R 1mal 6, 1mal 4, 2mal 2 und 5mal 1 M abketten.
In Rückenteilhöhe die 35 (36) (38) Schultermaschen abketten.
Ärmel: 68 M (70 M) (72 M) mit Nadeln Nr. 3 anschlagen und das Bündchen 4 cm 1 M re – 1 M li im Wechsel stricken. Dabei innerhalb der letzten Rück R gleichmäßig verteilt noch 6 M zunehmen.
Mit Nadeln Nr. 3¹/₂ weiterarbeiten und die 74 M (76 M) (78 M) einteilen: 27 M (28 M) (29 M) Gerstenkornmuster, 20 M Reliefrauten, 27 M (28 M) (29 M) Gerstenkornmuster.
Im Musterrhythmus stricken und zu beiden Seiten alle 10 R 7mal (8mal) (10mal) je 1 M zunehmen.
In 34 cm (38 cm) (42 cm) Ärmelhöhe alle 88 M (92 M) (98 M) abketten.
Ausarbeitung: Zunächst eine Schulternaht schließen. Mit Nadeln Nr. 3 entlang der Halsausschnittkante 124 M (128 M) (130 M) auffassen – von diesen 52 M (56 M) (60 M) aus der rückw. Kante – und das Bündchen 5 cm 1 M re – 1 M li im Wechsel stricken. Alle M abketten wie sie erscheinen.
Die noch offene Schulternaht und die Halsbörtchennaht schließen.
Die Ärmel beiderseits der Schulternähte über 34 cm (36 cm) (38 cm) ansetzen und die Ärmel- und Seitennähte schließen.
Das Halsbündchen zur Hälfte nach innen legen und mit unsichtbaren Stichen gegennähen.

Farbbild Seite 95

Pullover
für Größe 52

MATERIAL
L'Alpaga von WELCOMME
1200 g Café Créme, Farbe 07
Lauflänge 180 per 50 g Knäuel
(100% Alpaka)
Je 1 Paar Stricknadeln Nr. 5 und 5¹/₂
2 Hilfsnadeln

MUSTER
Der Pulli wird durchgehend mit dreifachem Faden gestrickt
Grundmuster I: Rippenmuster 4/2
4 M re – 2 M li im Wechsel
Zopfmuster: 20 M breit
1.–4. R: 2 M glatt links (Hin R li – Rück R re), 16 M glatt rechts (Hin R re – Rück R li), 2 M glatt links
5. R: 2 M li ★ 4 M auf einer Hilfsnadel vor die Arbeit legen, 4 M re, die 4 M von der Hilfsnadel re abstricken, ab ★ noch 1mal wiederholen, 2 M li
6. R: Alle M stricken wie sie erscheinen
7.–10. R: Wie 1.–4. R
11. R: 2 M li, 4 M re, 4 M auf der Hilfsnadel hinter die Arbeit legen, 4 M re, die 4 M von der Hilfsnadel re abstricken, 4 M re, 2 M li
12. R: Alle M stricken wie sie erscheinen
13.–16. R: Wie 1.–4. R
17. R: Wie 1. R
Die 1.–16. R fortlaufend wiederholen.
Grundmuster II: Rauten und Rippenstreifen 19 M breit
1. R: 1 M li, 2 M re nach li kreuzen (d. h. die re Nadel hinter der 1. M vorbeiführen und die 2. M re stricken, dann die 1. M re stricken). 1 M re, 1 M li, 3 M re nach li kreuzen (d. h. 2 M auf einer Hilfsnadel vor die Arbeit legen, die folg. M re, dann die 2 M von der Hilfsnadel re abstricken). 1 M li, 3 M re nach re kreuzen (d. h. 1 M

auf der Hilfsnadel hinter die Arbeit legen, die 2 folg. M re, dann die M von der Hilfsnadel re abstricken). 1 M li, 1 M re, 1 M li, 2 M re nach li kreuzen, 1 M li
2. R: Alle M stricken wie sie erscheinen
3. R: 1 M li, 2 M re nach li kreuzen, 2 M li, 1 M re, 1 M li, 5 M nach li kreuzen (d. h. 2 M auf einer Hilfsnadel vor die Arbeit legen, die folg. M auf der 2.

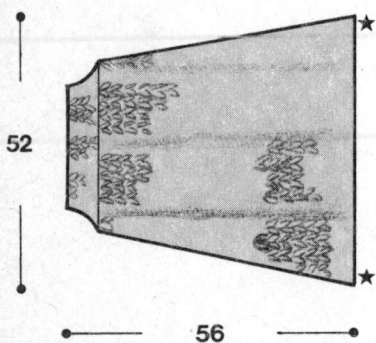

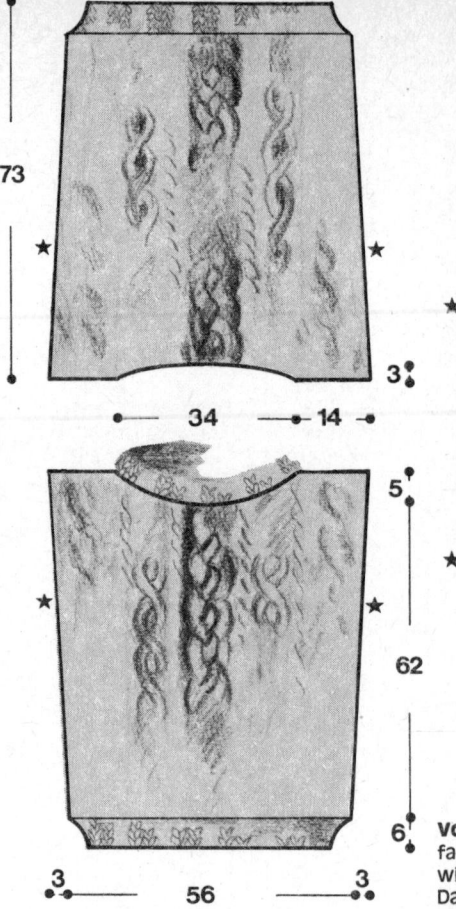

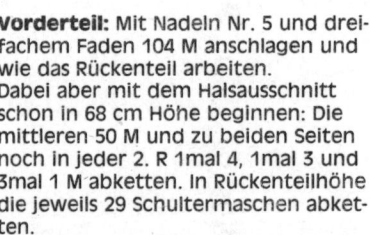

Hilfsnadel hinter die Arbeit legen, die 2 folg. M re stricken, dann zuerst die M der 2. Hilfsnadel li und nun die 2 M der 1. Hilfsnadel re abstricken). 1 M li, 1 M re, 2 M li, 2 M re nach li kreuzen, 1 M li
4. R: Alle M stricken wie sie erscheinen
5. R: 1 M li, 2 M re nach li kreuzen, 1 M li, 1 M re, 2 M li, 3 M nach re kreuzen (d. h. 1 M auf einer Hilfsnadel hinter die Arbeit legen, die 2 folg. M re, dann die M von der Hilfsnadel li abstricken). 1 M li, 3 M nach li kreuzen (d. h. 2 M auf der Hilfsnadel vor die Arbeit legen, die folg M li, dann die 2 M der Hilfsnadel re abstricken). 1 M li, 1 M re, 1 M li, 2 M re nach li kreuzen, 1 M li
6. R: Alle M stricken wie sie erscheinen
7. R: 1 M li, 2 M re nach li kreuzen, 2 M li, 3 M nach re kreuzen, 1 M li, aus der folg M (1mal re, 1mal li und 1mal re) herausstricken, 1 M li, 3 M nach li kreuzen, weiter 2 M li, 2 M re nach li kreuzen, 1 M li
8. R: 1 M re, 2 M li, 2 M re, 2 M li 2 M re, 3 M li, 2 M re, 2 M li, 2 M re, 2 M li, 1 M re
9. R: 1 M li, 2 M re nach li kreuzen, 1 M li, 3 M nach re kreuzen, 2 M li, 3 M re, 2 M li, 3 M nach li kreuzen, 1 M li, 2 M re nach li kreuzen, 1 M li
10. R: 1 M re, 2 M li, 1 M re, 2 M li, 3 M re, 3 M li zusammenstricken, 3 M re, 2 M li, 1 M re, 2 M li, 1 M re
11. R: 1 M li, 2 M re nach li kreuzen, 1 M li, 3 M nach li kreuzen, 5 M li, 3 M nach re kreuzen, 1 M li, 2 M re nach li kreuzen, 1 M li
12. R: Alle M stricken wie sie erscheinen
13. R: 1 M li, 2 M re nach li kreuzen, 2 M li, 3 M nach li kreuzen, 3 M li, 3 M nach re kreuzen, 2 M li, 2 M re nach li kreuzen, 1 M li
14. R: Alle M stricken wie sie erscheinen
15. R: Wie 1. R
Die 1.–14. R fortlaufend wiederholen.

Maschenproben: Mit Nadeln Nr. 5½ und dreifachem Faden im Muster des Rückenteils gestrickt ergeben 20,5 M in der Breite und 22 R in der Höhe 10 cm im Quadrat.
Mit Nadeln Nr. 5½ und dreifachem Faden 4 M re – 2 M li im Wechsel gestrickt ergeben 17 M in der Breite und 19 R in der Höhe 10 cm im Quadrat.

AUSFÜHRUNG
Rückenteil: Mit Nadeln Nr. 5 und dreifachem Faden 104 M anschlagen und das Bündchen 6 cm 2 M re – 2 M li im Wechsel stricken. Dabei innerhalb der letzten Rück R gleichmäßig verteilt noch 10 M zunehmen.
Mit Nadeln Nr. 5½ weiterarbeiten und die 114 M einteilen: 4 M re, 20 M ZOPFMUSTER, 2 M re, 19 M Rauten-Rippen-Streifen, 2 M re, 20 M ZOPFMUSTER, 2 M re, 19 M Rauten-Rippen-Streifen, 2 M re, 20 M ZOPFMUSTER, 4 M re. Im Musterrhythmus stricken und dabei zu beiden Seiten 7mal in jeder 18. R je 1 M zunehmen. Diese Zunahmen im Rippenmuster 4/2 stricken! Es sind nun 128 M auf der Nadel. In 70 cm Gesamthöhe für die Halsrundung die mittleren 54 M und zu beiden Seiten noch in jeder 2. R 1mal 4 und 2mal 2 M abketten. In 73 cm Höhe die jeweils 29 Schultermaschen abketten.

Vorderteil: Mit Nadeln Nr. 5 und dreifachem Faden 104 M anschlagen und wie das Rückenteil arbeiten.
Dabei aber mit dem Halsausschnitt schon in 68 cm Höhe beginnen: Die mittleren 50 M und zu beiden Seiten noch in jeder 2. R 1mal 4, 1mal 3 und 3mal 1 M abketten. In Rückenteilhöhe die jeweils 29 Schultermaschen abketten.
Ärmel: Mit Nadeln Nr. 5 und dreifachem Faden 38 M anschlagen und das Bündchen 6 cm 2 M re – 2 M li im Wechsel stricken. Dabei innerhalb der letzten Rück R gleichmäßig verteilt noch 18 M zunehmen. Es sind nun 56 M auf der Nadel.
Der Ärmel wird nun mit Nadeln Nr. 5½ durchgehend im Rippenmuster 4 M re – 2 M li im Wechsel gestrickt. Die M einteilen: 3 M re, 2 M li ★ 4 M re, 2 M li, ab ★ noch 7mal wiederholen und mit 3 M re enden.
Im Musterrhythmus stricken und auch in diesem die Seitenschrägungen zunehmen: ★ 1mal in jeder 4. R und 1mal in jeder 6. R je 1 M zunehmen, ab ★ noch 11mal wiederholen. In 56 cm Ärmelhöhe alle 88 M abketten, wie sie erscheinen.
Ausarbeitung: Zunächst eine Schulternaht schließen.
Mit Nadeln Nr. 5 und dreifachem Faden aus der Halskante 120 M auffassen und das Bündchen 4 cm 2 M re – 2 M li im Wechsel stricken. Alle M locker abketten wie sie erscheinen.
Die 2. Schulternaht und das Halsbündchen schließen. Dieses zur Hälfte nach innen legen und mit unsichtbaren Stichen gegensäumen.
Die Ärmel wie im Schnitt markiert an die Ärmelansatzkanten nähen und die Ärmel- und Seitennähte schließen.

Zöpfe, die schräg verlaufen
Nr. 32

Farbbild Seite 96

Pulli
für Größe 38–42

MATERIAL
Starblitz von ANNY BLATT
700 g Lune, Farbe 2353
Lauflänge 125 m per 50 g Knäuel
(60% Mohair, 20% Courtelle,
20% Polyamid)
1 Paar Stricknadeln Nr. 4$^{1}/_{2}$
2 Schulterpolster

MUSTER
Zopfmuster I: 6 M breit
1.–6. R: Glatt rechts
(Hin R re – Rück R li)
7. R: 3 M auf einer Hilfsnadel hinter die Arbeit legen, 3 M re, die 3 M von der Hilfsnadel re abstricken
8. R: Alle M stricken wie sie erscheinen
9. R: Wie 1. R
Die 1.–8. R fortlaufend wiederholen.
Zopfmuster II: 6 M breit
1.–6. R: Glatt rechts
7. R: 3 M auf der Hilfsnadel vor die Arbeit legen, 3 M re, die 3 M von der Hilfsnadel re abstricken
8. R: Alle M stricken wie sie erscheinen
9. R: Wie 1. R
Die 1.–8. R fortlaufend wiederholen.
Zopfmuster III: 4 M breit
1. + 2. R: Glatt rechts
3. R: 2 M auf der Hilfsnadel hinter die Arbeit legen, 2 M re, die 2 M von der Hilfsnadel re abstricken
4. R: Alle M stricken wie sie erscheinen
5. R: Wie 1. R
Die 1.–4. R fortlaufend wiederholen.
Maschenprobe: Mit Nadeln Nr. 4$^{1}/_{2}$ im Zopfmuster mit je 1 M glatt links (Hin R li – Rück R re) zwischen jedem Zopf gestrickt ergeben 22 M in der Breite und 23 R in der Höhe 10 cm im Quadrat.

AUSFÜHRUNG
Rücken- und Vorderteil werden schräg gestrickt.
Rückenteil re Hälfte: 3 M anschlagen und im Zopfmuster I stricken. Dabei zwischen den Zöpfen jeweils 1 M durchgehend glatt li stricken.
Mit 1 M re für einen Zopf, 1 M li für glatt li und 1 M re für einen Zopf beginnen. Auf der re Seite = Seitennaht 26mal in jeder 2. R 3 M zunehmen, auf der li Seite = unterer Rand 25mal in jeder 2. R 1 M zunehmen. Auf diese Weise das Zopfstreifenmuster stricken, bis 106 M auf der Nadel sind. Diese M stillegen.
Li Hälfte: 3 M anschlagen und im Zopfmuster II stricken, dabei wieder zwischen den Zöpfen jeweils 1 M durchgehend glatt li stricken. Alle zusammen **gegengleich** arbeiten, bis 106 M auf der Nadel sind.
Nun über die beiden Teile weiterstricken und dabei zwischen diesen die Mittelmasche neu anschlagen. Es sind nun 213 M auf der Nadel. Nun zu beiden Seiten in jeder 2. R 10mal 3 M zunehmen und in der Mitte in jeder R abnehmen: Auf der re Arbeitsseite mit der 3. + 2. M vor der Mittelmasche einen einfachen Überzug stricken: d. h. 1 M abheben, die folg. M re stricken und die abgehobene M über die gestrickte ziehen. Dann die 2 folg. M zusammen re abheben, die folg M re stricken und die beiden abgehobenen M über die gestrickte ziehen. Die 2 folg. M re zusammenstricken.
Auf der li Arbeitsseite die 2 M vor der Mittelmasche li zusammenstricken, die Mittel M li stricken, die 2 folg. M li zusammenstricken.
Diese Abnahmen bis Arbeitsende fortlaufend wiederholen.
Inzwischen, nach Ende der Zunahmen auf beiden Seiten, für die Schultern zu beiden Seiten 13mal in jeder 2. R je 1 M abketten, nun beide Rand M für den Halsausschnitt kennzeichnen und weiter zu beiden Seiten in jeder 2. R 1 M abketten, bis keine M mehr vorhanden ist. Dabei die Abnahmen in der Mitte nicht vergessen.
In 22 cm Gesamthöhe die Rand M zu beiden Seiten für die Armausschnitte kennzeichnen, wie im Schnitt markiert.
Vorderteil: Die jeweils gleiche Maschenzahl wie für das Rückenteil anschlagen und ebenso stricken.
Wenn aber die Schulterabnahmen beendet sind (die jeweils 13mal 1 M), alle M stillegen, die re Schulternaht schließen und den Kragen beginnen.
Für diesen die M aus dem vorderen und rückw. Halsausschnitt aufnehmen. Über den stillgelegten M des Vorderteils das Zopfmuster III mit je 1 M glatt li zwischen den Zöpfen stricken und dabei in der 1. R in jedem Zopf des Vorderteils gleichlaufend weiterzuführen. Dabei die Mittelmasche des Vorderteils weiter glatt re stricken, aber keine Abnahmen mehr arbeiten. Dazu aus dem rückw. Halsausschnitt 36 M auffassen und ebenfalls im Zopfmuster III mit je 1 M glatt li zwischen den Zöpfen stricken.
Im Musterrhythmus stricken. Nach 7 cm Kragenhöhe das Zopfmuster für den Umschlag auf der li Arbeitsseite stricken! In 14 cm Gesamthöhe alle M abketten. Wieder in 22 cm Höhe ab Unterkante die Rand M zu beiden Seiten für die Armausschnitte kennzeichnen.
Ärmel: 57 M anschlagen und im Zopfmuster I stricken: ★ 1 M glatt li, 6 M ZOPF, ab ★ wiederholen und mit 1 M

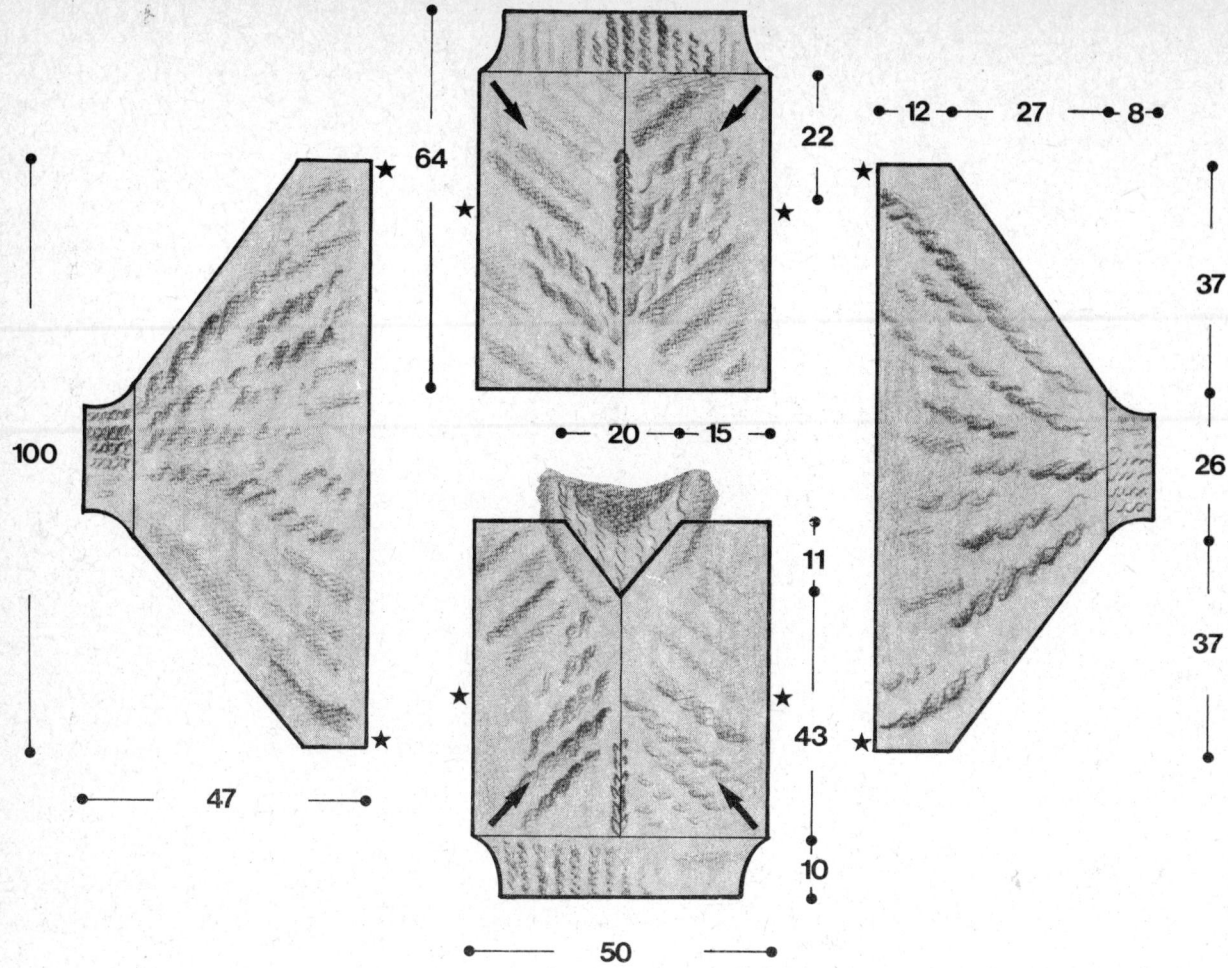

li enden. Es sind nun 8 Zöpfe auf der Nadel.
Mit den Zunahmen in der 5. R beginnen: In jeder li M zwischen den Zöpfen je 2 M zunehmen, in jeder li Rand M je 1 M zunehmen und nun in jeder 8. R je 2 M in jeder Maschengruppe li M zwischen den Zöpfen und je 1 M in jeder Maschengruppe li Rand M zunehmen, bis zwischen jedem Zopf 9 Glatt-Links-Maschen gestrickt sind.
In diesen 9 Glatt-Links-Maschen in der nun folg. R noch jeweils 1 M zunehmen und gleichzeitig einen neuen Zopf formen, d. h. sofort mit dem Überkreuzen der Zöpfe beginnen, gleichzeitig mit der 4. Überkreuzung der schon bestehenden 8 Zöpfe.
Es sind nun 15 Zöpfe mit jeweils 2 Glatt-Links-Maschen dazwischen auf der Nadel. Weiterhin in jeder 8. R in jeder Gruppe Glatt-Links-Maschen je 2 bzw. 1 M wie oben beschrieben zunehmen, bis 10 Glatt-Links-M zwischen den Zöpfen sind und weder mit neuen Zöpfen beginnen: Gleichzeitig mit dem 5. bzw. 8. Überkreuzen der schon bestehenden Zöpfe diese neuen Zöpfe ebenfalls überkreuzen, damit ein gleichmäßiger Musterverlauf erhalten bleibt.

Es sind nun 31 Zöpfe, durch jeweils 2 Glatt-Links-M getrennt, auf der Nadel. In diesem Musterrhythmus noch 26 R gerade hochstricken und dann alle M locker abketten, wie sie erscheinen.
Aus dem unteren Ärmelrand 44 M auffassen und das Bündchen 8 cm im Zopfmuster III stricken. Dabei zwischen jedem Zopf 2 M glatt li und zu beiden Seiten ebenso 2 M glatt li stricken. Alle M locker abketten wie sie erscheinen. Den 2. Ärmel ebenso stricken.
Ausarbeitung: Aus der Unterkante des Vorderteils 78 M auffassen und das Bündchen 10 cm im Zopfmuster III stricken. Dabei zwischen jedem Zopf 1 M glatt li stricken und die R mit 2 M glatt li beginnen. Alle M locker abketten wie sie erscheinen.
Das Rückenteilbündchen ebenso arbeiten. Die li Schulternaht und den Kragen schließen, dabei die Kragennaht für den Umschlag zur Hälfte auf re arbeiten. Die Ärmel zwischen den markierten M so auf Vorder- und Rückenteil nähen, daß der Abkettrand sichtbar bleibt! Dabei die Ärmel auf den Schultern leicht einhalten. Die Ärmel- und Seitennähte schließen. Die Schulterpolster einheften.

Stricken mit Lochmustern

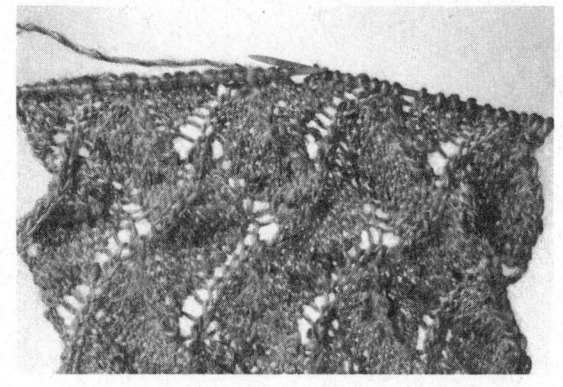

Aber nicht nur einfach glatt rechts,

auch Lochmuster sind einfach zu stricken

Soll ein Pulli etwas festlicher, filigranhafter aussehen, dann bieten sich Lochmuster geradezu an! Sie sehen nicht nur gut aus, sie machen auch ein gestricktes Kleidungsstück weicher und geschmeidiger. Löcher zu stricken ist kein Problem. Lochmuster bilden vielfältige Möglichkeiten, je nachdem, wie sie angeordnet werden, von einfachen bis schwierig erscheinenden, und man kann immer eine „kostbare" Wirkung mit ihnen erzielen.

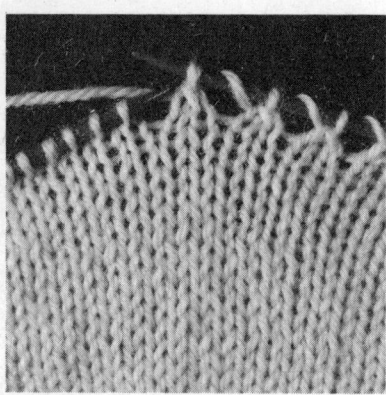

Es fängt ganz einfach an:
2 Maschen zusammenstricken
Nun fehlt 1 Masche. Für diese wird ein Umschlag gemacht, damit die Maschenzahl wieder stimmt.

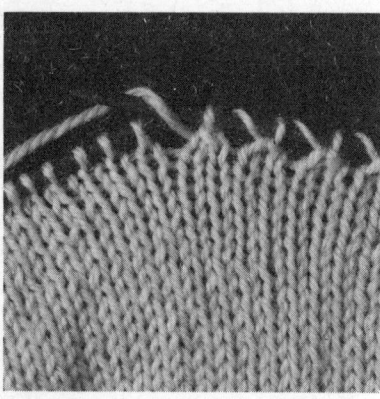

Das ist die ganze Kunst dabei. Zugegeben: Größere Lochmuster sind nicht immer eine Art „Nebenbeschäftigung" beim Fernsehen. Aber wenn erst einmal das Muster eingeteilt ist und ein entsprechender Reihenrapport auf der Nadel, dann gehen auch solche „komplizierten" Muster ganz leicht von der Hand.
Bei den Lochmusterbeschreibungen finden sich nun auch Begriffe, welche bei Zu- und Abnahmen, z. B. bei V-Ausschnittschrägungen, gebräuchlich sind.
2 M rechts zusammenstricken.
Hier werden ganz einfach 2 Maschen zusammen rechts abgestrickt.

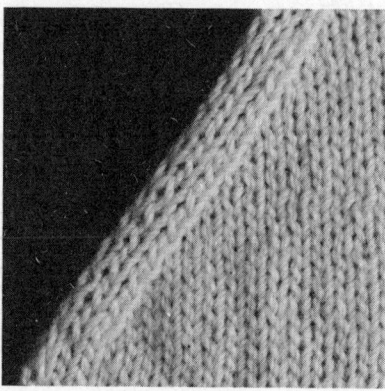

Ein einfacher Überzug.
Hier wird 1 Masche rechts abgehoben, die folgende Masche rechts gestrickt und die abgehobene Ma-

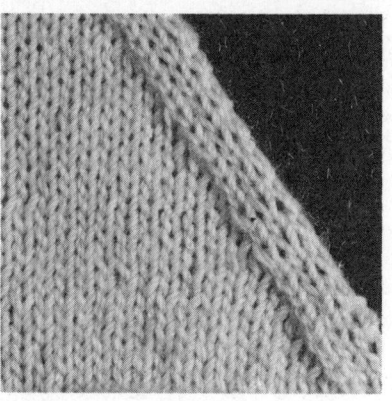

sche über diese zuletzt gestrickte Masche gezogen. Auf unseren Bildbeispielen können Sie sehen, wie es gemacht wird:
Randmasche, 2 Maschen rechts, dann 2 Maschen rechts zusammenstricken.
Aber auch:
Randmasche, 2 Maschen rechts, ein einfacher Überzug.
2 Maschen zusammenstricken und der einfache Überzug allein bilden kein „Loch". Der Umschlag bildet es.
Doch zunächst das Zusammenstricken und Überziehen, was ja nicht nur bei Lochmustern gebräuchlich ist, sondern auch bei

Schönen Kanten

Betonte Raglankanten aneinandergenäht – Knötchen für Knötchen, sehr wichtig! – werden nie ausbeulen oder ziehen, wenn ab der Kante die Abnahmen durch Zusammenstricken gearbeitet werden:
Z. B. die 2.-4. M ab der Kante zusammenstricken, d. h., 3 Maschen rechts zusammenstricken. Also 2 Maschen wie zum Rechtsstricken

abheben, 1 Masche rechts stricken und die erste und zweite abgehobene Masche nacheinander über die gestrickte Masche ziehen.
Für V-Ausschnittkanten gilt dasselbe!
Je nach Grundmuster empfiehlt es sich, eine, zwei oder auch mehrere Maschen vor bzw. hinter der Kantenschrägung abzunehmen, diese Abnahmen also im entsprechenden Maschenrhythmus schrägbildend hochlaufen zu lassen.
Es ergibt sich immer aus dem Muster, aber 1 Masche muß es immer sein, denn nur dadurch hat man eine schöne Kante zum Auffassen der Maschen!

Das gilt auch für schöne Blenden und Bündchen

Denn man muß nun ja die Maschen aus der Ausschnittkante auffassen.
Und diese werden mit einem neuen Faden entlang der schrägen Kanten aufgenommen: Rundherum aus jedem Knötchen 1 Masche aufnehmen, dazwischen aus jeder abgeketteten Masche des rückwärtigen Halsausschnitts 1 Masche auffassen, aber nur aus den abgeketteten, nicht aus den Zwischenräumen, was ein unfreiwilliges Lochmuster ergäbe! Nun müssen beim Abstricken der 1. Runde entlang den Schrägungen Maschen zugenommen werden, damit sich die Kante nicht zusammenzieht.
Im allgemeinen gilt: Nach 2 Maschen eine Masche zunehmen.
In seltenen Fällen, z. B. bei dickeren Garnen, kann man nach jeder Masche 1 Masche zunehmen.

Im ersteren Fall wird eine Rippenblende 2 Maschen rechts – 2 Maschen links im Wechsel so gestrickt:
2 Maschen rechts, 1 Masche links, 1 Umschlag, 2 Maschen rechts, 1 Masche links, 1 Umschlag usw.
Bei 1 Masche rechts – 1 Masche links im Wechsel geht das so:
1 Masche links, 1 Masche rechts, 1 Umschlag, 1 Masche links, 1 Masche rechts, 1 Umschlag usw.
Bei beiden Mustern sind in der folgenden 2. Runde alle benötigten Maschen vorhanden und man kann im Maschenrhythmus weiterstricken.
Freilich nicht ohne auf die rückwärtige Halskante zu achten! Damit diese nicht übermäßig weit wird, sollten noch, gleichmäßig verteilt, 5 bis 10 Maschen abgenommen werden. Kein Problem: Der gleichmäßigen Verteilung entsprechend werden jeweils 2 Maschen zusammengestrickt, um die nötige Weite zu erhalten.

Auch die Ausformung einer V-Spitze ist problemlos

Bei einer 2 Maschen rechts – 2 Maschen links-Blende werden immer 2mal 2 Maschen rechts zusammengestrickt,
und bei einer 1 Masche rechts – 1 Masche links-Blende werden immer 3 Maschen rechts zusammengestrickt.

Dabei ist sehr wichtig, daß die Maschen richtig eingeteilt werden. Also in der vorderen Spitze beginnen und enden. Bei einer 2 Maschen rechts – 2 Maschen links gestrickten Blende müssen in der Spitze 2 Maschen rechts zusammentreffen, und man darf rechts und links dieser Mittelmaschen nur aus den Maschen, nicht aus den Zwischenräumen aufnehmen. Denn es sollen ja keine Löcher bleiben.
Nun kann in der 1. Runde beim Abstricken entlang der Schrägungen unbesorgt zugenommen werden, damit sich die Kante nicht zusammenzieht.
Z. B. bei 2 Maschen rechts – 2 Maschen links: Wenn also 2 Maschen rechts – 1 Masche links – 2 Maschen rechts die Mitte bilden, dann muß auch entsprechend mit 1 Masche links, 2 Maschen rechts weitergestrickt werden.
Bei 1 Masche rechts – 1 Masche links wird dementsprechend gearbeitet:
2mal 2 Maschen zusammenstricken bedeutet:
2 Maschen rechts zusammenstricken und dann ein einfacher Überzug.
3 Maschen rechts zusammenstricken bedeutet:
2 Maschen wie zum Rechtsstricken abheben,
1 Masche rechts stricken und die beiden abgehobenen Maschen nacheinander über die gestrickte ziehen.
Hat die Blende bzw. das Ausschnittbündchen die erforderliche Höhe erreicht, werden alle Maschen im entsprechenden Maschenrhythmus abgekettet, d. h. alle Maschen im Maschenrhythmus stricken und dabei abketten.
Lochmuster waren unser Ausgangspunkt. Dazwischen haben wir nun ähnlich gestrickte Dinge beschrieben, welche freilich in der gleichen Technik beginnen.
Die Umschläge bilden die Löcher. Und je genauer nun die Maschenprobe gestrickt wird, desto besser kann man das Muster ausmessen. Daß bei Lochmustern eine Maschenprobe nicht unbedingt als planes, flaches Strickstück erscheint, ist ganz natürlich. Es ist nicht nur hier – auch in allen anderen Fällen! – eine schöne Kontrolle, die Maschenprobe aufzunadeln. Auf das Bügelbrett, auf eine Decke, gedehnt, aber nicht gezerrt. Das Muster muß sehr gut zu erkennen sein, ohne daß die Maschen „ausgezerrt" sind. Besonders müssen die Löcher zu erkennen und auszuzählen sein! Nur so kann richtig nachgemessen werden, und nur so kann man das Muster so richtig stricken, daß es keine Enttäuschungen beim Tragen gibt.
Gerade ein Lochmusterpulli muß sehr angepaßt sitzen, da darf sich keine zufällige, aus Versehen entstandene Weite ergeben, welche dem Stück keine tragbare Form aufzwingt.
Bei allen Mustern – und hier ganz besonders – gilt: Je präziser und aufwendiger die Vorarbeiten, desto leichter geht es dann voran. Leichter und schöner.

Auch Knopflöcher

gehören zum Thema Leisten und Blenden. Hier gerade sollten Sie alles vergessen, was Sie einmal in der Schule gelernt haben.
Arbeiten Sie Knopflöcher perfekt! Wenn in der Anleitung z. B. steht, daß 3 Maschen abzuketten sind, dann stricken Sie diese Maschen nicht ab. Sie ziehen diese Maschen **über,** d. h. Sie heben die zunächst 2 Maschen auf die rechte Nadel, ziehen die 1. Masche über die zweite, heben dann die 3. Masche auf die rechte Nadel und ziehen die 2. über die 3. Masche.

Dies läßt sich je nach Knopflochbreite beliebig fortsetzen.
In allen Fällen wird die letzte Masche auf die linke Nadel zurückgenommen. Mit dem Faden, der ja an der letzten Masche der rechten Nadel hängt, können dann wie in unserem Beispiel 3 oder eben nach der erforderlichen Breite mehrere verschränkte Umschläge gestrickt werden, und dann wird im ganz normalen Musterrhythmus weitergearbeitet.
So können Sie aus der entsprechenden Reihe ein absolut schönes, fertiges Knopfloch arbeiten, unauffällig und flach, und solch ein Kopfloch braucht auch nicht mehr ausgenäht zu werden.

Loch an Loch – diagonal und waagerecht

Nr. 33

Farbbild Seite 129

Pulli
für Größe 38/40

MATERIAL
Kimono von WOLLSERVICE
500 g Blau, Farbe 33
Lauflänge 85 m per 50 g Knäuel
(30% Baumwolle, 70% Viskose)
Je 1 Paar Stricknadeln Nr. 4 und 5
1 Häkelnadel Nr. 4

MUSTER
Grundmuster I: 16 M breit.
1.-20. R: Glatt rechts (Hin R re – Rück R li)
21. R: ★ 1 Umschlag, 2 M re zusammenstricken, ab ★ wiederholen.
22. R: Alle M links.
Die 1.-22. R fortlaufend wiederholen.
Grundmuster II: 14 M breit.
1.-6. R: 2 M li, 10 M glatt re, 2 M li.
7. R: 2 M li, 5 M auf einer Hilfsnadel hinter die Arbeit legen, 5 M re, die 5 M von der Hilfsnadel re abstricken, 2 M li.
8. R: Alle M stricken wie sie erscheinen.
9.-16. R: 2 M li, 10 M glatt re, 2 M li.
17.-38. R: Wie 7.-16. R.
39.-76. R: 2 M li, 10 M glatt re, 2 M li.
77.-114 R: Wie 7.-16. R.
Grundmuster III: 14 M breit.
1.-36. R: 2 M li, 10 M glatt re, 2 M li.
37. R: 2 M li, 5 M auf einer Hilfsnadel hinter die Arbeit legen, 5 M re, die 5 M von der Hilfsnadel re abstricken, 2 M li.
38. R: Alle M stricken wie sie erscheinen.
39.-46. R: 2 M li, 10 M glatt re, 2 M li.
47.-78. R: Die 37.-46. R fortlaufend wiederholen.
79.-114. R: 2 M li, 10 M glatt re, 2 M li.
Grundmuster IV: 25 M breit.
1. R: 6 M re, 1 Umschlag, 2 M re verschränkt zusammenstricken, 9 M re, 2 M re zusammenstricken, 1 Umschlag, 6 M re.
2. R und alle folg. Rück R: Alle M stricken wie sie erscheinen.
3. R: 7 M re, 1 Umschlag, 2 M re verschränkt zsuammenstricken, 7 M re, 2 M re zusammenstricken, 1 Umschlag, 7 M re.
5. R: 8 M re, 1 Umschlag, 2 M re verschränkt zusammenstricken, 5 M re, 2 M re zusammenstricken, 1 Umschlag, 8 M re.
7. R: 9 M re, 1 Umschlag, 2 M re verschränkt zusammenstricken, 3 M re, 2 M re zusammenstricken, 1 Umschlag, 9 M re.
9. R: 10 M re, 1 Umschlag, 2 M re verschränkt zusammenstricken, 1 M re, 2 M re zusammenstricken, 1 Umschlag, 10 M re.
11. R: 11 M re, 1 Umschlag, 3 M re zusammenstricken, d. h. 2 M wie zum Rechtsstricken abheben, 1 M re stricken und die abgehobenen M über diese ziehen, dann 1 Umschlag, 11 M re.
13. R: 1 Umschlag, 2 M re verschränkt zusammenstricken, 21 M re, 2 M re zusammenstricken, 1 Umschlag.
15. R: 1 Umschlag, 2 M re verschränkt zusammenstricken, 19 M re, 2 M re zusammenstricken, 1 Umschlag, 1 M re.
17. R: 2 M re, 1 Umschlag, 2 M re verschränkt zusammenstricken, 17 M re, 2 M re zusammenstricken, 1 Umschlag, 2 M re.
19. R: 3 M re, 1 Umschlag, 2 M re verschränkt zusammenstricken, 15 M re, 2 M re zusammenstricken, 1 Umschlag, 3 M re.
21. R: 4 M re, 1 Umschlag, 2 M re verschränkt zusammenstricken, 13 M re, 2 M re zusammenstricken, 1 Umschlag, 4 M re.
23. R: 5 M re, 1 Umschlag, 2 M re verschränkt zusammenstricken, 11 M re, 2 M re zusammenstricken, 1 Umschlag, 5 M re.
25. R: Wie in 1. R.
Die 1.-24. R fortlaufend wiederholen.
Grundmuster V: Nach der Strickschrift arbeiten: 1 Kästchen = 1 M in der Breite und 2 R in der Höhe (Hin- und Rück R). Dabei in allen Rück R die M stricken wie sie erscheinen.
Die leeren Felder = glatt rechts
U = Umschlag.

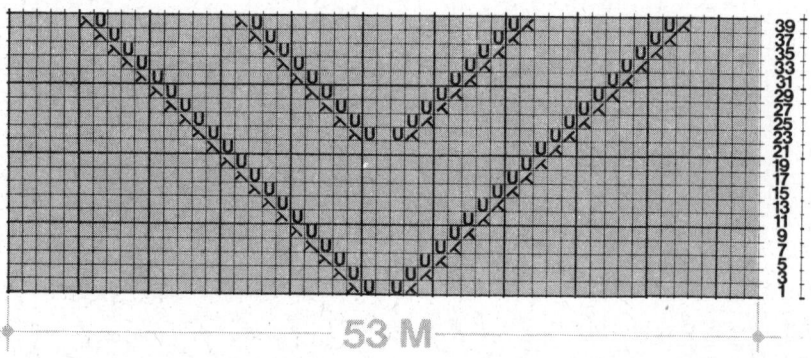

53 M

⊠ = 2 M re zusammenstricken.

⊠ = 1 einfacher Überzug, d. h. 1 M abheben, 1 M re stricken und die abgehobene M über diese ziehen.

Maschenprobe: Glatt re mit Nadeln Nr. 5 gestrickt, angefeuchtet und getrocknet gemessen: 17 M in der Breite und 23 R in der Höhe ergeben 10 cm im Quadrat.

AUSFÜHRUNG

Rückenteil: 80 M mit Nadeln Nr. 4 anschlagen und das Bündchen 10 cm 2 M re - 2 M li im Wechsel stricken. Dabei innerhalb der letzten Rück R gleichmäßig verteilt noch 7 M zunehmen.
Mit Nadeln Nr. 5 weiterstricken und die 87 M einteilen: Rand M, 16 M Grundmuster I, 14 M Grundmuster II, 25 M Grundmuster IV, 14 M Grundmuster III, 16 M Grundmuster I, Rand M.
Im Musterrhythmus bis 60 cm Gesamthöhe gerade hochstricken und alle M abketten.

Vorderteil: 80 M mit Nadeln Nr. 4 anschlagen und wie das Rückenteil stricken.
Dabei aber in 54 cm Gesamthöhe für den Halsausschnitt die mittleren 15 M und zu beiden Seiten noch in jeder 2. R 2mal 4, 2mal 3 und 2mal 2 M abketten. In Rückenteilhöhe die Schultermaschen abketten.

Ärmel: 34 M mit Nadeln Nr. 4 anschlagen und das Bündchen 7 cm 2 M re - 2 M li im Wechsel stricken. Dabei innerhalb der letzten Rück R gleichmäßig verteilt noch 19 M zunehmen, so daß 53 M auf der Nadel sind.
Im Grundmuster V nach dem Zählmuster stricken und bis 43 cm Ärmelhöhe auf beiden Seiten gleichmäßig verteilt 26mal je 1 M zunehmen.
Alle 105 M locker abketten.

Ausarbeitung: Die Teile auf den Schnitt spannen, mit feuchten Tüchern bedecken und gut trocknen lassen.
Die Schulternähte schließen, die Ärmel wie im Schnitt markiert an die Ärmelansatzkanten nähen und die Ärmel- und Seitennähte schließen.
Um den Halsausschnitt 1 Rd feste M und 1 Rd feste M im Krebsstich häkeln. (Krebsstich: Feste M von li nach re häkeln.)

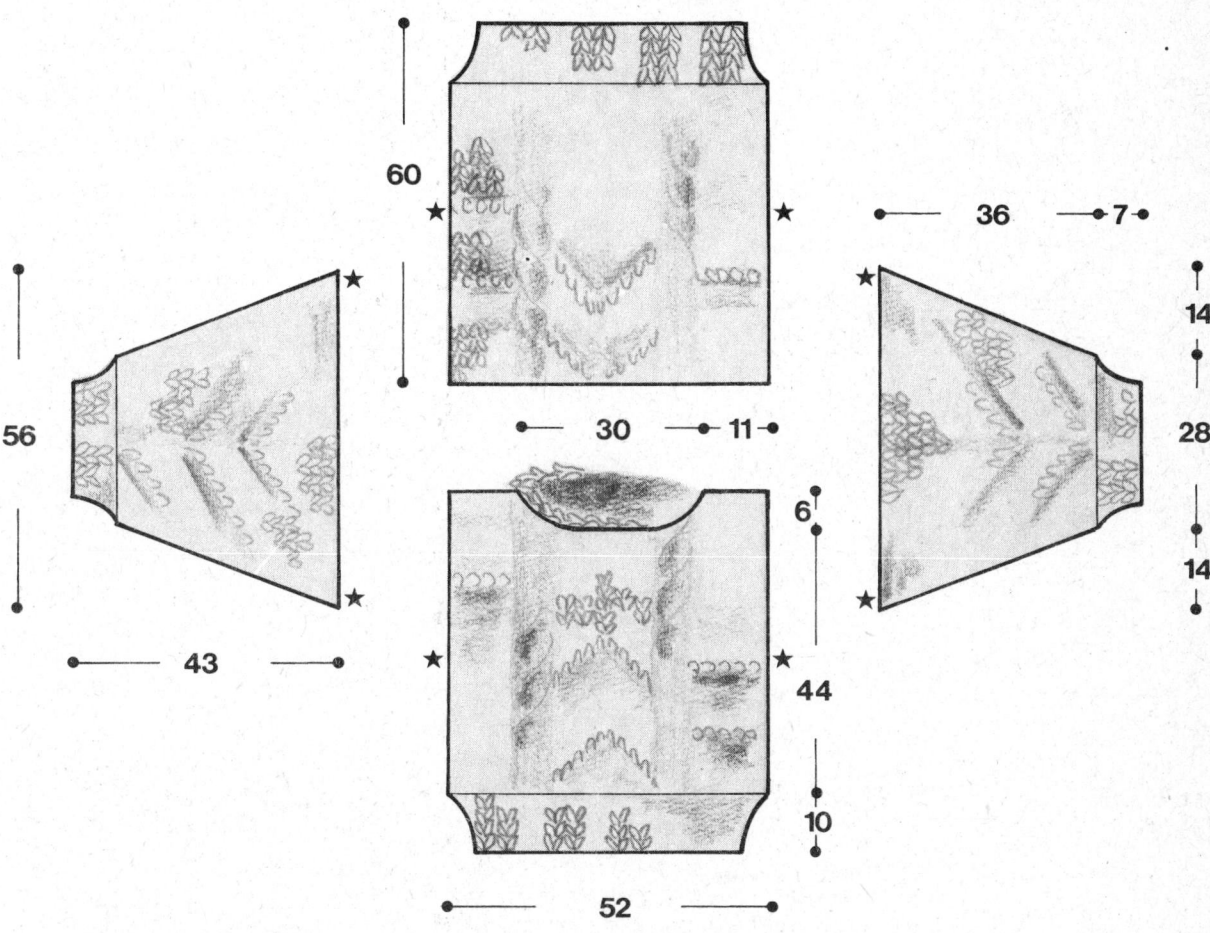

Pulli
für Größe 38/40

Großzügig „gelöchert"
Nr. 34

Farbbild Seite 130

MATERIAL
Lucciola von WOLLSERVICE
550 g Pink, Farbe 11
Lauflänge 75 m per 50 g Knäuel
(15% Seide, 25% Baumwolle, 60% Viskose)
Je 1 Paar Stricknadeln Nr. 4 und 5
1 Häkelnadel Nr. 4

MUSTER
Grundmuster: Lochzacken mit Zöpfen nach der Strickschrift: 1 Kästchen = 1 M in der Breite und 2 R (Hin- und Rück R) in der Höhe. Dabei in allen Rück R die M stricken wie sie erscheinen.
1 Musterrapport ist 9 M breit und 16 R hoch.
R = Rand M.
Die Punkte = rechte M.
Die leeren Felder = linke M.
U = Umschlag.
y = 2 M li zusammenstricken.

2 M auf einer Hilfsnadel hinter die Arbeit legen, 2 M re, die 2 M von der Hilfsnadel re abstricken.

Maschenprobe: Im Grundmuster mit Nadeln Nr. 5 gestrickt ergeben 20 M in der Breite und 24 R in der Höhe 10 cm im Quadrat.

AUSFÜHRUNG
Rückenteil: 75 M mit Nadeln Nr. 4 anschlagen und das Bündchen 10 cm 2 M re – 2 M li im Wechsel stricken. Dabei innerhalb der letzten Rück R gleichmäßig verteilt noch 30 M zunehmen.
Im Grundmuster mit Nadeln Nr. 5 weiterarbeiten und die 105 M aufteilen: Rand M, 11mal 9 M Musterrapport, 4 M ZOPF, Rand M.

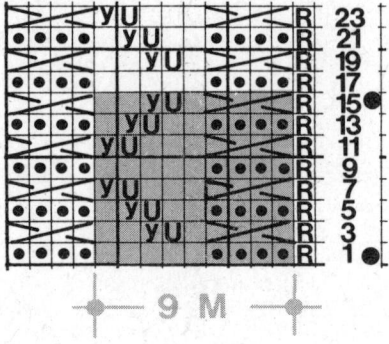

Bis 30 cm Gesamthöhe gerade hochstricken und dann für die Ärmel auf beiden Seiten 20mal in jeder R je 1 M zunehmen. Weiter gerade hochstricken und in 51 cm Höhe für den Halsausschnitt die mittlere M abketten und beide Seiten getrennt und gegengleich beenden. Für die Ausschnittschrägung 8mal in jeder 2. R 3 M abketten. In 58 cm Höhe die Ärmel-Schultermaschen abketten.
Vorderteil: 75 M mit Nadeln Nr. 4 anschlagen und wie das Rückenteil beginnen. Dabei aber für den V-Ausschnitt schon in 30 cm Höhe – mit Beginn der Ärmelzunahmen – die mittlere M abketten und beide Seiten getrennt und gegengleich beenden.
Für die Ausschnittschrägung 14mal in jeder 2. R und 10mal in jeder 4. R je 1 M abketten. In Rückenteilhöhe die Ärmel-Schultermaschen abketten.
Ausarbeitung: Die Teile auf den Schnitt spannen, mit feuchten Tüchern bedecken und gut trocknen lassen.
Die Ärmel-Schulternähte, dann die Ärmel-Seitennähte schließen.
Um den Halsausschnitt und die Ärmelkanten je 1 Rd feste M und 1 Rd feste M im Krebsstich häkeln. (Krebsstich: Feste M von li nach re häkeln.)

Klein, aber nicht zu übersehen
Nr. 35

Farbbild Seite 131

Pulli
für Größe 38/40

MATERIAL
Solemio von WOLLSERVICE
500 g Gelb, Farbe 802
Lauflänge 65 m per 50 g Knäuel
(100% Baumwolle)
Je 1 Paar Stricknadeln Nr. 4 und 5
1 Häkelnadel Nr. 4

MUSTER
Grundmuster: Lochmuster nach der Strickschrift. 1 Kästchen = 1 M in der Breite und 2 R (Hin- und Rück R) in der Höhe. Dabei in allen Rück R die M stricken wie sie erscheinen.
R = Rand M
Die Punkte = rechte M
Die leeren Felder = linke M
U = Umschlag

⊠ = 2 M re zusammenstricken

⊠ = 1 einfacher Überzug, d. h. 1 M abheben, 1 M re stricken und die abgehobene M über diese ziehen

y = 2 M li zusammenstricken
X = 3 M li zusammenstricken
A = 3 M re zusammenstricken, d. h. 2 M wie zum Rechtsstricken abheben, 1 M re stricken und beide abgehobenen M über diese ziehen.

Maschenprobe: Im Grundmuster mit Nadeln Nr. 5 gestrickt ergeben 20 M in der Breite und 24 R in der Höhe 10 cm im Quadrat.

AUSFÜHRUNG
Rückenteil: 90 M mit Nadeln Nr. 4 anschlagen und das Bündchen 5 cm 1 M re – 1 M li im Wechsel stricken. Dabei innerhalb der letzten Rück R gleichmäßig verteilt noch 25 M zunehmen. Im Grundmuster mit Nadeln Nr. 5 weiterarbeiten und die 115 M einteilen: Rand M und die folg. M des Zählmusters, 8mal 14 M Musterrapport, Rand M.
Im Muster bis 32 cm Gesamthöhe gerade hochstricken und dann für die Ärmel auf beiden Seiten je 1mal 4 M zunehmen.
Weiter gerade hochstricken. Dabei in 53 cm Gesamthöhe für den Halsausschnitt die mittleren 31 M und zu beiden Seiten noch in jeder 2. R 1mal 4, 2mal 3 und 2mal 2 M abketten. In 58 cm Höhe die Schultermaschen abketten.
Vorderteil: 90 M mit Nadeln Nr. 4 anschlagen und wie das Rückenteil stricken. Dabei aber mit dem Halsausschnitt schon in 44 cm Gesamthöhe beginnen: Die mittleren 29 M und zu beiden Seiten noch in jeder 2. R 1mal 4, 1mal 3, 2mal 2 und 4mal 1 M abketten. In Rückenteilhöhe die Schultermaschen abketten.

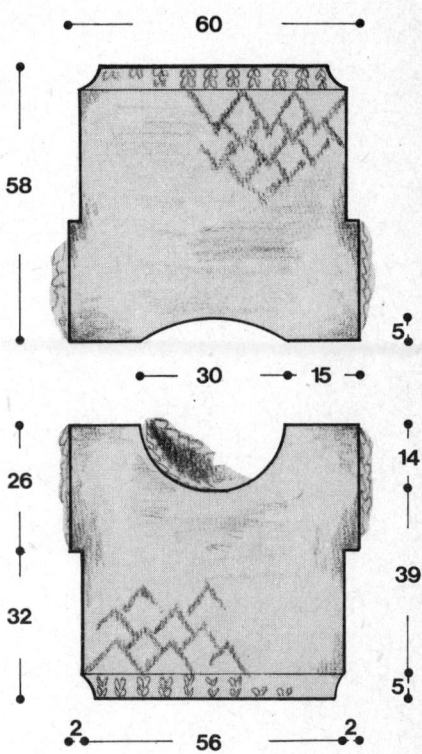

Ausarbeitung: Die Teile auf den Schnitt spannen, mit feuchten Tüchern bedecken und gut trocknen lassen.
Die Schulter- und Seitennähte schließen.
Rund um die Hals- und Ärmelkanten je 1 Rd feste M und 1 Rd feste M im Krebsstich häkeln. (Krebsstich: Feste M von li nach re häkeln.)

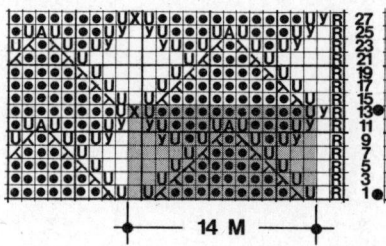

Kurz und leicht mit Blattstreifen
Nr. 36

Farbbild Seite 132

Pulli
für Größe 38/40 (42/44)

MATERIAL:
Les Années 30 von WELCOMME 250 g (300 g) Blanc, Farbe 13
Lauflänge 87 m per 50 g Knäuel (57 % Baumwolle, 24 % Viskose, 19 % Leinen)
1 Paar Stricknadeln Nr. 3
2 Haken mit Ösen

MUSTER

Grundmuster I: Ajourblätter
1. R: Rand M ★ 1 Umschlag, 1 M re, 2 M li, 1 M re, 1 Umschlag, 9 M li, ab ★ wiederholen.
Die R endet mit 1 Umschlag, 1 M re, 2 M li, 1 M re, 1 Umschlag, Rand M
2. R: Rand M, 1 Umschlag, 2 M li, 2 M re, 2 M li, 1 Umschlag ★ 9 M li, 1 Umschlag, 2 M li, 2 M re, 2 M li, 1 Umschlag, ab ★ wiederholen und mit 1 Rand M enden.
3. R: Rand M ★ 1 Umschlag, 3 M re, 2 M li, 3 M re, 1 Umschlag, 9 M li, ab ★ wiederholen.
Die R endet mit 1 Umschlag, 3 M re, 2 M li, 3 M re, 1 Umschlag, Rand M
4. R: Rand M, 1 Umschlag, 4 M li, 2 M re, 4 M li, 1 Umschlag ★ 9 M li, 1 Umschlag, 4 M li, 2 M re, 4 M li, 1 Umschlag, ab ★ wiederholen und mit 1 Rand M enden.
5. R: Rand M ★ 5 M re, 2 M li, 5 M re, 9 M li, ab ★ wiederholen.
Die R endet mit 5 M re, 2 M li, 5 M re, Rand M
6. R: Rand M, 5 M li, 2 M re, 5 M li ★ 14 M li, 2 M re, 5 M li, ab ★ wiederholen und mit 1 Rand M enden
7. R: Rand M ★ 1 einfacher Überzug, d. h. 1 M abheben, 1 M re stricken und die abgehobene M über diese ziehen, dann 3 M re, 2 M li, 3 M re, 2 M re zusammenstricken, 9 M li, ab ★ wiederholen.
Die Reihe endet mit 1 einfachen Überzug, 3 M re, 2 M li, 3 M re, 2 M re zusammenstricken, Rand M
8. R: Rand M, 2M li zusammenstricken, 2 M li, 2 M re, 2 M li, 2 M li zusammenstricken ★ 9 M li, 2 M li zusammenstricken, 2 M li, 2 M re, 2 M li, 2 M li zusammenstricken, ab ★ wiederholen und mit 1 Rand M enden.
9. R: Rand M ★ 1 einfacher Überzug, 1 M re, 2 M li, 1 M re, 2 M re zusammenstricken, 9 M li.
Die R endet mit 1 einfacher Überzug, 1 M re, 2 M li, 1 M re, 2 M re zusammenstricken, Rand M
10. R: Rand M, 2 M li zusammenstricken, 2 M re, 2 M li zusammenstricken, ★ 9 M li, 2 M li zusammenstricken, 2 M re, 2 M li zusammenstricken, ab ★ wiederholen und mit 1 Rand M enden
11. R: Wie 1. R
Die 1. - 10. R fortlaufend wiederholen.
Grundmuster II: Rechts kraus (Hin R re - Rück R re)
Grundmuster III: Glatt links (Hin R li - Rück R re)
Maschenprobe: In Ajourblattmuster mit Nadeln Nr. 3 gestrickt ergeben 16 M in der Breite und 35 R in der Höhe 10 cm im Quadrat.
Rechts kraus mit Nadeln Nr. 3 gestrickt ergeben 22 M in der Breite und 42 R in der Höhe 10 cm im Quadrat.

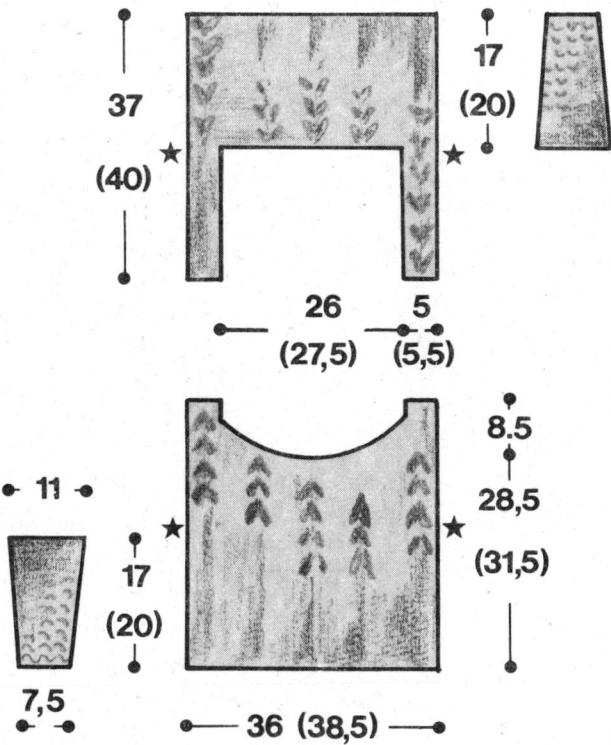

Aufgepaßt! Die Löcher müssen stimmen

Nr. 37

Farbbild Seite 133

Pulli
für Größe 38/40 (42/44)

MATERIAL
Les Années 30 von WELCOMME
200 g (200 g) Blanc, Farbe 13
Lauflänge 87 m per 50 g Knäuel
(57% Baumwolle, 24% Viskose, 19% Leinen)
und Le Pur Angora
von WELCOMME
60 g (60 g), Blanc, Farbe 01
Lauflänge 28 m per 10 g Knäuel
(100% Angora)
1 Paar Stricknadeln Nr. 3
4 Knöpfe
2 Druckknöpfe

AUSFÜHRUNG
Rückenteil: 58 M (62 M) anschlagen und im Ajourblattmuster gerade hochstricken. (Dabei bei Größe 42/44 statt der Rand M mit 3 M re kraus beginnen und enden.)
In 17 cm (20 cm) Gesamthöhe – nach 6 (7) Blattmotiven die mittleren 42 M (44 M) für den großen Rückenausschnitt abketten und jeden Träger getrennt weiter gerade hochstricken. Nach 37 cm (40 cm) Höhe – dem 13. (14.) Blattmotiv – die restl. 8 M (9 M) abketten.
Vorderteil: 58 M (62 M) anschlagen und im Ajourblattmuster gerade hochstricken. Dabei aber erst in 28,5 cm (31,5 cm) Höhe – nach 10 (11) Blattmotiven – für den Halsausschnitt die mittleren 14 M (16 M) und zu beiden Seiten noch in jeder 2. R 6 mal 2 und 2 mal 1 M abketten.
In Rückenteilhöhe – nach 13 (14) Blattmotiven die jeweils 8 (9) Schultermaschen abketten.
Seitenteile: Für jedes der beiden Teile 16 M anschlagen und durchgehend re kraus stricken. Dabei auf beiden Seiten 4 mal in jeder 14. R (4 mal in jeder 16. R) je 1 M zunehmen.
In 17 cm (20 cm) Höhe alle 24 M abketten.
Ausarbeitung: Die Schulternähte schließen. Für den Kragen 20 M (22 M) anschlagen, daran anschließend 4 M über der re Kante am Ende des linken Trägers des Rückenteils, dann 52 M (55 M) aus der Halsausschnittkante des Vorderteils und dazu 4 M über der li Kante am Ende des re Trägers des Rückenteils auffassen. Dazu noch 20 M (22 M) anfügen, sodaß 100 M (107 M) auf der Nadel sind.
Diese Maschen 8 cm glatt links gerade hochstricken und abketten.
Den Kragen zur Hälfte auf rechts umschlagen und die Seitenkanten schließen. Nun den Kragen auf links wenden und die unteren Kanten mit unsichtbaren Stichen annähen. An den Kragenenden Haken und Ösen annähen. Die Seitenteile – mit der schmalen Kante unten –zwischen die Seitenkanten von Rücken- und Vorderteil nähen, und dabei beachten, daß die Rand M sichtbar bleiben! Am besten die Teile flach aufgelegt aneinandernähen.

MUSTER
Grundmuster I: Ajourmuster gestrickt mit Les Années 30.
1. R: ★ 1 M re, 1 Umschlag, 1 einfacher Überzug, d. h. 1 M abheben, 1 M re stricken und die abgehobene M über diese ziehen, weiter 3 M re, 2 M re zusammenstricken, 1 Umschlag, ab ★ wiederholen und mit 1 M re enden.
2. R und alle geraden R: Alle M und Umschläge links stricken.
3. R: ★ 2 M re, 1 Umschlag, 1 einfacher Überzug, 1 M re, 2 M re zusammenstricken, 1 Umschlag, 1 M re, ab ★ wiederholen und mit 1 M re enden.
5. R: ★ 1 M re, 1 Umschlag, 1 doppelter Überzug, 1 Umschlag, 2 M re zusammenstricken, 1 Umschlag, ab ★ wiederholen und mit 1 M re enden.
7. R: ★ 2 M re, 1 Umschlag, 1 einfacher Überzug, 1 M re, 2 M re zusammenstricken, 1 Umschlag, 1 M re, ab ★ wiederholen und mit 1 M re enden.
9. R: ★ 3 M re, 1 Umschlag, 1 doppelter Überzug, 1 Umschlag, 2 M re, ab ★ wiederholen und mit 1 M re enden.
11. R: ★ 1 M re, 2 M re zusammenstricken, 1 M re, 1 Umschlag, 1 M re, 1 Umschlag, 1 M re, 1 einfacher Überzug, ab ★ wiederholen und mit 1 M re enden.
13. R: Wie 11. R.
15. R: Wie 11. R.
17. R: ★ 1 M re, 1 Umschlag, 1 einfacher Überzug, 3 M re, 2 M re zusammenstricken, 1 Umschlag, ab ★ wiederholen und mit 1 M re enden.
19. R: ★ 2 M re, 1 Umschlag, 1 einfacher Überzug, 1 M re, 2 M re zusammenstricken, 1 Umschlag, 1 M re, ab ★ wiederholen und mit 1 M re enden.
21. R: ★ 1 M re, 1 Umschlag, 1 doppelter Überzug, 1 Umschlag, 2 M re zusammenstricken, 1 Umschlag, ab ★ wiederholen und mit 1 M re enden.
23. R: ★ 2 M re, 1 Umschlag, 1 einfacher Überzug, 1 M re, 2 M re zusammenstricken, 1 Umschlag, 1 M re, ab ★ wiederholen und mit 1 M re enden.
25. R: ★ 3 M re, 1 Umschlag, 1 doppelter Überzug, 1 Umschlag, 2 M re, ab ★ wiederholen und mit 1 M re enden.
27. R: ★ Wie 1. R
Die 1.–26. R fortlaufend wiederholen.

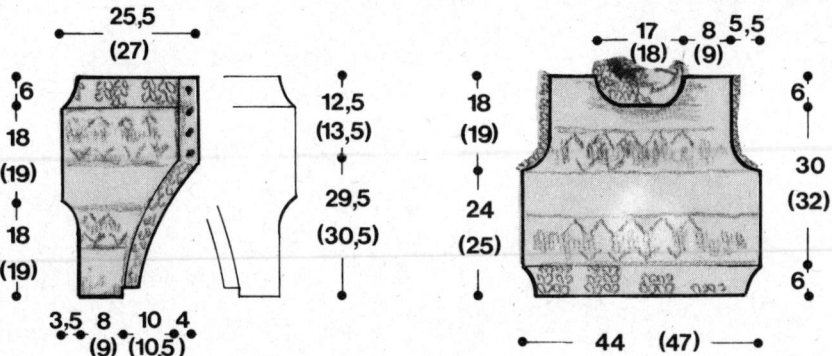

Grundmuster II: Glatt rechts mit Le Pur Angora gestrickt (Hin R re – Rück R li).
Maschenproben: Mit Nadeln Nr. 3 in Le Pur Angora glatt re gestrickt ergeben 24 M in der Breite und 32 R in der Höhe 10 cm im Quadrat.
Mit Nadeln Nr. 3 in Les Années 30 im Ajourmuster gestrickt ergeben 24 M in der Breite und 34 R in der Höhe 10 cm im Quadrat.

AUSFÜHRUNG
Vorderteil: 104 M (112 M) in Les Années 30 anschlagen und das Bündchen 6 cm 2 M re – 2 M li im Wechsel stricken.
Noch 2 R glatt re über das Bündchen stricken und dabei innerhalb der 1. R noch 1 M zunehmen.
Weiter gerade hochstricken:
38 R Ajourmuster in Les Années 30.
24 R (26 R) glatt rechts in Angora.
26 R (28 R) Ajourmuster in Les Années 30 und in glatt rechts in Angora das Teil beenden.
Dabei in 24 cm (25 cm) Gesamthöhe für die Armausschnitte auf beiden Seiten 1 mal 5 und noch in jeder 2. R 1mal 3 und 5mal 1 M abketten.
Weiter gerade hochstricken und in 36 cm (38 cm) Gesamthöhe für den Halsausschnitt die mittleren 17 M (19 M) und zu beiden Seiten noch in jeder 2. R 1mal 3, 2mal 2, 4mal 1 M und nach 4 R noch 1mal 1 M abketten. In 42 cm (44 cm) Höhe die jeweils 19 (22) Schultermaschen abketten.
Linkes Rückenteil: 60 M (64 M) in Les Années 30 anschlagen und das Bündchen 6 cm 2 M re – 2 M li im Wechsel stricken. Dabei an der linken Kante für die rückw. Blende 9 M fortlaufend stricken: 4 M re, 1 M glatt re alle 2 R, d. h. diese M auf der Rückseite der Arbeit li abheben, und wieder 4 M re.

Die Musterstreifen wie beim Vorderteil arbeiten, dabei aber an der re Kante im 1. Streifen des Ajourmusters 2 M (6 M) glatt re stricken.
Gleichzeitig nach 12,5 cm (13,5 cm) Gesamthöhe an der li Seite, 9 M von der Kante entfernt, für den Rückenausschnitt 24 mal (25mal) in jeder 4. R 1 M abketten.
Gleichzeitig in 24 cm (25 cm) Gesamthöhe an der re Kante für den Armausschnitt 1 mal 3 und noch in jeder 2. R 1 mal 2 und 3mal 1 M abketten und die Seitenkante gerade hoch weiterstricken.
In 41 cm (43 cm) Gesamthöhe die 9 M der Blende stillegen, über die 19 (22) Schultermaschen noch 4 R gerade hochstricken und alle M abketten.
Rechtes Rückenteil: Gegengleich dem linken stricken, dabei aber in der geraden Kante der Blende 8 Knopflöcher paarweise über jeweils 2 M einstricken, jeweils 1 M von der Blendenkante entfernt. Das 1. Knopfloch 1,5 cm ab Unterkante, die drei weiteren im Abstand von jeweils 3,5 cm (4 cm).
Ausarbeitung: Die Schulternähte mit Maschenstichen schließen.
Für den Kragen 20 M (21 M) in Angora anschlagen. Die Blende des li Rückenteils doppelt legen und über der oberen Kante 5 M, davon 4 über den doppelt liegenden oberen M der Blende auffassen. Daran anschließend über der vorderen Halsausschnittkante 59 M (61 M) auffassen, die Blende des re Rückenteils doppelt legen und 5 wie beim linken auffassen. Noch 20 M (21 M) anfügen, so daß nun 109 M (113 M) auf der Nadel sind. Den Kragen 3 cm glatt re stricken und alle M abketten.
Über jeder Armausschnittkante in Les Années 30 jeweils 98 M (104 M) auffassen, 1 R li auf re stricken und die Blen-

den dann 1,5 cm glatt re stricken. Alle M abketten.
Den Kragen doppelt legen und mit feinen Stichen nähen. Ebenso die angefügten M schließen.
Die Seitennähte schließen.
Die Armausschnittblenden zur Hälfte nach innen legen und mit unsichtbaren Stichen gegensäumen.
Die Druckknöpfe an den Kragenenden annähen.
Die Blenden beider Rückenteile zur Hälfte nach innen legen – dabei die Knopflöcher anpassen, und mit unsichtbaren Stichen gegensäumen.
Die Knopflöcher ausnähen und die Knöpfe annähen.

Pulli

für Größe 38/40

Glitzernde Blätter Nr. 38

Farbbild Seite 134

MATERIAL
Djinn von WOLLSERVICE
600 g Grün, Farbe 6
Lauflänge 70 m per 50 g Knäuel
(72% Schurwolle, 21% Acryl, 4% Viskose, 3% Polyester)
Je 1 Paar Stricknadeln Nr. 5 und 7
1 Rundstricknadel Nr. 5

MUSTER
Grundmuster: Glatt links (Hin R li - Rück R re)
Blattmotiv: Nach der Strickschrift arbeiten. 1 Kästchen = 1 M in der Breite und 2 R (Hin- und Rück R) in der Höhe. In allen Rück R alle M li stricken.
Die Punkte = re M
U = Umschlag

◧ = 2 M re zusammenstricken

◨ = 1 einfacher Überzug, d. h. 1 M abheben, 1 M re stricken und die abgehobene über diese ziehen.

A = 3 M re zusammenstricken, d. h. 2 M wie zum Rechtsstricken abheben, 1 M re stricken und die beiden abgehobenen M über diese ziehen.

Das Blattmuster beginnt und endet mit 1 M. Die leeren Felder der Strickschrift sind ohne Bedeutung.

Maschenprobe: Im Grundmuster mit Nadeln Nr. 7 gestrickt ergeben 12 M in der Breite und 19 R in der Höhe 10 cm im Quadrat.

AUSFÜHRUNG
Rückenteil: 61 M mit Nadeln Nr. 5 anschlagen und das Bündchen 6 cm 1 M re - 1 M li im Wechsel stricken. Dabei innerhalb der letzten Rück R gleichmäßig verteilt noch 10 M zunehmen. Im Grundmuster mit Nadeln Nr. 7 weiter gerade hochstricken. Dabei wie auf dem Foto ersichtlich in 11 cm Gesamthöhe 3 Blätter, in 28 cm Gesamthöhe 2 Blätter und in 45 cm Gesamthöhe wieder 3 Blätter einstricken. In 62 cm Höhe alle M abketten.

Vorderteil: 61 M mit Nadeln Nr. 5 anschlagen und wie das Rückenteil stricken. Dabei aber in 56 cm Gesamthöhe für den Halsausschnitt die mittleren 11 M und zu beiden Seiten noch in jeder 2. R 1mal 3, 2mal 2 und 2mal 1 M abketten.
In Rückenteilhöhe die Schultermaschen locker abketten.

Ärmel: 28 M mit Nadeln Nr. 5 anschlagen und das Bündchen 6 cm 1 M re - 1 M li im Wechsel stricken. Dabei innerhalb der letzten Rück R gleichmäßig verteilt noch 7 M zunehmen.
Im Grundmuster mit Nadeln Nr. 7 weiterstricken und dabei wie auf dem Foto ersichtlich in 13 cm Gesamthöhe 2 Blätter und in 30 cm Gesamthöhe 3 Blätter einstricken.
Dabei für die Seitenschrägungen auf beiden Seiten innerhalb von 36 cm gleichmäßig verteilt 20mal je 1 M zunehmen. In 42 cm Ärmelhöhe alle M locker abketten.

Ausarbeitung: Die Teile auf den Schnitt spannen, mit feuchten Tüchern bedecken und gut trocknen lassen.
Die Schulternähte schließen, die Ärmel wie im Schnitt markiert an die Ärmelansatzkanten nähen und die Ärmel- und Seitennähte schließen.
Mit der Rundnadel die M aus der Halskante auffassen und das Bündchen 3 cm 1 M re - 1 M li im Wechsel stricken. Alle M im Maschenrhythmus abketten.

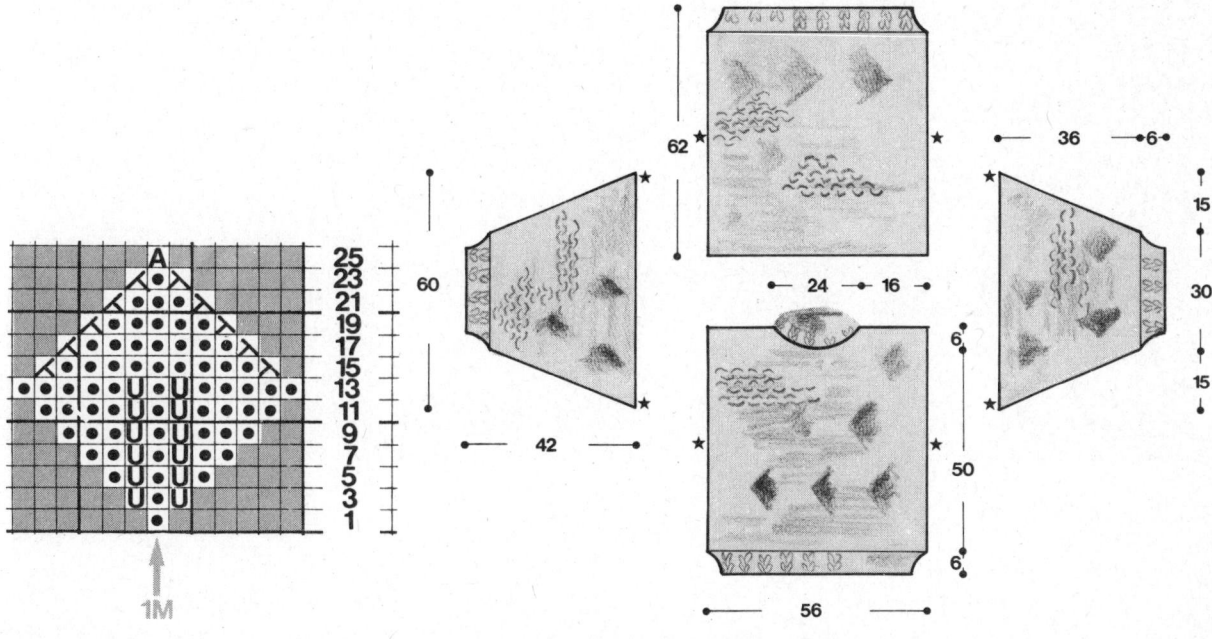

Pulli

für Größe 38/40

Bunt und glitzernd
Nr. 39

Farbbild Seite 135

MATERIAL
Djinn von WOLLSERVICE
700 g Weiß, Farbe 9
Lauflänge 70 m per 50 g Knäuel
(72% Schurwolle, 21% Acryl, 4% Viskose, 3% Polyester)
Je 1 Paar Stricknadeln Nr. 5 und 7
1 Rundstricknadel Nr. 5

MUSTER
Grundmuster: Lochstruktur.
1. R: Rand M, 1 M re, 1 Umschlag, 2 M re, 1 einfacher Überzug, d. h. 1 M abheben, 1 M re stricken und die abgehobene M über diese ziehen, dann 1 M re ★ 2 M re, 1 einfacher Überzug, 2 M re, 1 Umschlag, 1 M re, 1 Umschlag, 2 M re, 1 einfacher Überzug, 1 M re, ab ★ wiederholen.
Die R endet mit 2 M re, 1 einfacher Überzug, 2 M re, 1 Umschlag, 1 M re, Rand M.
2. R und alle folg. Rück R: Alle M stricken wie sie erscheinen.
3. R: Rand M, 2 M re, 1 Umschlag, 2 M re, 1 einfacher Überzug ★ 1 M re, 1 einfacher Überzug, 2 M re, 1 Umschlag, 3 M re, 1 Umschlag, 2 M re, 1 einfacher Überzug, ab ★ wiederholen.
Die R endet mit 1 M re, 1 einfacher Überzug, 2 M re, 1 Umschlag, 2 M re, Rand M.
5. R: Rand M, 3 M re, 1 Umschlag, 2 M re ★ 3 M re zusammenstricken, d. h. 2 M wie zum Rechtsstricken abheben, 1 M re stricken und beide abgehobenen M über diese ziehen, weiter 2 M re, 1 Umschlag, 5 M re, 1 Umschlag, 2 M re, ab ★ wiederholen. Die R endet mit 3 M re zusammenstricken, 2 M re, 1 Umschlag, 3 M re, Rand M.
7. R: Rand M, 4 M re, 1 Umschlag, 1 M re ★ 1 M re, 1 einfacher Überzug, 8 M re, 1 Umschlag, 1 M re, ab ★ wiederholen. Die R endet mit 1 M re, 1 einfacher Überzug, 5 M re, Rand M.
9. R: Rand M, 5 M re, 1 Umschlag ★ 2 M re, 1 einfacher Überzug, 8 M re, 1 Umschlag, ab ★ wiederholen.
Die R endet mit 2 M re, 1 einfacher Überzug, 4 M re, Rand M.
11. R: Rand M, 6 M re ★ 1 Umschlag, 2 M re, 1 einfacher Überzug, 8 M re, ab ★ wiederholen. Die R endet mit 1 Umschlag, 2 M re, 1 einfacher Überzug, 3 M re, Rand M.
13. R: Rand M, 2 M re, 1 einfacher Überzug, 2 M re, 1 Umschlag ★ 1 M re, 1 Umschlag, 2 M re, 1 einfacher Überzug, 3 M re, 1 einfacher Überzug, 2 M re, 1 Umschlag, ab ★ wiederholen.
Die R endet mit 1 M re, 1 Umschlag, 2 M re, 1 einfacher Überzug, 2 M re, Rand M.
15. R: Rand M, 1 M re, 1 einfacher Überzug, 2 M re, 1 Umschlag, 1 M re ★

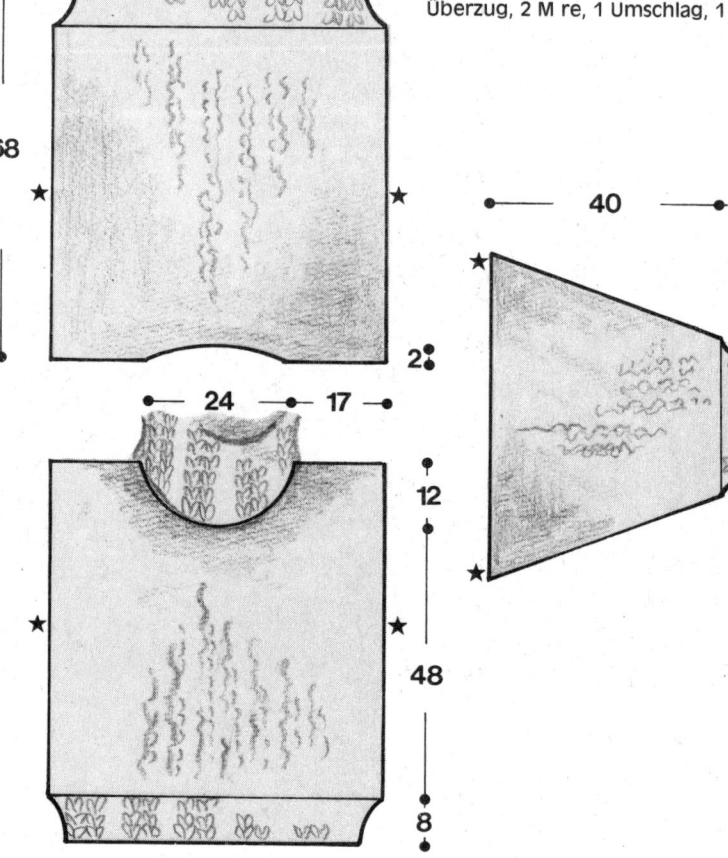

2 M re, 1 Umschlag, 2 M re, 1 einfacher Überzug, 1 M re, 1 einfacher Überzug, 2 M re, 1 Umschlag, 1 M re, ab ★ wiederholen.
Die R endet mit 2 M re, 1 Umschlag, 2 M re, 1 einfacher Überzug, 1 M re, Rand M.
17. R: Rand M, 1 einfacher Überzug, 2 M re, 1 Umschlag, 2 M re ★ 3 M re, 1 Umschlag, 2 M re, 3 M re zusammenstricken, 2 M re, 1 Umschlag, 2 M re, ab ★ wiederholen. Die R endet mit 3 M re, 1 Umschlag, 2 M re, 1 einfacher Überzug, Rand M.
19. R: Rand M, 6 M re ★ 4 M re, 1 Umschlag, 2 M re, 1 einfacher Überzug, 4 M re, ab ★ wiederholen.
Die R endet mit 7 M re, Rand M.
21. R: Rand M, 6 M re ★ 5 M re, 1 Umschlag, 2 M re, 1 einfacher Überzug, 3 M re, ab ★ wiederholen.
Die R endet mit 7 M re, Rand M.
23. R: Rand M, 6 M re ★ 6 M re, 1 Umschlag, 2 M re, 1 einfacher Überzug, 2 M re, ab ★ wiederholen.
Die R endet mit 7 M re, Rand M.
25. R: Wie 1. R.
Die 1.–24. R fortlaufend wiederholen.
Maschenprobe: Im Grundmuster mit Nadeln Nr. 7 gestrickt ergeben 15 M in der Breite und 19 R in der Höhe 10 cm im Quadrat.

AUSFÜHRUNG
Rückenteil: 70 M mit Nadeln Nr. 5 anschlagen und das Bündchen 5 cm 2 M re – 2 M li im Wechsel stricken. Dabei innerhalb der letzten Rück R gleichmäßig verteilt noch 17 M zunehmen. Im Grundmuster mit Nadeln Nr. 7 weiter gerade hochstricken. In 66 cm Gesamthöhe für den Halsausschnitt die mittleren 17 M und zu beiden Seiten noch in jeder 2. R 2mal 5 M abketten. In 68 cm Höhe die Schultermaschen abketten.
Vorderteil: 70 M mit Nadeln Nr. 5 anschlagen und wie das Rückenteil stricken.
Dabei aber schon in 56 cm Höhe mit dem Halsausschnitt beginnen: Die mittleren 17 M und zu beiden Seiten noch in jeder 2. R 2mal 3, 1mal 2 und 2mal 1 M abketten.
In Rückenteilhöhe die Schultermaschen locker abketten.
Ärmel: 30 M mit Nadeln Nr. 5 anschlagen und das Bündchen 6 cm 2 M re – 2 M li im Wechsel stricken. Dabei innerhalb der letzten Rück R gleichmäßig verteilt noch 9 M zunehmen.
Im Grundmuster mit Nadeln Nr. 7 weiterarbeiten und bis 46 cm Ärmelhöhe auf beiden Seiten gleichmäßig verteilt 24mal je 1 M zunehmen.
Alle 87 M locker abketten.
Ausarbeitung: Die Teile auf den Schnitt spannen, mit feuchten Tüchern bedecken und gut trocknen lassen.
Die Schulternähte schließen, die Ärmel wie im Schnitt markiert an die Ärmelansatzkanten nähen und die Ärmel- und Seitennähte schließen.
Für den Rollkragen mit der Rundnadel die M aus der Halskante auffassen und 18 cm gerade hoch 2 M re – 2 M li in Runden stricken.
Alle M im Maschenrhythmus abketten.

Loch an Loch
Nr. 40/41

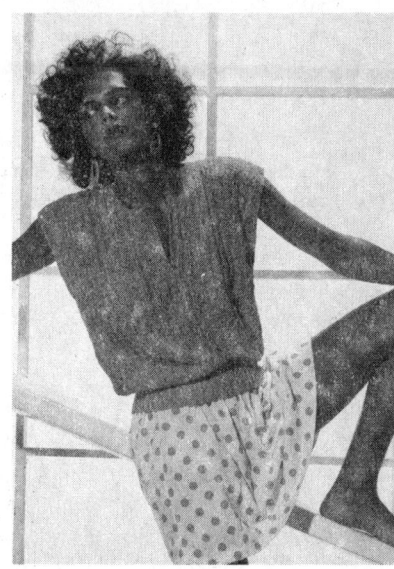

Farbbild Seite 136

Pulli
für Größe 38/40 (42/44)

MATERIAL
Glamour von WOLLSERVICE
350 g (400 g) Gelb, Farbe 311
Lauflänge 145 m per 50 g Knäuel
(55% Baumwolle, 45% Viskose)
Lauflänge 145 m per 50 g Knäuel
Je 1 Paar Stricknadeln Nr. 2½ und 3½
1 Häkelnadel Nr. 2½

MUSTER
Grundmuster: Rechts-Links-Struktur
1. R: Rand M, 3 M li ★ 1 M re, 1 M li, 1 M re, 3 M li, ab ★ wiederholen und mit 1 Rand M enden
2. R. und alle folg. Rück R: Alle M stricken, wie sie erscheinen
3. R: Rand M, 3 M li ★ 3 M abheben und dabei den Faden vor die Arbeit legen, 3 M li, ab ★ wiederholen und mit 1 Rand M enden
5. R: Wie 3. R
7. R: Wie 3. R
9. R: Rand M, 3 M li, 1 M re, dann die li M mit der re Nadel unter dem gespannten Querfaden vorholen, auf die li Nadel nehmen und die M li stricken, 1 M re, 3 M li, ab ★ wiederholen und mit 1 Rand M enden
11. R: Wie 3. R
Die 3.–10. R fortlaufend wiederholen.
Maschenproben: Mit Nadeln Nr. 3½ gestrickt ergeben 26 M in der Breite und 43 R in der Höhe 10 cm im Quadrat.

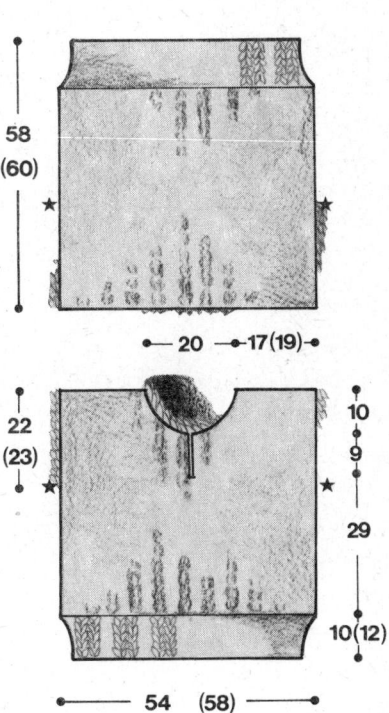

AUSFÜHRUNG

Rückenteil: 120 M (130 M) mit Nadeln Nr. 2½ anschlagen und das Bündchen 10 cm (12 cm) 2 M re – 2 M li im Wechsel stricken. Dabei innerhalb der letzten Rück R gleichmäßig verteilt noch 23 M zunehmen.
Mit Nadeln Nr. 3½ im Grundmuster weiterarbeiten. (Bei Größe 42/44 beginnen und enden die li M nach und vor der Rand M mit 8 M! Das Muster läuft in diesem Rhythmus weiter.)
Bis 58 cm (60 cm) Gesamthöhe gerade hochstricken und alle M abketten.
Vorderteil: 120 M (130 M) mit Nadeln Nr. 2½ anschlagen und wie das Rückenteil stricken. Dabei aber in 39 cm (41 cm) Gesamthöhe für den Schlitz die Arbeit in der Mitte teilen und beide Seiten getrennt und gegengleich beenden.
Die Schlitzkante 9 cm gerade hochstricken und dann für die Halsrundung in jeder 2. R 2mal 5, 1mal 4, 2mal 3, 2mal 2 und 2mal 1 M abketten. In Rückenteilhöhe die Schultermaschen locker abketten.
Äusarbeitung: Die Teile auf den Schnitt spannen, mit feuchten Tüchern bedecken und gut trocknen lassen.
Die Schulter- und Seitennähte schließen. Rund um die Hals- und Schlitzkanten und die Armausschnittkanten je 2 Rd feste M häkeln.

Farbbild Seite 137

Pulli

für Größe 38/40 (42)

MATERIAL
Imola von WOLLSERICE
400 g (450 g) Türkis, Farbe 843
Lauflänge 145 m per 50 g Knäuel (100% Baumwolle)
Je 1 Paar Stricknadeln Nr. 3 und 4
1 Häkelnadel Nr. 3

MUSTER
Grundmuster:
Nach der Strickschrift arbeiten: 1 Kästchen = 1 M in der Breite und 2 R (Hin- und Rück R) in der Höhe.
In den Rück R alle M li stricken.
Die Punkte = re M
U = Umschlag
Die Sterne = 5 M re zusammenstricken, d. h. 3 M wie zum Rechtsstricken abheben, 2 M re zusammenstricken und die abgehobenen M überziehen.
1 Musterapport ist 8 M breit und 4 R (die 1.–4. R) hoch.
Maschenprobe: Mit Nadeln Nr. 4 gestrickt ergeben 22 M in der Breite und 29 R in der Höhe 10 cm im Quadrat.

AUSFÜHRUNG
Rückenteil: 100 M (104 M) mit Nadeln Nr. 3 anschlagen und das Bündchen stricken:
1. R: (Rück R!) Rand M ★ 2 M re, 2 M li, ab ★ wiederholen und mit 1 Rand M enden
2. R: Rand M ★ 1 M auf einer Hilfsnadel hinter die Arbeit legen, 1 M re, die M von der Hilfsnadel re abstricken, 2 M li, ab ★ wiederholen und mit 1 Rand M enden
Die 1. + 2. R fortlaufend wiederholen.
Im Musterrhythmus 10 cm gerade hochstricken und innerhalb der letzten Rück R gleichmäßig verteilt noch 15 M (19 M) zunehmen = **115 M (123 M)**.
Im Grundmuster mit Nadeln Nr. 4 weiterstricken und die M aufteilen: Rand M 14mal 8 M Musterapport (15mal 8 M Musterapport), 1 M re, Rand M.
Im Musterrhythmus bis 56 cm (58 cm) Gesamthöhe gerade hochstricken und alle M abketten.
Vorderteil: 100 M (104 M) mit Nadeln Nr. 3 anschlagen und wie das Rückenteil stricken.
Dabei aber für die Halsrundung in 50 cm (52 cm) Höhe die mittleren 31 M und zu beiden Seiten noch in jeder 2. R 2mal 4, 2mal 3, 1mal 2 und 1mal 1 M abketten.
In Rückenteilhöhe die Schultermaschen locker abketten.
Ausarbeitung: Die Teile auf den Schnitt spannen, mit feuchten Tüchern bedecken und gut trocknen lassen.
Die Schulter- und Seitennähte schließen. Rund um die Halskante und die Armausschnittkanten 1 Rd feste M und 1 Rd feste M im Krebsstich häkeln. (Krebsstich: Feste M von li nach re häkeln).

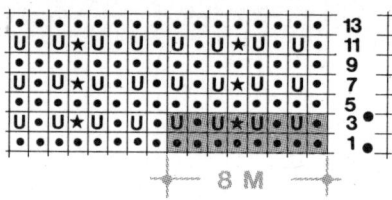

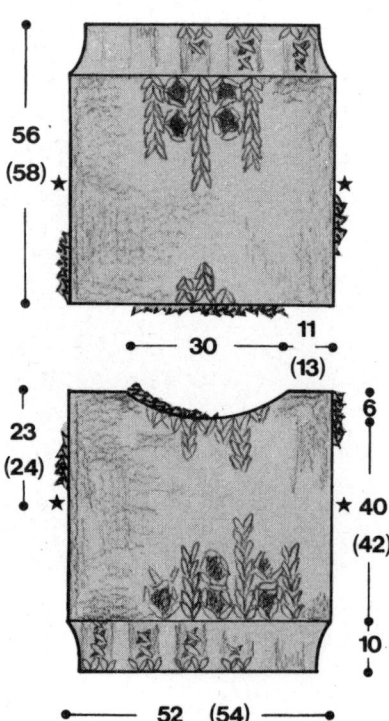

Nr. 16

Ein ganz einfacher Sommerpullover mit großer Wirkung ist unser erster Modellvorschlag für Pullis mit Zopfmustern. Ein „falsches" Patentmuster und Perlmuster werden getrennt von breiten plastischen Zöpfen.

Nr. 17/18

Sie und Er in sportlichen Pullovern im irischen Stil. Ein schönes festes Baumwollgarn sorgt für die plastische Struktur.

Nr. 19
Nr. 20
Nr. 21

Partnerlook für die ganze Familie. Pastellfarbene irische Pullis für kühle Sommertage, die Laune machen.

Nr. 22
Kühle glatte Baumwolle und eine Mustermischung aus Zöpfen, Perlmuster und Fallmaschen ergeben diesen schönen Pullover.

Nr. 23
Kurz und gerade ist die Schnittform dieses rosa Pullovers mit klassischen Zöpfen und Rippen, die als Diagonale zu den Seiten hin „wandern".

Nr. 24

Ein klassischer V-Ausschnitt-Herrenpullover mit einem effektvollen Fantasiezopf. Ein Pulli für viele Gelegenheiten.

Nr. 25

Ein kleiner ärmelloser Sommerpullover mit einem durchgehenden ganz einfachen Zopfmuster. Der breite flache Ausschnitt endet vorne mit einem kleinen Schlitz.

Nr. 26/27

Zopfmuster sind unendlich variierbar und kombinierbar. Sportlich und trotzdem schon fast elegant der weiße Pullover aus einer weichen, leicht glänzenden Wolle. Etwas streng und trotzdem lässig der grüne Pullover.

Nr. 28/29

Glatte hohe Bündchen und dazu ein salopper weiter Fledermausschnitt kennzeichnen diese großzügigen Pullover aus bunter Fransenwolle. Über die Ärmel und die Schultern läuft ein Zopf.

Nr. 30/31

Vater und Sohn in irischen Pullovern in warmen beigebraunen Farben. Schon nach kurzem Einstricken laufen die Muster wie von selber.

Nr. 32

Ein Traumpullover in Weiß.
Schmeichelndes Mohair und eine
raffinierte Schnittform verlangen
schon etwas Strickerfahrung.

Sonnengelb mit Spitzenmuster Nr. 42

Farbbild Seite 138

Pulli

für Größe 38/40 (42/44)

MATERIAL
Les Années 30 von WELCOMME
300 g (350 g) Soleil, Farbe 14
Lauflänge 87 m per 50 g Knäuel
(57% Baumwolle, 24% Viskose, 19% Leinen)
1 Paar Stricknadeln Nr. 4
80 cm (86 cm) Gummiband, 1,5 cm breit
3 Haken und Ösen.

MUSTER
Grundmuster I: Glatt rechts (Hin R re – Rück R li)
Grundmuster II: Ajour-Gittermuster
1. R: ★ 2 M re, 2 M re zusammenstricken, 1 Umschlag, 3 M re, ab ★ wiederholen.
2. R: ★ 1 M li, 2 M li zusammenstricken und dabei von hinten einstechen, 1 Umschlag, 1 M li, 1 Umschlag, 2 M li zusammenstricken, 1 M li, ab ★ wiederholen.
3. R: ★ 2 M re zusammenstricken, 1 Umschlag, 3 M re, 1 Umschlag, 1 einfacher Überzug, d. h. 1 M abheben, 1 M re stricken und die abgehobene M über diese ziehen, ab ★ wiederholen.
4. R: Alle M links.
5. R: ★ 1 Umschlag, 1 einfacher Überzug, 5 M re, ab ★ wiederholen.
6. R: ★ 1 Umschlag, 2 M li zusammenstricken, 2 M li, 2 M li zusammenstricken und dabei von hinten einstechen, 1 Umschlag, 1 M li, ab ★ wiederholen.
7. R: ★ 2 M re, 1 Umschlag, 1 einfacher Überzug, 2 M re zusammenstricken, 1 Umschlag, 1 M re, ab ★ wiederholen.
8. R: Alle M links.
9. R: Wie 1. R.
Die 1.–8. R fortlaufend wiederholen.
Grundmuster III: Fantasierippen
1. R: ★ 2 M li, 1 M re abheben, ab ★ wiederholen.
2. R: ★ 1 M li, 2 M re, ab ★ wiederholen.
Die 1.+2. R fortlaufend wiederholen.
Maschenprobe: In den angegebenen Mustern des Vorderteils ergeben 24 M in der Breite und 29 R in der Höhe 10 cm im Quadrat.

AUSFÜHRUNG
Rückenteil: 95 M (103 M) anschlagen und 2 cm glatt re stricken. Nun 1 R links auf rechts stricken und glatt re weiterarbeiten. Dabei auf beiden Seiten 4mal in jeder 18. R je 1 M zunehmen.
Gleichzeitig in 16 cm (19 cm) Gesamthöhe für die V-Ausschnittspitze die mittlere M abketten und beide Seiten getrennt und gegengleich weiterarbeiten.
An der Ausschnittkante zunächst 4 M für den Beleg dazu anschlagen und nun 5 M ab der Kante abnehmen: Die 4 Belegmaschen glatt re stricken, die 5. M in allen ungeraden R re stricken und in allen geraden R re abheben und anschließend abnehmen: 5mal in jeder 2. R 1 M, 9mal abwechselnd in jeder 2. und in jeder 4. R 1 M, 1mal in jeder 6. R 1 M und noch 9mal in jeder 4. R 1 M. Noch 2 R gerade hochstricken und an der gleichen Kante wieder 7mal in jeder R 1 M zunehmen.
Gleichzeitig nach 27 cm (29 cm) Gesamthöhe für den Armausschnitt an der Seitenkante 1mal 4 (2mal 4) M, dann 1 M von der Kante entfernt 10mal 1 M und noch in jeder 4. R 4mal 1 M abketten. Gerade hoch weiterstricken und nach 43 cm (46 cm) Gesamthöhe das Ajourgittermuster in den angegebenen M des Zählmusters einarbeiten.
Gleichzeitig in 47 cm (50 cm) Gesamthöhe an der Halsausschnittkante die M des Belegs und die zugenommenen M der Schulter abketten: 4mal in jeder 2. R 4 M.
Die 2. Hälfte gegengleich arbeiten.
Vorderteil: 100 M (108 M) anschlagen und 2 cm glatt re stricken. Dann 1 R links auf rechts stricken und glatt re weiterarbeiten. Dabei auf beiden Seiten 4mal in jeder 18. R je 1 M zunehmen.
Dabei gleichzeitig in 13 cm (16 cm) Gesamthöhe das Ajour-Gittermuster in den angegebenen M nach dem Zählmuster einarbeiten.

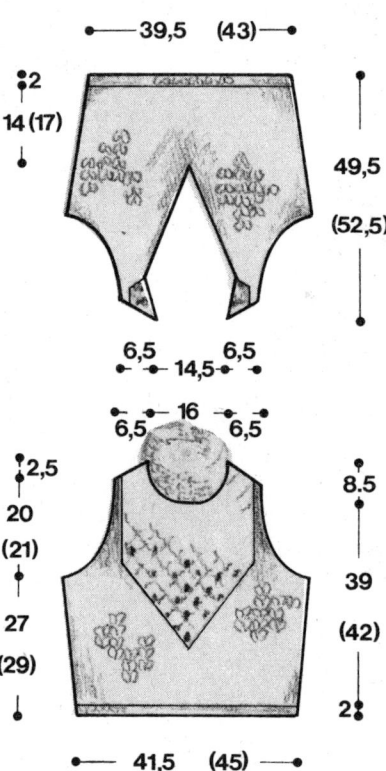

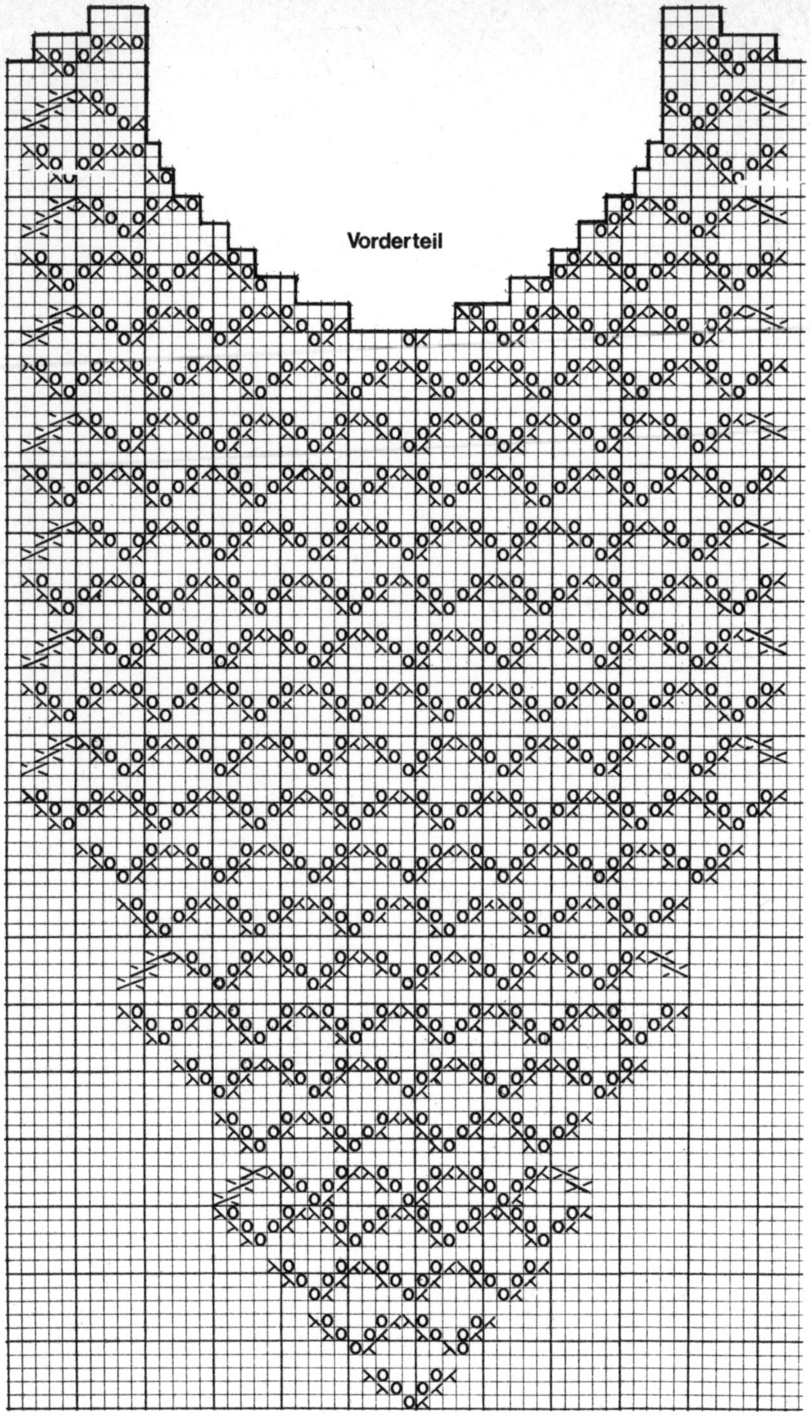

In 27 cm (29 cm) Gesamthöhe für die Armausschnitte auf beiden Seiten 1mal 5 M (1mal 6 M) und dann in jeder 2. R 1mal 3 (1mal 4) und 2mal 2 (3mal 2) M und noch 1 M von der Kante entfernt 2mal 1 M abketten. Dann noch 4mal 1 M in jeder 4. R und 1mal 1 M nach 6 R abketten.
Im Musterrhythmus gerade hoch weiterstricken und in 41 cm (44 cm) Gesamthöhe für den Halsausschnitt die mittleren 8 M abketten, dabei aber die zugenommenen M des Ajourmusters nicht mitrechnen.
Beide Seiten getrennt und gegengleich beenden. An der Halskante noch in jeder 2. R 1mal 4, 1mal 3, 3mal 2 und 2mal 1 M abketten und gerade hoch weiterstricken. Dabei nach 47 cm (50 cm) Gesamthöhe für die Schulterschrägungen 4mal in jeder 2. R 4 M abketten.

Zählmuster:
Die leeren Felder innerhalb des Musters = rechte Maschen (linke Maschen auf der Rückseite)
0 = Umschlag

Auf der Vorderseite 2 M re zusammenstricken.
Auf der Rückseite 2 M li zusammenstricken.

Auf der Vorderseite ein einfacher Überzug.
Auf der Rückseite 2 M li verschränkt zusammenstricken.

2 M nach rechts kreuzen.

2 M nach links kreuzen.
Die leeren Felder außerhalb des Musters werden glatt rechts gestrickt.
Ausarbeitung: Die Schulternähte mit Maschenstichen schließen.
Für den Kragen 20 M (23 M) anschlagen, daran anschließend aus der Halsausschnittkante 61 M auffassen und noch 20 M (23 M) anfügen.
Über diese 101 M (107 M) in Fantasierippen 5 cm gerade hochstricken, 1 R rechts auf links stricken und noch 5 cm im Fantasierippenmuster gerade hochstricken. Alle M abketten wie sie erscheinen.
Den Kragen re auf re legen, die Seitenkanten schließen, auf links wenden und mit unsichtbaren Stichen gegensäumen. Haken und Ösen an den jeweiligen Enden des Kragens für die gewünschte Weite annähen.
Entlang der Armausschnittkanten jeweils 97 M (101 M) auffassen, 1 R li auf re stricken, 1 cm glatt rechts stricken und alle M sehr locker abketten.
Die Seitennähte und die Armausschnittblenden schließen. Diese dann zur Hälfte nach innen legen und mit unsichtbaren Stichen gegensäumen. Die Taillenkante zur Hälfte nach innen legen und mit unsichtbaren Stichen gegensäumen. Vor dem Schließen das Gummiband einziehen.

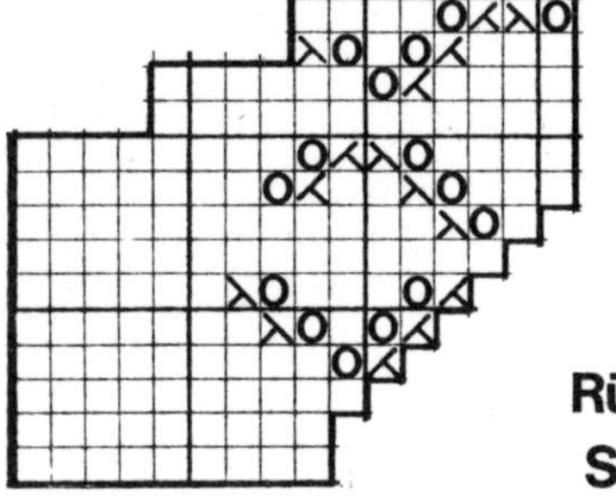

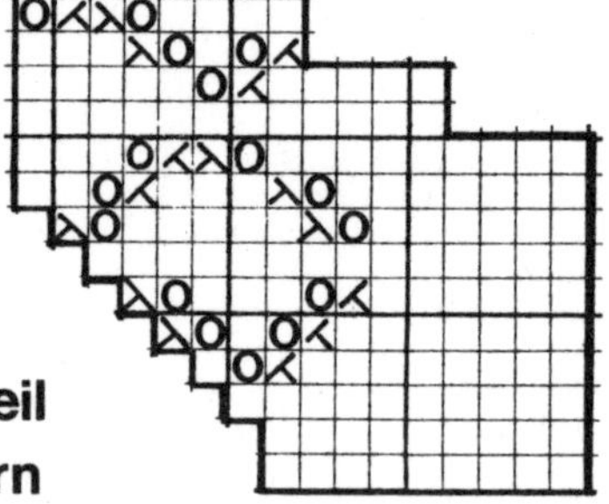

Rock

MATERIAL
Les Années 30 von WELCOMME
500 g (550 g) Soleil, Farbe 14
derselben Farbe und Garnqualität
1 Paar Stricknadeln Nr. 4
78 cm (82 cm) Gummiband, 2 cm breit

MUSTER
Grundmuster: Glatt rechts (Hin R re – Rück R li).
Maschenprobe: 23 M in der Breite und 30 R in der Höhe ergeben 10 cm im Quadrat.

AUSFÜHRUNG
Anleitung rückw. Rockteil: 114 M (122 M) anschlagen und 2 cm glatt re stricken. Dann 1 R links auf rechts stricken und glatt re gerade hoch weiterstricken. In 70 cm (72 cm) Gesamthöhe alle M abketten.
Das vordere Rockteil ebenso arbeiten.
Ausarbeitung: Die Seitennähte schließen.
An der Unterkante 2 cm für den Saum nach innen legen und mit unsichtbaren Stichen gegennähen.
An der Taillenkante einen Saum von 2,5 cm umnähen und das Gummiband einziehen.

Blätter in Rot Nr. 43

Farbbild Seite 139

Pulli

für Größe 38/40 (42/44)

MATERIAL
Bora-Bora von ANNY BLATT
450 g (450 g) Rouge, Farbe 2230
Lauflänge 85 m per 50 g Knäuel
(100% Baumwolle)
Je 1 Paar Stricknadeln Nr 3½ und 4½
1 Häkelnadel Nr. 3½

MUSTER
Grundmuster I: Glatt links
(Hin R li – Rück R re)
Grundmuster II: Großes Perlmuster
1. + 2. R: 1 M re – 1 M li im Wechsel
3. + 4. R: 1 M li – 1 M re im Wechsel
Die 1.–4. R fortlaufend wiederholen.
Grundmuster III: Ajourmuster Nr. 1 für das Vorderteil
1. R: 1 M re ★ 1 Umschlag, 2 M re zusammenstricken, ab ★ wiederholen.
Die R endet mit 1 M re
2. R: Alle M und Umschläge links
Die 1. + 2. R fortlaufend wiederholen.
Grundmuster IV: Ajourmuster Nr. 2 für das Rückenteil
1. R: 1 M re ★ 1 einfacher re Überzug, d. h. 1 M abheben, die folg. M re stricken und die abgehobene M über diese ziehen, dann 1 Umschlag, ab ★ wiederholen.
Die R endet mit 1 M re
2. R: Alle M und Umschläge links
Die 1. + 2. R fortlaufend wiederholen.
Blattmuster: Die Blätter werden auf dem glatt links gestrickten Grund gearbeitet. Sie entstehen durch Zu- und Abnahme von M.

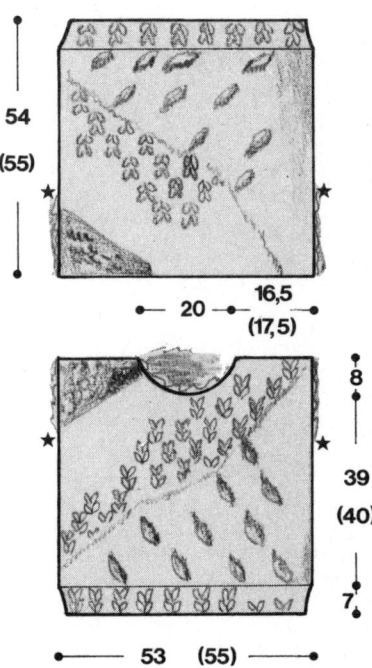

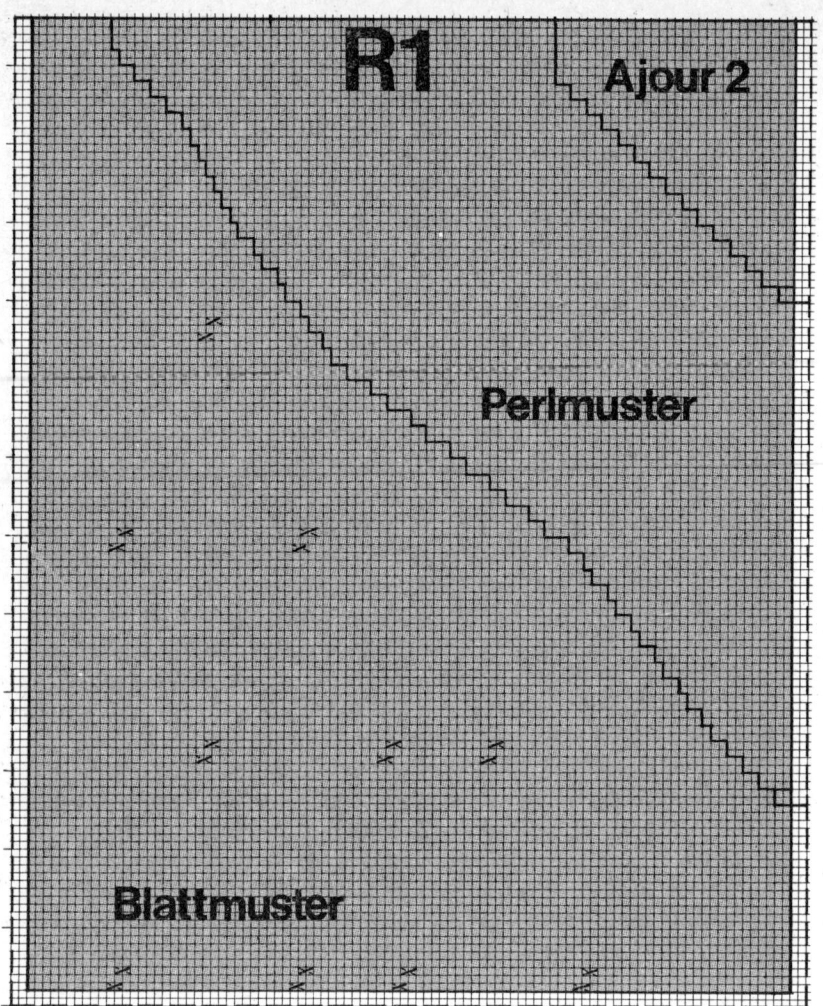

Nach rechts laufendes Blattmotiv
für das Vorderteil = Zählmuster V 2
1. R: 2 M nach li kreuzen, d. h. die 2. M der li Nadel li stricken, dabei die re Nadel hinter der 1. M führen, dann die 1. M re stricken und die beiden M von der li Nadel gleiten lassen
2. R: Die verkreuzte M li stricken
3. R: Nach dem Zählmuster 2 M nach li kreuzen, wobei die verkreuzte M um 1 M nach li versetzt wird
4. R: Wie 2. R
5. R: 1 Umschlag, 1 M re, 1 Umschlag
6. R und alle folg. Rück R: Alle M und Umschläge links
7. R: 1 M re, 1 Umschlag, 1 M re, 1 Umschlag, 1 M re
9. R: 2 M re, 1 Umschlag, 1 M re, 1 Umschlag, 2 M re
11. R: 3 M re, 1 Umschlag, 1 M re, 1 Umschlag, 3 M re
13. R: 7 M re, 2 M re zusammenstricken
15. R: 6 M re, 2 M re zusammenstricken
17. R: 5 M re, 2 M re zusammenstricken
19. R: 4 M re, 2 M re zusammenstricken
21. R: 3 M re, 2 M re zusammenstricken
23. R: 2 M re, 2 M re zusammenstricken
25. R: 1 M re, 2 M re zusammenstricken
27. R: Für die Blattspitze 2 M re zusammenstricken.

Nach links laufendes Blattmotiv für das Rückenteil = Zählmuster R 2
1. R: 2 M nach re kreuzen, d. h. die 2. M der li Nadel re stricken, dabei die re Nadel vor der 1. M der li Nadel führen, dann die 1. M li stricken und die 2 M von der li Nadel gleiten lassen
2. R: Die verkreuzte M li stricken
3. R: Nach dem Zählmuster 2 M nach re kreuzen, wobei die verkreuzte M um 1 M nach re versetzt wird
4. R: Wie 2. R
5. R: 1 Umschlag vor der verkreuzten M, die verkreuzte M re, 1 Umschlag, also 3 B für das Blatt
6. R und alle folg. Rück R: Alle Umschläge und M links
7. R: 1 M re, 1 Umschlag, 1 M re, 1 Umschlag, 1 M re = 5 Blattmaschen
9. R: 2 M re, 1 Umschlag, 1 M re, 1 Umschlag, 2 M re = 7 Blattmaschen
11. R: 3 M re, 1 Umschlag, 1 M re, 1 Umschlag, 3 M re = 9 Blattmaschen
13. R: Mit den beiden ersten der 9 M 1 einfacher re Überzug, 7 M re = 8 Blattmaschen
15. R: Mit den beiden ersten der 8 M 1 einfacher re Überzug, 6 M re = 7 Blattmaschen
17. R: 1 einfacher re Überzug, 5 M re = 6 Blattmaschen
19. R: 1 einfacher re Überzug, 4 M re = 5 Blattmaschen
21. R: 1 einfacher re Überzug, 3 M re = 4 Blattmaschen
23. R: 1 einfacher re Überzug, 2 M re = 3 Blattmaschen
25. R: 1 einfacher re Überzug, 1 M re = 2 Blattmaschen
27. R: 1 einfacher re Überzug für die Blattspitze.
Nun glatt links weiterarbeiten.

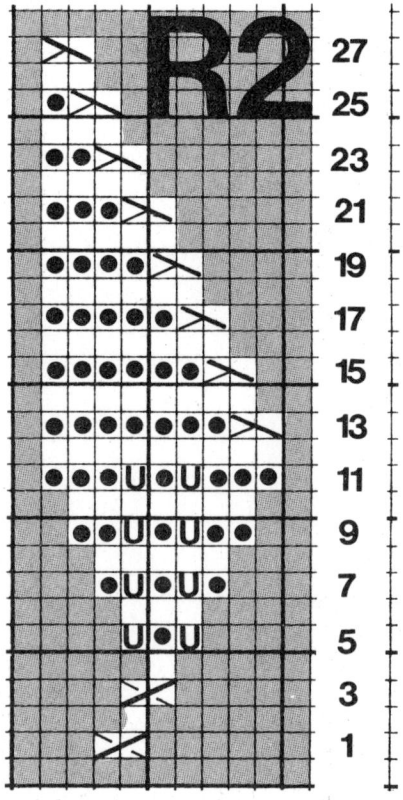

Zählmuster: Bei allen 4 Mustern steht 1 Kästchen für 1 M in der Breite und 1 R in der Höhe. Die inneren, durchgezogenen Linien gelten für Größe 38/40, die äußeren, gestrichelten für Größe 42/44. In den Mustern für Vorder- und Rückenteil sind jeweils die 1. + 3. R der Blattmotive für den Anfang der Blätter eingezeichnet.
Für die Muster der Blattmotive gelten:

⊠ Nach re verkreuzte M

⊠ Nach li verkreuzte M

⊠ Ein einfacher re Überzug

⊠ 2 M re zusammenstricken

U = Umschlag
Die Punkte = rechte M
Die leeren Felder der Rück R = linke M

Maschenprobe: Mit Nadeln Nr. 4½ glatt li gestrickt ergeben 18 M in der Breite und 26 R in der Höhe 10 cm im Quadrat.

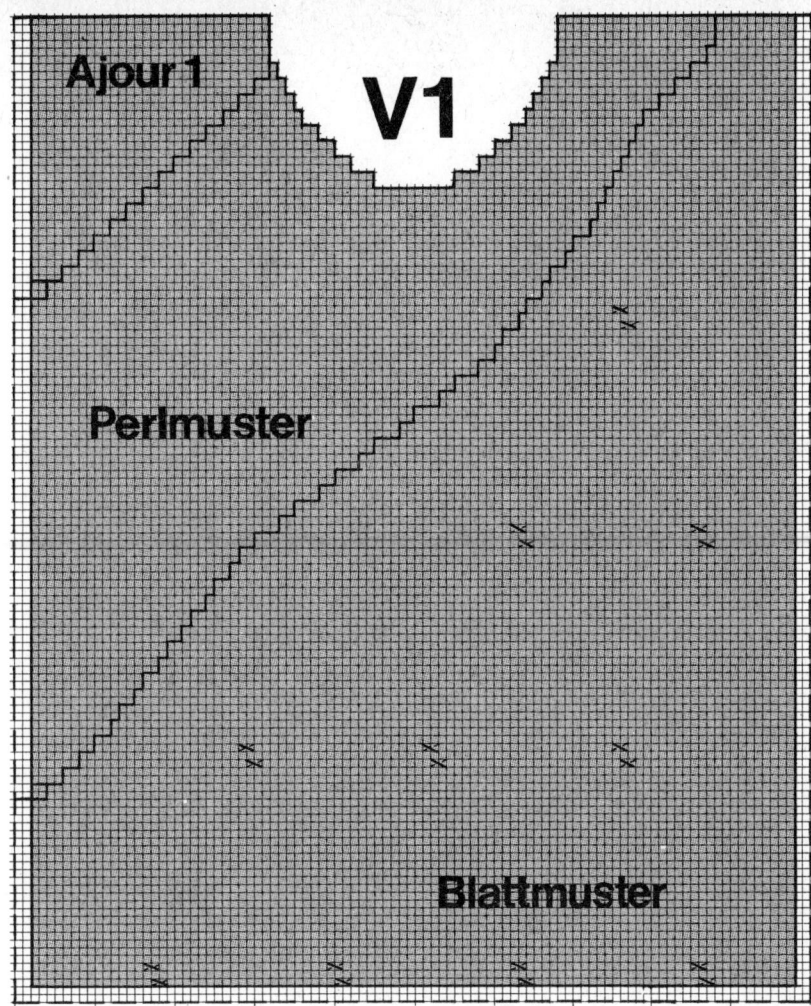

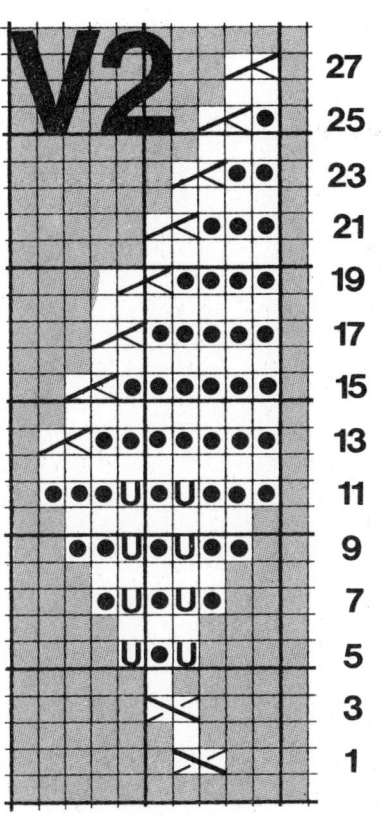

AUSFÜHRUNG
Rückenteil: 96 M (100 M) mit Nadeln Nr. 3½ anschlagen und das Bündchen 7 cm 1 M re – 1 M li im Wechsel stricken.
Mit Nadeln Nr. 4½ nach den Zählmustern R 1 und R 2 weiter gerade hochstricken. In 38 cm Gesamthöhe die Rand M beider Seiten für die Armausschnitte markieren.
Wichtig: Beim Versetzen des Perlmusters in Richtung der Blätter ist das letzte Blatt noch nicht beendet. Es ergeben sich also mehr M für die linke Schulter als im Diagramm eingezeichnet sind.
Denn nach der Musterzeichnung wird das Perlmuster hier in jeder 2. R und jeweils 1 M versetzt. Dabei müssen aber die zugenommenen M für das Blatt berücksichtigt werden. So muß über diesen das Perlmuster um **jeweils 2 M** versetzt werden, bis nach Blattende die Maschenzahl wieder stimmt!
In 54 cm (55 cm) Gesamthöhe alle M locker abketten. Die 30. M (32. M) und die 66. M (68. M) für den Halsausschnitt markieren.

Vorderteil: 96 M (100 M) mit Nadeln Nr. 3½ anschlagen und das Bündchen 7 cm 1 M re – 1 M li im Wechsel stricken.
Mit Nadeln Nr. 4½ nach den Zählmustern V 1 und V 2 weiter gerade hochstricken. In 46 cm (47 cm) Gesamthöhe für den Halsausschnitt 48 M (50 M) stricken, die folg. 10 M abketten und über die restl. li M weiterstricken. Dabei an der Halskante in jeder 2. R 1 mal 3, 3 mal 2 und 4mal 1 M abketten. In 54 cm (55 cm) Höhe die restl. 30 (32) Schultermaschen abketten. Die andere Seite gegengleich beenden und die restl. 35 M (37 M) für die linke Schulter abketten.
Ausarbeitung: Die Teile auf den Schnitt spannen, mit feuchten Tüchern bedecken und gut trocknen lassen.
Die Schulter- und Seitennähte schließen.
Um die Halskante und die Armausschnittkanten je 1 Rd feste M und 1 Rd feste M im Krebsstich häkeln.

Pulli

Leuchtend weiß Nr. 44

für Größe 38/40 (42/44)

Farbbild Seite 140

MATERIAL
Les Sixties von WELCOMME
450 g (500 g) Blanc, Farbe 110
Lauflänge 90 m per 50 g Knäuel
(70% Viskose, 18% Baumwolle, 12% Leinen)
Je 1 Paar Stricknadeln Nr. 2½, 3, 3½ und 4

MUSTER
Grundmuster I: Glatt rechts (Hin R re – Rück R li)
Grundmuster II: Glatt links (Hin R li – Rück R re)
Grundmuster III: Fantasie-Ajourmuster
1. R: ★ 4 M re, 1 Umschlag, 1 einfacher Überzug, d. h. 1 M abheben, 1 M re stricken und die abgehobene M über diese ziehen, dann 7 M re, ab ★ wiederholen.
2. R und alle folg. Rück R: Alle M stricken wie sie erscheinen.
3. R: ★ 2 M re, 2 M re zusammenstricken, 1 Umschlag, 1 M re, 1 Umschlag, 1 einfacher Überzug, 6 M re, ab ★ wiederholen.
5. R: ★ 1 M re, 2 M re zusammenstricken, 1 Umschlag, 3 M re, 1 Umschlag, 1 einfacher Überzug, 5 M re, ab ★ wiederholen.
7. R: ★ 2 M re zusammenstricken, 1 Umschlag, 5 M re, 1 Umschlag, 1 einfacher Überzug, 4 M re, ab ★ wiederholen.
9. R: ★ Wie 1. R.
Die 1.–8. R noch 2mal wiederholen. Dann 3 Streifen mit versetzten Motiven stricken und wieder mit der 1. R beginnen.
Maschenprobe: Mit Nadeln Nr. 4 im Ajourmuster gestrickt ergeben 24 M in der Breite und 30 R in der Höhe 10 cm im Quadrat.

AUSFÜHRUNG
Rückenteil: 127 M (137 M) mit Nadeln Nr. 3 anschlagen und das Bündchen 2 cm 3 M re – 2 M li im Wechsel stricken. Dabei mit 2 M li beginnen! Weiter mit Nadeln Nr. 3 stricken: 2 M (7 M) glatt li ★ 3 M glatt re, 17 M glatt li, ab ★ wiederholen. Die R endet mit 3 M glatt re, 2 M (7 M) glatt li. Im Musterrhythmus bis 10 cm Gesamthöhe stricken und dann mit Nadeln Nr. 4 im Ajourmuster weiterarbeiten. Dabei für Gr. 38/40 mit 5 M re beginnen, Grundmuster und 5 M re enden. Für Gr. 42/44 beginnt die R mit: 1 M re, 1 Umschlag, 1 einfacher Übergang, 7 M re, weiterhin Grundmuster, die R endet wie sie beginnt. Im Musterrhythmus stricken und in 29 cm (31 cm) Gesamthöhe für den Halsausschnitt die mittlere M abketten und beide Seiten getrennt und gegengleich beenden.
Für die Ausschnittsschrägung in jeder 2. R 8mal abwechselnd 1mal 3 und 1mal 2 M und weiter in jeder 2. R 7mal (9mal) 2 M abketten. In 44 cm (47,5 cm) Höhe die restl. 9 M (10 M) abketten.
Vorderteil: Wie das Rückenteil arbeiten.
Ärmel: 77 M (82 M) mit Nadeln Nr. 3 anschlagen und das Bündchen 2 cm 3 M re – 2 M li im Wechsel stricken. Dabei wieder mit 2 M li beginnen. Weiter mit Nadeln Nr. 3 stricken: 7 M (7 M) glatt li, ★ 3 M glatt re, 17 M glatt li, ab ★ wiederholen. Die R endet mit 3 M glatt re und 7 M (12 M) glatt li. Von nun an für die Seitenschrägungen 18mal (19mal) in jeder 2. R je 1 M zunehmen.
Dabei ab 10 cm Gesamthöhe mit Nadeln Nr. 4 im Ajourmuster stricken und die M der 1. R so einteilen, daß 1 Motiv die Ärmelmitte bildet.
In 21 cm (23 cm) Gesamthöhe alle 113 M (120 M) abketten.
Ausarbeitung: 137 M (147 M) mit Nadeln Nr. 3½ entlang der rückw. Kante des Halsausschnitts auffassen und, mit 2 M li beginnend, 3 M re – 2 M li im Wechsel stricken. Nach 4 cm mit Nadeln Nr. 3, nach weiteren 4 cm mit Nadeln Nr. 2½ weiterstricken. Nach insgesamt 12 cm alle M abketten und dabei den Faden fest spannen.
Die Schulternähte schließen.
Die Halsausschnittblende zur Runde schließen.
Die Ärmel wie im Schnitt markiert an die Ärmelansatzkanten nähen und die Ärmel- und Seitennähte schließen.

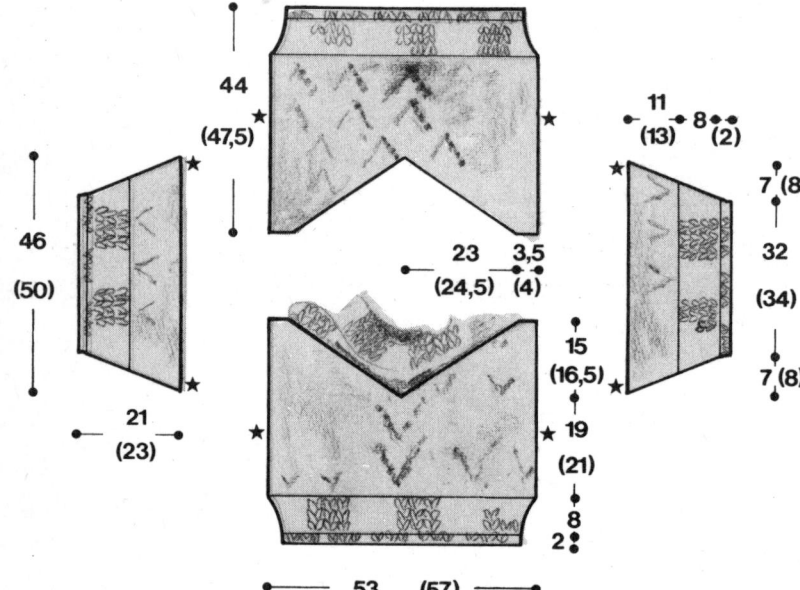

Gestrickte Kostbarkeit
Nr. 45

Farbbild Seite 141

Pulli
für Größe 38/40 (42/44)

MATERIAL
La Soie von WELCOMME
350 g (400 g) Feu, Farbe 26,
Lauflänge 125 m per 50 g Knäuel
(100 % Seide)
1 Paar Stricknadeln Nr. 4
210 cm (220 cm) Gummiband 1,5 cm breit

MUSTER
Grundmuster I: Glatt rechts (Hin R re – Rück R li)
Grundmuster II: Spitzenmotive für Vorder- und Rückenteil nach dem entsprechendem Zählmuster.
Alle ungeraden R werden nach der Strickschrift gearbeitet, alle geraden R – die Rückseite der Arbeit – stricken, wie die M erscheinen, dabei alle Umschläge links stricken!
Die Punkte = rechte M
Die leeren Felder = linke Maschen
Zählmuster:

◻

2 M re zusammenstricken

◻

1 einfacher Überzug, d. h. 1 M abheben, 1 M re stricken und die abgehobene M über diese ziehen.
Die schwarzen Flächen sind stricktechnisch ohne Bedeutung.

d = 1 doppelter Überzug
L = 2 M li zusammenstricken
O = Umschlag
v = 1 M re abheben

Maschenprobe: In den angegebenen Mustern des Rückenteils ergeben 23 M in der Breite und 30 R in Höhe 10 cm im Quadrat.

AUSFÜHRUNG
Rückenteil: 105 M (113 M) anschlagen und 2 cm glatt re stricken. Dann 1 R links auf rechts stricken und glatt re weiterarbeiten. Dabei zu beiden Seiten 3 mal alle 6 cm je 1 M zunehmen.
Nach 9,5 cm (12,5 cm) Gesamthöhe das Spitzenmotiv ab Mitte einarbeiten. Dabei ist die mittlere M ausschlaggebend! Nach 27 cm (29 cm) Gesamthöhe für die Armausschnitte auf beiden Seiten 1 mal 5 und noch in jeder 2. R 1 mal 3, 2 mal 2 (4 mal 2) und 3 mal 1 M abketten. Dann nochmals nach 4 R 1 mal 1 M abketten.
In 33 cm (36 cm) Gesamthöhe für den Halsausschnitt die mittleren 9 M abketten und beide Seiten getrennt und gegengleich beenden.
An der Halskante in jeder 2. R 2 mal 3, 6 mal 2 und 10 mal 1 M abketten und gerade hoch weiterstricken.
Dabei in 38,5 cm (41,5 cm) Gesamthöhe an der Armausschnittkante 5

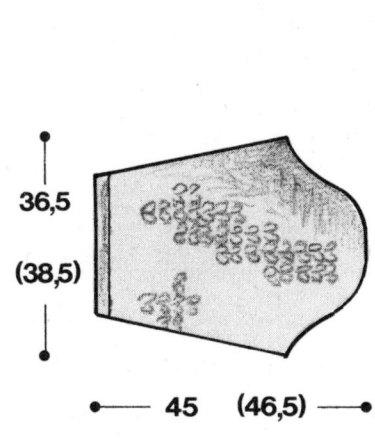

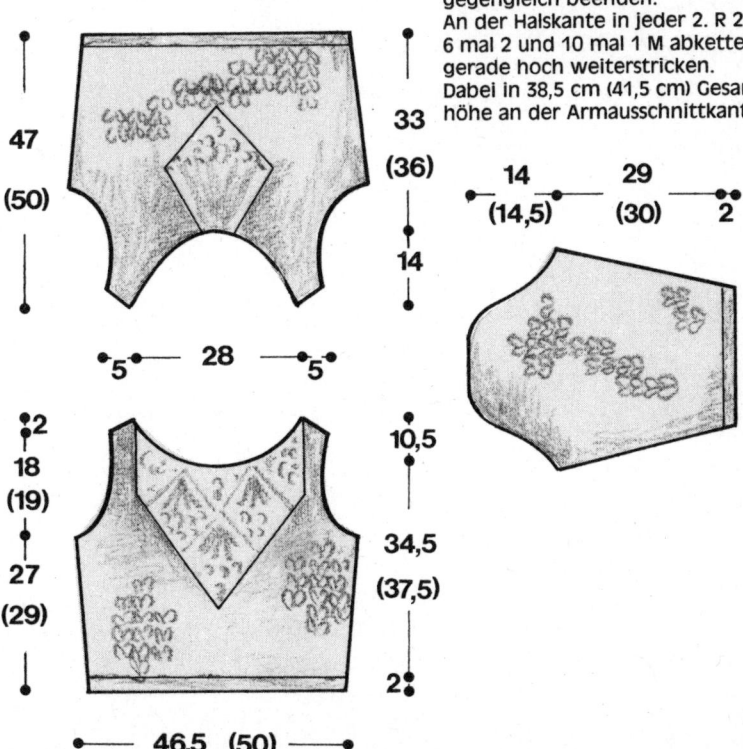

103

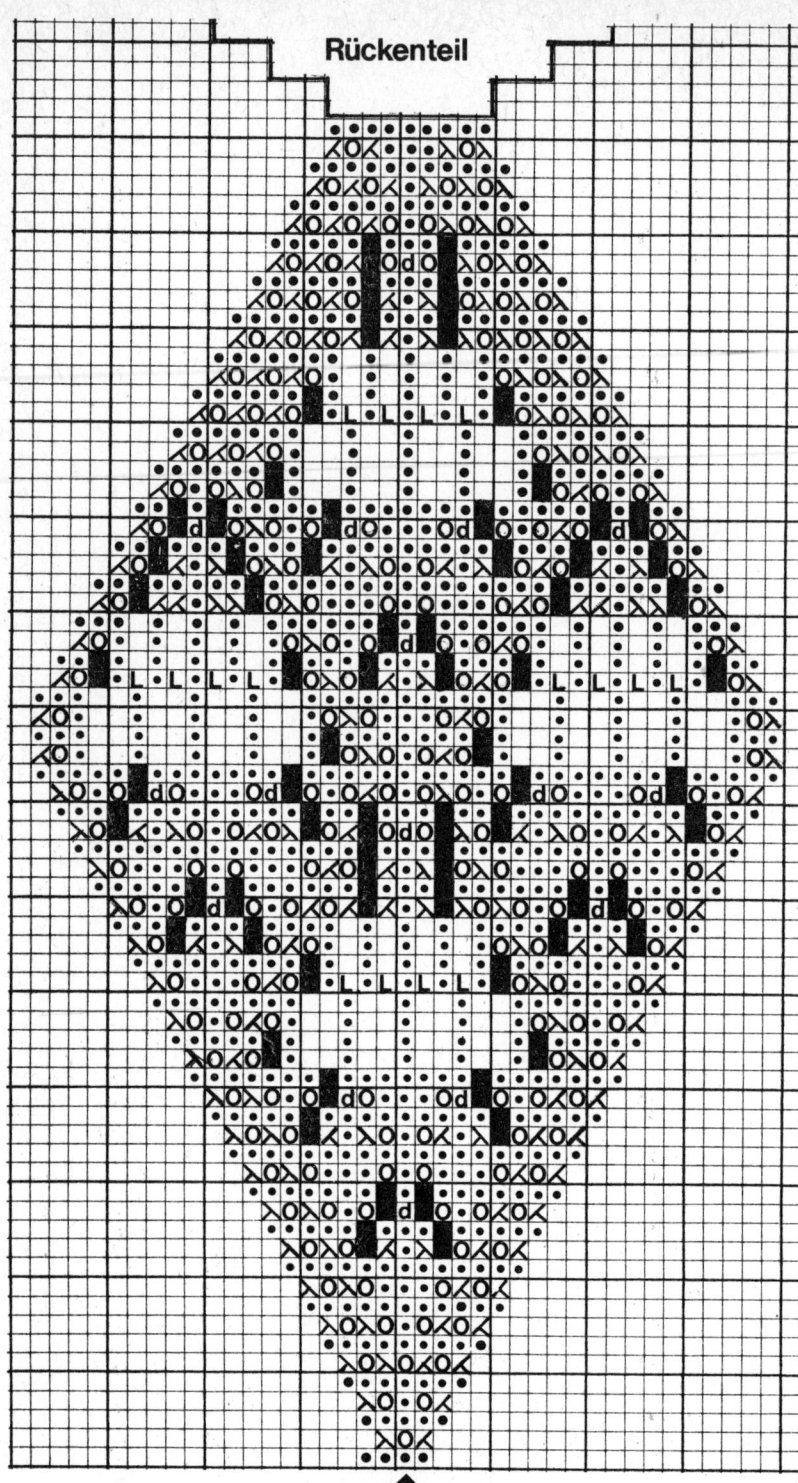

Rückenteil

Mittel-Masche

An der Halskante in jeder 2. R 2 mal 3, 6 mal 2 und 7 mal 1 M abketten und gleichzeitig ab 45 cm (48 cm) Gesamthöhe ab Außenkante für die Schulterschrägung 3 mal in jeder 2. R 4 M abketten.
Die 2. Hälfte gegengleich arbeiten.
Ärmel: 56 M (61 M) anschlagen und 2 cm glatt re stricken. Dann 1 R links auf rechts stricken und glatt re weiterarbeiten. Gleichzeitig auf beiden Seiten 14 mal alle 6 R je 1 M zunehmen, sodaß 84 M (89 M) auf der Nadel sind.
Ab 31 cm (32 cm) Gesamthöhe für die Armkugel auf beiden Seiten in jeder 2. R 1 mal 3, 7 mal 2, 7 mal 1, 5 mal 2 (6 mal 2) und 1 mal 3 M abketten. Die restl. 10 M (11 M) auf einmal abketten.
Ausarbeitung: Eine Schulter im Maschenstich schließen.
Nun 149 M entlang der Halsausschnittkante auffassen und 2 cm glatt re stricken. Dann 1 R links auf rechts stricken und nochmals 2 cm glatt re stricken. Alle M locker abketten.
Die 2. Schulter im Maschenstich schließen. Die Ärmel beiderseits der Schulternähte ansetzen und die Ärmel- und Seitennähte schließen.
Die Halsblende zur Hälfte nach innen legen und mit unsichtbaren Stichen gegensäumen, dabei das Gummiband einziehen und den Ausschnitt etwas einhalten.
Die Taillenkante entlang der Linksreihe nach innen schlagen, mit unsichtbaren Stichen gegensäumen und das Gummiband durchziehen.
Die unteren Ärmelränder ebenso abschließen.

Rock

MATERIAL
La Soie von WELCOMME
350 g (400 g) Feu, Farbe 26
Je 1 Paar Stricknadeln Nr. 4
72 cm (76 cm) Gummiband 2 cm breit

MUSTER
Grundmuster: Glatt rechts (Hin R re – Rück li)
Maschenprobe: 25 M in der Breite und 32 R in der Höhe ergeben 10 cm im Quadrat.

AUSFÜHRUNG
Anleitung rückwärtiges Rockteil: 120 M (129 M) anschlagen und 2 cm glatt re stricken. Dann 1 R links auf rechts stricken und glatt re gerade hoch weiterstricken. In 70 cm (72 cm) Gesamthöhe alle M abketten.
Das vordere Rockteil ebenso arbeiten.
Ausarbeitung: Die Seitennähte schließen.
Die untere Kante 2 cm nach innen legen und den Saum mit unsichtbaren Stichen gegennähen.
Die Taillenkante 3 cm nach innen legen und gegensäumen. Das Gummiband einziehen.

mal in jeder 4. R 1 M zunehmen und ab 45 cm (48 cm) Gesamthöhe ab der gleichen Kante für die Schulterschrägung 3 mal in jeder 2. R 4 M abketten. Die 2. Hälfte gegengleich stricken.
Vorderteil: 101 M (109 M) anschlagen und 2 cm glatt re stricken. Dann 1 R links auf rechts stricken und glatt re weiterarbeiten. Dabei zu beiden Seiten 3 mal alle 6 cm je 1 M zunehmen. Gleichzeitig ab 10 cm (13 cm) Gesamthöhe das Spitzenmotiv nach der Strickschrift einarbeiten. Dabei ist die mittlere M für den Motivbeginn ausschlaggebend! In 27 cm (29 cm) Gesamthöhe für die Armausschnitte auf beiden Seiten in jeder 2. R 2 mal 2 (4 mal 2) und 3 mal 1 M und dann in jeder 4. R 2 mal 1 M abketten. Gerade hoch weiterstricken.
In 36,5 cm (39,5 cm) Gesamthöhe für den Halsausschnitt die mittleren 15 M abketten und beide Seiten getrennt und gegengleich beenden.

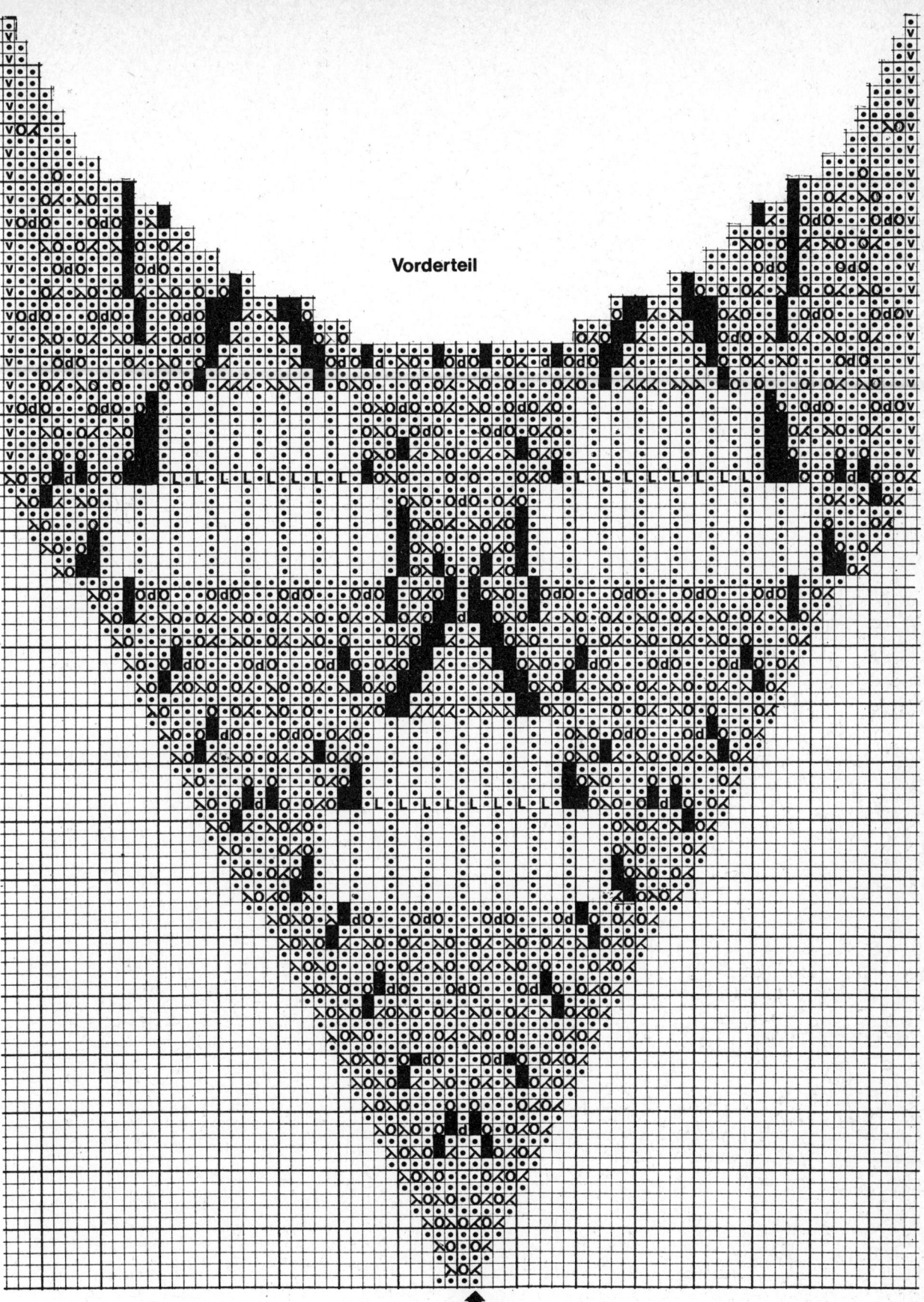

Lang und schmal Nr. 46/47

Farbbild Seite 142

Pulli

für Größe 38/40 (42/44)

MATERIAL
La Floraison von WELCOMME
500 g (550 g) Glycine, Farbe 03
Lauflänge 125 m per 50 g Knäuel
(50% Baumwolle, 50% Viskose)
Je 1 Paar Stricknadeln Nr. 3½ und 4
1 Nadelspiel Nr. 3½

MUSTER
Grundmuster I: Ajourrippen, Maschenzahl teilbar durch 6 plus 1 M plus Rand M.
1. R: 1 M li ★ 1 M re, 1 Umschlag, 3 M li zusammenstricken, 1 Umschlag, 1 M re, 1 M li, ab ★ wiederholen.
2.-4. R: Alle M stricken wie sie erscheinen und dabei die Umschläge rechts stricken.
5. R: Wie 1. R
Die 1.-4. R fortlaufend wiederholen.
Maschenprobe: Im Grundmuster mit Nadeln Nr. 4 gestrickt ergeben 24 M in der Breite und 28 R in der Höhe 10 cm im Quadrat.

AUSFÜHRUNG
Rückenteil: 118 M (124 M) mit Nadeln Nr. 3½ anschlagen und das Bündchen 5 cm 2 M re - 2 M li im Wechsel stricken. Dabei innerhalb der letzten R 1 M abnehmen. Es bleiben 117 M (123 M). Im Grundmuster mit Nadeln Nr. 4 weiter gerade hochstricken. In 51 cm (53 cm) Gesamthöhe für den Halsausschnitt die mittleren 17 M (21 M) und zu beiden Seiten noch in jeder 2. R 1mal 8, 1mal 4, 1mal 3, 1mal 2 und 2mal 1 M abketten.
In 56 cm (58 cm) Gesamthöhe die jeweils 31 (32) Schultermaschen abketten.
Vorderteil: Wie das Rückenteil arbeiten.
Ärmel: 60 M (64 M) mit Nadeln Nr. 3½ anschlagen und das Bündchen 4 cm 2 M re - 2 M li im Wechsel stricken. Dabei innerhalb der letzten Rück R gleichmäßig verteilt noch 17 M zunehmen, so daß nun - mit 2 Rand M (1 Rand M) an jeder Außenkante - 77 M (81 M) auf der Nadel sind.
Im Grundmuster mit Nadeln Nr. 4 weiterarbeiten und für die Seitenschrägungen 15mal (16mal) in jeder 2. R je 1 M zunehmen.
In 15,5 cm (17 cm) Ärmelhöhe alle 107 M (113 M) abketten.
Ausarbeitung: Die Schulternähte schließen. Für den Kragen (128 M) aus der Halskante auffassen und auf dem Nadelspiel verteilen. In Runden 2,5 cm 2 M re - 2 M li im Wechsel stricken. In der folg. Rd innerhalb jeder 2 M rechts - Gruppe 1 M zunehmen. Es sind nun 145 M (160 M) auf der Nadel. 2,5 cm 3 M re - 2 M li im Wechsel stricken und dann wieder in jeder 3 M rechts - Gruppe 1 M zunehmen, so daß 174 M (192 M) auf der Nadel sind. Noch 2,5 cm 4 M re - 2 M li im Wechsel stricken und alle M abketten wie sie erscheinen.
Die Ärmel wie im Schnitt markiert an die Ärmelansatzkanten nähen und die Ärmel- und Seitennähte schließen.

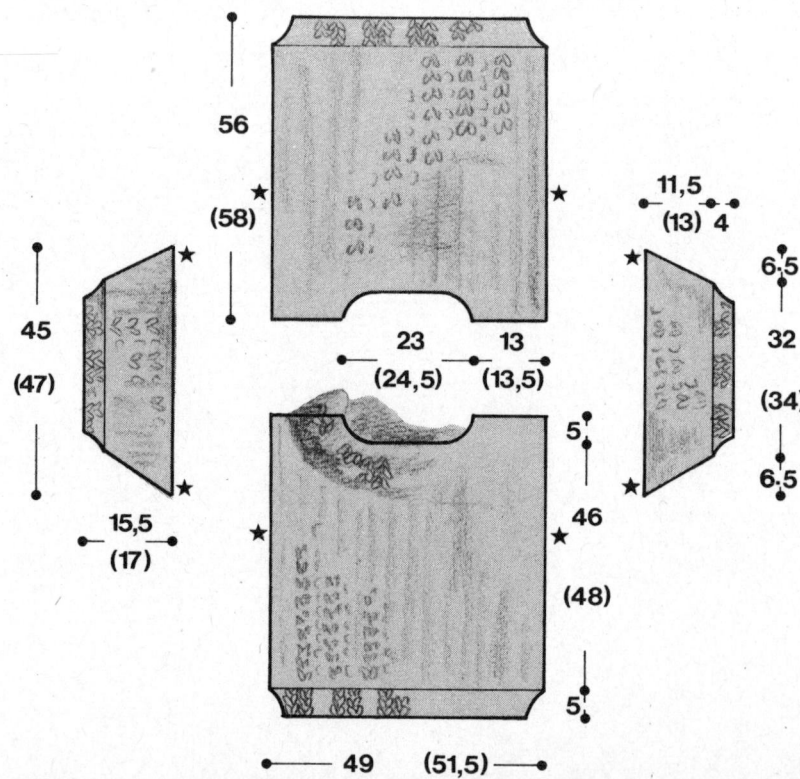

Farbbild Seite 143

Pulli

für Größe 38/40 (42/44)

MATERIAL
Les Sixties von WELCOMME
550 g (600 g) Tourmaline, Farbe 106
Lauflänge 90 m per 50 g Knäuel
(70% Viskose, 18% Baumwolle, 12% Leinen)
Je 1 Paar Stricknadeln Nr. 2½ und 3½

MUSTER
Grundmuster I: Fantasiemuster
1. R: ★ 2 M li, 1 Umschlag, 1 M re, 1 Umschlag, ab ★ wiederholen. Die R endet mit 2 M li.
2. R: Alle M stricken wie sie erscheinen, alle Umschläge li stricken.
3. R: Alle M stricken wie sie erscheinen.
4. R: 2 M re ★ 3 M li zusammenstricken, 2 M re, ab ★ wiederholen.
5. R: Wie 1. R.
Die 1.–4. R fortlaufend wiederholen.
Grundmuster II: 2 M re – 4 M li im Wechsel.
Maschenprobe: Im Fantasiemuster mit Nadeln Nr. 3½ gestrickt ergeben 19 M in der Breite und 31 R in der Höhe 10 cm im Quadrat.

AUSFÜHRUNG
Rückenteil: 128 M (134 M) mit Nadeln Nr. 2½ anschlagen und das Bündchen 5 cm 2 M re – 2 M li im Wechsel stricken. Dabei innerhalb der letzten Rück R gleichmäßig verteilt 36 M abnehmen, so daß 92 M (98 M) auf der Nadel bleiben.
Mit Nadeln Nr. 3½ im Fantasiemuster weiter gerade hochstricken.
Ab 44,5 cm (46,5 cm) Gesamthöhe für die Armausschnitte auf beiden Seiten in jeder 2. R 2mal 2 und 1mal 1 M (3mal 2 M) abketten, dabei aber die Zunahmen des Fantasiemusters nicht mitrechnen!
Noch bis 55 cm (58 cm) Höhe gerade hochstricken und alle 82 M (86 M) abketten.
Vorderteil: Wie das Rückenteil stricken.
Halsblende: 218 M (230 M) mit Nadeln Nr. 2½ anschlagen und 12 cm im Grundmuster II gerade hochstricken. Dabei zu beiden Seiten je 1 Rand M mitstricken. Alle M abketten wie sie erscheinen.
Ausarbeitung: Die Seitennähte schließen. Aus den Armausschnittkanten mit Nadeln Nr. 2½ jeweils 70 M (74 M) auffassen und 2 R re kraus (jede R re) stricken. Alle M abketten.
Die Halsblende zur Runde schließen und diese entlang der Halsausschnittkante ansetzen. Dabei an jeder Seite des Rücken- und Vorderteils jeweils 24 M freilassen. Die Blende auf links wenden und rund herum säumen.

In Rosa und Grün
Nr. 48

Farbbild Seite 144

Pulli

für Größe 38/40 (42/44)

MATERIAL
Mango von ANNY BLATT
150 g (150 g) Camélia, Farbe 2412
150 g (150 g) Topaze, Farbe 2414
Lauflänge 85 m per 50 g Knäuel
(57% Viskose, 43% Baumwolle)
Pétunia von ANNY BLATT
100 g (100 g) Camélia, Farbe 2439
100 g (100 g) Topaze, Farbe 2440
Lauflänge 75 m per 50 g Knäuel
(46% Acryl, 34% Viskose, 20% Polyester)
Je 1 Paar Stricknadeln Nr. 3½ und 4½

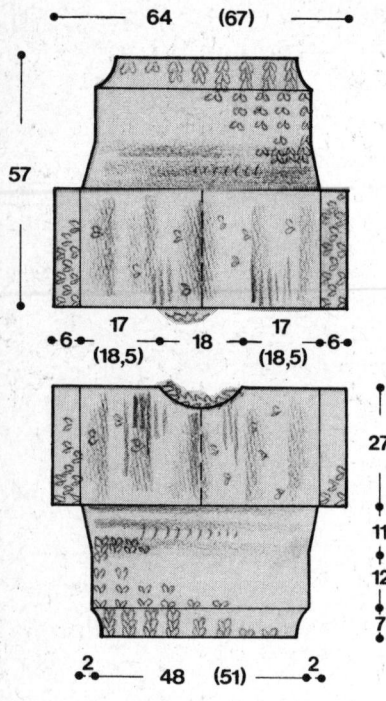

MUSTER

Grundmuster I: Glatt links (Hin R li – Rück R re).
Grundmuster II: Granitmuster mit gerader Maschenzahl.
1. R: 1 M re – 1 M li im Wechsel
2. R: Alle M links
3. R: 1 M li – 1 M re im Wechsel
4. R: Alle M links
Die 1.-4. R fortlaufend wiederholen.
Grundmuster III: Kleines Perlmuster
1. R: 1 M re – 1 M li im Wechsel
2. R: 1 M li – 1 M re im Wechsel
Die 1. + 2. R fortlaufend wiederholen.
Grundmuster IV: Fallmaschenmuster
1. R: Alle M rechts, dabei aber den Faden nach jeder M jeweils 2mal um die re Nadel schlingen
2. R: Alle M links, dabei die zusätzlichen Umschläge fallen lassen.
Grundmuster V: Türkisches Muster mit gerader Maschenzahl.
1. R: Rand M ★ 1 Umschlag, 1 einfacher re Überzug, d. h. 1 M abheben, die folg. M re stricken und die abgehobene M über diese ziehen. Ab ★ wiederholen und mit 1 Rand M enden.
Die 1. R fortlaufend wiederholen.
Streifenmuster I:
2 R glatt li in Pétunia Camélia
2 R Fallmaschen in Mango Camélia
2 R glatt li in Pétunia Camélia
2 R Türkisches Muster in Mango Camélia
Diese 8 R fortlaufend wiederholen.

Streifenmuster II:
2 R Türkisches Muster in Mango Topaze
4 R Perlmuster in Mango Topaze
2 R Türkisches Muster in Mango Topaze
2 R glatt li in Pétunia Topaze
Diese 10 R fortlaufend wiederholen.
Streifenmuster III:
2 R Fallmaschen in Mango Topaze
2 R glatt li in Pétunia Topaze
Diese 4 R fortlaufend wiederholen.
Noppenmuster: Maschenzahl teilbar durch 6
1. R: Alle M re
2. R und alle geraden R: Alle M li
3. R: Alle M re
5. R: 2 M re ★ 1 Noppe: In 1 M 5 M stricken, und zwar 1 M re, 1 M li, 1 M re, 1 M li, 1 M re. Dann die ersten 4 M der Reihe nach über die 5. M ziehen, man beginnt mit der nächstliegenden.
Nach der Noppe 5 M re, ab ★ wiederholen.
Die R endet mit 1 Noppe und 3 M re
7. R: ★ 5 M re, 1 Noppe, ab ★ wiederholen
9. R: Wie 5. R
11. R: Alle M re
Fantasiemuster A: Mit gerader Maschenzahl
2 R Türkisches Muster
2 R Perlmuster
Diese 4 R fortlaufend wiederholen.
Fantasiemuster B: Mit gerader Maschenzahl
2 R Türkisches Muster
4 R Perlmuster
Diese 6 R fortlaufend wiederholen.
Maschenprobe: Im Granitmuster mit Nadeln Nr. 4½ in Mango gestrickt ergeben 18 M in der Breite und 24 R in der Höhe 10 cm im Quadrat.

AUSFÜHRUNG

Untere Rückenpartie: In Mango Camélia 82 M (88 M) mit Nadeln Nr. 3½ anschlagen und das Bündchen 7 cm 1 M re – 1 M li im Wechsel stricken.
Mit Nadeln Nr. 4½ im Granitmuster weiterstricken und sofort innerhalb der 1. R gleichmäßig verteilt 4 M zunehmen, so daß 86 M (92 M) auf der Nadel sind.
Ab 19 cm Gesamthöhe im Streifenmuster I weiterstricken und zu beiden Seiten 4mal in jeder 4. R je 1 M zunehmen. In der 19. R des Streifenmusters alle 94 M (100 M) locker abketten.
Untere Vorderteilpartie: Ebenso stricken.
Rückw. Passe: Mit dem unteren Rand des rechten Ärmels beginnen.
In Pétunia Camélia 40 M mit Nadeln Nr. 4½ anschlagen und in folgenden Mustern gerade hochstricken:
16 R Perlmuster für die Ärmelblende
20 R Streifenmuster II
8 R Streifenmuster III
12 R Fantasiemuster B in Mango Topaze und nun in Mango Topaze im Fantasiemuster A stricken, bis eine Gesamthöhe von 32 cm (33,5 cm) erreicht ist. Dies ist die Mitte der Passe – im Schnitt mit gestrichelter Linie gekennzeichnet.
Nun wird die Passe gegengleich weitergestrickt, auch die Musterstreifen!

Z. B. das Fantasiemuster B mit 4 R Perlmuster beginnen und dann die 2 R Türkisches Muster stricken.
Nach Ende des Streifenmusters II – in 52 cm (55 cm) Gesamthöhe in Pétunia Topaze noch 16 R Perlmuster für die linke Ärmelblende stricken und alle M locker abketten wie sie erscheinen.
Vordere Passe: Mit dem unteren Rand des linken Ärmels beginnen.
In Pétunia Topaze 40 M mit Nadeln Nr. 4½ anschlagen und in folgendem Muster gerade hochstricken:
16 R Perlmuster für die Ärmelblende
20 R Streifenmuster II
8 R Streifenmuster III
12 R Noppenmuster in Mango Topaze
2 R glatt li in Pétunia Topaze
12 R Perlmuster in Mango Topaze und dabei gleichzeitig für den Halsausschnitt auf der rechten Seite in jeder 2. R 6mal 1 M abketten. Es bleiben 34 M auf der Nadel.
Nun in Mango Topaze bis 32 cm (33,4 cm) Gesamthöhe gerade hochstricken – die Mitte der Passe.
Gegengleich auch im Streifenmuster und den Zunahmen für den Halsausschnitt weiterarbeiten: Mit den 12 R Perlmuster wieder 6mal in jeder 2. R 1 M zunehmen, so daß wieder 40 M auf der Nadel sind.
Nach Ende des Streifenmusters II – in 52 cm (55 cm) Gesamthöhe in Pétunia Camélia noch 16 R Perlmuster für die rechte Ärmelblende stricken und alle M locker abketten wie sie erscheinen.
Ausarbeitung: Beide Passen an die unteren Körperpartien nähen. Die Schulternähte schließen, dabei aber am Halsausschnitt auf beiden Seiten je 6 cm offen lassen.
Die Seitennähte schließen.
Die Perlmusterblenden der Ärmel nach außen umschlagen und wie auf dem Foto ersichtlich mit einem Stich auf der Schulter befestigen.
Rund um den Halsausschnitt in Mango Topaze 1 Rd feste M häkeln, dabei die Öffnung der Schulternähte mit jeweils 8 Luftmaschen überbrücken.
Noch 1 Rd feste M im Krebsstich darüberhäkeln (Krebsstich: Feste M von li nach re häkeln).

Stricken mit Jacquardmustern

Keine Angst vor schönen Mustern.

Jacquardmuster, Einstrickmuster, Norwegermuster

Diese schönen, zwei- bis vielfarbigen Pullover sehen ebenso kunstvoll wie kostbar aus und sind im Grunde sehr einfach zu stricken. Keine Angst also, denn wenn Sie mit jeder Reihe das Muster wachsen sehen, werden Sie Ihr Strickzeug nicht so schnell aus der Hand legen. Sie werden immer wieder Reihe für Reihe weiterstricken, weil Muster viel neugieriger machen als einfache, glatt gestrickte Teile. Der besondere Reiz liegt eben im Strickbild.

Für den Anfang wäre ein „kleines" Muster sehr gut zum Einüben, ein Muster, bei welchem die Abstände von Farbe zu Farbe kurz gehalten sind, nicht mehr als z. B. 7 Maschen betragen. So wird es Ihnen viel leichter fallen, den rückwärts mitlaufenden Faden entsprechend locker zu halten. Denn dieser Faden – das ist Gefühlssache ebenso sehr wie Übung – muß locker mitgeführt werden, damit sich das Strickteil nicht zusammenzieht.

So sollten Sie auch unbedingt immer beide oder alle für das Muster erforderlichen Farbfäden bis zur Randmasche mitstricken. Selbst dann, wenn eine Farbe bereits 4 oder 5 Maschen vor Reihenende aufhört. Denn auch diese durchlaufenden Fäden bestimmen die Gleichmäßigkeit des Strickbildes! Die Randmasche kann also durchaus zweifädig gestrickt werden. Diese Technik verbürgt gerade Kanten und es werden sich nirgendwo im Muster häßliche Löcher finden.

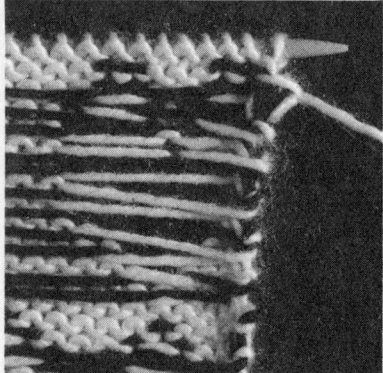

Auch hier, wie immer, ist die Maschenprobe das A und O des guten Gelingens. Diese soll gerade bei Jacquards so groß wie möglich ausfallen.

So können Sie sich „in das Muster einstricken". Und je größer die Maschenprobe ausfällt, desto exakter wird sie. Im Falle, daß Sie sich nicht ganz sicher sind, können Sie ruhig ein paar Maschen mehr nehmen, weil sich Jacquardstrick immer etwas zusammenzieht.

In vielen Anleitungsvorschlägen werden Pullis – gerade solche mit Jacquardmustern – immer in Runden gestrickt. Das kann von Vorteil sein: Bis zu Beginn der Armausschnitte werden nur rechte Maschen gestrickt, was allein schon eine gute Kontrolle über den Musterablauf gewährt, und rechte Maschen stricken ist auch am beliebtesten.

Aber keine Vorteile ohne Nachteile. Denn bei jeder Strickarbeit kann es vorkommen, daß Sie plötzlich etwas festerer oder lockerer stricken als bei der Maschenprobe, und plötzlich wird das Teil zu weit oder auch zu eng. Nun muß wieder aufgetrennt werden. Um vieles besser ist es immer, die Teile getrennt zu stricken. Da kann man notfalls sogar den Schnitt etwas ändern und die Seitennaht verlegen.

Ganz einfach ausgedrückt: Ihr Schnitt ist 50 cm breit und nach der Maschenprobe ergeben sich 100 Maschen.

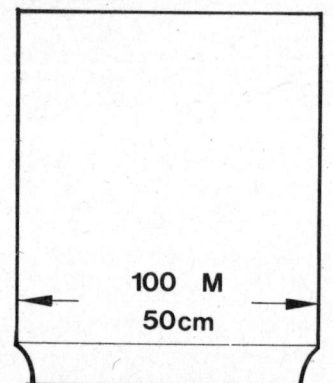

Nun haben Sie schon über 20 cm oberhalb des Bündchens gestrickt und stellen beim Auflegen auf den Schnitt ganz entsetzt fest, daß das Teil um mindestens 10 Maschen zu eng geraten ist.

Kein Grund zur Panik. Sie stricken dieses Teil weiter als Rückenteil gerade hoch – es ist ja immer am besten, mit dem Rückenteil zu beginnen – und gleichen dieses Maschenmißverhältnis beim Vorderteil aus. Da Sie statt der errechneten 100 Maschen in der Tat 110 benötigen, brauchen Sie für das Vorderteil nicht nur 110 Maschen, sondern auch noch die 10 fehlenden des Rückenteils, 120 Maschen also.

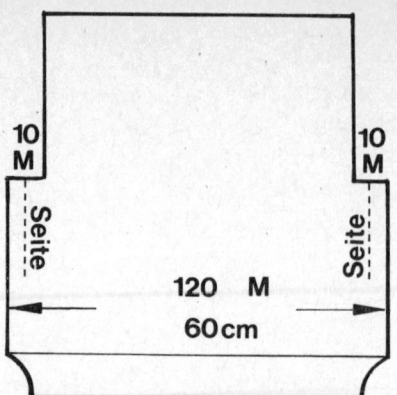

Diese werden bis zum Ärmelansatzpunkt gerade hochgestrickt. Um wieder auf die Breite des Rückenteils zu kommen, kann man getrost auf jeder Seite 10 Maschen abketten und weiter gerade hochstricken. Der Vorderteilschnitt sieht dann so aus: Daß in diesem Falle die Seitennaht nicht in der Mitte sitzt, eine versetzte Seitennaht also, dies wird bestimmt in keinem Falle auffallen. Denn wo eigentlich sitzt eine Seitennaht. Nur in der Theorie in der Mitte.

Noch ein Tip zu den Jacquardmustern: Dieses Mehrfädigstricken und Fädenwickeln mag anfangs etwas ungewohnt und mühsam sein, deshalb wäre ein Strickfingerhut empfehlenswert. Auch dieser erfordert etwas Übung, aber dann geht die Arbeit sehr schnell von der Hand. Und auf diese Weise zieht sich der zweite, gerade nicht benötigte Faden immer gleich in die erforderliche Länge.

Sehr zu beachten ist bei Jacquards auch die Ausarbeitung, damit ein wirklich schönes Kleidungsstück entsteht.

Bedingt durch die rückwärts mitlaufenden Fäden wird das Gestrickte naturgemäß etwas dicker, fülliger, als wenn uni einfädig durchgestrickt wird. Wenn Sie nun beginnen, Blenden oder Leisten zu stricken, werden Sie sehr schnell feststellen, ob ein einfaches Bündchen zu lappig wird oder nicht.

Dem kann sehr leicht abgeholfen werden. Die Blende bzw. Leiste wird in der doppelten der angegebenen Breite gestrickt, zur Hälfte nach innen gelegt und mit unsichtbaren Stichen gegengenäht. Auf diese Weise ergibt sich eine organische „Masse", es läuft alles harmonisch ineinander. (Natürlich müssen dann bei Knopfleisten auch die Knopflöcher doppelt gestrickt werden, in entsprechendem Abstand, damit sie schön übereinanderliegen.)

Durchgehend Karos Nr. 49

Farbbild Seite 177

Jacke

für Größe 46 (48)

MATERIAL
Flirt'Anny von ANNY BLATT
300 g (350 g) Sable, Farbe 666
150 g (200 g) Souris, Farbe 1223
150 g (200 g) Acier, Farbe 1977
150 g (200 g) Mare, Farbe 662
150 g (200 g) Beige 1980
Lauflänge 55 m per 50 g Knäuel
(67% Baumwolle, 23% Viskose, 10% Leinen)
und Mimosa von ANNY BLATT
150 g (200 g) Souris, Farbe 2447
150 g (200 g) Sable, Farbe 2444
Lauflänge 75 m per 50 g Knäuel
(36% Leinen, 20% Polyester, 32% Polyamid, 12% Wolle)
Je 1 Paar Stricknadeln Nr. 4 und 4½
5 Knöpfe

MUSTER
Grundmuster I: Schachbrettmuster nach dem Zählmuster. Maschenzahl teilbar durch 8 + 2 Rand M. 1 Kästchen = 1 M in der Breite und 1 R in der Höhe. Das Zählmuster bildet den Musterrapport von 8 M in der Breite und 32 R in der Höhe, der fortlaufend wiederholt wird.

R = Rand M
Die leeren Felder = Grundfarbe glatt rechts in Sable Flirt
A = glatt links in Acier Flirt
S = glatt links in Sable Mimosa
F = glatt links in Beige Flirt
M = glatt links in Souris Mimosa
L = glatt links in Souris Flirt
N = glatt links in Mare Flirt

Und so wird das Muster gearbeitet:
1. + 3. R: Rand M ★ 4 M re in Sable Flirt, 4 M li in Acier Flirt, ab ★ wiederholen und mit 1 Rand M enden.
2. R und alle geraden R: Alle M in ihren entsprechenden Farben stricken wie sie erscheinen.
5. + 7. R: Rand M ★ 4 M li in Sable Mimosa, 4 M re in Sable Flirt, ab ★ wiederholen und mit 1 Rand M enden.
9. + 11. R: Rand M ★ 4 M re in Sable Flirt, 4 M li in Beige Flirt, ab ★ wiederholen und mit 1 Rand M enden.
13. + 15. R: Rand M ★ 4 M li in Souris Mimosa, 4 M re in Sable Flirt, ab ★ wiederholen und mit 1 Rand M enden.
17. + 19. R: Rand M ★ 4 M re in Sable Flirt, 4 M li in Souris Flirt, ab ★ wiederholen und mit 1 Rand M enden.
21. + 23. R: Rand M ★ 4 M li in Sable Mimosa, 4 M re in Sable Flirt, ab ★ wiederholen und mit 1 Rand M enden.
25. + 27. R: Rand M ★ 4 M re in Sable Flirt, 4 M li in Mare Flirt, ab ★ wiederholen und mit 1 Rand M enden.
29. + 31. R: Rand M ★ 4 M li in Souris Mimosa, 4 M re in Sable Flirt, ab ★ wiederholen und mit 1 Rand M enden.
Diese 32 R fortlaufend wiederholen.
Wichtig: Bei jedem Farbwechsel die Fäden auf der Rückseite der Arbeit verkreuzen, damit keine Löcher entstehen!

Grundmuster II: Schachbrettmuster in Sable Flirt, Maschenzahl teilbar durch 8 plus 2 Rand M.
1. + 3. R: Rand M ★ 4 M re, 4 M li, ab ★ wiederholen und mit 1 Rand M enden.
2. R und alle geraden R: Alle M stricken wie sie erscheinen.
5. + 7. R: Rand M ★ 4 M li, 4 M re, ab ★ wiederholen und mit 1 Rand M enden. Diese 8 R fortlaufend wiederholen.

Maschenproben: Mit Nadeln Nr. 4½ im Grundmuster I gestrickt ergeben 16 M in der Breite und 19 R in der Höhe 10 cm im Quadrat.
Mit Nadeln Nr. 4½ in Flirt im Grundmuster II gestrickt ergeben 16 M in der Breite und 23 R in der Höhe 10 cm im Quadrat.

AUSFÜHRUNG
Rückenteil: In Sable Flirt 90 M (94 M) mit Nadeln Nr. 4 anschlagen und das Bündchen 8 cm 2 M re – 2 M li im Wechsel stricken. Nun noch 1 R li M auf der linken Seite der Arbeit stricken.
Im Grundmuster I mit Nadeln Nr. 4½ weiterarbeiten und die M einteilen: Rand M, 2 M re in Sable Flirt, 4 M li in Acier Flirt, dann fortlaufend die 1. R

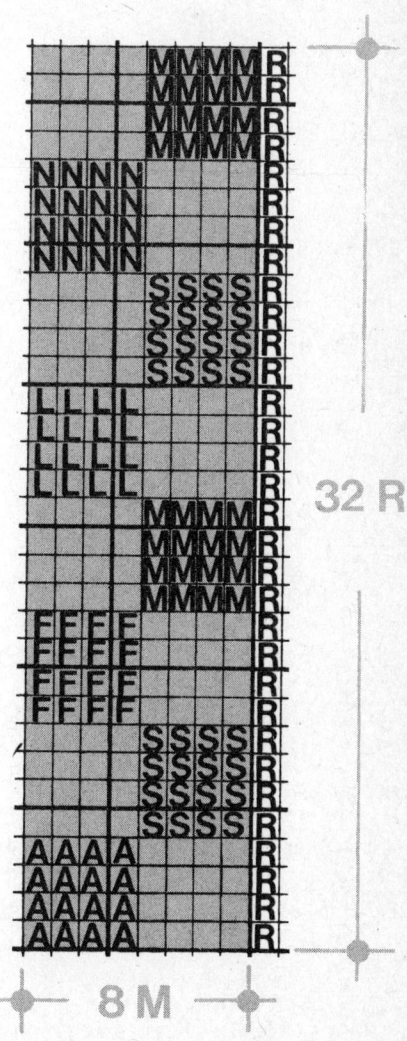

32 R

8 M

111

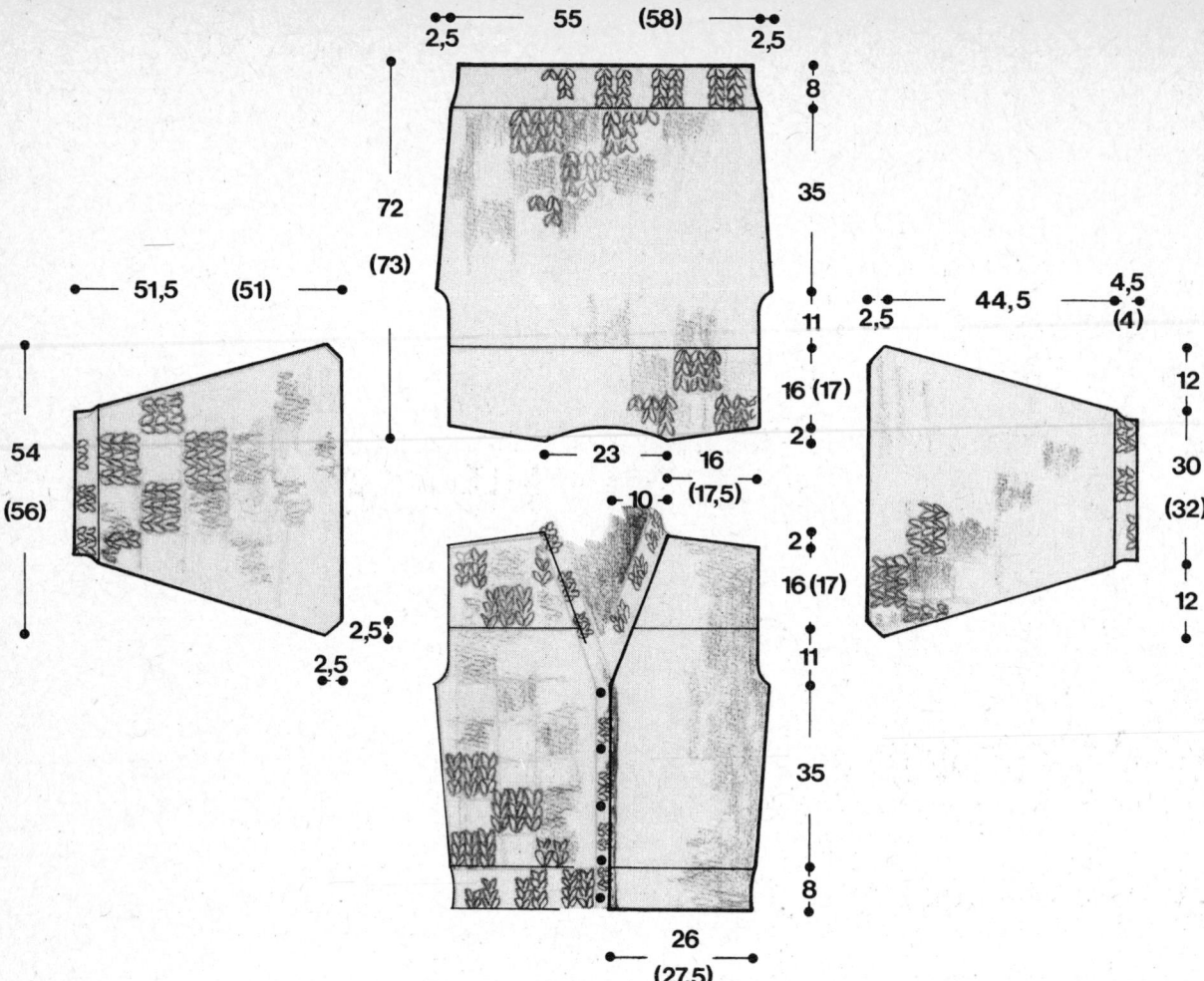

des Musters und mit 2 M re in Sable Flirt, Rand M die R beenden.
(Rand M, 4 M li in Acier Flirt, dann fortlaufend die 1. R des Musters und mit 1 Rand M enden.)
Im Musterrhythmus stricken und dabei auf beiden Seiten 3mal in jeder 14. R und dann noch nach 12 R je 1 M zunehmen. Es sind nun 98 M (102 M) auf der Nadel. In 43 cm Gesamthöhe für die Armausschnitte auf beiden Seiten 1mal 2 M und noch in jeder 2. R 2mal 1 M abketten = 90 M (94 M). Weiter gerade hochstricken und ab 54 cm Gesamthöhe als Passe im Grundmuster II weiterstricken.
Ab 70 cm (71 cm) Gesamthöhe den Halsausschnitt und die Schulterschrägungen gleichzeitig arbeiten:
Für den Halsausschnitt die mittleren 12 M abketten und zu beiden Seiten noch in jeder 2. R 1mal 7 und 1mal 6 M abketten. Für die Schulterschrägungen 1mal 6 und 2mal 7 M abketten (1mal 7 und dann in jeder 2. R 3mal 7 M abketten).
Rechtes Vorderteil: In Sable Flirt 43 M (47 M) mit Nadeln Nr. 4 anschlagen und das Bündchen 8 cm 2 M re - 2 M li im Wechsel stricken, dabei an der re Kante mit 3 re M beginnen.
Nun 1 R li M auf der linken Seite der Arbeit stricken und in dieser R 1 M zunehmen (1 M abnehmen), so daß 44 M (46 M) auf der Nadel sind.

Im Grundmuster I mit Nadeln Nr. 4½ weiterarbeiten und die M einteilen: Rand M, fortlaufend die 1. R des Musters und mit 2 M re in Sable Flirt und Rand M beenden.
(Rand M, fortlaufend die 1. R des Musters und mit 4 M re in Sable Flirt und Rand M beenden.)
Im Musterrhythmus stricken und dabei die Seitenkante mit Armausschnitt und Schulterschrägung wie beim Rückenteil arbeiten. Dabei in 43 cm Gesamthöhe für die Halsausschnittschrägung 1mal 1 M 5mal in jeder 2. R und dann 12mal in jeder 4. R und 1 M abketten (1mal 1 M und dann 13mal in jeder 4. R und 4mal in jeder 2. R 1 M abketten). Dabei ab 54 cm im Grundmuster II die Passe stricken.
In Rückenteilhöhe beenden.
Das linke Vorderteil gegengleich arbeiten.
Ärmel: In Sable Flirt 50 M (54 M) mit Nadeln Nr. 4 anschlagen und das Bündchen 4,5 cm (4 cm) 2 M re - 2 M li im Wechsel stricken. Noch 1 R li M auf der linken Seite der Arbeit stricken.
Im Grundmuster I mit Nadeln Nr. 4½ weiterarbeiten und die M einteilen: Rand M, 4 M li in Acier Flirt, fortlaufend die 1. R des Musters und mit 4 M re in Sable Flirt und Rand M enden.
(Rand M, 2 M re in Sable Flirt, 4 M li in Acier Flirt, dann fortlaufend die 1. R des Musters und mit 4 M re in Sable

Flirt, 2 M li in Acier Flirt und Rand M enden.)
Im Musterrhythmus stricken und für die Schrägungen auf beiden Seiten 3mal in jeder 6. R und 16mal in jeder 4. R je 1 M zunehmen, so daß nun 88 M (92 M) auf der Nadel sind.
In 49 cm (48,5 cm) Gesamthöhe zu beiden Seiten 1mal 2 und noch in jeder 2. R 2mal 1 M abketten.
In 51,5 cm (51 cm) Ärmelhöhe die restl. 80 M (84 M) abketten.
Den 2. Ärmel ebenso arbeiten.
Ausarbeitung: Die Schulternähte schließen. Für die Blende in Sable Flirt mit Nadeln Nr. 4 die M auffassen: 134 M (138 M) aus dem re Vorderteil und der Halsschrägung, 36 M aus dem rückw. Halsausschnitt und 134 M (138 M) aus dem linken Vorderteil.
Diese 304 M (312 M) 2 M re - 2 M li im Wechsel stricken, dabei aber mit 3 M re beginnen und enden.
Dabei in der 3. R des Li Vorderteils 5 Knopflöcher einstricken: das erste 6 M ab Unterkante, das zweite im Abstand von 8 M und dann die weiteren drei im Abstand von jeweils 18 M. Für die Knopflöcher jeweils 2 M abketten und die fehlenden M in der folg. R wieder neu anschlagen.
Nach 3 cm Gesamthöhe alle M locker abketten, wie sie erscheinen.
Die Ärmel einsetzen und die Ärmel- und Seitennähte schließen.
Die Knöpfe annähen.

Blau und Schwarz Nr. 50

Farbbild Seite 178

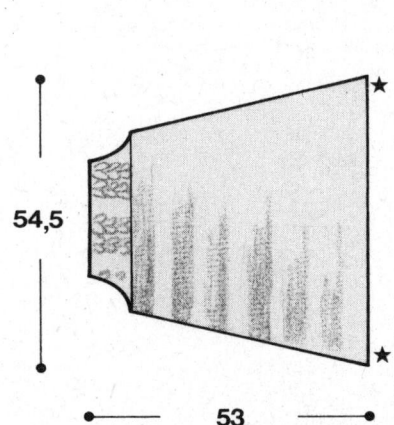

Pullover
für Größe 48/50

MATERIAL
Le Lambswool von WELCOMME
400 g Noir, Farbe 28
500 g Pacifique, Farbe 19
Lauflänge 200 m per 50 g Knäuel
(100% Lammwolle)
Je 1 Paar Stricknadeln Nr. 4 und 4¹/₂
1 Rundstricknadel Nr. 4

MUSTER
Der Pulli wird durchgehend mit doppeltem Faden gestrickt!
Grundmuster I: Streifenmuster glatt rechts (Hin R re - Rück R li)
★ 8 R Noir, 8 R Pacifique, ab ★ fortlaufend wiederholen.
Grundmuster II: Jacquardmuster glatt rechts nach dem Zählmuster. 1 Kästchen = 1 M in der Breite und 1 R in der Höhe.
Innerhalb des Bildmotives werden die leeren Felder in Pacifique, die Punkte in Noir gestrickt. Dabei bei jedem Farbwechsel die Fäden auf der Rückseite der Arbeit verkreuzen, damit keine Löcher entstehen.
Maschenprobe: Im Streifenmuster mit Nadeln Nr. 4¹/₂ gestrickt ergeben 19 M in der Breite und 27 R in der Höhe 10 cm im Quadrat.

AUSFÜHRUNG
Rückenteil: In Noir mit doppeltem Faden 94 M mit Nadeln Nr. 4 anschlagen und das Bündchen 8 cm 2 M re - 2 M li im Wechsel stricken. Dabei innerhalb der letzten Rück R gleichmäßig verteilt noch 20 M zunehmen. Es sind nun 114 M auf der Nadel.
Mit Nadeln Nr. 4¹/₂ im Streifenmuster bis 66 cm Gesamthöhe gerade hochstricken und alle M abketten.
Vorderteil: In Noir mit doppeltem Faden 94 M mit Nadeln Nr. 4 anschlagen und das Bündchen 8 cm 2 M re - 2 M li im Wechsel stricken. Dabei innerhalb der letzten Rück R gleichmäßig verteilt noch 20 M zunehmen. Mit Nadeln Nr. 4¹/₂ nach dem Zählmuster gerade hochstricken.
In ca. 59 cm Gesamthöhe für den Halsausschnitt die mittleren 12 M abketten und die Abnahmen dann nach dem Zählmuster arbeiten. Nach Musterende alle M locker abketten.
Ärmel: In Noir mit doppeltem Faden 52 M mit Nadeln Nr. 4 anschlagen und das Bündchen 8 cm 2 M re - 2 M li im Wechsel stricken. Dabei innerhalb der letzten Rück R gleichmäßig verteilt noch 14 M zunehmen. Es sind nun 66 M auf der Nadel.
Mit Nadeln Nr. 4¹/₂ im Streifenmuster weiterarbeiten und für die Schrägungen zu beiden Seiten 19mal in jeder 6. R je 1 M zunehmen.
In 53 cm Ärmelhöhe alle 104 M locker abketten.
Ausarbeitung: Die Teile auf den Schnitt spannen, mit feuchten Tüchern bedecken und gut trocknen lassen.
Die Schulternähte schließen, die Ärmel wie im Schnitt markiert an die Ärmelansatzkanten nähen und die Ärmel- und Seitennähte schließen.
Mit der Rundnadel und doppeltem Noir-Faden 88 M aus der Halskante auffassen und das Bündchen 3 cm 2 M re - 2 M li im Wechsel stricken. Alle M im Maschenrhythmus abketten.

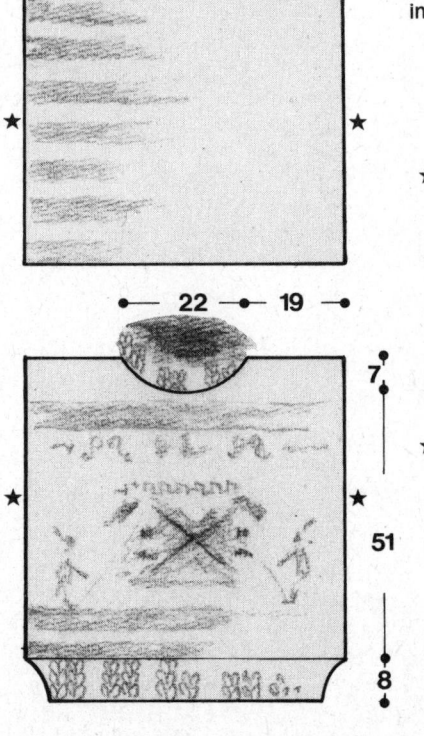

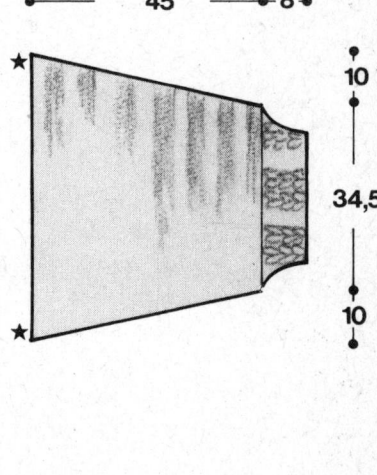

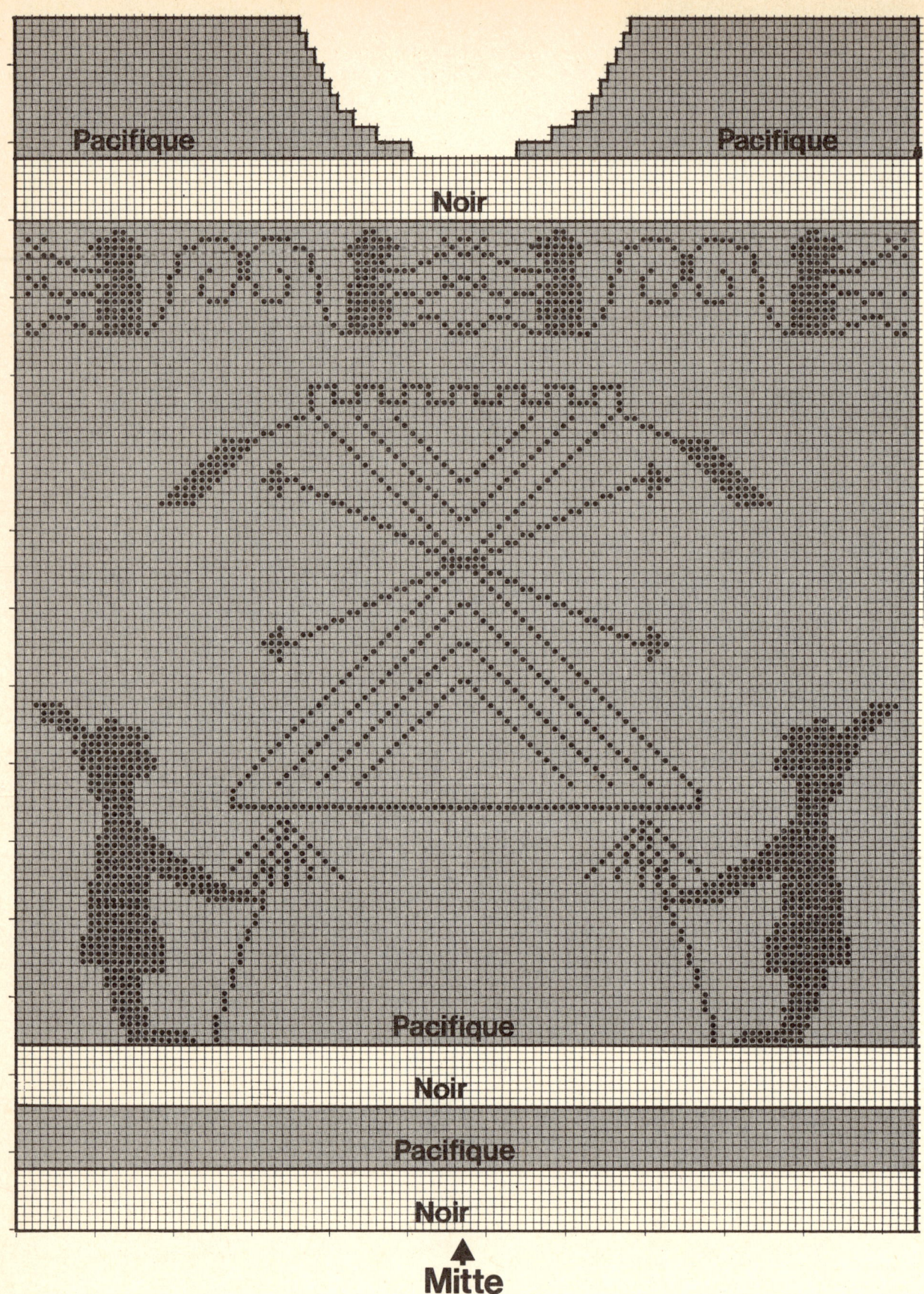

Zählmuster für Nr. 50 Seite 113

Praktisch und schön Nr. 51

Farbbild Seite 179

Jacke
für Größe 50

MATERIAL
Le Shetland et Alpaga Nr. 5 von WELCOMME
200 g Nickel, Farbe 519, 4 Kn
200 g Cobalt, Farbe 521, 4 Kn
400 g Zinc, Farbe 518, 8 Kn
200 g Marine, Farbe 504, 4 Kn
Lauflänge 70 m per 50 g Knäuel
(90% Schurwolle, 10% Alpaka)
1 Paar Stricknadeln Nr. 4 und 4½
9 Knöpfe

MUSTER
Grundmuster I: Großes Perlmuster
1. + 2. R: 1 M re – 1 M li im Wechsel
3. + 4. R: 1 M li – 1 M re im Wechsel
Die 1.–4. R fortlaufend wiederholen.
Grundmuster II: Zweifarbige Rebhuhnaugen auf links
1. R: Rückseite der Arbeit! In der 1. Farbe ∗ 1 M li abheben, 1 M re, ab ∗ wiederholen.
2. R: In der 1. Farbe alle M links.
3. R: In der 2. Farbe ∗ 1 M re, 1 M li abheben, ab ∗ wiederholen.
4. R: In der 2. Farbe alle M links.
5. R: Wie 1. R.
Die 1.–4. R fortlaufend wiederholen.
Grundmuster III: Glatt rechts (Hin R re – Rück R li) nach den Zählmustern.
1 Kästchen = 1 M in der Breite und 1 R in der Höhe. Dabei bei jedem Farbwechsel die Fäden hinter der Arbeit verkreuzen.
Maschenproben: In der Mustereinteilung des Vorderteils gestrickt ergeben 20 M in der Breite und 25 R in der Höhe 10 cm im Quadrat.
In der Mustereinteilung der Ärmel gestrickt ergeben 20 M in der Breite und 27 R in der Höhe 10 cm im Quadrat.

AUSFÜHRUNG
Rückenteil: In Nickel 114 M mit Nadeln Nr. 4 anschlagen und das Bündchen 3 M re – 3 M li im Wechsel stricken:
1. – 7. R: In Nickel
8. + 9. R: In Marine
10. + 11. R: In Cobalt
12. + 13. R: In Marine
14. + 15. R: In Cobalt
Dabei in der 15. R. gleichmäßig verteilt noch 4 M zunehmen, so daß 118 M auf der Nadel sind.
In den Mustern nun mit Nadeln 4½ weiter gerade hochstricken, nach 37 cm Gesamthöhe für die Armausschnitte zu beiden Seiten je 10 M abketten und weiter gerade hochstricken.
1. – 4. R: Perlmuster in Zinc
5. – 12. R: Perlmuster in Nickel
13. – 28. R: Rebhuhnaugen in Nickel und Marine
29. – 32. R: 3 M re – 3 M li im Wechsel in Nickel
33. + 34. R: 3 M re – 3 M li im Wechsel in Cobalt.

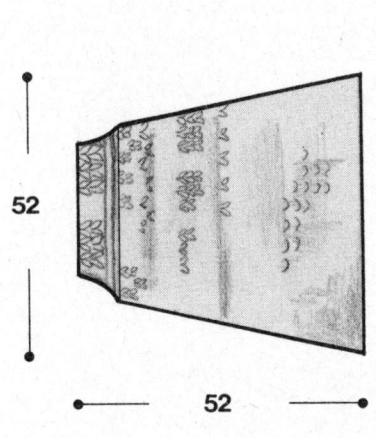

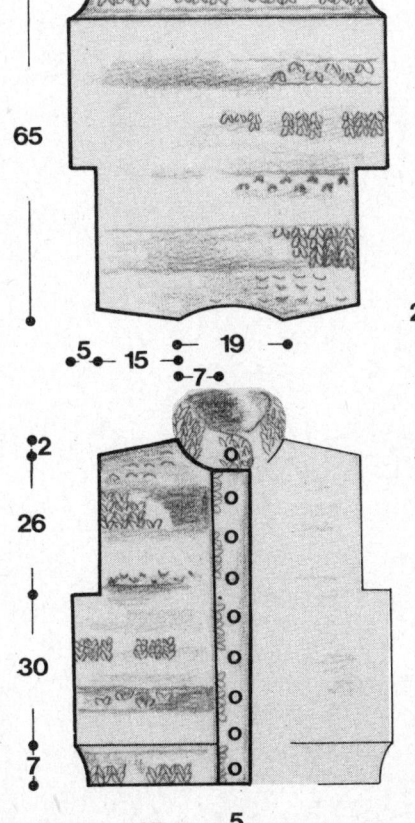

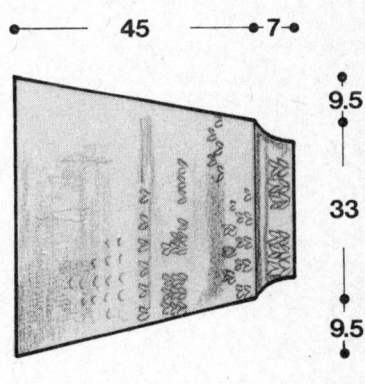

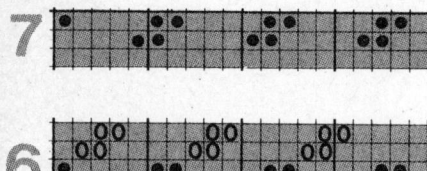
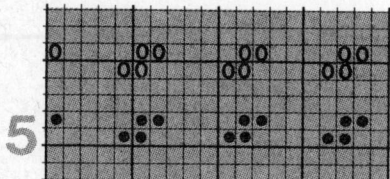
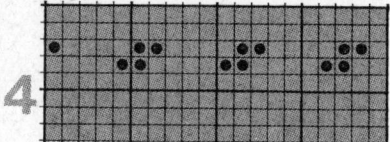
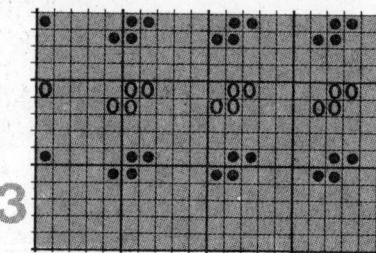
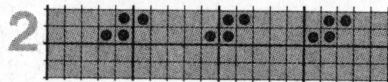
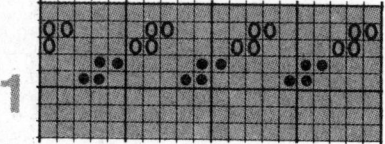

35. - 42. R: Glatt rechts nach dem Zählmuster 1: Die leeren Felder in Marine, die Punkte in Nickel, die Nullen in Cobalt.
43. - 46. R: Perlmuster in Nickel.
47. - 50. R: Glatt rechts nach dem Zählmuster 2: Die leeren Felder in Nikkel, die Punkte in Zinc.
51. - 54. R: Rebhuhnaugen in Cobalt und Zinc.
55. - 66. R: Rebhuhnaugen in Cobalt und Nickel.
67. - 72. R: Perlmuster in Nickel.
73. - 84. R: Rebhuhnaugen in Cobalt und Nickel.
85. - 98. R: Glatt rechts nach dem Zählmuster 3: Die leeren Felder in Nikkel, die Punkte in Marine, die Nullen in Cobalt.
99. - 102. R: Rebhuhnaugen in Cobalt und Nickel.
103. - 110. R: Glatt rechts nach dem Zählmuster 4: Die leeren Felder in Cobalt, die Punkte in Marine.
111. - 112. R: 3 M re - 3 M li im Wechsel in Zinc.
113. - 114. R: 3 M re - 3 M li im Wechsel in Marine.
115. - 116. R: 3 M re - 3 M li im Wechsel in Zinc.
117. - 126. R: Glatt rechts nach dem Zählmuster 5: Die leeren Felder in Marine, die Punkte in Cobalt, die Nullen in Nickel.
127. - 146. R: Perlmuster in Nickel. Dabei nach 63 cm Gesamthöhe für den Halsausschnitt die mittleren 34 M und zu beiden Seiten noch in der 2. R 1mal 2 M abketten.
Dabei gleichzeitig ab der Außenkanten für die Schulterschrägungen 3mal in jeder 2. R je 10 M abketten.
Rechtes Vorderteil: In Nickel 54 M mit Nadeln Nr. 4 anschlagen und das Bündchen in der Streifenfolge des Rückenteils 3 M re - 3 M li im Wechsel stricken.
Mit Nadeln Nr. 4½ in der Streifenmusterfolge des Rückenteils weiterarbeiten, dabei die Seitenkante mit Armausschnitt und Schulterschrägung wie beim Rückenteil stricken.
Nach 60 cm Gesamthöhe an der rechten, der vorderen Kante, aber für die Halsrundung 1mal 7 und noch in jeder 2. R 3mal 2 und 1mal 1 M abketten und bis Schulterende = Rückenteilhöhe gerade hochstricken.
Das linke Vorderteil gegengleich arbeiten.
Ärmel: In Nickel 60 M mit Nadeln Nr. 4 anschlagen und das Bündchen 3 M re - 3 M li im Wechsel stricken:
1. - 7. R: In Nickel
8. + 9. R: In Marine
10. + 11. R: In Cobalt
12. + 13. R: In Marine
14. + 15. R: In Nickel
16. + 17. R: In Cobalt
Dabei in der 17. R gleichmäßig verteilt noch 6 M zunehmen, so daß 66 M auf der Nadel sind.
In den Mustern nun mit Nadeln Nr. 4½ weiterstricken und dabei zu beiden Seiten gleichmäßig verteilt 19mal je 1 M zunehmen.
1. - 4. R: Perlmuster in Zinc
5. - 14. R: Perlmuster in Nickel
15. - 30. R: Rebhuhnaugen in Nickel und Marine
31. + 32. R: 3 M re - 3 M li im Wechsel in Nickel
33. + 34. R: 3 M re - 3 M li im Wechsel in Cobalt
35. + 36. R: 3 M re - 3 M li im Wechsel in Marine
37. - 40. R: Glatt rechts nach dem Zählmuster 6: Die leeren Felder in Marine, die Punkte in Nickel, die Nullen in Zinc.
41. - 43. R: 1 M re - 1 M li im Wechsel in Nickel.
44. - 46. R: Glatt rechts nach dem Zählmuster 7: Die leeren Felder in Nikkel, die Punkte in Zinc.
47. - 50. R: Rebhuhnaugen in Cobalt und Nickel.
51. - 54. R: Rebhuhnaugen in Cobalt und Zinc.
55. - 62. R: Rebhuhnaugen in Cobalt und Nickel.
63. - 66. R: 1 M re - 1 M li im Wechsel in Nickel.
67. - 126. R: Rebhuhnaugen in Cobalt und Nickel.
In nun 52 cm Gesamthöhe alle 104 M locker abketten.
Ausarbeitung: Die Schulternähte schließen, die Ärmel einsetzen und die Ärmel- und Seitennähte schließen.
In Nickel entlang der re Vorderteilkante 114 M mit Nadeln Nr. 4 auffassen und die Leiste 5 cm 3 M re - 3 M li im Wechsel stricken. Alle M abketten wie sie erscheinen.
In Nickel entlang der li Vorderteilkante 114 M mit Nadeln Nr. 4 auffassen und die Leiste 3 M re - 3 M li im Wechsel stricken. Dabei nach 2,5 cm Höhe im Abstand von 2 cm ab Unterkante und dann nach jeweils 7,5 cm 8 Knopflöcher über jeweils 3 M einarbeiten, d. h. jeweils 3 M abketten und die fehlenden M sofort wieder neu anschlagen. Nach 5 cm Leistenhöhe alle M abketten, wie sie erscheinen.
In Nickel entlang der Halsausschnittkante 111 M mit Nadeln Nr. 4 auffassen und den Kragen 3 M re - 3 M li im Wechsel stricken. Dabei nach 4 und 10 cm Höhe 2 weitere Knopflöcher über den vorhergehenden einstricken. Nach 14 cm Kragenhöhe alle M locker abketten wie sie erscheinen.
Den Kragen zur Hälfte nach innen legen, dabei die Knopflöcher aufeinander anpassen, die Abkettmaschen entlang der Halsausschnittkante mit unsichtbaren Stichen gegensäumen und das Knopfloch ausnähen.
Die Knöpfe annähen.
Die Jacke in Form auflegen, mit feuchten Tüchern bedecken und gut trocknen lassen.

Pullover

für Größe 44/46 (48/50)

Schwarz und Weiß im Wechsel

Nr. 52

Farbbild Seite 180

MATERIAL
Baby Blatt von ANNY BLATT
300 g (200 g) Caban, Farbe 1869
300 g (300 g) Gris, Farbe 1865
100 g (150 g) Acier, Farbe 1866
Lauflänge 180 m per 50 g Knäuel
(100% Wolle)
Je 1 Paar Stricknadeln Nr. 2½ und 3

MUSTER
Grundmuster: Glatt rechts (Hin R re – Rück R li) nach den Zählmustern.
1 Kästchen = 1 M in der Breite und 1 R in der Höhe.
Die leeren Felder = Gris
Die Nullen (Zählmuster I) = Caban
Die Punkte (Zählmuster II) = Acier
Maschenprobe: Im Jacquardmuster mit Nadeln Nr. 3 gestrickt ergeben 31 M in der Breite und 36 R in der Höhe, 10 cm im Quadrat.

AUSFÜHRUNG
Rückenteil: In Caban 164 M (176 M) mit Nadeln Nr. 2½ anschlagen und das Bündchen 8 cm 1 M re – 1 M li im Wechsel stricken. Noch 1 R li M auf der linken Arbeitsseite stricken und in dieser R gleichmäßig verteilt 19 M (16 M) zunehmen, so daß 183 M (192 M) auf der Nadel sind.

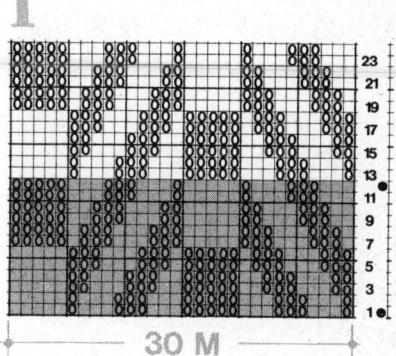

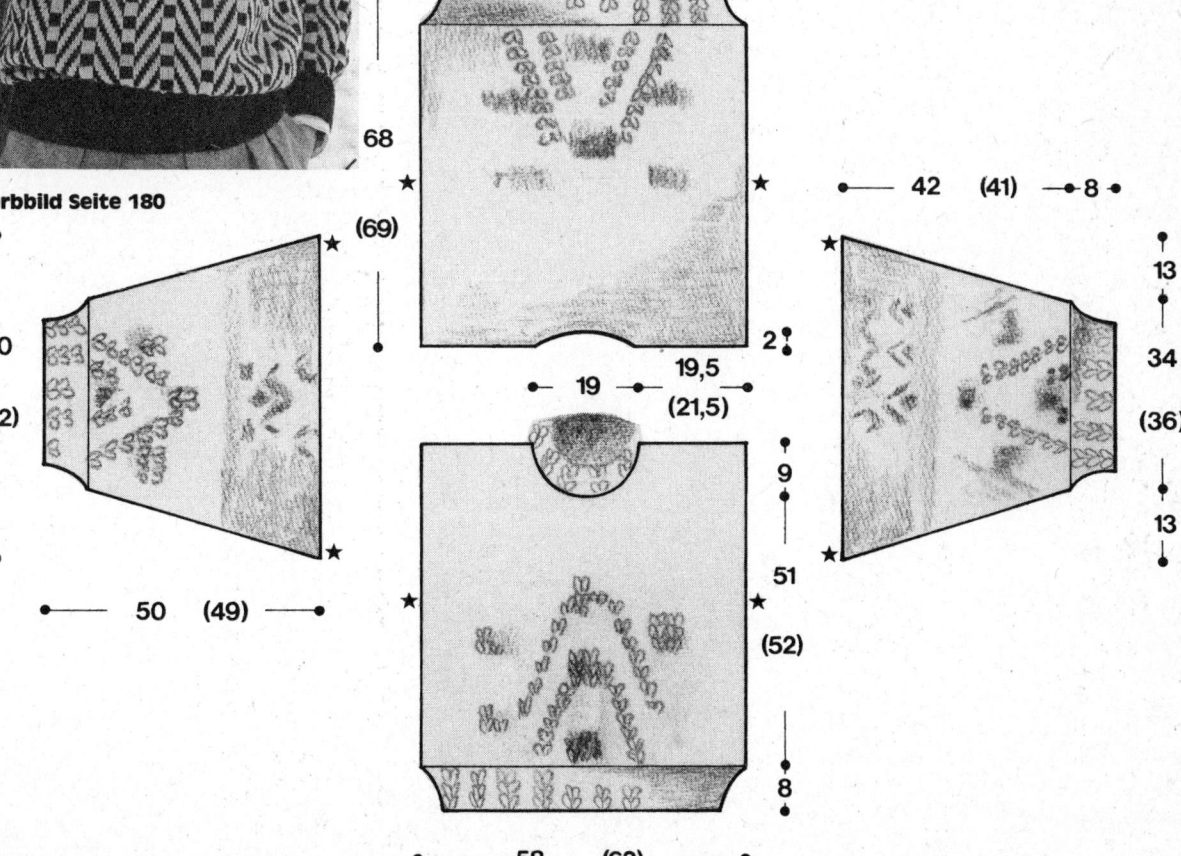

II

Mit Nadeln Nr. 3 im Jacquardmuster nach dem Zählmuster I weiterstricken und dabei in der 1. R mit 1 Rand M und der 28. M (Rand M und der 16. M) des Musters beginnen!
Im Musterrhythmus gerade hochstricken. In 38 cm Gesamthöhe für die Ärmelansatzkanten auf beiden Seiten je 1 M abketten (nun die Rand M kennzeichnen) und über die 181 M (192 M) weiter gerade hochstricken.
In 66 cm (67 cm) Gesamthöhe für den Halsausschnitt die mittleren 19 M (18 M) und zu beiden Seiten noch in jeder 2. R 2mal 10 M (2mal 10 M) abketten.
In 68 cm (69 cm) Höhe die jeweils 61 (67) Schultermaschen abketten.

Vorderteil: In Caban 164 M (176 M) mit Nadeln Nr. 2½ anschlagen und das Bündchen 8 cm 1 M re – 1 M li im Wechsel stricken. Noch 1 R li M auf der linken Arbeitsseite stricken und in dieser R gleichmäßig verteilt 17 M (16 M) zunehmen, so daß 181 M (192 M) auf der Nadel sind. Mit Nadeln Nr. 3 im Jacquardmuster nach dem Zählmuster I weiterstricken und dabei in der 1. R mit 1 Rand M und der 29. M (Rand M und der 16. M) des Musters beginnen!
Im Musterrhythmus gerade hochstricken und in 38 cm Gesamthöhe für die Ärmelansatzkanten auf beiden Seiten bei beiden Größen die Rand M kennzeichnen.
In 59 cm (60 cm) Gesamthöhe für den Halsausschnitt die mittleren 19 M (18 M) und zu beiden Seiten noch in jeder 2. R 1mal 4, 2mal 3, 3mal 2 und 4mal 1 M abketten (1mal 4, 2mal 3, 3mal 2 und 4mal 1 M abketten).
In Rückenteilhhe die Schultermaschen abketten.

Ärmel: In Caban 84 M (90 M) mit Nadeln Nr. 2½ anschlagen und das Bündchen 8 cm 1 M re – 1 M li im Wechsel stricken. Noch 1 R li M auf der linken Arbeitsseite stricken und innerhalb dieser gleichmäßig verteilt 24 M zunehmen, so daß 108 M (114 M) auf der Nadel sind.
Mit Nadeln Nr. 3 im Jacquardmuster nach dem Zählmuster I weiterstricken und dabei in der 1. R mit 1 Rand M und der 28. M (Rand M und der 25. M) des Musters beginnen.
Für die Seitenschrägungen auf beiden Seiten 34mal in jeder 4. R und 6mal in jeder 2. R je 1 M zunehmen (32mal in jeder 4. R und 8mal in jeder 2. R je 1 M zunehmen).
Dabei nach 90 R Zählmuster I das Jacquardmuster des Zählmusters II stricken und die M von der Mitte aus nach beiden Seiten aufteilen.
In 50 cm (49 cm) Ärmelhöhe alle 188 M (194 M) abketten.

Ausarbeitung: Eine Schulternaht schließen. Aus dem Halsausschnitt mit Nadeln Nr. 2½ in Caban für beide Größen 166 M auffassen, 1 R re M auf der linken Arbeitsseite stricken und dann das Bündchen 3 cm 1 M re – 1 M li im Wechsel stricken. Alle M locker abketten wie sie erscheinen.
Die 2. Schulternaht und die Bündchennaht schließen.
Die Ärmel zwischen den markierten M einsetzen und die Ärmel- und Seitennähte schließen.

Hier muß gezählt werden Nr. 53

Farbbild Seite 181

Pullover
für Größe 48/50

MATERIAL
Le Shetland et Alpaga Nr. 5 von WELCOMME
500 g Blanc, Farbe 502
350 g Pegmatite, Farbe 511
200 g Mika, Farbe 509
Lauflänge 70 m per 50 g Knäuel
(90% Schurwolle, 10% Alpaka)
Je 1 Paar Stricknadeln Nr. 3 und 5

MUSTER
Grundmuster: Glatt rechts (Hin R re – Rück R li) nach dem Zählmuster.
1 Kästchen = 1 M in der Breite und 1 R in der Höhe.
Die leeren Felder = Blanc
Die großen Punkte = Pegmatite
Die kleinen Punkte = Mika
Dabei bei jedem Farbwechsel die Fäden hinter der Arbeit verkreuzen.
Maschenprobe: Im Muster mit Nadeln Nr. 5 gestrickt ergeben 20,5 M in der Breite und 21 R in der Höhe 10 cm im Quadrat.

AUSFÜHRUNG
Rückenteil: In Blanc 108 M mit Nadeln Nr. 3 anschlagen und das Bündchen 6 cm 3 M re – 3 M li im Wechsel stricken. Dabei innerhalb der letzten Rück R gleichmäßig verteilt noch 11 M zunehmen. Im Grundmuster mit Nadeln Nr. 5 nach dem Zählmuster weiter gerade hochstricken und dabei das Muster einteilen: Von A bis C, dann von B bis C und von B bis D.
Das Muster durchlaufend bis 71 cm Gesamthöhe gerade hochstricken – die Abnahmen gelten für den vorderen Halsausschnitt – und alle M abketten.
Vorderteil: In Blanc 108 M mit Nadeln Nr. 3 anschlagen und wie das Rückenteil stricken.
Dabei aber in 58 cm Gesamthöhe für den Halsausschnitt die mittleren 25 M und zu beiden Seiten noch in jeder 2. R 1mal 3, 1mal 2 und 1mal 1 M abketten.
In Rückenteilhöhe die jeweils 41 Schultermaschen abketten.

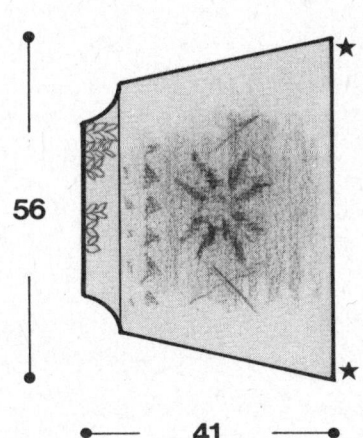

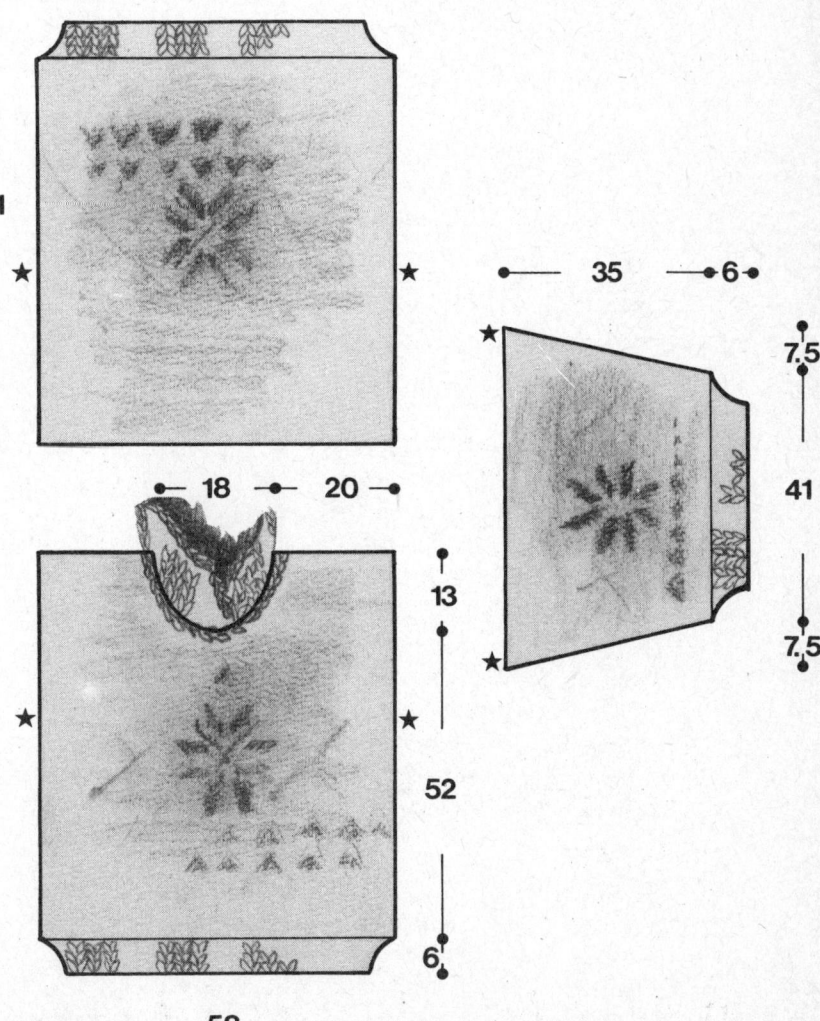

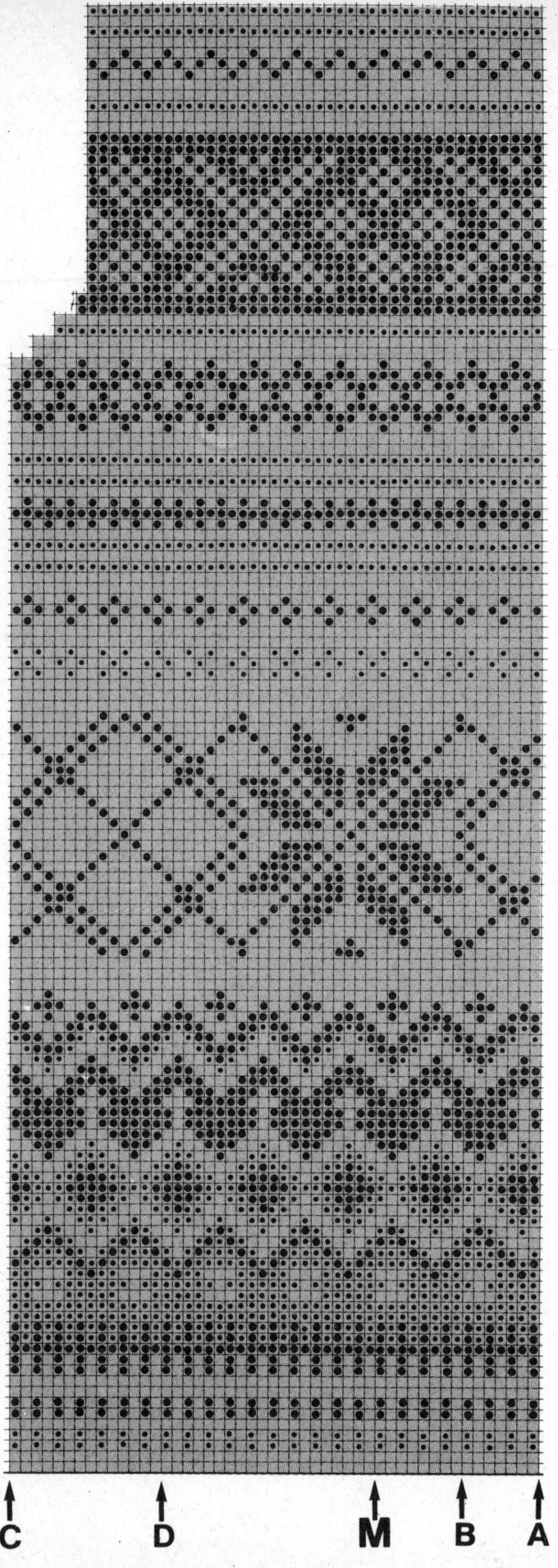

Ärmel: In Blanc 48 M mit Nadeln Nr. 3 anschlagen und das Bündchen 6 cm 3 M re – 3 M li im Wechsel stricken. Dabei innerhalb der letzten Rück R gleichmäßig verteilt noch 37 M zunehmen.
Mit Nadeln Nr. 5 im Grundmuster nach dem Zählmuster weiterstricken und die 85 M von der Mitte aus (M im Zählmuster), der 43. M einteilen.
Im Muster stricken und dabei für die Schrägungen auf beiden Seiten 11mal in jeder 4. R und 4mal in jeder 6. R je 1 M zunehmen.
In 41 cm Ärmelhöhe alle 115 M locker abketten.
Ausarbeitung: Die Teile auf den Schnitt spannen, mit feuchten Tüchern bedecken und gut trocknen lassen.
Die Schulternähte schließen, die Ärmel wie im Schnitt markiert an die Ärmelansatzkanten nähen und die Ärmel- und Seitennähte schließen.
Für den Kragen in Blanc 129 M mit Nadeln Nr. 3 anschlagen und 11 cm 3 M re – 3 m li im Wechsel stricken. Alle M im Maschenrhythmus abketten.
Für die Kragenblende in Blanc mit doppeltem Faden 7 M mit Nadeln Nr. 3 anschlagen und glatt rechts einen genügend langen Streifen stricken, um die Halsausschnittkante einzufassen. Die M abketten und die Blende beiderseits rund um die Kragenkante ansetzen.
Den Kragen mit der Anschlagreihe über der Halsausschnittkante ansetzen und ihn dabei in der vorderen Mitte re über li 8 cm übereinanderlegen. Kragen und Halsausschnittblende mit unsichtbaren Stichen so einnähen, daß die Blende die Naht zwischen Kragen und Pullover verdeckt.

Kästchen für Sie und Ihn Nr. 54/55

Farbbild Seite 182

Pullover
für Größe 38/40

MATERIAL
Leonardo von WOLLSERVICE
400 g Grundfarbe Gelb, Farbe 926
dazu für die Streifen je 50 g
Rot, Farbe 922, Blau, Farbe 927 und
Grün, Farbe 924
Lauflänge 115 m per 50 g Knäuel
(60% Schurwolle, 40% Viskose)
und für die Karostreifen
Lucciola von WOLLSERVICE
je 150 g Schwarz, Farbe 6, und Weiß,
Farbe 2
Lauflänge 75 m per 50 g Knäuel
(15% Seide, 25% Baumwolle, 60% Viskose)
Je 1 Paar Stricknadeln Nr. 3½ und 4
1 Rundstricknadel Nr. 3½

MUSTER
Grundmuster: Glatt rechts (Hin R re – Rück R li) nach dem Zählmuster.
1 Kästchen = 1 M in der Breite und 1 R in der Höhe.
Die großen Punkte und die leeren Felder innerhalb dieser = Gelb.
Die schwarzen Rauten und die leeren Felder innerhalb dieser = Rot.
Die Dreiecke und die leeren Felder innerhalb dieser = Grün.
Die weißen Rauten und die leeren Felder innerhalb dieser = Blau.
Bei den Karostreifen (4 M breit + 4 R hoch) werden die kleinen Punkte in Schwarz, die leeren Felder in Weiß gestrickt.
Maschenprobe: In Streifen und Karostreifen mit Nadeln Nr. 4 gestrickt ergeben 18 M in der Breite und 22 R in der Höhe 10 cm im Quadrat.

AUSFÜHRUNG
Rückenteil: In Gelb 90 M mit Nadeln Nr. 3½ anschlagen und das Bündchen 13 cm 1 M re – 1 M li im Wechsel stricken. Dabei innerhalb der letzten Rück R gleichmäßig verteilt noch 10 M zunehmen.
Im Grundmuster die Nadeln Nr. 4 weiterarbeiten und die M einteilen: Rand M, 98 M gegengleich dem Zählmuster, Rand M. Im Muster gerade hochstricken. In 67 cm Gesamthöhe für den Halsausschnitt die mittleren 24 M und zu beiden Seiten noch in jeder 2. R 1mal 4 und 1mal 3 und 1mal 1 M abketten.
In 69 cm Höhe die Schultermaschen abketten.
Vorderteil: In Gelb 90 M mit Nadeln Nr. 3½ anschlagen und wie das Rückenteil stricken, dabei aber das Muster nach der Zählvorlage stricken.
In 61 cm Gesamthöhe für den Halsausschnitt die mittleren 20 M und zu beiden Seiten noch in jeder 2. R 2mal 2 und 6mal 1 M abketten. In Rückenteilhöhe die Schultermaschen abketten.

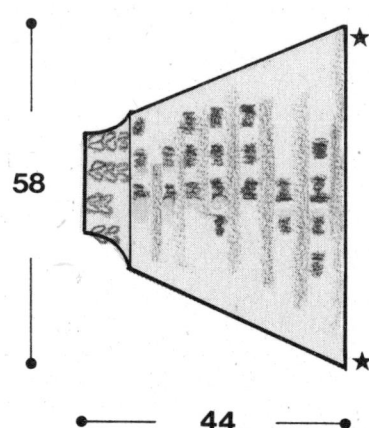

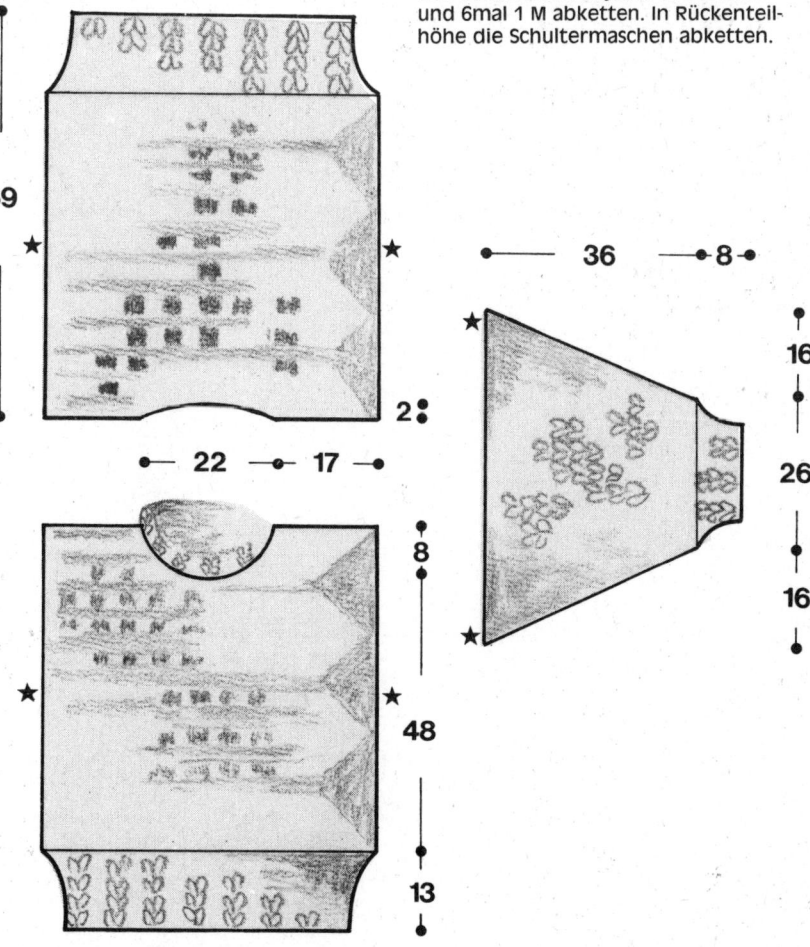

Rechter Ärmel: In Gelb 38 M mit Nadeln Nr. 3½ anschlagen und das Bündchen 8 cm 1 M re – 1 M li im Wechsel stricken. Dabei innerhalb der letzten Rück R gleichmäßig verteilt noch 30 M zunehmen.
Mit Nadeln Nr. 4 weiterarbeiten und den Ärmel durchgehend in Streifen und Karostreifen nach dem Zählmuster stricken. Dabei bis 44 cm Ärmelhöhe auf beiden Seiten gleichmäßig verteilt 26mal je 1 M zunehmen. Alle 120 M locker abketten.
Linker Ärmel: Wie den rechten, aber in uni Gelb stricken.
Ausarbeitung: Die Teile auf den Schnitt spannen, mit feuchten Tüchern bedecken und trocknen lassen. Die Schulternähte schließen, die Ärmel wie im Schnitt markiert an die Ärmelansatzkanten nähen und die Ärmel- und Seitennähte schließen.
Mit der Rundnadel in Gelb die M aus der Halskante auffassen und das Bündchen 2 cm 1 M re – 1 M li im Wechsel stricken. Alle M im Maschenrhythmus abketten.

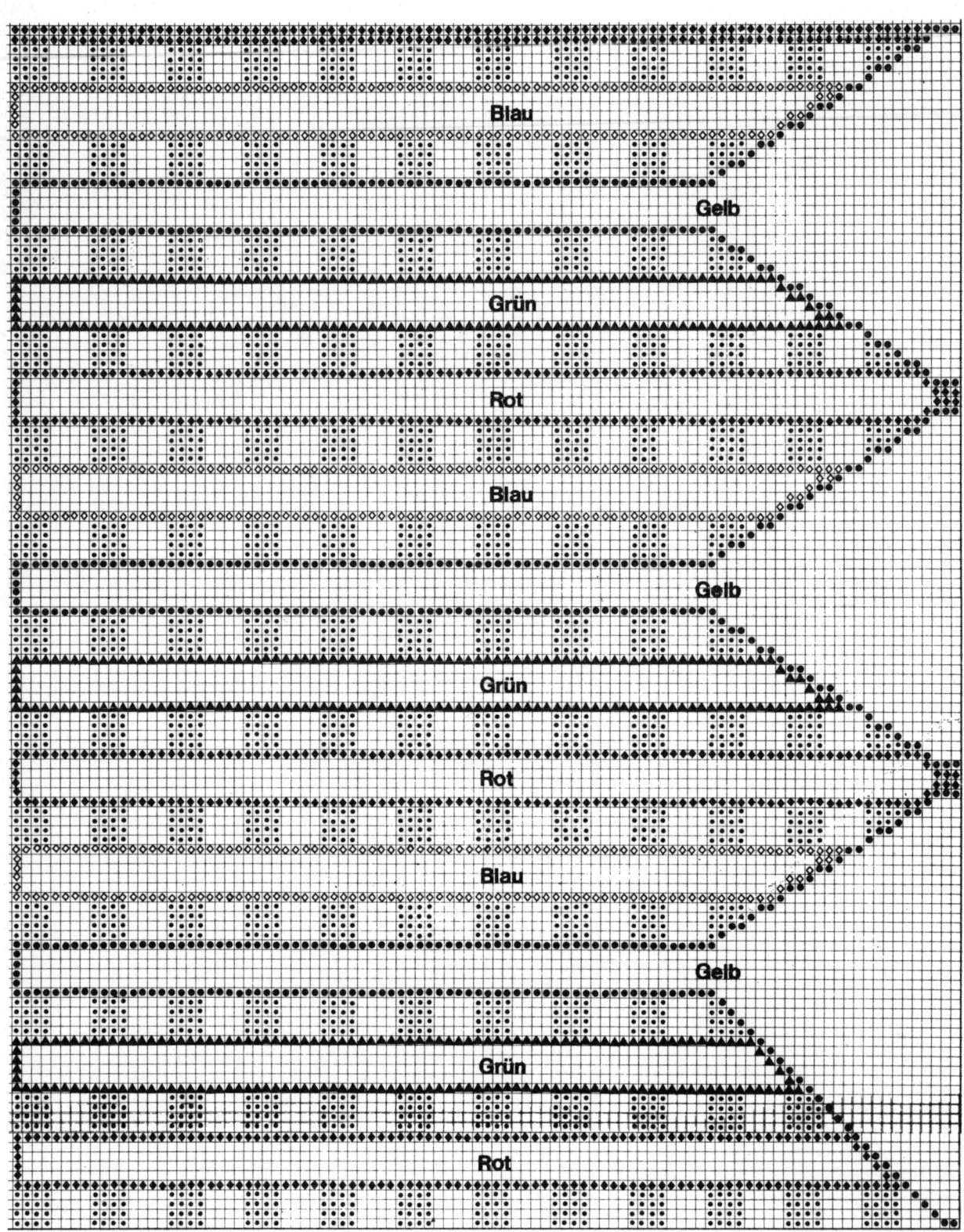

Farbbild Seite 183

Pulli
für Größe 38/40

MATERIAL
Leonardo von WOLLSERVICE
400 g Gelb, Farbe 926
Lauflänge 115 m per 50 g Knäuel
(60% Baumwolle, 40% Viskose)
und Kimono von WOLLSERVICE
300 g Schwarz, Farbe 44
Lauflänge 85 m per 50 g Knäuel
(30% Baumwolle, 70% Viskose)
Je 1 Paar Stricknadeln Nr. 3½ und 4½
1 Rundstricknadel Nr. 3½

MUSTER
Grundmuster: Glatt rechts (Hin R re – Rück li)

Farbfolge
1.–6. R: Alle M Gelb
7. + 8. R: Rand M ★ 3 M Gelb, 7mal 2 M Schwarz – 2 M Gelb im Wechsel, dann 2 M Schwarz und 3 M Gelb, ab ★ wiederholen und mit 1 Rand M enden.
9. + 10. R: Rand M ★ 3 M Gelb, 7mal 2 M Gelb – 2 M Schwarz im Wechsel, dann 5 M Gelb, ab ★ wiederholen und mit 1 Rand M enden.
11.–36. R: fortlaufend die 7.–10. R wiederholen.
37. R: Wie 1. R.
Die 1.–36. R fortlaufend wiederholen.
Maschenprobe: In diesem Muster mit Nadeln Nr. 4½ gestrickt ergeben 19 M in der Breite und 22 R in der Höhe 10 cm im Quadrat.

AUSFÜHRUNG
Rückenteil: In Gelb 80 M mit Nadeln Nr. 3½ anschlagen und den Bund 18 cm 2 M re – 2 M li im Wechsel stricken. Dabei innerhalb der letzten Rück R gleichmäßig verteilt noch 30 M zunehmen.
Im Grundmuster und der Farbfolge mit Nadeln Nr. 4½ bis 70 cm Gesamthöhe gerade hochstricken. Zu beiden Seiten jeweils 34 M für die Schultern locker abketten, die mittleren 42 M für den Halsausschnitt stillegen.
Vorderteil: In Gelb 80 M mit Nadeln Nr. 3½ anschlagen und wie das Rückenteil stricken.
Dabei aber in 49 cm Gesamthöhe für den Schlitz die Arbeit in der Mitte teilen und beide Seiten getrennt und gegengleich beenden.
Die Seitenkante noch weitere 21 cm gerade hochstricken, dabei aber an der Schlitzkante 23mal in jeder 2. R je 1 M zunehmen. Alle nun zugenommenen M werden durchgehend in Gelb gestrickt.
In Rückenteilhöhe alle M stillegen.
Ärmel: In Gelb 38 M mit Nadeln Nr. 3½ anschlagen und das Bündchen 10 cm 2 M re – 2 M li im Wechsel stricken. Dabei innerhalb der letzten Rück R gleichmäßig verteilt noch 24 M zunehmen.
Im Grundmuster mit Nadeln Nr. 4½ weiterstricken und dabei nach der Rand M mit der 20. M der Farbfolge beginnen! Für die Seitenschrägungen bis 43 cm Ärmelhöhe auf beiden Seiten gleichmäßig verteilt 26mal je 1 M zunehmen.
Alle M locker abketten.
Ausarbeitung: Die Teile auf den Schnitt spannen, mit feuchten Tüchern bedecken und gut trocknen lassen.
Die Schulternähte schließen, die Ärmel wie im Schnitt markiert an die Ärmelansatzkanten nähen und die Ärmel- und Seitennähte schließen.
Die stillgelegten M aus der Halskante mit der Rundnadel auffassen, dabei aber die M des Beleges noch offen lassen. In Gelb 6 cm glatt rechts stricken und die M offen lassen. Den Kragen zur Hälfte nach innen legen, entlang der rückw. Halsausschnittkante mit unsichtbaren Stichen gegennähen und dann die restl. M des Kragens mit Maschenstichen an die offenen M des Beleges nähen. Den Beleg von innen unsichtbar annähen.

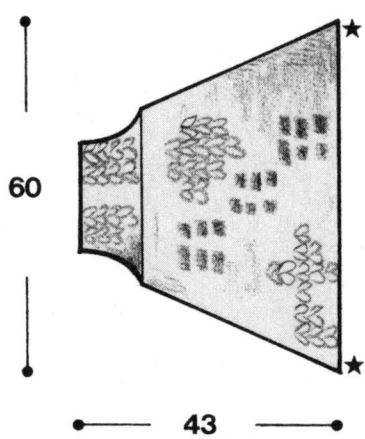

60 — 43

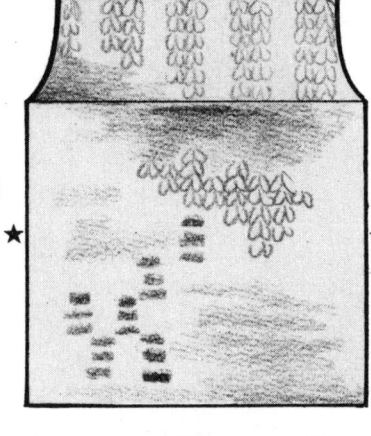

70 — 56 — 22 — 17

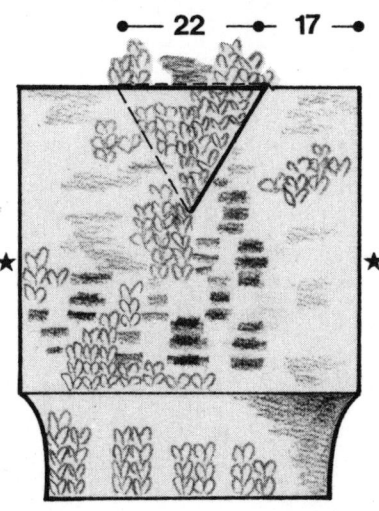

21 — 31 — 18

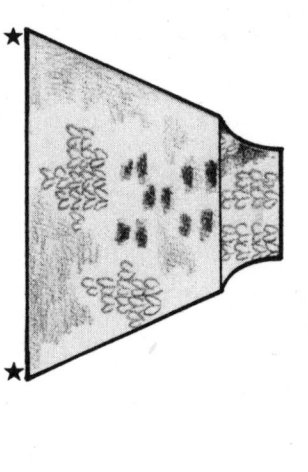

33 — 10 — 15 — 30 — 15

Pulli

für Größe 38/40 (42/44)

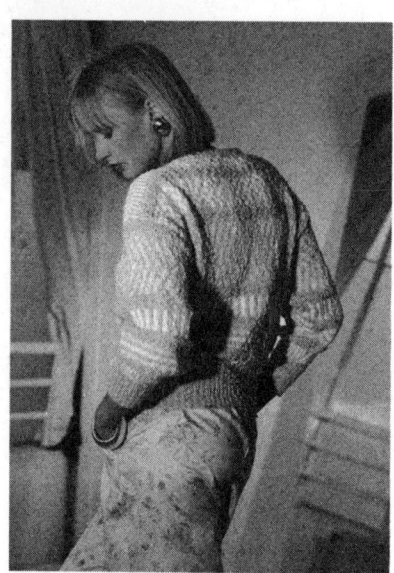

Farbbild Seite 184

Zarte Farben – zarte Muster Nr. 56

MATERIAL
Estival von PLASSARD
400 g (450 g) Menton, Farbe 466
50 g (100 g) Carnac, Farbe 455
50 g (100 g) Miramar, Farbe 471
Lauflänge 120 m per 50 g Knäuel
(40% Baumwolle, 40% Viskose und 20% Leinen)
Je 1 Paar Stricknadeln Nr. 3½ und 4

MUSTER
Grundmuster I: Glatt rechts (Hin R re – Rück R li) mit schmalen senkrechten Streifen: ★ 1 M Menton, 1 M Miramar, ab ★ wiederholen.
Grundmuster II: Glatt rechts mit breiten senkrechten Streifen: ★ 2 M Menton, 2 M Miramar, ab ★ wiederholen.
Grundmuster III: Glatt rechts mit waagerechten Streifen: ★ 2 R Menton, 2 R Carnac, 2 R Menton, 2 R Miramar, ab ★ wiederholen.
Grundmuster IV: Glatt rechts im Zakkenmuster: Mit 2 R durchgehend Menton beginnen.
Nun ★ 2 M Carnac, 2 M Menton, ab ★ wiederholen. Diesen Musterverlauf über 12 R in jeder 2. R um 1 M nach li versetzen und dann gegengleich über 12 R wieder in jeder 2. R um 1 M nach re versetzen.
Grundmuster V: Glatt rechts im Waffelmuster: Mit 2 R durchgehend Menton beginnen.
Nun ★ 2 M Menton, 2 M Miramar, ab ★ wiederholen.
Dieses Muster in jeder 2. R versetzen.
Grundmuster VI: Perlmuster
1. R: 1 M re – 1 M li im Wechsel.
2. R: 1 M li – 1 M re im Wechsel.
Die 1. + 2. R fortlaufend wiederholen.
Maschenprobe: Mit Nadeln Nr. 4 glatt rechts im Zickzackmuster gestrickt ergeben 24 M in der Breite und 24 R in der Höhe 10 cm im Quadrat.

AUSFÜHRUNG
Rückenteil: In Menton 95 M (101 M) mit Nadeln Nr. 3½ anschlagen und das Bündchen 8 cm 1 M re - 1 M li im Wechsel stricken. Dabei innerhalb der letzten Rück R gleichmäßig verteilt noch 27 M zunehmen, so daß 122 M (128 M) auf der Nadel sind. Mit Nadeln Nr. 4 in der Musterstreifenfolge weiter gerade hochstricken:
1 R glatt re in Menton,
8 R (10 R) glatt re mit schmalen senkrechten Streifen,
3 R glatt re in Menton,
6 R Perlmuster in Menton,
12 R glatt re mit waagerechten Streifen,
6 R Perlmuster in Menton,
2 R glatt re in Menton,
8 R glatt re mit breiten senkrechten Streifen,
6 R Perlmuster in Menton,
26 R glatt re im Zackenmuster,
6 R Perlmuster in Menton,
14 R (16 R) glatt re im Waffelmuster,
6 R Perlmuster in Menton,
und in glatt re mit schmalen senkrechten Streifen beenden.
In 56 cm (58 cm) Gesamthöhe alle M abketten.

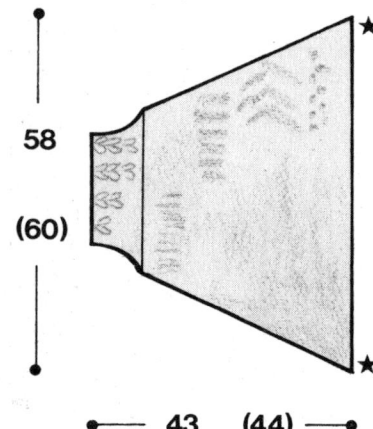

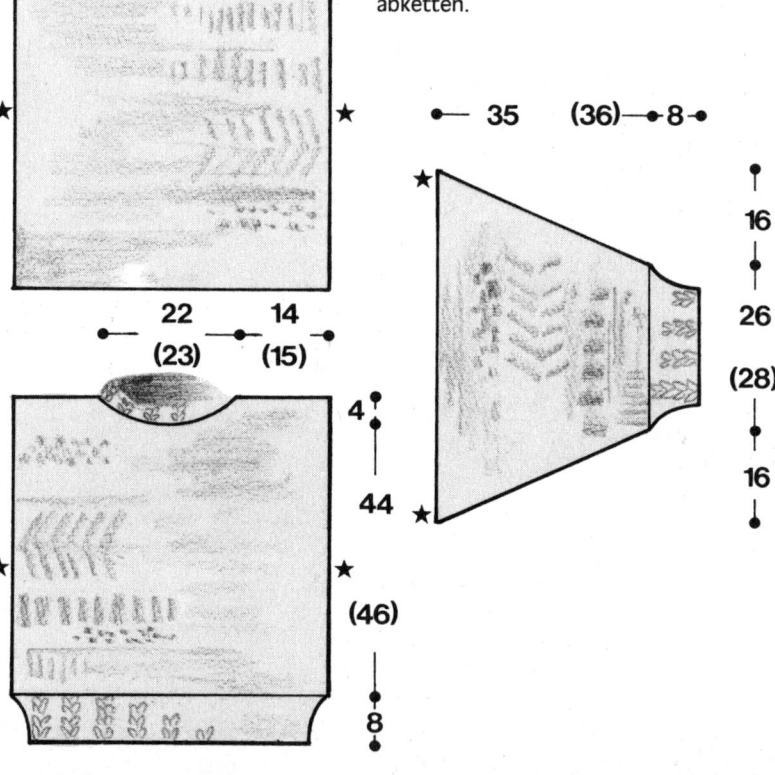

Pulli
für Größe 38-42

MATERIAL
Estival von PLASSARD
450 g Grün, Farbe 469
50 g Gelb, Farbe 473
50 g Helltürkis, Farbe 464
Lauflänge 120 m per 50 g Knäuel
(40% Baumwolle, 40% Viskose, 20% Leinen)
Je 1 Paar Stricknadeln Nr. 3½ und 4
1 Rundstricknadel Nr. 3½

MUSTER
Grundmuster: Glatt rechts
(Hin R re - Rück R li)
Maschenprobe: Mit Nadeln Nr. 4 gestrickt ergeben 20 M in der Breite und 25 R in der Höhe 10 cm im Quadrat.

AUSFÜHRUNG
Rückenteil: Uni Grün. 100 M mit Nadeln Nr. 3½ anschlagen und das Bündchen 8 cm 1 M re - 1 M li im Wechsel stricken. Dabei innerhalb der letzten Rück R gleichmäßig verteilt noch 20 M zunehmen. Im Grundmuster mit Nadeln Nr. 4 bis 65 cm Gesamthöhe gerade hochstricken und alle M abketten.
Vorderteil: Mit Jacquardmuster. In Grün 100 M mit Nadeln Nr. 3½ anschlagen und das Bündchen 8 cm 1 M re - 1 M li im Wechsel stricken. Dabei innerhalb der letzten Rück R gleichmäßig verteilt noch 20 M zunehmen.

Ganz einfach zu zählen Nr. 57

Farbbild Seite 185

Vorderteil: In Menton 95 M (101 M) mit Nadeln Nr. 3½ anschlagen und wie das Rückenteil stricken.
Dabei aber in der 6., der letzten R des letzten Perlmusterstreifens für den Halsausschnitt die mittleren 18 M (20 M) und zu beiden Seiten noch in jeder 2. R 3mal 6 M abketten.
In Rückenteilhöhe die jeweils 34 (36) Schultermaschen locker abketten.
Nun die Halsblende stricken: Die rechte Schulternaht schließen.
In Menton 113 M (117 M) mit Nadeln Nr. 3½ um den Halsausschnitt auffassen und 3 cm 1 M re - 1 M li im Wechsel stricken. Alle M abketten wie sie erscheinen. Die linke Schulternaht und die Blendennaht schließen, die Blende zur Hälfte nach innen legen und mit unsichtbaren Stichen gegensäumen.
Die Ärmel werden angestrickt.
Linker Ärmel: Über der 1. R des 3. Perlmusterstreifens am Vorderteil beginnen. In Menton mit Nadeln Nr. 4 bis zur 1. R des 3. Perlmusterstreifens am Rückenteil 140 M (144 M) auffassen und auf der Rückseite der Arbeit 1 R links stricken.
Weiter in der Streifenfolge arbeiten und dabei zu beiden Seiten 5mal in jeder 4. R und 33mal in jeder 2. R je 1 M abnehmen.
Die Streifen beginnen mit
6 R Perlmuster in Menton, weiter
26 R glatt re im Zackenmuster,
6 R Perlmuster in Menton,
2 R glatt re in Menton,
8 R glatt re mit breiten senkrechten Streifen,
6 R Perlmuster in Menton,
12 R glatt re mit waagerechten Streifen,
6 R Perlmuster in Menton,
2 R glatt re in Menton,
8 R (10 R) glatt re mit schmalen senkrechten Streifen.
In nun 35 cm (36 cm) Ärmelhöhe - es sind noch 64 M (68 M) auf der Nadel - 1 R links auf der Vorderseite der Arbeit stricken und innerhalb dieser R gleichmäßig verteilt 15 M abnehmen.
Das Bündchen mit Nadeln Nr. 3½ anstricken. In Menton 8 cm 1 M re - 1 M li im Wechsel stricken und alle 49 M (53 M) im Maschenrhythmus abketten.
Rechter Ärmel: Mit dem Auffassen der M ebenso, aber am Rückenteil beginnen und wie den linken Ärmel arbeiten.
Ausarbeitung: Die Ärmel- und Seitennähte schließen.

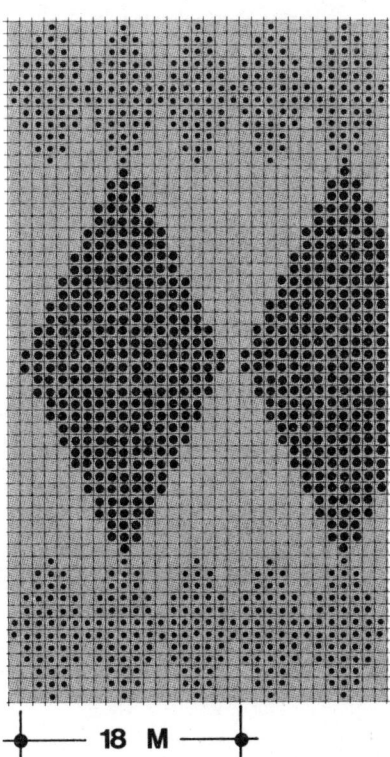

18 M

Im Grundmuster mit Nadeln Nr. 4 weiter gerade hochstricken und in 20 cm Gesamthöhe mit dem Jacquardstreifen nach dem Zählmuster beginnen:
1 Kästchen = 1 M in der Breite und 1 R in der Höhe.
Die leeren Felder = Grundfarbe Grün
Die kleinen Punkte = Gelb
Die großen Punkte = Helltürkis.
Dabei für das Muster die M einteilen: Rand M, 14 M die unvollständige Raute nach dem Zählmuster, 5mal 18 M Musterrapport = 90 M, 14 M die gegengleiche unvollständige Raute, Rand M.
Nach den 56 Musterreihen in 45 cm Gesamthöhe für den V-Ausschnitt die Arbeit in der Mitte teilen und beide Seiten getrennt und gegengleich beenden.
Für die Ausschnittschrägung 25mal in jeder 2. R jeweils die 2. + 3. M zusammenstricken.
In Rückenteilhöhe die Schultermaschen abketten.

Ärmel: In Grün 44 M mit Nadeln Nr. 3¹/₂ anschlagen und das Bündchen 8 cm 1 M re - 1 M li im Wechsel stricken. Dabei innerhalb der letzten Rück R gleichmäßig verteilt noch 10 M zunehmen.
Im Grundmuster mit Nadeln Nr. 4 weiterstricken und dabei für die Ärmelschrägungen auf beiden Seiten abwechselnd in jeder 2. und jeder 4. R insgesamt 33mal je 1 M zunehmen. Dabei ab 42 cm Gesamthöhe die kleine, 12 R hohe Raute des Zählmusters einstricken. In 48 cm Ärmelhöhe alle M locker abketten.

Ausarbeitung: Die Teile auf den Schnitt spannen, mit feuchten Tüchern bedecken und gut trocknen lassen.
Die Schulternähte schließen, die Ärmel wie im Schnitt markiert an die Ärmelansatzkanten nähen und die Ärmel- und Seitennähte schließen.
In der vorderen Mitte beginnend und endend mit der Rundnadel in Grün 108 M aus der Halskante auffassen und den Kragen in Hin- und Rück R 8 cm 1 M re - 1 M li im Wechsel stricken.
Alle M im Maschenrhythmus abketten.
Die Kragenenden rechts über links gelegt mit unsichtbaren Stichen festnähen.

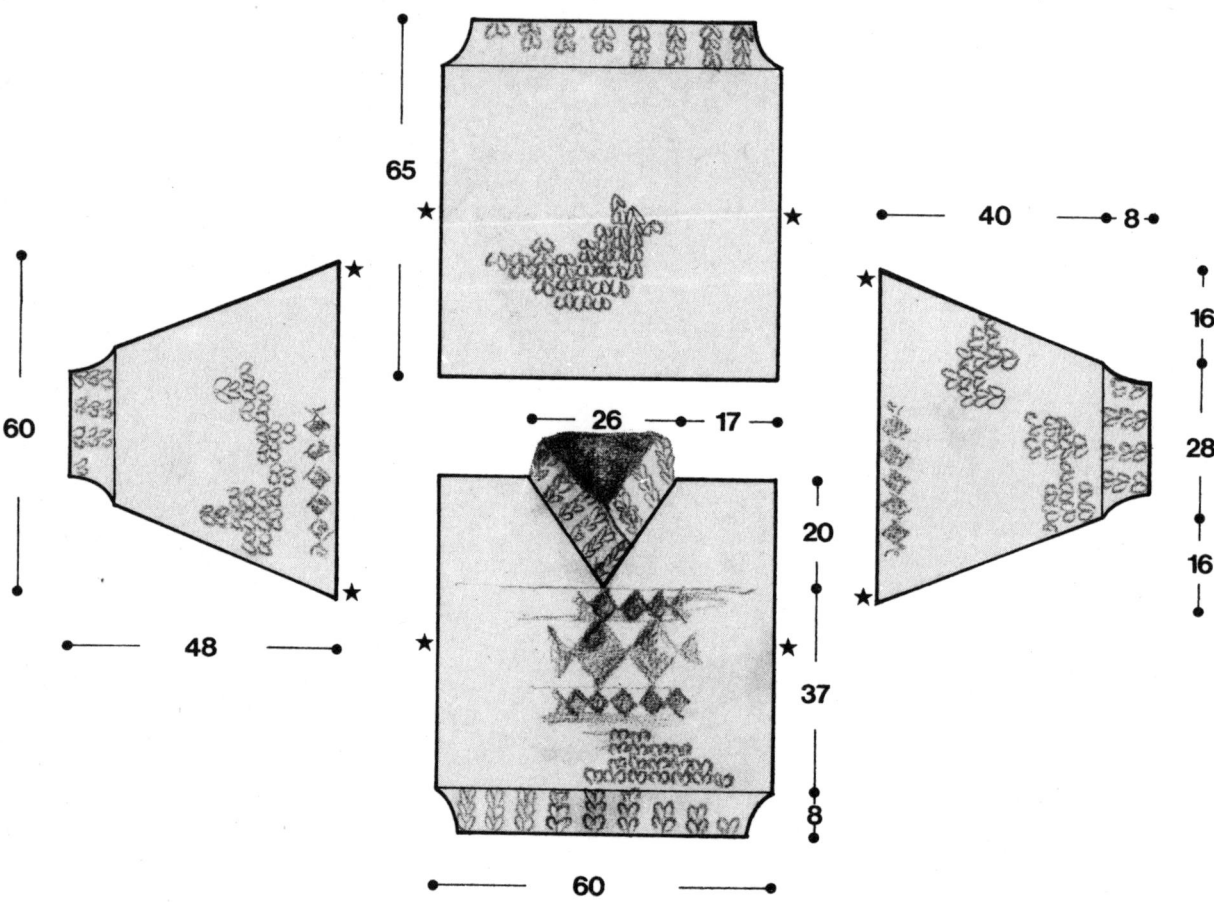

Chic in Schwarz und Gold
Nr. 58

Farbbild Seite 186

Pulli
für Größe 38/40

MATERIAL
Fedora von WOLLSERVICE
300 g Schwarz, Farbe 922
Lauflänge 46 m per 20 g Knäuel
(70% Kid Mohair, 30% Acryl)
und Lamé Soft von WOLLSERVICE
60 g Gold, Farbe 25
Lauflänge 160 m per 20 g Knäuel
(60% Kunstseide, 40% Polyester metallisiert)
Je 1 Paar Stricknadeln Nr. 4½ und 6
1 Rundstricknadel Nr. 4½
Fedora wird mit einfachem, Lamé Soft mit doppeltem Faden gestrickt!

MUSTER
Grundmuster: Glatt rechts (Hin re – Rück R li) nach dem Zählmuster.
1 Kästchen = 1 M in der Breite und 1 R in der Höhe.
Die leeren Felder werden in Fedora, die Punkte in Lamé Soft gestrickt. Dabei für jedes Farbfeld einen gesonderten Faden verwenden und beim Farbwechsel die Fäden immer einmal umeinanderschlingen, damit keine Löcher entstehen.
Maschenprobe: In Fedora mit Nadeln Nr. 6 gestrickt ergeben 17 M in der Breite und 25 R in der Höhe 10 cm im Quadrat.

AUSFÜHRUNG
Rückenteil: In Schwarz 76 M mit Nadeln Nr. 4½ anschlagen und das Bündchen 10 cm 2 M re – 2 M li im Wechsel stricken. Dabei innerhalb der letzten Rück R gleichmäßig verteilt noch 20 M zunehmen.
Im Grundmuster mit Nadeln Nr. 6 nach dem Zählmuster weiterarbeiten und dabei ab Mitte das Muster gegengleich stricken. Die Ärmelzunahmen nach der Schemazeichnung arbeiten.
In 58 cm Gesamthöhe für den Halsausschnitt die mittleren 24 M und zu beiden Seiten noch in jeder 2. R 2mal 5 M abketten. In 60 cm Höhe alle Ärmel-Schultermaschen stillegen.
Vorderteil: In Schwarz 76 M mit Nadeln Nr. 4½ anschlagen und wie das Rückteil stricken.
Dabei aber mit dem Halsausschnitt schon in 53 cm Höhe beginnen: Die mittleren 14 M und zu beiden Seiten noch in jeder 2. R 1mal 5, 1mal 3, 3mal 2 und 1mal 1 M abketten. In Rückteilhöhe die Ärmel- und Schultermaschen stillegen.

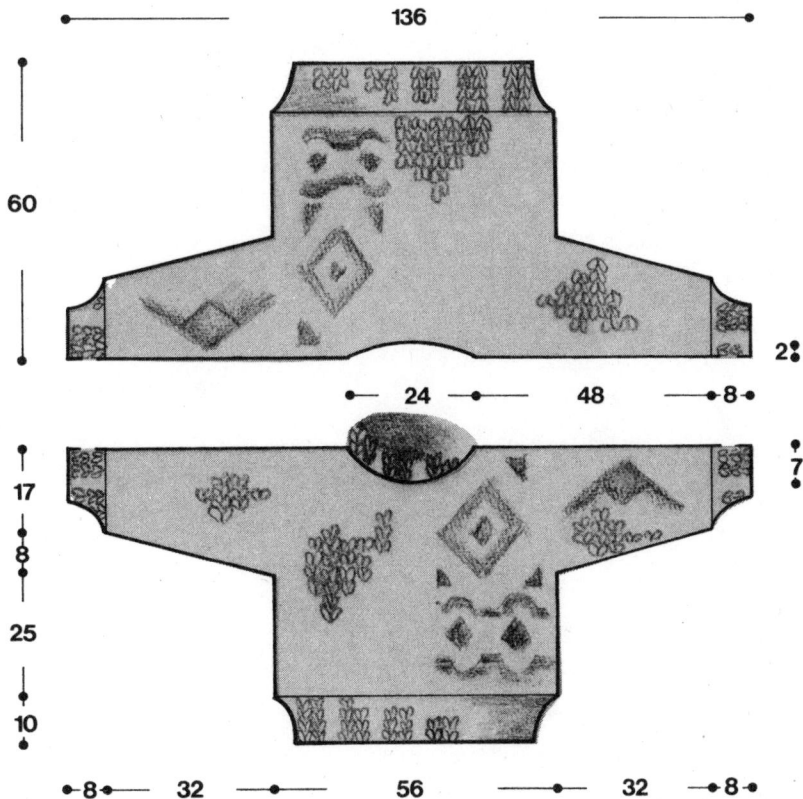

1. Hälfte

↑ 2. Hälfte gegengleich ↑

Ausarbeitung: Die Teile auf den Schnitt spannen, mit feuchten Tüchern bedecken und gut trocknen lassen.
Die stillgelegten Ärmel-Schultermaschen von Vorder- und Rückenteil mit Maschenstichen zusammennähen.
Aus den unteren Ärmelkanten in Schwarz mit Nadeln Nr. 4 1/2 jeweils die M auffassen und die Bündchen 8 cm 2 M re – 2 M li im Wechsel stricken. Alle M abketten wie sie erscheinen.
Die Seitennähte schließen.
Mit der Rundnadel in Schwarz die M aus der Halskante auffassen und das Bündchen 3 cm 2 M re – 2 M li im Wechsel stricken. Alle M abketten wie sie erscheinen.

Nr. 33

Glänzendes Garn, plastische Lochmusterstreifen und interessante Zöpfe vereinen sich hier zu einem schönen Sommerpullover.

Nr. 34

Ein großer V-Ausschnitt und ein kleines Lochmuster mit Längsrippeneffekt sind die Merkmale dieses Pullovers, der auch mit Bluse oder T-Shirt im Herbst noch gut zu tragen ist.

Nr. 35

Ganz schnell zu stricken und überall gut tragbar. Ein kleiner ärmelloser Pullover mit einem auffälligen Lochmuster.

Nr. 36/37

Zwei raffinierte Pullis ganz in Weiß mit raffinierten Rückenausschnitten und schönen Lochmustern.

Nr. 38

Großzügige Blattmotive auf einem einfachen geraden Pullover aus einem farbenfrohen Tweed mit Lurexeffekten.

Nr. 39

Noch einmal funkelnder bunter Tweed. Ein Lochmusterpullover mit einem schmeichelnden weiten Rollkragen.

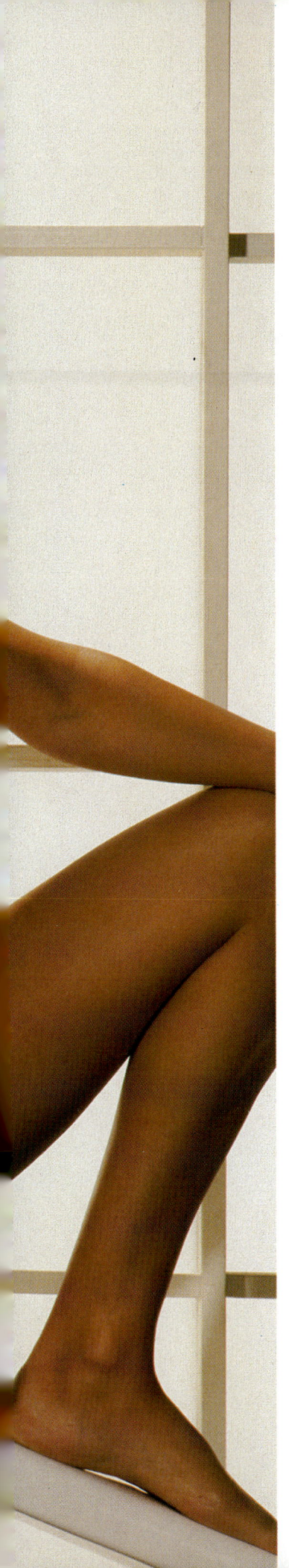

Nr. 40/41

Zwei leichte Sommerpullover für warme Tage. Die kleinen Lochmuster bereiten auch etwas ungeübteren Strickerinnen keine Schwierigkeiten.

Nr. 42
Ein zweiteiliges Kleid mit ärmellosem Oberteil. Der attraktive Lochmustereinsatz am Vorderteil läßt das Ensemble kostbar erscheinen.

Nr. 43
In Rot ein kleiner Pulli mit großer Wirkung. Das Loch- und das Blattmuster verlaufen diagonal vom Bündchen bis zur Schulter.

nr. 44

Mal Pullover – mal Pullunder.
Ganz gerade in Weiß mit einem
schönen Lochmuster gestrickt.

nr. 45

In schimmerndem Korallenrot: ein schmaler
Rock und ein schmaler Pullover mit
spitzenartigem Einsatz am Vorderteil.
Ein Ensemble, das auch am Abend gute Figur
macht.

Nr. 46/47

Für die neuen langen Röcke die neuen langen geraden Pullover. Breite U-Boot-Ausschnitte mit breiten Blenden betonen das Dekolleté und einen schönen Hals.

Nr. 48

Zwei Garne, wenig Aufwand – große Wirkung. Ein Sommerpullover so recht für gute Laune.

Mohair und Metall-effekte Nr. 59

Pulli
für Größe 38/40

MATERIAL
Fedora von WOLLSERVICE
250 g Petrol, Farbe 910
150 g Dunkelgrün, Farbe 933
150 g Weiß, Farbe 901
Lauflänge 46 m per 20 g Knäuel
(70% Kid Mohair, 30% Acryl)

und Lamé Soft von WOLLSERVICE
40 g Kupfer, Farbe 67
Lauflänge 160 m per 20 g Knäuel
(60% Kunstseide, 40% Polyester metallisiert)
Je 1 Paar Stricknadeln Nr. 4 und 5 1/2

Farbbild Seite 187

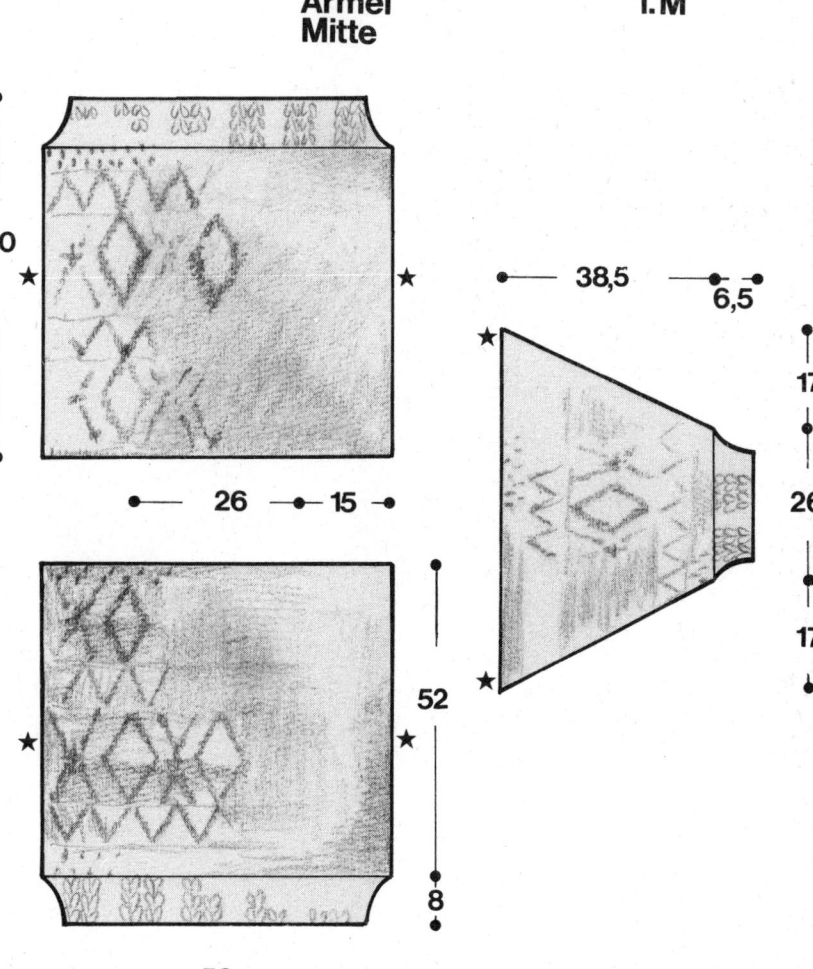

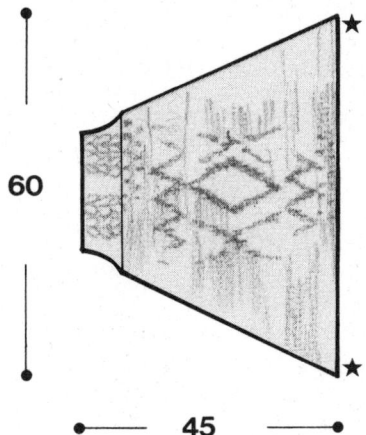

MUSTER
Grundmuster: Glatt rechts (Hin R re - Rück R li) nach dem Zählmuster.
1 Kästchen = 1 M in der Breite und 2 R (Hin und Rück R!) in der Höhe. Die Reihenfolge ist im Rückenteil beschrieben.
Maschenprobe: Im Jacquardmuster mit Nadeln Nr. 5½ gestrickt ergeben 20 M in der Breite und 20 R in der Höhe 10 cm im Quadrat.

AUSFÜHRUNG
Rückenteil: In Petrol 80 M anschlagen und das Bündchen 8 cm 2 M re - 2 M li im Wechsel stricken. Dabei innerhalb der letzten Rück R gleichmäßig verteilt noch 25 M zunehmen. Es sind nun 105 M auf der Nadel.
Im Grundmuster nach dem Zählmuster gerade hochstricken.
1.-4. R: Die leeren Felder Weiß, die Dreiecke Petrol
5.-18. R: Die leeren Felder Weiß, die Punkte Kupfer
19. + 20. R: Die kleinen Punkte Weiß, die leeren Felder Dunkelgrün
21.-37. R: Die leeren Felder Dunkelgrün, die Punkte Kupfer
38.-54. R: Die leeren Felder Petrol, die Punkte Kupfer
55.-58. R: Wie 1.-4. R
Die 5.-58. R noch einmal wiederholen. In uni Petrol noch 2 cm für den Beleg stricken und alle M abketten.
Vorderteil: Wie das Rückenteil arbeiten.
Ärmel: In Petrol 40 M anschlagen und das Bündchen 6,5 cm 2 M re - 2 M li im Wechsel stricken. Dabei innerhalb der letzten Rück R gleichmäßig verteilt noch 23 M zunehmen, so daß 63 M auf der Nadel sind.
Im Grundmuster nach dem Zählmuster wie beim Rückenteil beschrieben stricken und die M wie mit Pfeil markiert von der Mitte aus einteilen. Für die Schrägungen auf beiden Seiten gleichmäßig verteilt 27mal je 1 M zunehmen.
In ca. 45 cm Ärmelhöhe - das Muster endet mit dem weißen Streifen und der nachfolgenden 1.-4. R - alle M locker abketten.
Ausarbeitung: Die Teile auf den Schnitt spannen, mit feuchten Tüchern bedecken und gut trocknen lassen.
Zunächst an Vorder- und Rückenteil den 2 cm breiten Beleg nach innen legen und mit unsichtbaren Stichen gegensäumen. Die Schulternähte schließen, die Ärmel wie im Schnitt markiert an die Ärmelansatzkanten nähen und die Ärmel- und Seitennähte schließen.

Rostbraun mit neuen Farben
Nr. 60/61

Farbbild Seite 188

Farbbild Seite 189

Pullover
für Größe 48-50 (52/54)

MATERIAL
Amica von WOLLSERVICE
400 g (400 g) Grundfarbe Rostbraun, Farbe 31
Je 100 g Braun, Farbe 27,
Violett, Farbe 34,
Gelb, Farbe 30
Je 50 g Pink, Farbe 35 und Schwarz, Farbe 28
Je 1 Paar Stricknadeln Nr. 3½ und 5
Lauflänge 100 m per 50 g Knäuel (100% Baumwolle)
1 Rundstricknadel Nr. 3½

MUSTER
Grundmuster I: Glatt rechts (Hin R re - Rück R li)
Maschenprobe: Mit Nadeln Nr. 5 gestrickt ergeben 19 M in der Breite und 23 R in der Höhe 10 cm im Quadrat.
Farbfolge 1: Streifenmuster
1. + 2. R: Pink
3. + 4. R: Braun
5. + 6. R: Violett
7. + 8. R: Gelb
9. + 10. R: Schwarz
11. + 12. R: Rostbraun
Die 1.-12. R fortlaufend wiederholen.
Farbfolge II: Nach dem Zählmuster stricken
R = Rand M
Die leeren Felder = Grundfarbe Rostbraun
S = Schwarz
G = Gelb
V = Violett
P = Pink
I = Braun
1 Kästchen = 1 M in der Reihe und 2 R (Hin- und Rück R) in der Höhe. In allen Rück R die M stricken, wie sie erscheinen.
Mit der 1. R beginnen. Die 15.-56 R bilden dann das Muster, bei welchem wie auf dem Foto ersichtlich ab der 57. R das Muster fortlaufend wiederholt wird. **Dabei die Karos immer um 12 M = 1 Karobreite nach außen versetzen und von dieser Karodiagonale aus die entsprechenden Seiten in der Grundfarben bzw. in fortlaufendem Streifenmuster stricken!**

AUSFÜHRUNG
Rückenteil: In der Grundfarbe 90 M (96 M) mit Nadeln Nr. 3½ anschlagen und das Bündchen 9 cm (10 cm) 1 M re - 1 M li im Wechsel stricken. Dabei innerhalb der letzten Rück R gleichmäßig verteilt noch 20 M (22 M) zunehmen.
Im Grundmuster mit Nadeln Nr. 5 mit der 1. R des Zählmusters beginnen und die M aufteilen: Rand M, 2 M Rost, 2 M Schwarz, 2 M Rost, 2 M Schwarz, 2 M Rost, 2 M Schwarz, 96 M (104 M) Rost, Rand M = **110 M (118 M).**
Wie beschrieben nach dem Zählmuster bis 64 cm (65 cm) Gesamthöhe gerade hochstricken und alle M abketten.

Vorderteil: In der Grundfarbe 90 M (96 M) mit Nadeln Nr. 3½ anschlagen und das Bündchen 9 cm (10 cm) 1 M re – 1 M li im Wechsel stricken. Dabei innerhalb der letzten Rück R gleichmäßig verteilt noch 20 M (22 M) zunehmen.
Im Grundmuster mit Nadeln Nr. 5 weiterarbeiten und die 110 M (118 M) gegengleich dem Zählmuster aufteilen: Rand M, 96 M (104 M) Rost, 2 M Schwarz, 2 M Rost, 2 M Schwarz, 2 M Rost, 2 M Schwarz, 2 M Rost, Rand M. Im gegengleichen Zählmusterrhythmus gerade hochstricken und in 30 cm (31 cm) Gesamthöhe für den V-Ausschnitt die Arbeit in der Mitte teilen und beide Seiten getrennt und ausschnittgegengleich beenden.
Für die Ausschnittschrägung 18mal in jeder 4. R je 1 M abketten. In Rückenteilhöhe die Schultermaschen locker abketten.
Rechter Ärmel: In der Grundfarbe 36 M mit Nadeln Nr. 3½ anschlagen und das Bündchen 7 cm 1 M re – 1 M li im Wechsel stricken. Dabei innerhalb der letzten Rück R gleichmäßig verteilt noch 20 M zunehmen. Mit Nadeln Nr. 5½ in Pink beginnen und im Grundmuster und der Farbstreifenfolge I durchgehend weiterstricken. Dabei bis 50 cm Ärmelhöhe auf beiden Seiten gleichmäßig verteilt 29mal je 1 M zunehmen. Alle M locker abketten.
Linker Ärmel: In der Grundfarbe 36 M mit Nadeln Nr. 3½ anschlagen und wie den rechten beginnen.
Dabei ab den 56 M ab Bündchen durchgehend uni Grundfarbe stricken! Die seitlichen Zunahmen wie beim rechten Ärmel arbeiten und in 50 cm Ärmelhöhe alle M locker abketten.
Ausarbeitung: Die Teile auf den Schnitt spannen, mit feuchten Tüchern bedecken und gut trocknen lassen.

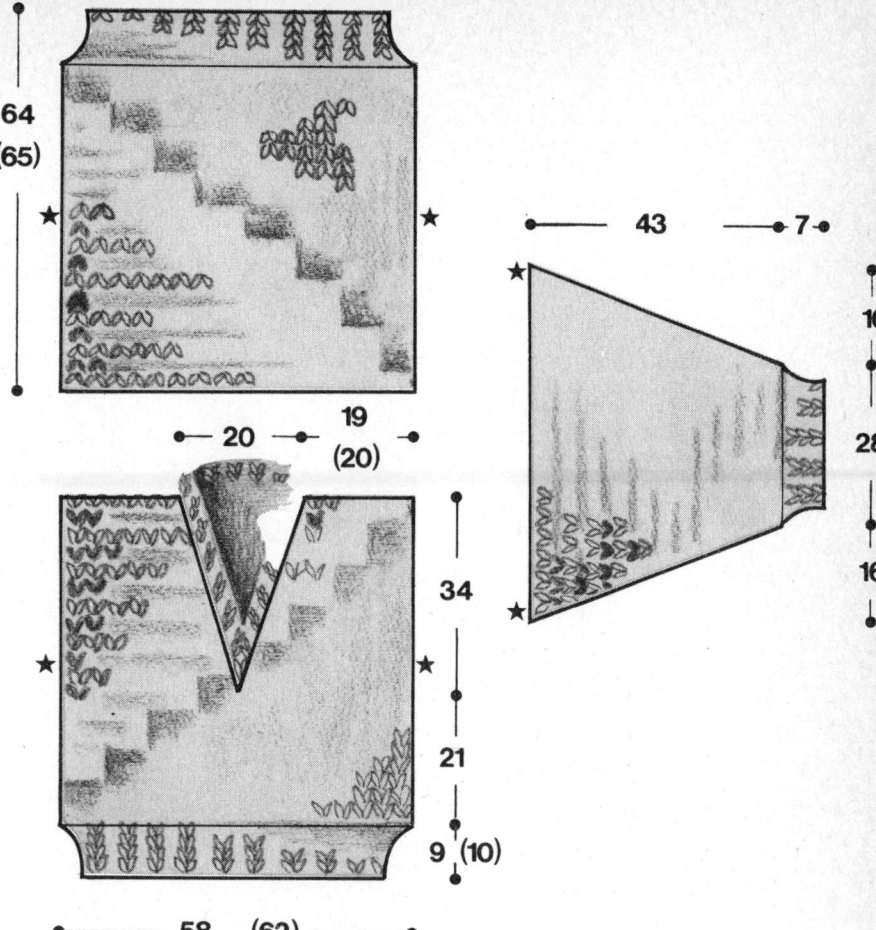

Die Schulternähte schließen, die Ärmel wie im Schnitt markiert an die Ärmelansatzkanten nähen und die Ärmel- und Seitennähe schließen.
Für die Halsausschnittblende mit der Rundnadel die M auffassen und 3 cm 1 M re – 1 M li im Wechsel stricken. Dabei zur Ausformung der V-Spitze in der vorderen Mitte jeweils 3 M zusammenstricken, d. h. 2 M wie zum Restricken abheben, 1 M re und die abgehobene M überziehen.
Alle M im Maschenrythmus abketten.

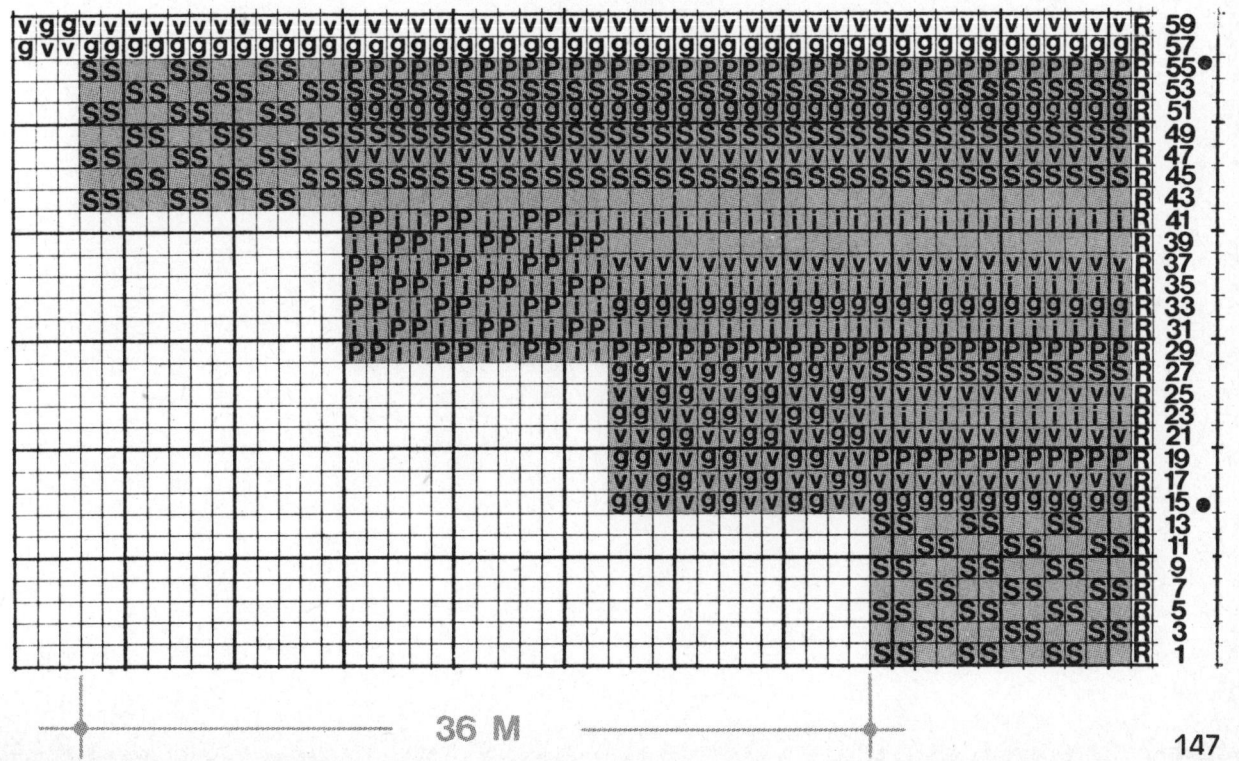

Pulli

für Größe 38/40 (42/44)

MATERIAL
Amica von WOLL-SERVICE
300 g (350 g) Grundfarbe Rostbraun, Farbe 31
Je 100 g Grün, Farbe 32; Braun, Farbe 27; Violett, Farbe 34 und Schwarz, Farbe 28
Lauflänge 100 m per 50 g Knäuel (100% Baumwolle)
Je 1 Paar Stricknadeln Nr. 3½ und 5½
1 Rundstricknadel Nr. 3½

MUSTER
Grundmuster: Glatt rechts (Hin R re - Rück R li)
Maschenprobe: Mit Nadeln Nr. 5½ gestrickt ergeben 18 M in der Breite und 20 R in der Höhe 10 cm im Quadrat.
Farbfolge I: Querstreifen
1. + 2. R: Schwarz
3. + 4. R: Braun
5. + 6. R: Rostbraun
7. + 8. R: Violett
9. + 10. R: Schwarz
11. + 12. R: Braun
13. + 14. R: Rostbraun
15. + 16. R: Grün
Die 1. – 16. R fortlaufend wiederholen.

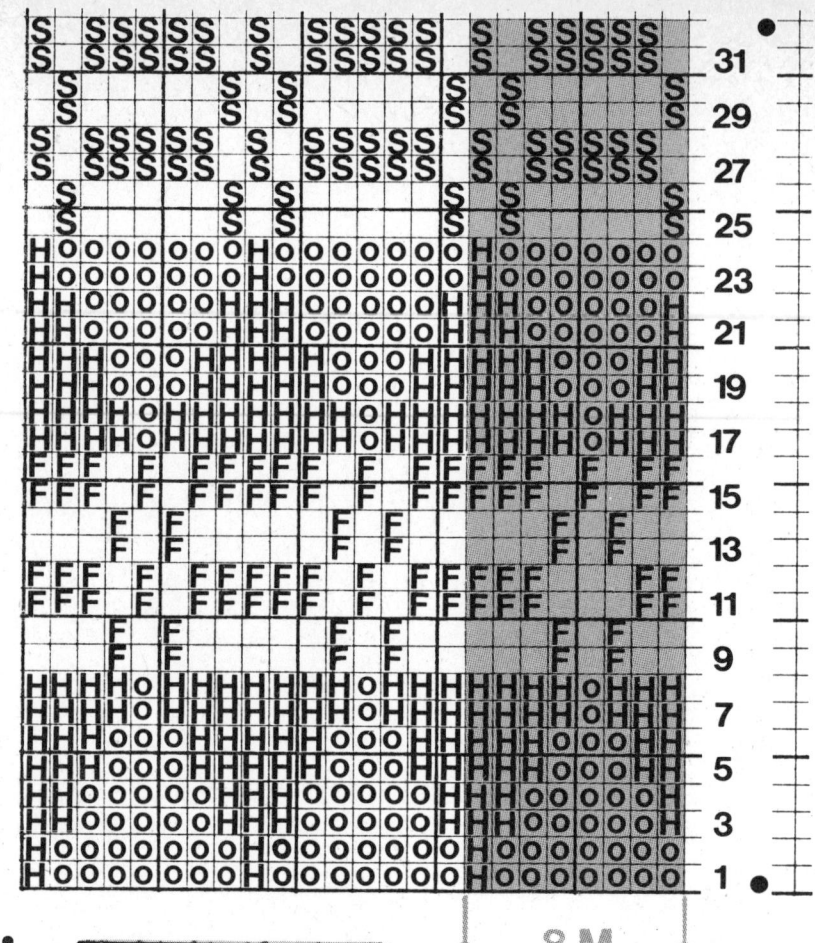

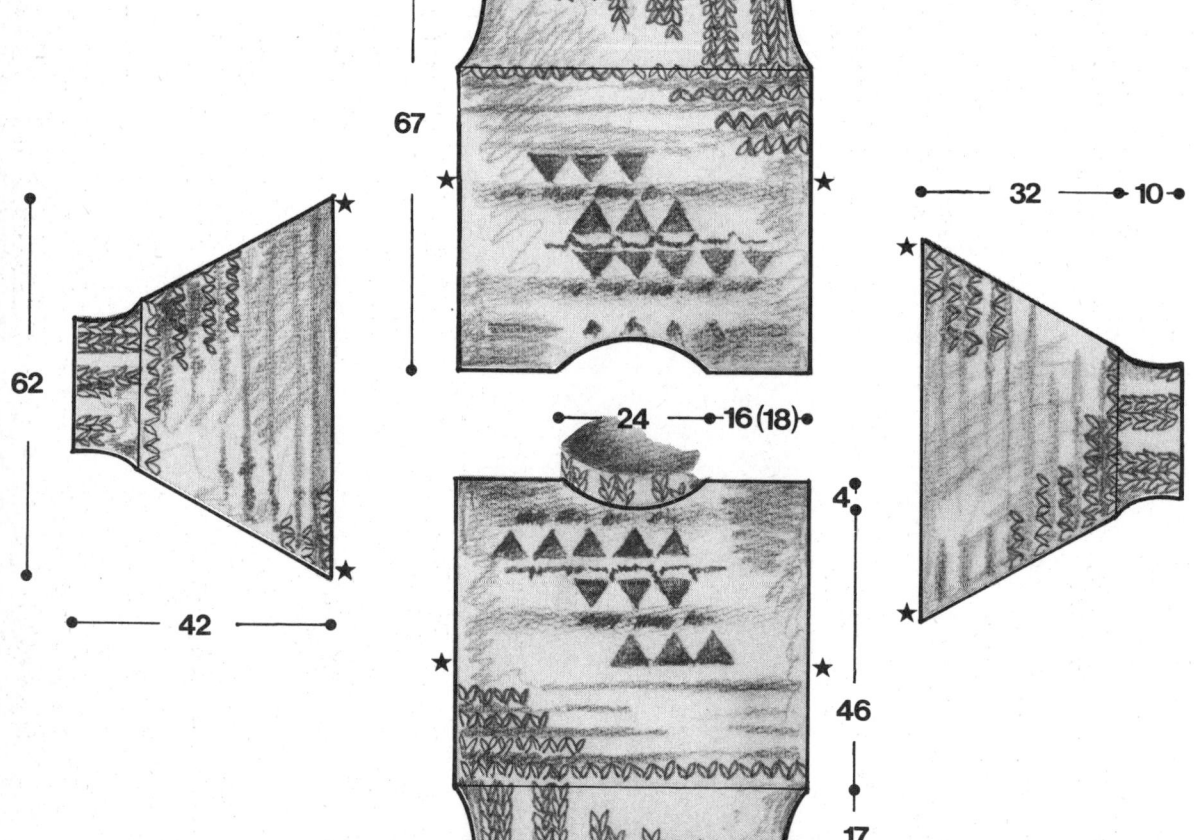

Farbfolge II: Jacquard nach dem Zählmuster. 1 Kästchen = 1 M in der Breite und 1 R in der Höhe.
○ = Schwarz
H = Rostbraun
Die leeren Felder = Braun
F = Violett
S = Grün
Der Musterrapport ist 8 M breit und 32 R hoch.

AUSFÜHRUNG
Rückenteil: In Rostbraun 90 M (100) mit Nadeln Nr. 3½ anschlagen und das Bündchen 17 cm 2 M re – 2 M li im Wechsel stricken. Dabei innerhalb der letzten Rück R gleichmäßig verteilt noch 10 M zunehmen. Im Grundmuster mit Nadeln Nr. 5½ weiter gerade hochstricken: 19 cm die Farbfolge I stricken und dann in der Farbfolge II weiterstricken und beenden.
In 63 cm Gesamthöhe für die Halsrundung die mittleren 24 M und zu beiden Seiten noch in jeder 2. R. 1mal 4, 1mal 3, 1mal 2 und 1mal 1 M abketten.
In 67 cm Höhe die Schultermaschen abketten.
Vorderteil: Wie das Rückenteil stricken.
Ärmel: In Rostbraun 38 M mit Nadeln Nr. 3½ anschlagen und das Bündchen 10 cm 1 M re – 1 M li im Wechsel stricken. Dabei innerhalb der letzten Rück R gleichmäßig verteilt noch 10 M zunehmen.
Im Grundmuster mit Nadeln Nr. 5½ durchgehend in der Farbfolge I weiterstricken und bis 42 cm Ärmelhöhe auf beiden Seiten gleichmäßig verteilt 22mal je 1 M zunehmen. Alle Maschen locker abketten.
Ausarbeitung: Die Teile auf den Schnitt spannen, mit feuchten Tüchern bedecken und gut trocknen lassen.
Die Schulternähte schließen, die Ärmel wie im Schnitt markiert an die Ärmelansatzkanten nähen und die Ärmel- und Seitennähte schließen.
Aus dem Halsausschnitt in Rostbraun mit der Rundnadel die M auffassen und die Blende 3 cm 2 M re – 2 M li im Wechsel stricken. Alle M im Maschenrhythmus abketten.

Einstrickmuster und Rippen Nr. 62

Farbbild Seite 190

Pulli
für Größe 38/40 (42/44)

MATERIAL
Nr. 6 von ANNY BLATT
200 g (250 g) Daim, Farbe 2276
300 g (350 g) Mer de Sud, Farbe 2270
450 g (500 g) Outremer, Farbe 2269
Lauflänge 63 m per 50 g Knäuel
(100% Wolle)
Je 1 Paar Stricknadeln Nr. 4 und 5

MUSTER
Grundmuster I: Jacquardmuster glatt rechts (Hin R re – Rück R li) nach dem Zählmuster gestrickt. 1 Kästchen = 1 M in der Breite und 1 R in der Höhe.
Die leeren Felder = Daim
Die Punkte = Mer du Sud
A 1 = 1. M für Größe 38/40
A 2 = 1. M für Größr 42/44
Ab Mitte im weiterlaufenden Musterrhythmus bis Ende stricken!
Grundmuster II: Fantasierippen für Passe und Ärmel. Maschenzahl teilbar durch 3 plus 1 M plus 2 Rand M!
1. R: Rand M ★ 2 M re, 1 M li, ab ★ wiederholen.
Die R endet mit 1 M re, Rand M.
Diese 1. R fortlaufend wiederholen.
Maschenprobe I: Mit Nadeln Nr. 5 glatt re gestrickt ergeben 18 M in der Breite und 20 R in der Höhe 10 cm im Quadrat.
Maschenprobe II: In Fantasierippen mit Nadeln Nr. 5 gestrickt ergeben 20 M in der Breite und 23 R in der Höhe 10 cm im Quadrat.

AUSFÜHRUNG
Rückenteil: In Mer du Sud 86 M (94 M) mit Nadeln Nr. 4 anschlagen und das Bündchen 10 cm 2 M re – 2 M li im Wechsel stricken. Nun ab der 1. M auf der li Arbeitsseite 1 R stricken und in dieser R gleichmäßig verteilt 11 M (9 M) zunehmen. **Es sind nun 97 M (103 M) auf der Nadel.**
Mit Nadel Nr. 5 weiterarbeiten und die M nach dem Zählmuster aufteilen: Das Muster beginnt bei A 1 (A 2). Gerade hochstricken und nach 24 cm Höhe des Jacquardmusters zu beiden Seiten die Randmaschen für den Ärmelansatz mit einem Faden kennzeichnen. Weiter gerade hochstricken und nach Ende der 74 R Jacquardmuster = 48 cm Gesamthöhe in der gleichen Nadelstärke im Fantasierippenmuster weiterstricken. Outremer auf die Nadel nehmen und sofort innerhalb der 1. R gleichmäßig verteilt 17 M zunehmen. Es sind nun 114 M (120 M) auf der Nadel.
In 60 cm (61 cm) Gesamthöhe für den Halsausschnitt die mittleren 14 M und zu beiden Seiten noch in jeder 2. R 2mal 6 M abketten.
In 62 cm (63 cm) Gesamthöhe die jeweils 38 M (41 M) der Schultern abketten.
Vorderteil: In Mer du Sud 86 M (94 M) mit Nadeln Nr. 4 anschlagen und wie das Rückenteil stricken.

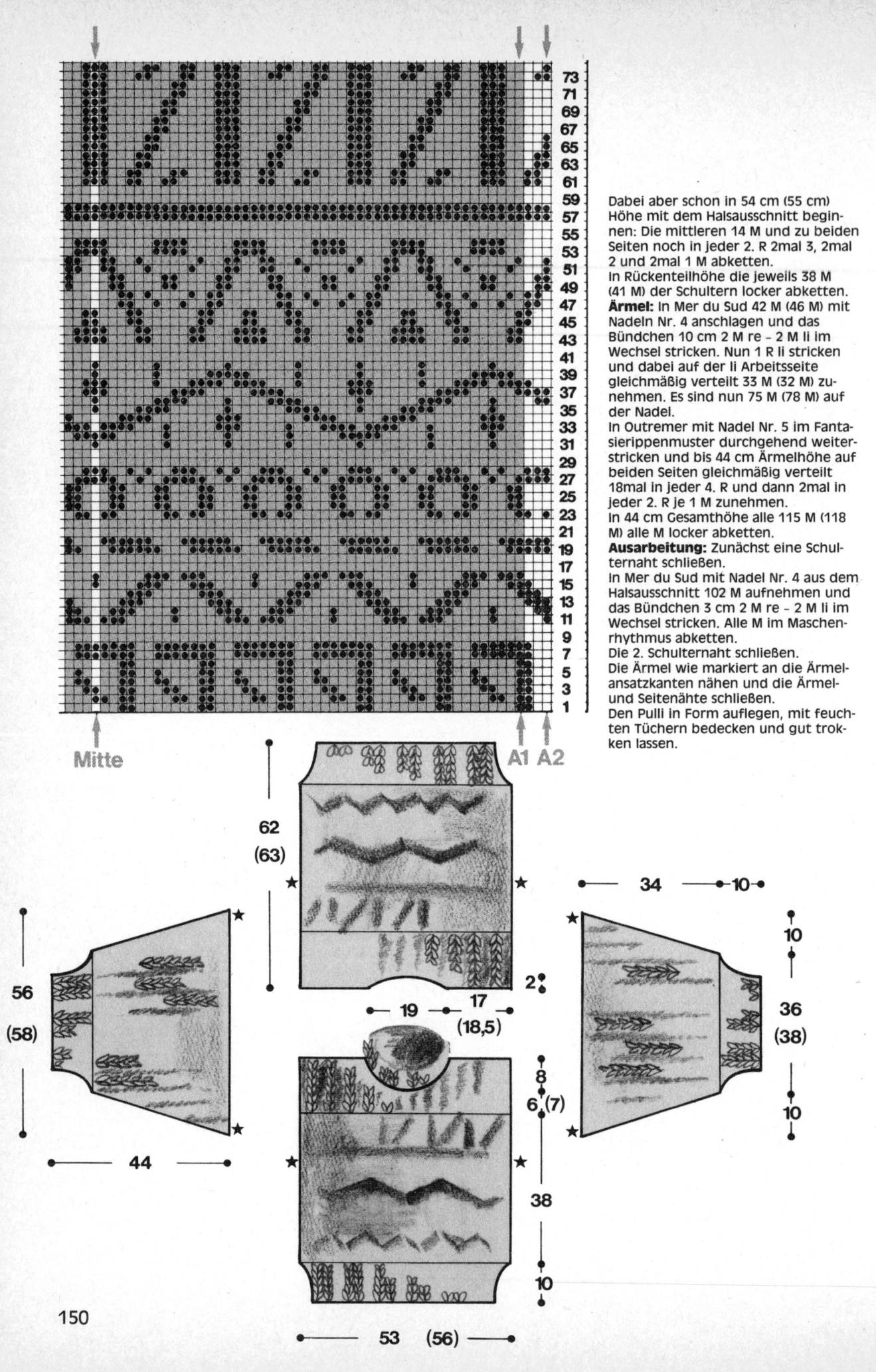

Dabei aber schon in 54 cm (55 cm) Höhe mit dem Halsausschnitt beginnen: Die mittleren 14 M und zu beiden Seiten noch in jeder 2. R 2mal 3, 2mal 2 und 2mal 1 M abketten.
In Rückenteilhöhe die jeweils 38 M (41 M) der Schultern locker abketten.
Ärmel: In Mer du Sud 42 M (46 M) mit Nadeln Nr. 4 anschlagen und das Bündchen 10 cm 2 M re – 2 M li im Wechsel stricken. Nun 1 R li stricken und dabei auf der li Arbeitsseite gleichmäßig verteilt 33 M (32 M) zunehmen. Es sind nun 75 M (78 M) auf der Nadel.
In Outremer mit Nadel Nr. 5 im Fantasierippenmuster durchgehend weiterstricken und bis 44 cm Ärmelhöhe auf beiden Seiten gleichmäßig verteilt 18mal in jeder 4. R und dann 2mal in jeder 2. R je 1 M zunehmen.
In 44 cm Gesamthöhe alle 115 M (118 M) alle M locker abketten.
Ausarbeitung: Zunächst eine Schulternaht schließen.
In Mer du Sud mit Nadel Nr. 4 aus dem Halsausschnitt 102 M aufnehmen und das Bündchen 3 cm 2 M re – 2 M li im Wechsel stricken. Alle M im Maschenrhythmus abketten.
Die 2. Schulternaht schließen.
Die Ärmel wie markiert an die Ärmelansatzkanten nähen und die Ärmel- und Seitennähte schließen.
Den Pulli in Form auflegen, mit feuchten Tüchern bedecken und gut trokken lassen.

Schöne Muster Nr. 63

Farbbild Seite 191

MATERIAL
Nr. 4 von ANNY BLATT
500 g (500 g) Grundfarbe Gris Farbe 1292
und für das Jacquardmuster
Je 50 g Aubergine, Farbe 2302,
Cerise, Farbe 1287,
Mûre, Farbe 1569,
Buvard, Farbe 1285
Lauflänge 120 m per 50 g Knäuel (100% Wolle)
Je 1 Paar Stricknadeln Nr. 3 und 3½

Pulli
für Größe 38–42)

MUSTER
Grundmuster I: Glatt rechts (Hin R re – Rück R li)
Grundmuster II: Glatt links (Hin R li – Rück R re)
Maschenprobe: Mit Nadeln Nr. 3½ glatt re gestrickt ergeben 24 M in der Breite und 30 R in der Höhe 10 cm im Quadrat.
Zählmuster: 1 Kästchen = 1 M in der Breite und 1 R in der Höhe.
Alle leeren Felder werden in der Grundfarbe Gris gestrickt.
Für das Jacquardmuster werden die großen Punkte in Aubergine, die Dreiecke in Buvard, die kleinen Punkt in Cerise, die Quadrate in Mûre gestrickt.
Dabei wird die 1.-37. R. des Jacquardmusters glatt re gearbeitet.
Die 38.-118. R. werden durchgehend in Gris gestrickt: Das Muster wird mit glatt re begonnen. **Die getönten Felder werden glatt li gestrickt!** In diesem Muster wird dann wieder mit Glatt-Rechts-Streifen weitergearbeitet.
Die 119.-150. R wird wieder durchgehend glatt re im Jacquard-Muster gearbeitet.
Wichtig: Das Muster wird fortlaufend im Musterrhythmus über die ganze Breite gestrickt!
Die 1. M für Größe 38/40 beginnt bei A 1.
Die 1. M für Größe 42/44 beginnt bei A 2.

AUSFÜHRUNG
Rückenteil: In der Grundfarbe 118 M (126 M) mit Nadeln Nr. 3 anschlagen und das Bündchen 11 cm 2 M re – 2 M li im Wechsel stricken. Dabei zu beiden Seiten jeweils 2 M re stricken!
Mit Nadeln Nr. 3½ im Grundmuster nach dem Zählmuster weiterstricken und sofort innerhalb der 1. R gleichmäßig verteilt 14 M zunehmen. Es sind nun 132 M (140 M) auf der Nadel. In 34 cm (33 cm) Gesamthöhe die Rand M zu beiden Seiten für den Beginn der Ärmelansatzkante mit einem Faden markieren.
Weiter im Muster gerade hochstricken und nach den 150 Zählmusterreihen über alle M in Mûre 2 R rechts kraus (Hin R re – Rück R re), in Aubergine 2 R re kraus und in Cerise 2 R re kraus stricken. Nun alle M mit 1 R re M abketten.
Vorderteil: Wie das Rückenteil stricken.
Ärmel: In der Grundfarbe 62 M (66 M) mit Nadeln Nr. 3 anschlagen und das Bündchen 11 cm 2 M re – 2 M li im Wechsel stricken. Dabei mit 2 M re beginnen und enden!
Mit Nadeln Nr. 3½ in Gris glatt re weiterarbeiten und sofort innerhalb der 1. R gleichmäßig verteilt 22 M zunehmen. Es sind nun 84 M (88 M) auf der Nadel. Für die Seitenschrägungen und beiden Seiten 21mal in jeder 4. R. und 7mal in jeder 2. R je 1 M zunehmen. Dabei ab Bündchen zunächst die 1.-37. R. nach dem Zählmuster stricken und in der 1. R die 1. M mit ä1 (ä2) beginnen!
Ab der 38. R durchgehend im Grundmuster I in der Grundfarbe stricken und in 44 cm Ärmelhöhe alle 140 M (144 M) locker abketten.
Ausarbeitung: Die Schulternähte jeweils 15,5 cm (17 cm) breit schließen, die Ärmel wie im Schnitt markiert an die Ärmelansatzkanten nähen und die Ärmel- und Seitennähte schließen.
Den fertigen Pulli in Form auflegen, mit feuchten Tüchern bedecken und gut trocknen lassen.

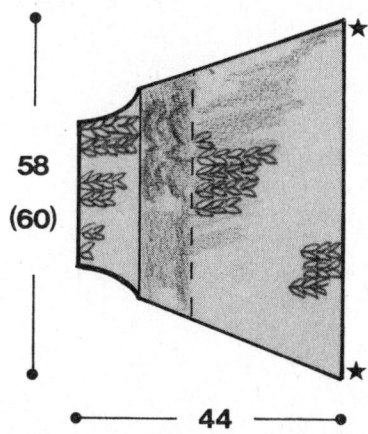

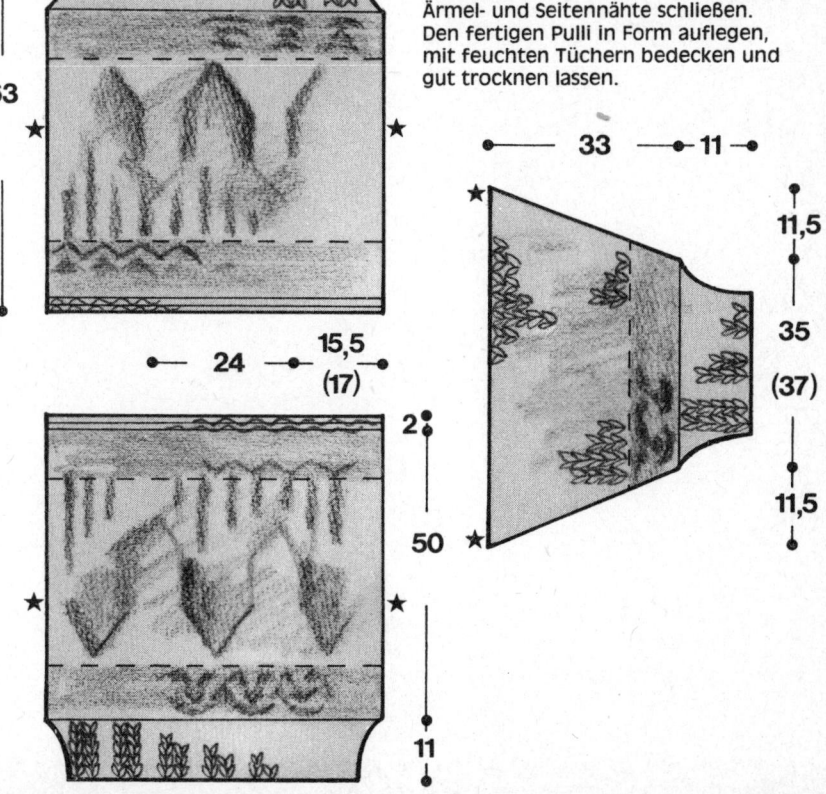

151

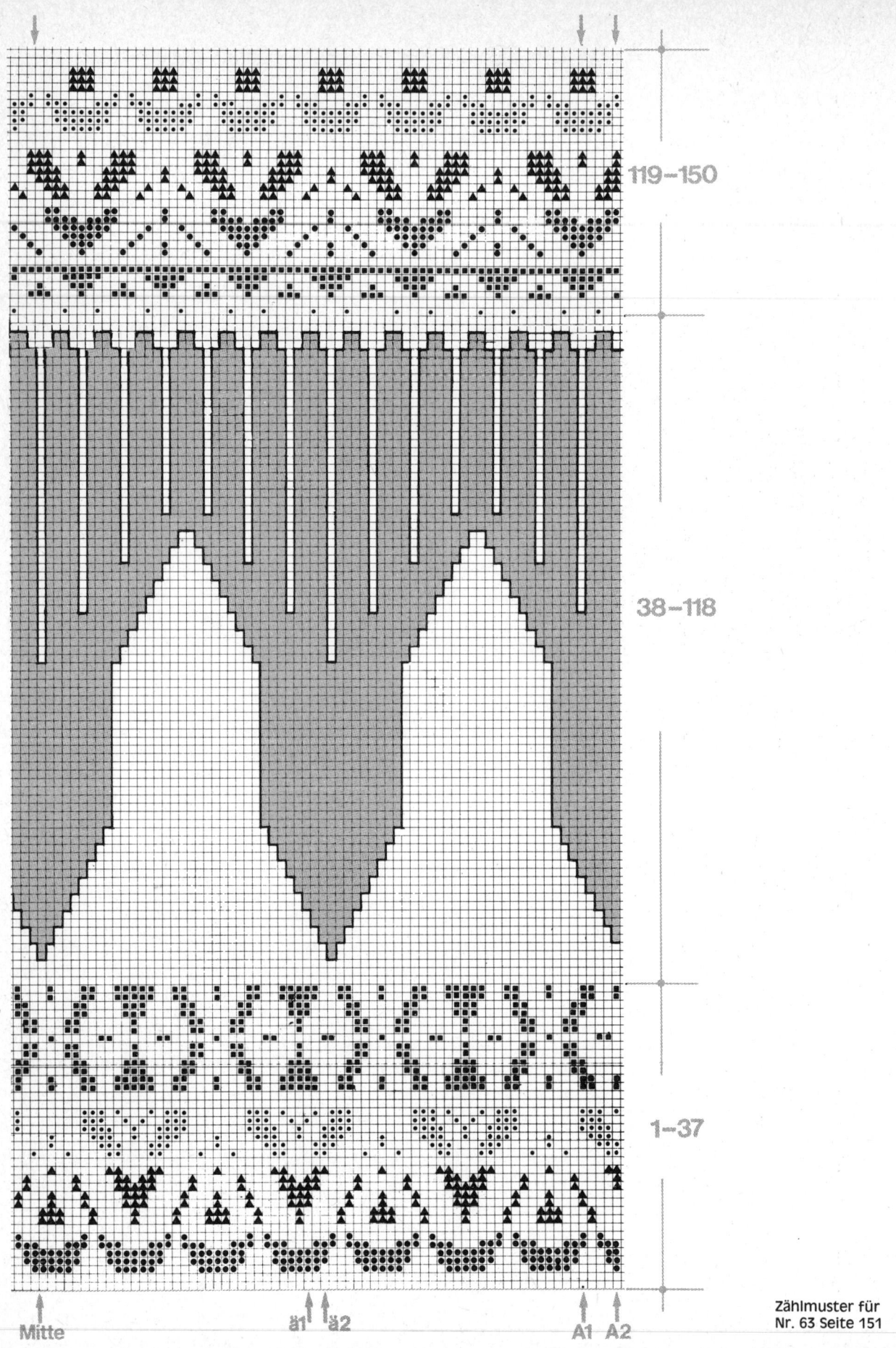

Zählmuster für Nr. 63 Seite 151

Jacquard elegant Nr. 64

Farbbild Seite 192

Pulli
für Größe 38–42 (44/46)

MATERIAL
Pimpante von PLASSARD
200 g (250 g) Gala, Farbe 5 (Rosa) und 200 g (250 g) Triomphe, Farbe 14 (Bleu) Lauflänge 57,5 m per 50 g Knäuel (34% Wolle, 27% Baumwolle, 21% Mohair, 15% Alpake, 3% Polyamid)
Musarde von PLASSARD
100 g (150 g) Sentier, Farbe 304 (Rosa) und 200 g (250 g) Randonnee 3/3, Farbe 313 (Bleu)
(55% Wolle, 45% Alpaka; Lauflänge 85 m per 50 g Knäuel)
Je 1 Paar Stricknadeln Nr. 4$^{1/2}$ und 5
1 Rundstricknadel Nr. 4$^{1/2}$

MUSTER
Grundmuster: Glatt rechts
(Hin R re – Rück R li) nach dem Zählmuster.
1 Kästchen = 1 M in der Breite und 1 R in der Höhe.
Die leeren Felder = Pimpante in Bleu
Die Quadrate = Musarde in Bleu
Die Punkte = Pimpante in Rosa
Die Dreiecke = Musarde in Rosa
Maschenprobe: Im Jacquardmuster glatt re mit Nadeln Nr. 5 gestrickt ergeben 18 M in der Breite und 22 R in der Höhe 10 cm im Quadrat.

AUSFÜHRUNG
Rückenteil: In Musarde Bleu 80 M (86 M) mit Nadeln Nr. 4$^{1/2}$ anschlagen und das Bündchen 7 cm 1 M re – 1 M li im Wechsel stricken. Dabei innerhalb der letzten R gleichmäßig verteilt noch 21 M zunehmen. Es sind nun 101 M (107 M) auf der Nadel.
Im Grundmuster mit Nadeln Nr. 5 nach dem Zählmuster weiterstricken und nach den 2 ersten durchgehenden R Pimpante Bleu die M von der Mitte aus aufteilen.
Gerade hochstricken und in 30 cm (31 cm) Gesamthöhe für die Armausschnitte auf beiden Seiten je 1mal 5 M abketten.

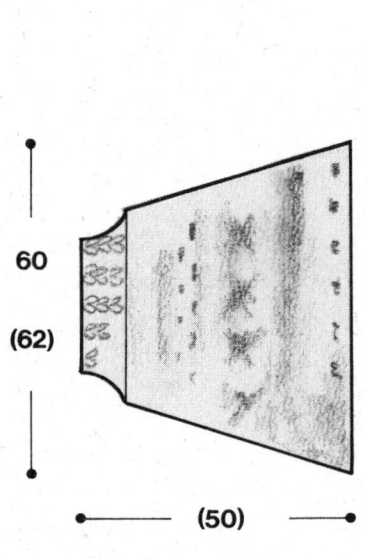

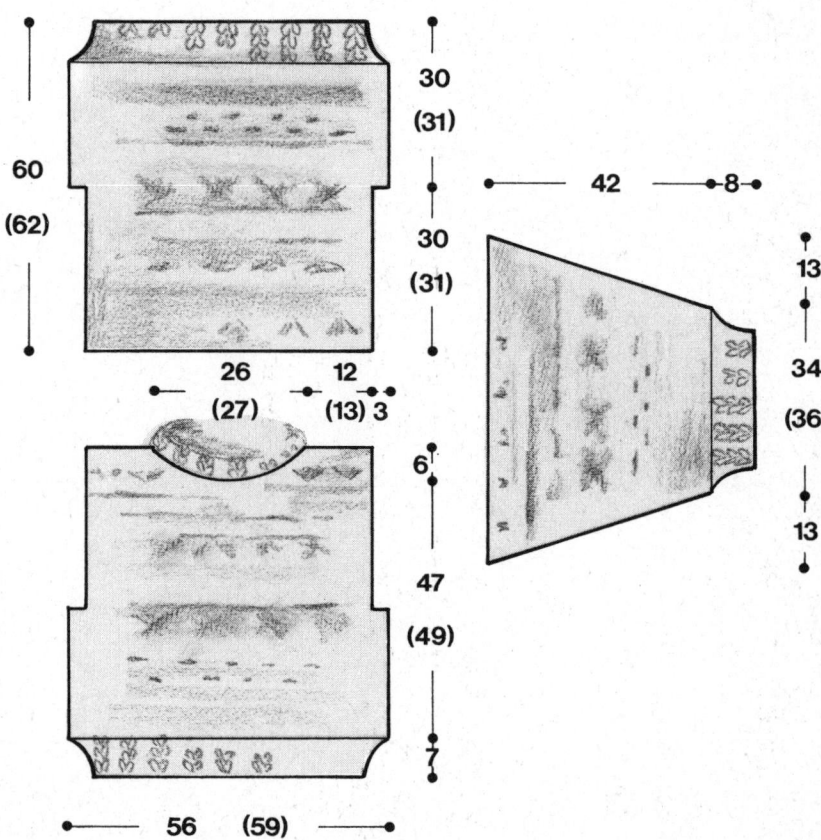

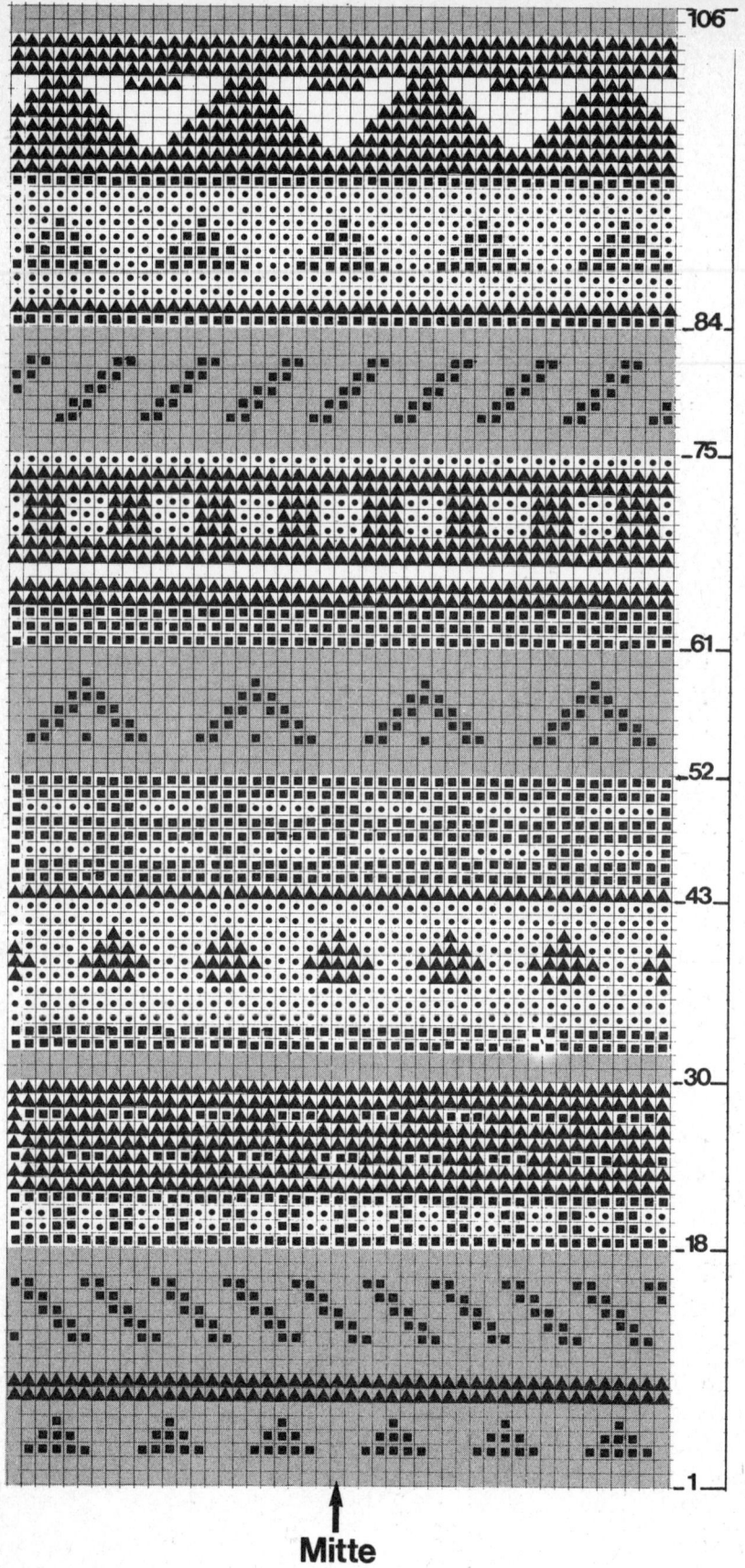

Alle 91 M (97 M) weiter gerade hochstricken und in 60 cm (62 cm) Höhe das Muster in der Länge entsprechenden Reihenzahl in durchgehend Pimpante Bleu beenden. Alle M abketten.
Vorderteil: In Musarde Bleu 80 M (86 M) mit Nadeln Nr. 4¹/₂ anschlagen und wie das Rückenteil stricken. Dabei aber in 54 cm (56 cm) Gesamthöhe für den Halsausschnitt die mittleren 15 M (17 M) abketten und zu beiden Seiten noch in jeder 2. R 1mal 6, 1mal 4, 1mal 3 und 3mal 1 M abketten. In Rückenteilhöhe die jeweils 22 (24) Schultermaschen abketten.
Ärmel: In Musarde Bleu 40 M (44 M) mit Nadeln Nr. 4¹/₂ anschlagen und das Bündchen 8 cm 1 M re – 1 M li im Wechsel stricken. Dabei innerhalb der letzten Rück R gleichmäßig verteilt noch 23 M zunehmen. Es sind nun 63 M (67 M) auf der Nadel.
Im Grundmuster mit Nadeln Nr. 5 nach dem Zählmuster weiterarbeiten und nach den 2 ersten durchgehenden R Pimpante Bleu die M von der Mitte aus aufteilen.
Dabei für die Seitenschrägungen 23mal in jeder 4. R zu beiden Seiten je 1 M zunehmen. In 50 cm Ärmelhöhe alle 109 M (113 M) locker abketten.
Ausarbeitung: Die Schulternähte schließen, die Ärmel wie im Schnitt markiert an die Ärmelansatzkanten nähen und die Ärmel- und Seitennähte schließen.
Mit der Rundnadel in Musarde Bleu 86 M (90 M) aus dem Halsausschnitt auffassen und das Bündchen 2,5 cm 1 M re – 1 M li im Wechsel stricken. Alle M im Maschenrhythmus abketten. Den fertigen Pulli in Form auflegen, mit feuchten Tüchern bedecken und gut trocknen lassen.

Stricken mit Intarsienmustern

Intarsien

Im Gegensatz zu den Mustern, die wir gewöhnlich als „Jacquards" bezeichnen, also in regelmäßigen Rapporten durchlaufende Muster, sind Intarsien Muster, welche großflächig angelegt werden. Was freilich nicht bedeutet, daß es in diesen Flächen keine „kleinen" Mustermotive gibt. Im Grunde genommen bedeutet „Jacquard" einen regelmäßigen Musterverlauf, „Intarsien" einen flächigen oder unregelmäßigen.
(Hier ist zu bemerken, daß sich die Bezeichnung „Jacquard" immer mehr für alle Einstrickmuster eingebürgert hat.)
Dabei finden Sie bei diesen Mustern immer wieder Sätze wie: „Für jedes Farbfeld einen gesonderten Faden verwenden, und beim Farbwechsel die Fäden einmal umeinanderschlingen, damit keine Löcher entstehen."
Einfacher noch: „Die Fäden auf der Rückseite der Arbeit verkreuzen."
Das mag kompliziert klingen, ist es aber überhaupt nicht!
Stricken Sie nach Anleitung oder Zählmuster die angegebene Maschenzahl in der 1. Farbe, und dann, wenn die 2. oder entsprechend folgende Farbe gestrickt werden muß, legen Sie den fertiggestrickten Faden auf der Rückseite der Arbeit ü b e r den Faden, mit welchem Sie weiterstricken müssen.
Nun nehmen Sie den neuen Faden hoch, ziehen ihn etwas an und stricken in der neuen Farbe weiter. Auf diese einfache Weise ist der erste Faden „gefangen", und die Maschen liegen ordentlich nebeneinander.

Wenn Sie Farbflächen versetzen wollen, gehen Sie natürlich ebenso vor.

So ergibt sich ein schönes, gleichmäßiges Strickbild auf der Vorderseite. Vom „Fädenverkreuzen" ist nichts zu sehen.

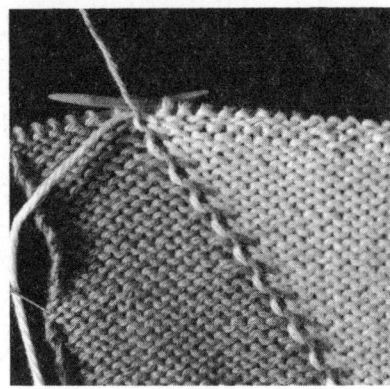

Nur auf der Rückseite - und das ist manchmal sehr wichtig zur Kontrolle - können Sie deutlich erkennen, an welchen Stellen Sie die Fäden einmal umeinandergeschlungen haben.
Es kann durchaus vorkommen, daß Sie mit vielen Fäden arbeiten müssen, deren zwölf oder noch mehr nebeneinander Sie für das Muster brauchen. Auch dies braucht Sie nicht zu verwirren. Zunächst entwirren Sie am Ende einer Hinreihe alle Fäden und legen die verschiedenen Knäuel der Reihenfolge entsprechend nebeneinander auf den Boden. Sie können Kochtöpfe oder Bücher zum Beschweren nehmen. Nun wenden Sie die Nadelspitze auf sich zu, drehen von links nach rechts und am Ende der Rückreihe von sich weg von rechts nach links. So liegen die Fäden am Ende der Hinreihe wieder ordentlich nebeneinander, und es bleiben keine Schlingen.

Zugegeben, Intarsien zu stricken ist arbeitsmäßig etwas aufwendiger, besonders dann, wenn das Muster aus vielen Farben besteht. Ein „ganz von selbst und nebenbei" wie bei einfachen Mustern gibt es hier nicht.
Und es ist immer besser, eine angefangene Arbeit so sicher wegzulegen, daß sich weder Kinder, Katze oder Hund damit vergnügen können. Bekanntlich sind Wollknäuel ein herrliches Spielzeug.
Sollten Sie noch niemals ein Intarsienmuster gestrickt haben, dann versuchen Sie es unbedingt. Aber für das erste Mal mit einem ganz einfachen Schnitt. So brauchen Sie nur auf Ihre verschiedenen Farbknäuel zu achten und nicht auch noch auf nicht immer ganz einfache Zu- oder Abnahmen.
Und sollten Ihnen die Zählmuster der Anleitung zu klein erscheinen - diese sind in der Tat manchmal etwas mühsam auszuzählen -, so lassen Sie diese in einer Kopieranstalt vergrößern. Dies kostet nur Pfennige und hilft, Ihre Augen zu schonen.
Wenn nun alle Teile gestrickt sind, ergibt sich ein neues Problem. Denn viele Fäden sind zu vernähen. Warum also nicht vorher mit dem Vernähen beginnen? Dies kann nämlich sehr leicht geschehen, immer wenn Sie ein lohnendes Stück weitergekommen sind und das Strickbild überprüft haben.
Und niemals werden Fäden „irgendwie" hineingenäht. Immer im Maschenstich!
Noch ein Trick, Fäden schön zu vernähen: Wenn Sie ein Knäuel beginnen, sollten Sie dafür immer den Anfang einer Reihe wählen! So können Sie diese am Ende in der Naht verschwinden lassen.
Hier wäre Sparsamkeit nicht geboten, denn dick vernähte Stellen werden nie so schön ebenmäßig und schon gar nicht „unsichtbar". Maschenstiche sind bei Intarsien oberstes Gebot.
Und natürlich Geduld.
Dafür wird Ihr Erfolgserlebnis um so größer sein.

Bunte Felder – schwarze Konturen
Nr. 65

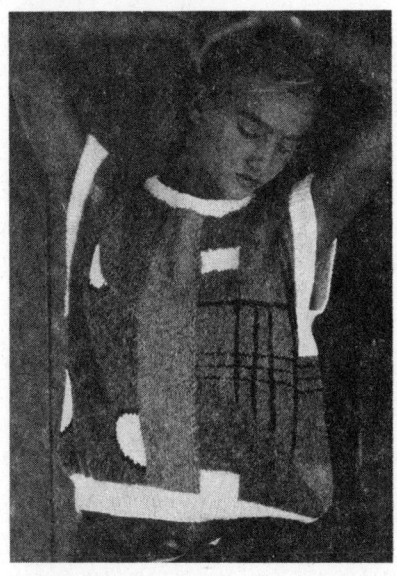

Farbbild Seite 225

Pulli

für Größe 38/40 (42/44)

MATERIAL
Flirt von ANNY BLATT
100 g (100 g) Mer du Sud, Farbe 1484
50 g (50 g) Topaze, Farbe 2404
300 g (350 g) Framboise, Farbe 673
Lauflänge 55 m per 50 g Knäuel
(67% Baumwolle, 23% Viskose, 10% Leinen)
Mango von ANNY BLATT
150 g (150 g) Blanc, Farbe 2164
Lauflänge 85 m per 50 g Knäuel
(57% Viskose, 43% Baumwolle)
Look von ANNY BLATT
je 50 g (50 g) Blanc, Farbe 1765 und Noir, Farbe 1772
Lauflänge 50 m per 50 g Knäuel
(94% Viskose, 6% Nylon)
Je 1 Paar Stricknadeln Nr. 3½ und 4½

MUSTER
Grundmuster: Jacquardmuster glatt rechts (Hin R re - Rück R li) nach dem Zählmuster. 1 Kästchen = 1 M in der Breite und 1 R in der Höhe. Die inneren durchgezogenen Umrandungslinien gelten für Größe 38/40, die äußeren gestrichelten für Größe 42/44.
F = In Flirt Framboise
S = In Flirt Mer du Sud
T = In Flirt Topaze
W = In Look Blanc
Die Punkte = In Look Noir.
Die senkrechten „Kettenlinien" = Stickerei in Look Noir, nach Fertigstellung in Maschenstichen aufgestickt.
Für jedes Farbfeld immer einen gesonderten Faden verwenden und die Fäden auf der Rückseite verkreuzen, damit keine Löcher entstehen.
Maschenprobe: In Flirt mit Nadeln Nr. 4½ gestrickt ergeben 16 M in der Breite und 22 R in der Höhe 10 cm im Quadrat.

AUSFÜHRUNG
Rückenteil: In Mango Blanc 90 M (94 M) mit Nadeln Nr. 3½ anschlagen und das Bündchen 5 cm 1 M re - 1 M li im Wechsel stricken.
In uni Flirt Framboise mit Nadeln Nr. 4½ glatt rechts weiterstricken und sofort innerhalb der 1. R noch 1 M zunehmen.
Bis 29 cm Gesamthöhe gerade hochstricken und dann für die Armausschnitte auf beiden Seiten je 1mal 10 M abketten.
Über die 71 M (75 M) weiter gerade hochstricken und in 54 cm (55 cm) Gesamthöhe für den Halsausschnitt die mittleren 31 M und zu beiden Seiten noch 2 R höher je 1mal 3 M abketten. Dabei gleichzeitig in 54 cm (55 cm) Höhe für die Schulterschrägungen auf beiden Seiten 1mal 8 und 2 R höher 1mal 9 M abketten (1mal 9 und 2 R höher 1mal 10 M abketten).
Vorderteil: In Mango Blanc 90 M (94 M) mit Nadeln Nr. 3½ anschlagen und das Bündchen 5 cm 1 M re - 1 M li im Wechsel stricken.

Mit Nadeln Nr. 4½ im Grundmuster nach dem Zählmuster weiterarbeiten und dabei innerhalb der 1. R noch 1 M zunehmen.
Die Seitenkanten mit Armausschnitten und Schulterschrägungen wie beim Rückenteil arbeiten.
Dabei aber schon in 49 cm (50 cm) Gesamthöhe mit dem Halsausschnitt beginnen: Die mittleren 25 M abketten und zu beiden Seiten noch in jeder 2. R 1mal 3, 1mal 2 und 1mal 1 M abketten.
In Rückenteilhöhe die restlichen M der Schulterschrägungen abketten.

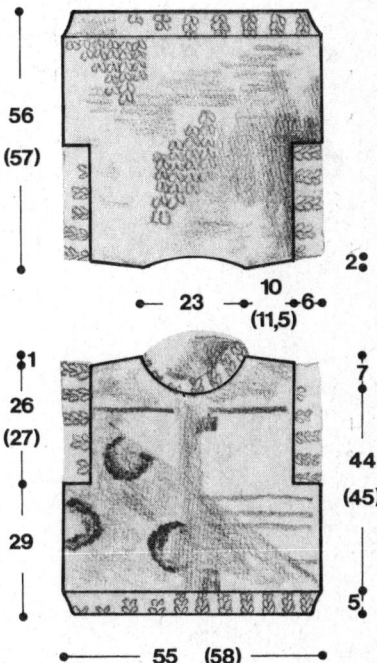

Armausschnittblenden: Für jede Blende in Mango Blanc 145 M (151 M) mit Nadeln Nr. 3½ anschlagen und 6 cm 1 M re - 1 M li im Wechsel stricken. Dabei die M so einteilen, daß sich zu beiden Seiten 2 re M befinden. Alle M locker abketten wie sie erscheinen.

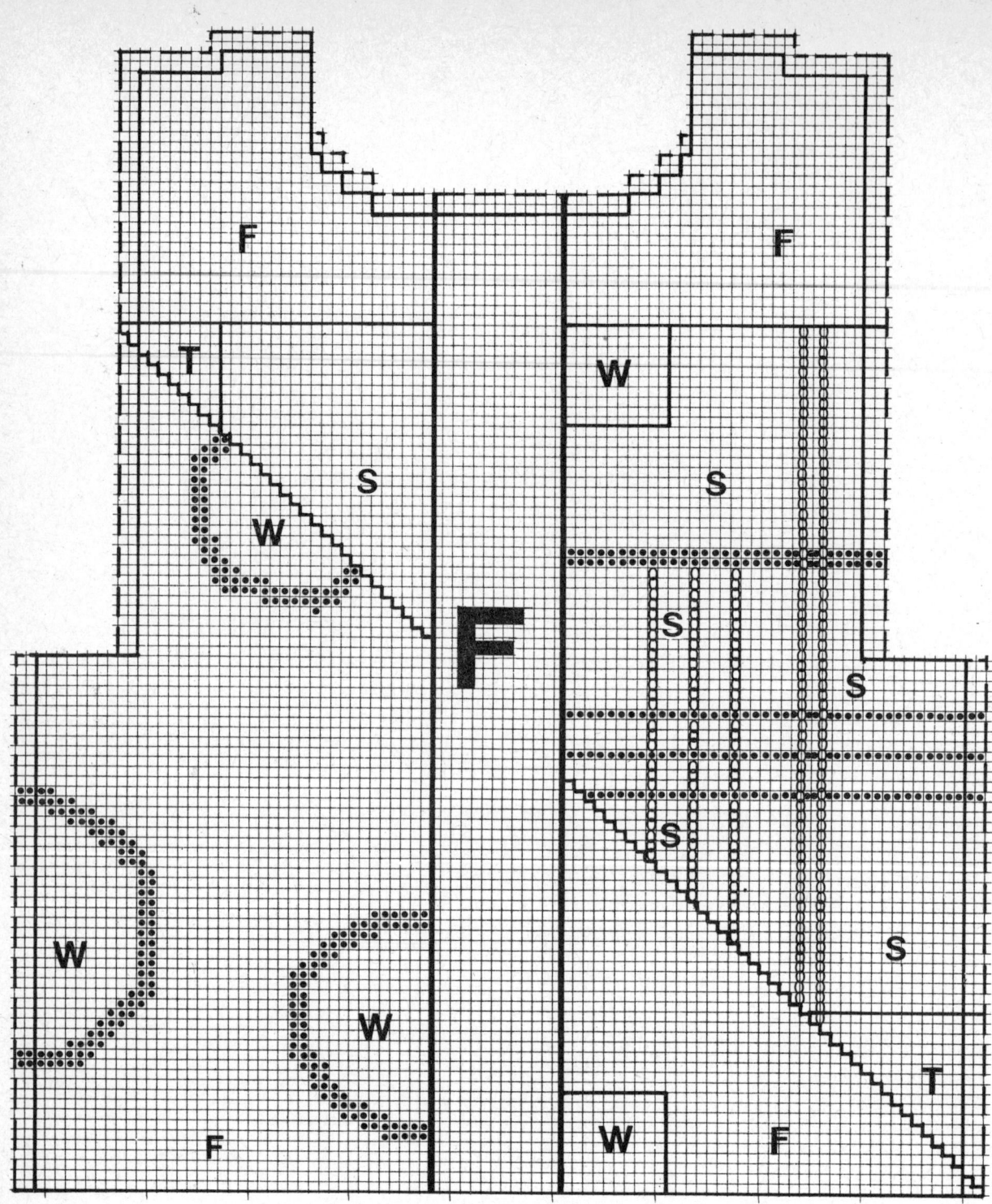

Ausarbeitung: Die Teile auf den Schnitt spannen, mit feuchten Tüchern bedecken und gut trocknen lassen.
Die Stickerei auf dem Vorderteil entlang der „Kettenlinien" mit Maschenstichen ausführen.
Eine Schulternaht schließen.

Aus den Halsausschnittkanten in Mango Blanc 144 M mit Nadeln Nr. 3½ auffassen und das Bündchen 2 cm 1 M re – 1 M li im Wechsel stricken. Alle M locker abketten wie sie erscheinen.
Die 2. Schulternaht und die Halsblende schließen.

Die Armausschnittblenden sorgfältig in die Armausschnitte einnähen, zuerst die langen Kanten, dann die Schmalkanten.
Nun die Seitennähte über 36 cm schließen, d. h. diese Nähte werden um 7 cm entlang der Blendenkanten verlängert!

Pulli

für Größe 38/40 (42/44)

Drei Farben und gerade Linien

nr. 66

Farbbild Seite 226

MATERIAL
Riccio von WOLLSERVICE
300 g (350 g) Grundfarbe Grau, Farbe 73
100 g Weiß, Farbe 60
Je 50 g Pink, Farbe 67, und Rosa, Farbe 66
Lauflänge 85 m per 50 g Knäuel
(77% Baumwolle, 23% Viskose)
Je 1 Paar Stricknadeln Nr. 4 und 6
1 Rundstricknadel Nr. 4

MUSTER
Grundmuster: Glatt rechts
(Hin R re – Rück R li)
Maschenprobe: Mit Nadeln Nr. 6 gestrickt ergeben 14 M in der Breite und 22 R in der Höhe 10 cm im Quadrat.

AUSFÜHRUNG
Rückenteil: In Grau 80 M mit Nadeln Nr. 4 anschlagen und das Bündchen 13 cm 2 M re – 2 M li im Wechsel stricken.

Im Grundmuster mit Nadeln Nr. 6 im Muster weiter gerade hochstricken:
1.-18. R: Alle M in Grau
19.-26. R.: 18 M (21 M) Grau, 44 M Weiß, 18 M (21 M) Grau
27.-42. R.: 18 M (21 M) Grau, 6 M Weiß, 21 M Grau, 11 M Rosa, 6 M Weiß, 18 M (21 M) Grau
43.-62. R.: 18 M (21 M) Grau, 6 M Weiß, 32 M Grau, 6 M Weiß, 18 M (21 M) Grau
63.-70. R.: 18 M (21 M) Grau, 44 M Weiß, 18 M (21 M) Grau
71. R. bis Ende: Alle M in Grau
Dabei in 53 cm (54 cm) Gesamthöhe für den Halsausschnitt die mittleren 10 M und zu beiden Seiten noch in jeder 2. R 2mal 4, 2mal 3, 1mal 2 und 2mal 1 M abketten.
In 62 cm (63 cm) Höhe alle Schultermaschen abketten.

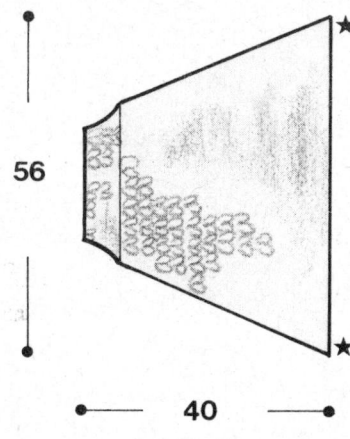

Bunte Dreiecke Nr. 67

Farbbild Seite 227

Vorderteil: In Grau 80 M (86 M) mit Nadeln Nr. 4 anschlagen und das Bündchen 13 cm 2 M re – 2 M li im Wechsel stricken.
Im Grundmuster mit Nadeln Nr. 6 im Muster weiter gerade hochstricken:
1.–24. R.: Alle M in Grau
25.–42. R.: 48 M Weiß und 32 M (38 M) Grau
43.–66. R.: 37 M Grau, 11 M Weiß und 32 M (38 M) Grau
67. R. bis Ende: 16 M Pink, 21 M Grau, 11 M Weiß und 32 M (38 M) Grau
Dabei ab 53 cm (54 cm) Gesamthöhe den Halsausschnitt wie beim Rückenteil arbeiten.
In Rückenteilhöhe alle Schultermaschen locker abketten.
Ärmel: Uni Grau. 32 M mit Nadeln Nr. 4 anschlagen und das Bündchen 6 cm 2 M re – 2 M li im Wechsel stricken. Dabei innerhalb der letzten Rück R gleichmäßig verteilt noch 6 M zunehmen.
Im Grundmuster mit Nadeln Nr. 6 weiterarbeiten und bis 40 cm Ärmelhöhe auf beiden Seiten gleichmäßig verteilt 21mal je 1 M zunehmen.
Alle M locker abketten.
Ausarbeitung: Die Teile auf den Schnitt spannen, mit feuchten Tüchern bedecken und gut trocknen lassen.
Die Schulternähte schließen, die Ärmel wie im Schnitt markiert an die Ärmelansatzkanten nähen und die Ärmel- und Seitennähte schließen.
Mit der Rundnadel in Grau die M aus der Halskante auffassen und das Bündchen 3 cm 2 M re – 2 M li im Wechsel stricken. Alle M abketten wie sie erscheinen.

Pulli
für Größe 38/40 (42/44)

MATERIAL
Riccio von WOLLSERVICE
250 g (300 g) Grundfarbe Pink, Farbe 67.
Je 50 g Rot, Farbe 74, Apricot, Farbe 64, Rosa, Farbe 66, und Grün, Farbe 71
Lauflänge 85 m per 50 g Knäuel (77% Baumwolle, 23% Viskose)
Je 1 Paar Stricknadeln Nr. 4 und 5
1 Häkelnadel Nr. 4

MUSTER
Grundmuster Glatt rechts (Hin R re – Rück R li) nach dem Zählmuster.
1 Kästchen = 1 M in der Breite und 1 R in der Höhe.
Dabei für jedes Farbfeld einen gesonderten Faden verwenden, und beim Farbwechsel die Fäden auf der Rückseite verkreuzen, damit keine Löcher entstehen.
NB: Auf dem Zählmuster ist die 1. Hälfte für Größe 38/40 dargestellt. Die 2. Hälfte wird gegengleich gestrickt.
Bei Größe 42/44 wird das Mittelteil in Pink um 10 M breiter gestrickt.
Maschenprobe: Mit Nadeln Nr. 5 gestrickt ergeben 17 M in der Breite und 19 R in der Höhe 10 cm im Quadrat.

AUSFÜHRUNG
Rückenteil: In Pink 78 M (88 M) mit Nadeln Nr. 4 anschlagen und das Bündchen 7 cm (8 cm) 1 M re – 1 M li im Wechsel stricken.
Mit Nadeln Nr. 5 im Grundmuster weiterstricken und die M einteilen: 8 M Rosa, 31 M (36 M) Pink – Mitte – 31 M (36 M) Pink, 8 M Rosa, wobei das Muster gegengleich gestrickt wird.
Im Muster stricken und die seitlichen Zunahmen nach dem Zählmuster arbeiten.
In 51 cm Gesamthöhe für den Halsausschnitt die mittleren 26 M und zu beiden Seiten noch in jeder 2. R 2mal 3 M abketten.
In 53 cm Höhe die Ärmel-Schultermaschen abketten.
Vorderteil: In Pink 78 M (88 M) mit Nadeln Nr. 4 anschlagen und wie das Rückenteil stricken. Dabei aber in 30 cm (31 cm) Gesamthöhe für den V-Ausschnitt die Arbeit in der Mitte teilen und beide Seiten getrennt und gegengleich beenden.
Für die Ausschnittschrägung 19mal in jeder 2. R 1 M abketten. In Rückenteilhöhe die Ärmel-Schultermaschen abketten.
Ausarbeitung: Die Teile auf den Schnitt spannen, mit feuchten Tüchern bedecken und gut trocknen lassen.
Die Ärmel-Schulternähte und dann die Seitennähte schließen.
Um die Halskante und die Ärmelkanten in Pink je 1 Rd feste M und 1 Rd feste M im Krebsstich häkeln. (Krebsstich: Feste M von li nach re häkeln.)

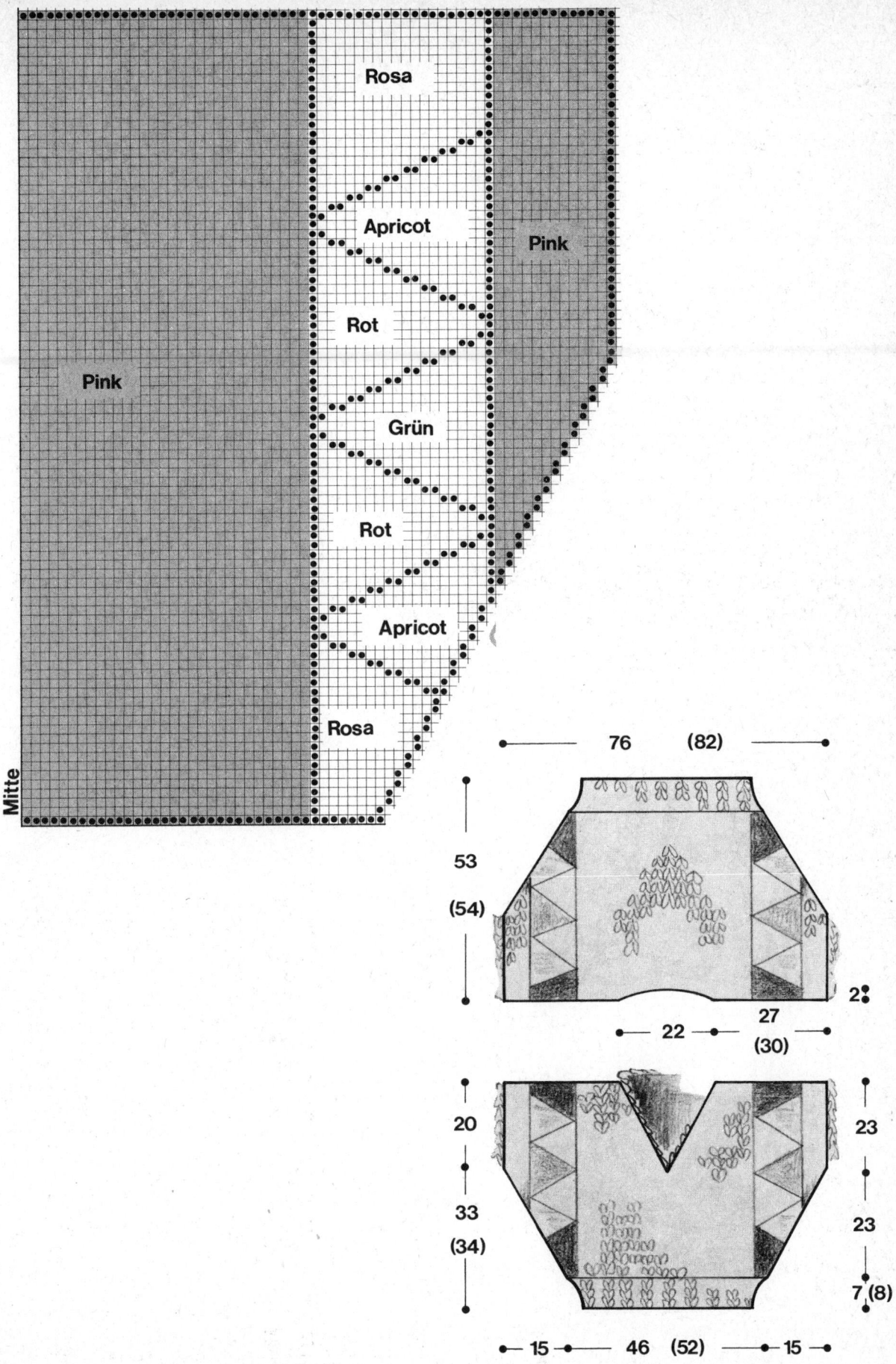

Pulli

für Größe 38-42

Chic in Blau mit Schwarz
Nr. 68/69

Farbbild Seite 228

MATERIAL
L'Akala von WELCOMME
900 g Pacifique, Farbe 35
Lauflänge 67 m per 50 g Knäuel
(100% Baumwolle)
und Le Super Mohair von WELCOMME
250 g Amiral, Farbe 124
Lauflänge 150 m per 50 g Knäuel
(70% Mohair, 30% Polyacryl)
Je 1 Paar Stricknadeln Nr. 3 und 4

MUSTER
Grundmuster: Glatt rechts (Hin R re - Rück R li) nach dem Zählmuster.
1 Kästchen = 1 M in der Breite und 1 R in der Höhe.
Die leeren Felder = Pacifique
Die Punkte = Amiral mit doppeltem Faden!
Für jedes Motiv einen gesonderten Faden verwenden und dabei die Fäden auf der Rückseite der Arbeit verkreuzen, um lange Spannfäden zu vermeiden.
Damit das Zählmuster übersichtlicher bleibt, wurden keine Halsausschnittabnahmen eingezeichnet!

Maschenprobe: In L'Akala mit Nadeln Nr. 4 gestrickt ergeben 20 M in der Breite und 25 R in der Höhe 10 cm im Quadrat.

AUSFÜHRUNG
Rückenteil: In Pacifique 116 M mit Nadeln Nr. 3 anschlagen und das Bündchen 12 cm 1 M re – 1 M li im Wechsel stricken.
Im Grundmuster mit Nadeln Nr. 4 nach dem großen Zählmuster gerade hochstricken und nach Musterende = 70 cm Gesamthöhe alle M abketten.
Vorderteil: In Pacifique 116 M mit Nadeln Nr. 3 anschlagen und das Bündchen 12 cm 1 M re – 1 M li im Wechsel stricken.

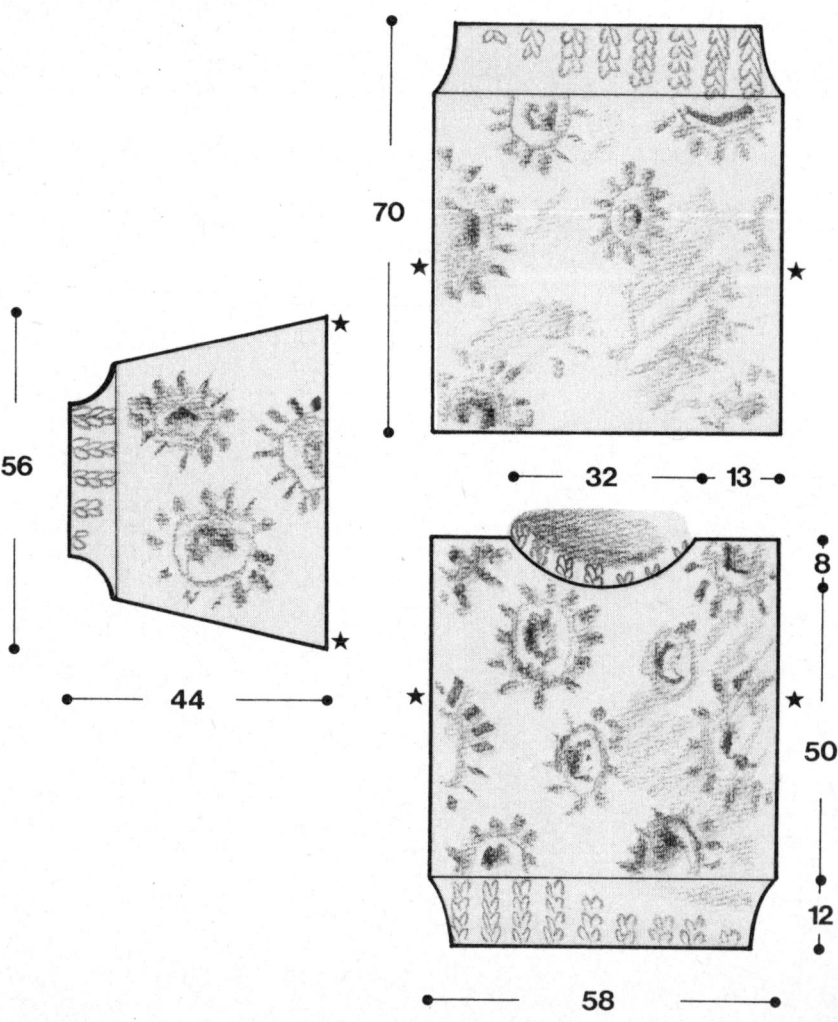

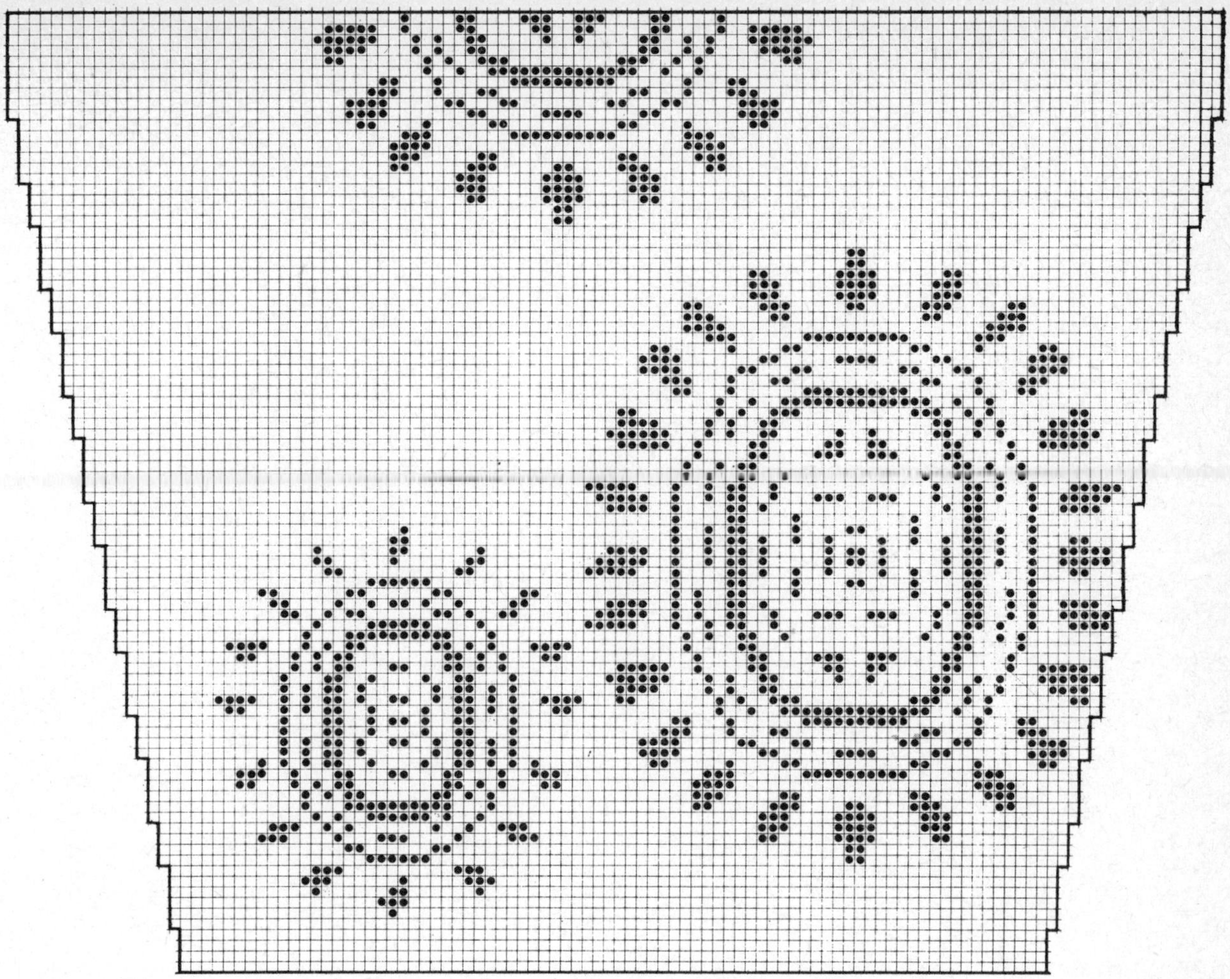

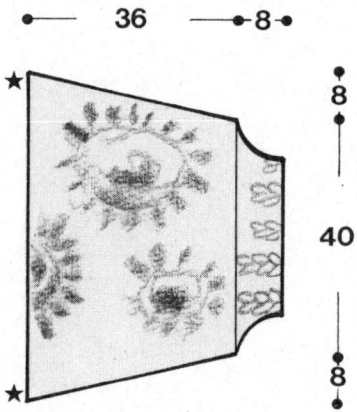

Im Grundmuster mit Nadeln Nr. 4 nach dem großen Zählmuster weiterarbeiten. Dabei in 62 cm Gesamthöhe für den Halsausschnitt die mittleren 10 M und zu beiden Seiten noch in jeder 2. R 1mal 7, 1mal 5, 1mal 3 und 6mal 2 M abketten.
In Rückenteilhöhe die jeweils 26 Schultermaschen abketten.
Linker Ärmel: In Pacifique 50 M mit Nadeln Nr. 3 anschlagen und das Bündchen 8 cm 1 M re - 1 M li im Wechsel stricken. Dabei innerhalb der letzten Rück R gleichmäßig verteilt noch 30 M zunehmen.
Im Grundmuster mit Nadeln Nr. 4 nach dem Ärmelzählmuster weiterstricken und für die Schrägungen zu beiden Seiten 16mal abwechselnd alle 4 und 6 R je 1 M zunehmen.
In 44 cm Ärmelhöhe alle 112 M locker abketten.

Rechter Ärmel: Wie den linken strikken, das Muster aber gegengleich dem Ärmelzählmuster einstricken.
Ausarbeitung: Die Teile auf den Schnitt spannen, mit feuchten Tüchern bedecken und gut trocknen lassen.
Eine Schulternaht schließen.
In Pacifique mit Nadeln Nr. 3 aus der Halsausschnittkante 131 M auffassen und das Bündchen 2 cm 1 M re - 1 M li im Wechsel stricken. Alle M abketten wie sie erscheinen.
Die 2. Schulternaht und die Halsblende schließen.
Die Ärmel wie im Schnitt markiert an die Ärmelansatzkanten nähen und die Ärmel- und Seitennähte schließen.
Variante: Wenn Sie noch keine große Übung im Einstricken von Mustern haben, dann können Sie alle 4 Teile auch in der Grundfarbe stricken.
Die Mustermotive können Sie dann mit Maschenstichen nach den Zählmustern aufsticken.

Pulli

für Größe 38-42

MATERIAL
L'Akala von WELCOMME
700 g Pacifique, Farbe 35
und 100 g Noir, Farbe 24
Lauflänge 87 m per 50 g Knäuel
(100% Baumwolle)
Je 1 Paar Stricknadeln Nr. 3 und 3½
1 Häkelnadel Nr. 3

MUSTER
Grundmuster: Glatt rechts
(Hin R re - Rück R li) nach dem Zählmuster.
1 Kästchen = 1 M in der Breite und 1 R in der Höhe.
Die Grundfarbe des Pullis = Pacifique, alle Felder innerhalb der umrandeten Mustermotive werden in Noir eingestrickt.
Dabei für jedes Farbfeld einen gesonderten Faden verwenden und beim Farbwechsel die Fäden immer einmal umeinanderschlingen, damit keine Löcher entstehen.
Maschenprobe: Mit Nadeln Nr. 3½ glatt re gestrickt ergeben 21 M in der Breite und 27 R in der Höhe 10 cm im Quadrat.

Farbbild Seite 229

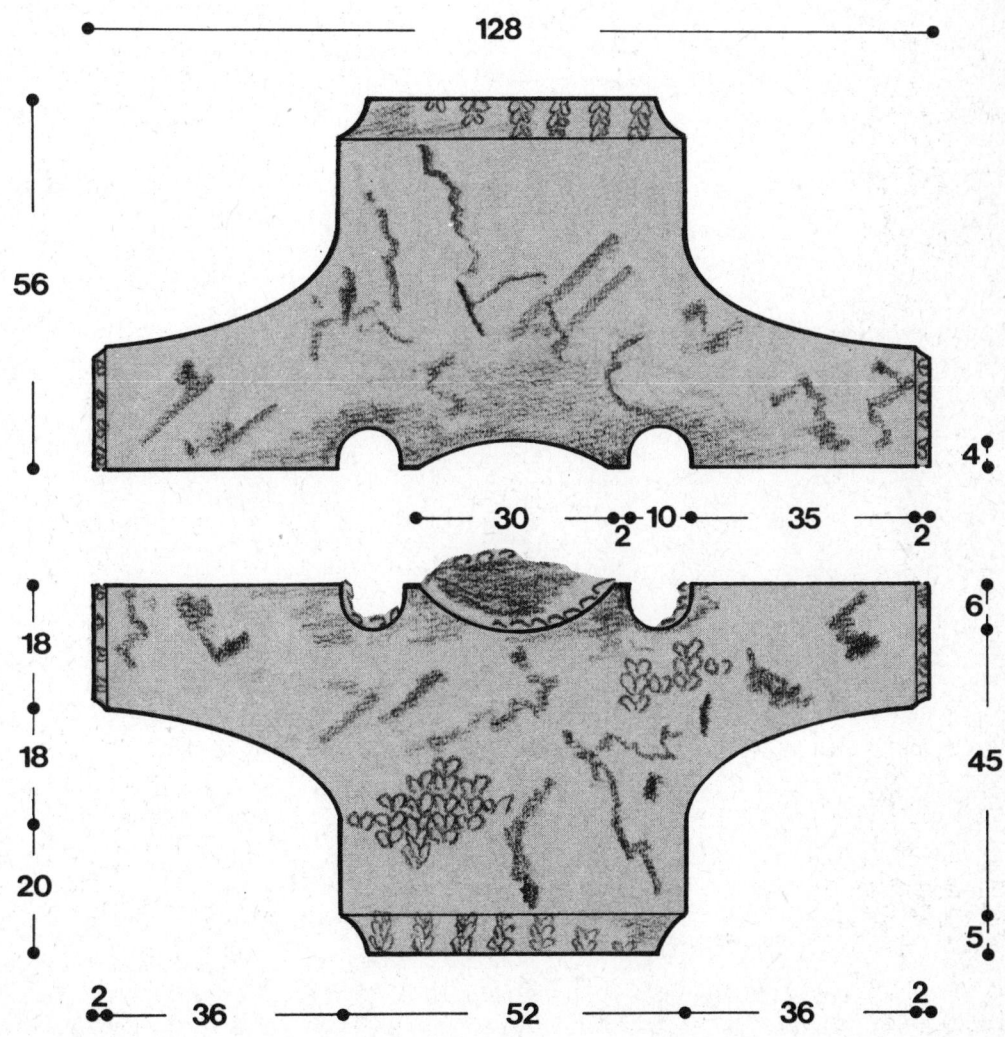

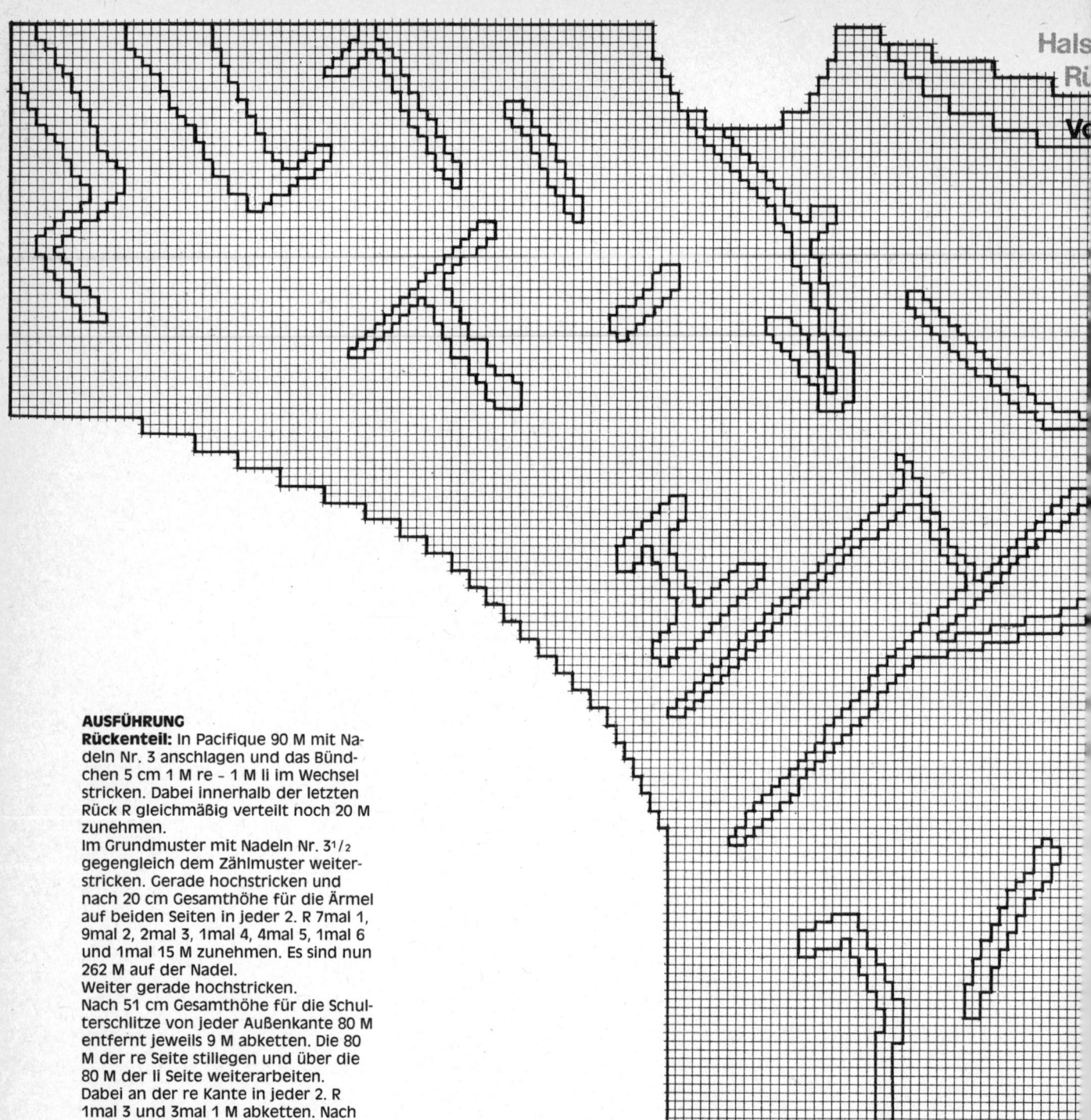

AUSFÜHRUNG
Rückenteil: In Pacifique 90 M mit Nadeln Nr. 3 anschlagen und das Bündchen 5 cm 1 M re – 1 M li im Wechsel stricken. Dabei innerhalb der letzten Rück R gleichmäßig verteilt noch 20 M zunehmen.
Im Grundmuster mit Nadeln Nr. 3$^{1}/_{2}$ gegengleich dem Zählmuster weiterstricken. Gerade hochstricken und nach 20 cm Gesamthöhe für die Ärmel auf beiden Seiten in jeder 2. R 7mal 1, 9mal 2, 2mal 3, 1mal 4, 4mal 5, 1mal 6 und 1mal 15 M zunehmen. Es sind nun 262 M auf der Nadel.
Weiter gerade hochstricken.
Nach 51 cm Gesamthöhe für die Schulterschlitze von jeder Außenkante 80 M entfernt jeweils 9 M abketten. Die 80 M der re Seite stillegen und über die 80 M der li Seite weiterarbeiten.
Dabei an der re Kante in jeder 2. R 1mal 3 und 3mal 1 M abketten. Nach 56 cm Gesamthöhe alle 74 verbleibenden M abketten.
Die stillgelegten 80 M der re Seite wieder aufnehmen und diese gegengleich der linken arbeiten. Alle M abketten.
Nun die stillgelegten 84 M des Mittelteils wieder aufnehmen und im Musterrhythmus weiterarbeiten.
Dabei für die Schulterschlitze zu beiden Seiten in jeder 2. R 1mal 3 und 3mal 1 M abketten und gleichzeitig in 53 cm Gesamthöhe für den Halsausschnitt die mittleren 22 M und zu beiden Seiten noch in jeder 2. R 2mal 7 und 1mal 6 M abketten.
In 56 cm Gesamthöhe die jeweils 5 Schultermaschen locker abketten.

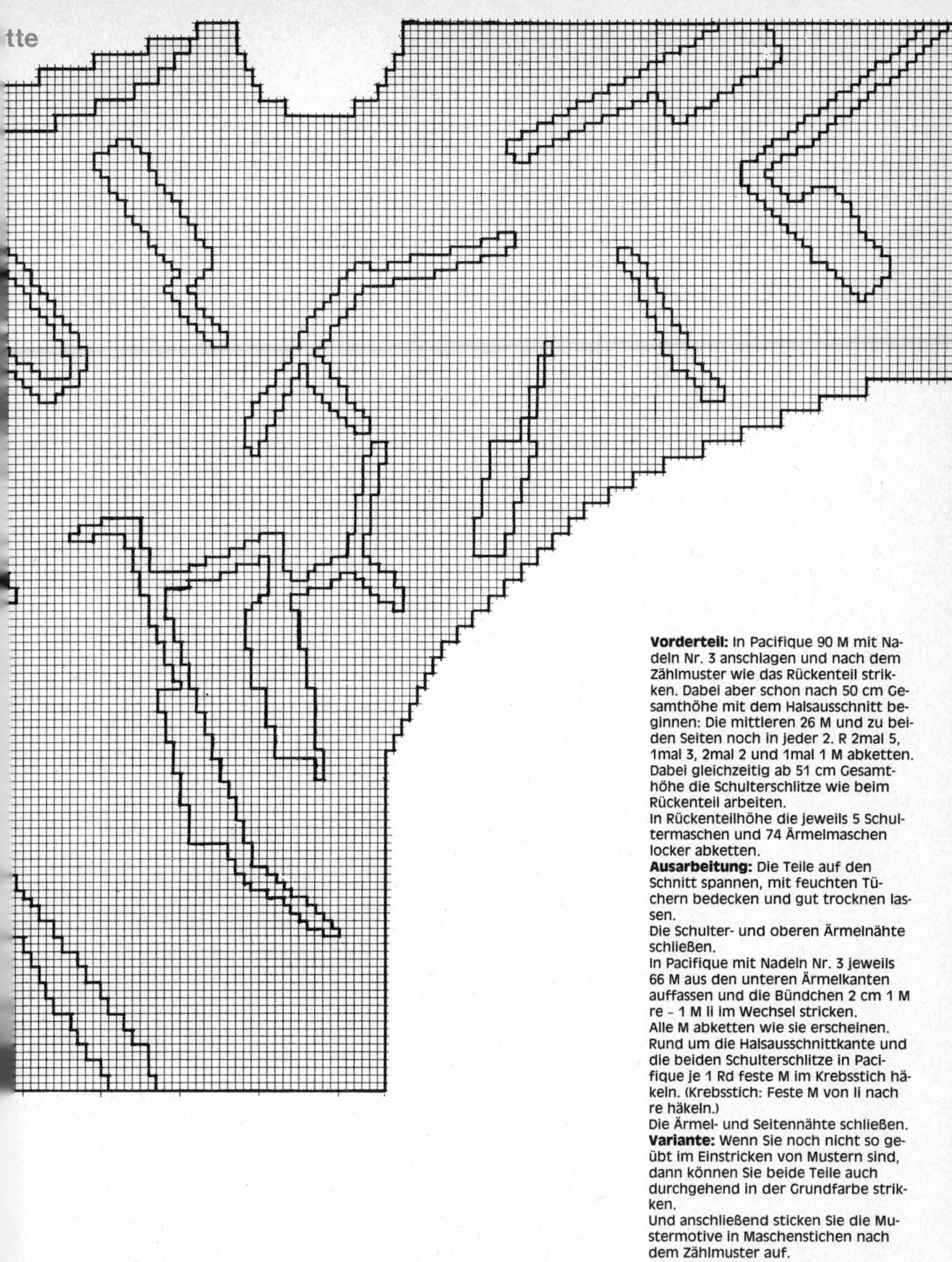

Vorderteil: In Pacifique 90 M mit Nadeln Nr. 3 anschlagen und nach dem Zählmuster wie das Rückenteil stricken. Dabei aber schon nach 50 cm Gesamthöhe mit dem Halsausschnitt beginnen: Die mittleren 26 M und zu beiden Seiten noch in jeder 2. R 2mal 5, 1mal 3, 2mal 2 und 1mal 1 M abketten. Dabei gleichzeitig ab 51 cm Gesamthöhe die Schulterschlitze wie beim Rückenteil arbeiten.
In Rückenteilhöhe die jeweils 5 Schultermaschen und 74 Ärmelmaschen locker abketten.
Ausarbeitung: Die Teile auf den Schnitt spannen, mit feuchten Tüchern bedecken und gut trocknen lassen.
Die Schulter- und oberen Ärmelnähte schließen.
In Pacifique mit Nadeln Nr. 3 jeweils 66 M aus den unteren Ärmelkanten auffassen und die Bündchen 2 cm 1 M re – 1 M li im Wechsel stricken.
Alle M abketten wie sie erscheinen.
Rund um die Halsausschnittkante und die beiden Schulterschlitze in Pacifique je 1 Rd feste M im Krebsstich häkeln. (Krebsstich: Feste M von li nach re häkeln.)
Die Ärmel- und Seitennähte schließen.
Variante: Wenn Sie noch nicht so geübt im Einstricken von Mustern sind, dann können Sie beide Teile auch durchgehend in der Grundfarbe stricken.
Und anschließend sticken Sie die Mustermotive in Maschenstichen nach dem Zählmuster auf.
Wenn Sie diese mit doppeltem Faden aufsticken, ergäbe dies sogar einen sehr reizvollen plastischen Effekt.

Pulli
für Größe 38/40

Schwarzes Angora auf beigem Grund
Nr. 70

Farbbild Seite 230

MATERIAL
L'Akala von WELCOMME
650 g Corde, Farbe 15
Lauflänge 87 m per 50 g Knäuel
(100% Baumwolle)
Les Sixties von WELCOMME
150 g Noir, Farbe 101
Lauflänge 90 m per 50 g Knäuel
(70% Viskose, 18% Baumwolle, 12% Leinen)
Pur Angora von WELCOMME
80 g Noir, Farbe 15
Lauflänge 28 m per 10 g Knäuel
(100% Angora)
(Oder als Alternative
L'Angora von WELCOMME
100 g Barbara, Farbe 17
Lauflänge 90 m per 20 g Knäuel
[75% Angora, 25% Lammwolle]
L'Angora wird dann mit doppeltem Faden gestrickt!)
L'Esquisse von WELCOMME
20 g Or, Farbe 04
Lauflänge 140 m per 20 g Knäuel
(65% Viskose, 35% Polyester)
L'Esquisse wird mit doppeltem Faden gestrickt!
Je 1 Paar Stricknadeln Nr. 4 und 4½
1 Nadelspiel Nr. 4

MUSTER
Grundmuster I: Jacquardmuster glatt rechts (Hin R re – Rück R li) nach dem Zählmuster.
1 Kästchen = 1 M in der Breite und 1 R in der Höhe.
Die leeren Felder der Seitenteile = J werden in L'Akala gestrickt.
Die kleinen Punkte und die leeren Felder innerhalb dieser = a werden in Angora gestrickt (Pur Angora mit einfachem bzw. L'Angora mit doppeltem Faden).
Die Dreiecke werden in L'Esquisse mit doppeltem Faden gestrickt.
Die großen Punkte in L'Akala.
Dabei bei jedem Farbwechsel die Fäden hinter der Arbeit verkreuzen.
Der Mittelstreifen A = in L'Akala.
Grundmuster II: Ajourrippen.
Maschenzahl teilbar durch 5 plus 2 Rand M
1. R: 1 M li ★ 1 M li, 3 M re, 1 M li, ab ★ wiederholen und mit 1 M li enden
2. R.: 1 M re ★ 1 M re, 3 M li, 1 M re, ab ★ wiederholen und mit 1 M re enden

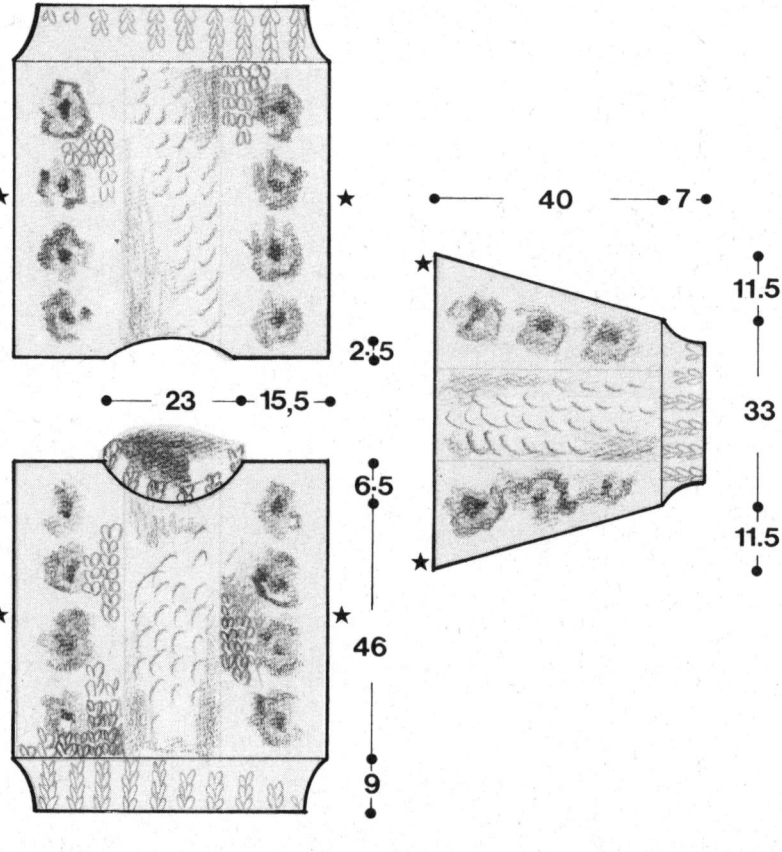

3. R.: 1 M li ★ 1 M li und dabei den Faden vor der Arbeit lassen, 1 M li abheben und dabei den Faden hinter die Arbeit legen, 2 M re zusammenstricken und die abgehobene M über die zusammengestrickte M ziehen, 1 Umschlag, 1 M li, ab ★ wiederholen und mit 1 M li enden

4. R.: 1 M re ★ 1 M re, den Umschlag der Vor R li stricken, dabei die Nadel normal einstechen und den Umschlag ein 2. Mal li stricken, dabei aber von hinten einstechen, 1 M li, 1 M re, ab ★ wiederholen und mit 1 M re enden
5. R.: Wie 1. R
Die 1.–4. R. fortlaufend wiederholen.

Maschenprobe: Im Jacquardmuster glatt re mit Nadeln Nr. 4$^{1}/_{2}$ gestrickt ergeben 18 M in der Breite und 24 R in der Höhe 10 cm im Quadrat.
Im Ajourrippenmuster mit Nadeln Nr. 4$^{1}/_{2}$ gestrickt ergeben 21 M in der Breite und 24 R in der Höhe 10 cm im Quadrat.

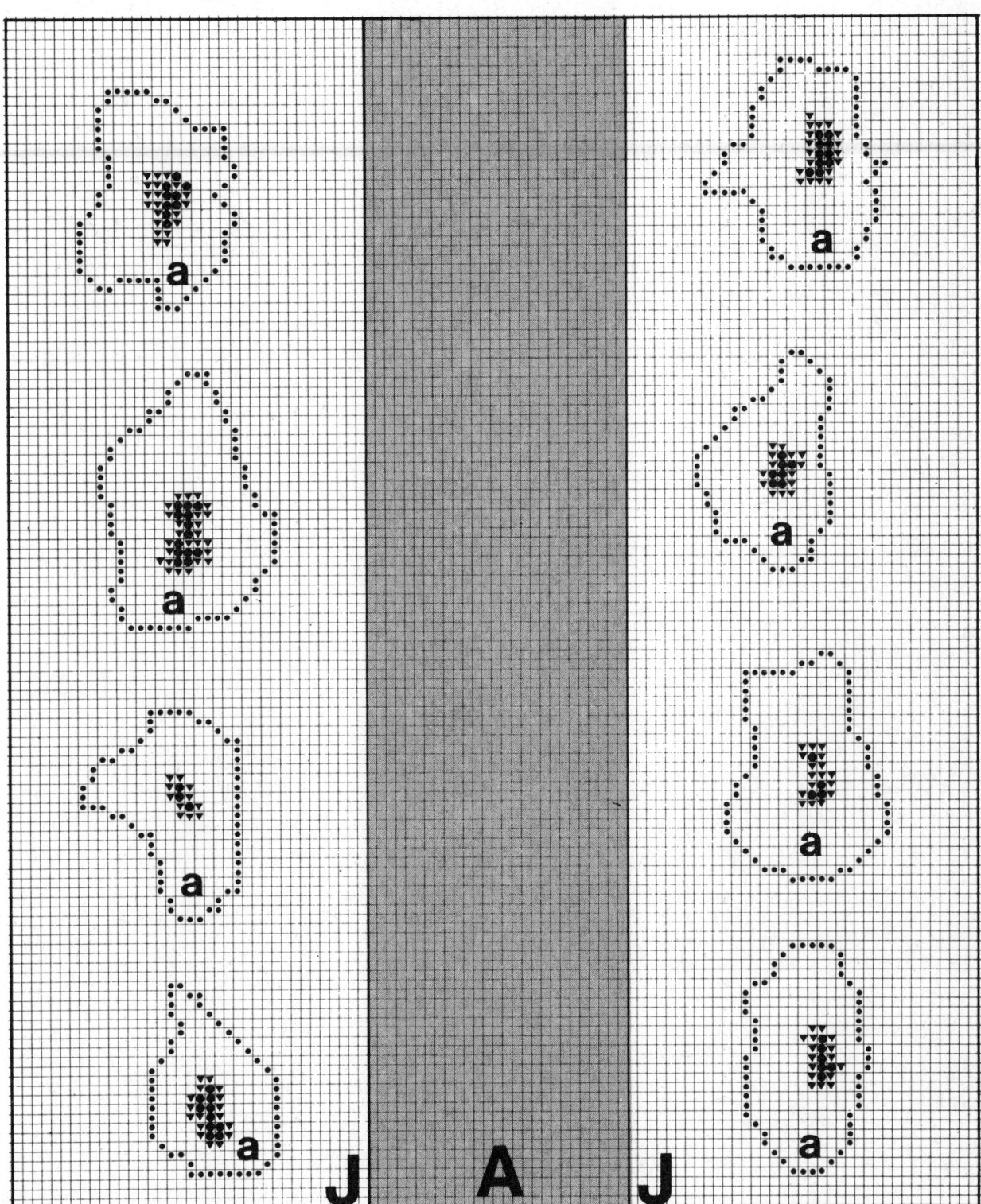

AUSFÜHRUNG

Rückenteil: In L'Akala 84 M mit Nadeln Nr. 4 anschlagen und das Bündchen 9 cm 1 M re – 1 M li im Wechsel strikken. Dabei innerhalb der letzten Rück R gleichmäßig verteilt noch 17 M zunehmen, so daß 101 M auf der Nadel sind.
Mit Nadeln Nr. 4¹/₂ weiter gerade hochstricken und das Muster nach dem Zählmuster einteilen: 37 M Jacquard glatt rechts, 27 M Ajourrippen Mittelstreifen, 37 M Jacquard glatt rechts.
Im Musterrhythmus stricken und nach 59 cm Gesamthöhe für den Halsausschnitt die mittleren 25 M und zu beiden Seiten noch in jeder 2. R 2mal 5 M abketten.
In 61,5 cm Höhe die jeweils 28 Schultermaschen abketten.

Vorderteil: In L'Akala 84 M mit Nadeln Nr. 4 anschlagen und wie das Rückenteil stricken.
Dabei aber mit dem Halsausschnitt schon in 55 cm Gesamthöhe beginnen: Die mittleren 15 M und zu beiden Seiten noch in jeder 2. R 1mal 5, 1mal 4, 1mal 3 und 3mal 1 M abketten.
In Rückenteilhöhe die Schultermaschen locker abketten.

Ärmel: In L'Akala 44 M mit Nadeln Nr. 4 anschlagen und das Bündchen 7 cm 1 M re – 1 M li im Wechsel stricken. Dabei innerhalb der letzten Rück R gleichmäßig verteilt noch 19 M zunehmen. Es sind nun 63 M auf der Nadel.
Mit Nadeln Nr. 4¹/₂ weiterstricken und die M einteilen: 18 M Jacquard glatt re, 27 M Ajourrippen Mittelstreifen, 18 M Jacquard glatt re.
Im Musterrhythmus stricken und dabei für die Seitenschrägungen jeweils 4mal in jeder 6. R und 17mal in jeder 4. R je 1 M zunehmen.
In 47 cm Ärmelhöhe alle 105 M locker abketten.

Ausarbeitung: Die Schulternähte schließen. In L'Akala auf dem Nadelspiel verteilt 130 M aus der Halskante auffassen und das Bündchen 3 cm 1 M re – 1 M li in Runden stricken. Alle M abketten wie sie erscheinen.
Die Ärmel- und Seitennähte schließen.
Den fertigen Pulli in Form auflegen, mit feuchten Tüchern bedecken und gut trocknen lassen.

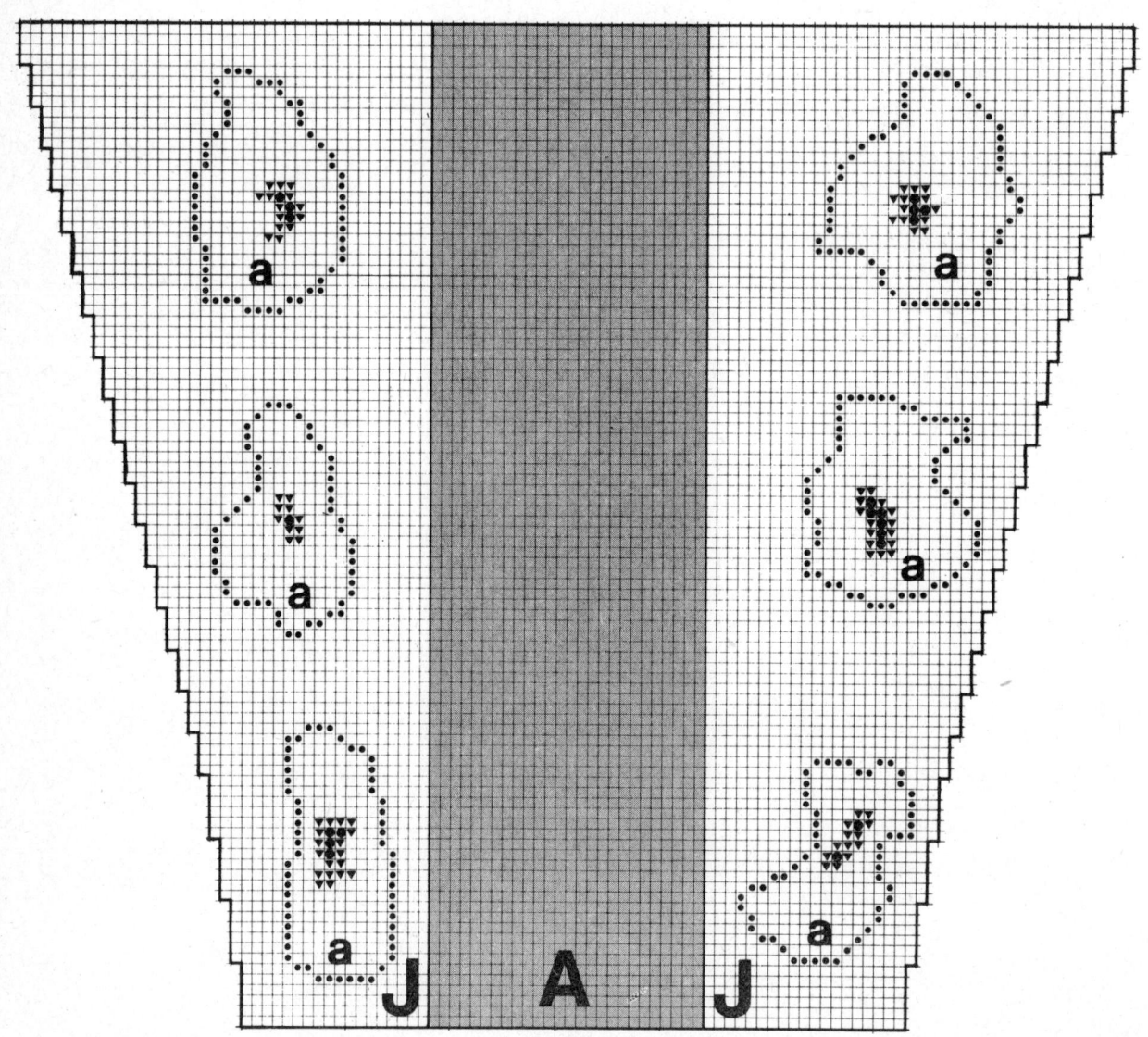

Pullunder

für Größe 38/40 (42/44)

Wellen-linien in Schwarz und Weiß

Nr. 71

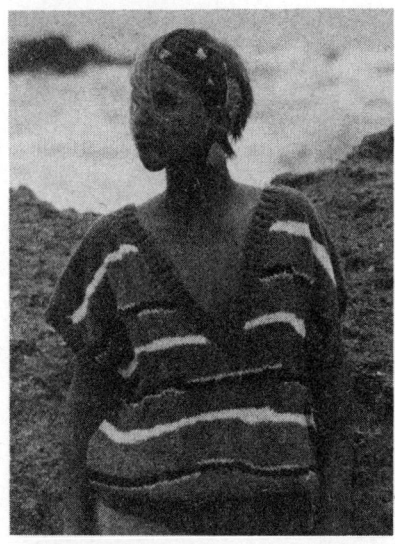

Farbbild Seite 231

MATERIAL
L'Akala von WELCOMME
250 g (250 g) Corde, Farbe 15
und 50 g Blanc, Farbe 01
Lauflänge 87 m per 50 g Knäuel
(100% Baumwolle)
Le Crepon von WELCOMME
200 g (200 g) Topaze, Farbe 03
und 100 g Noir, Farbe 14
Lauflänge 82 m per 50 g Knäuel
(98% Baumwolle, 2% Polyamid)
L'Esquisse von WELCOMME
100 g (100 g) Or, Farbe 04
Lauflänge 140 m per 50 g Knäuel
(65% Viskose, 35% Polyester)
L'Esquisse Or wird mit vierfachem Faden gestrickt. Die Knäuel also entsprechend vorbereiten.
Je 1 Paar Stricknadeln Nr. 3½ und 5.

MUSTER
Grundmuster: Jacquardmuster glatt rechts (Hin R re – Rück R li) nach dem Zählmuster. 1 Kästchen = 1 M in der Breite und 1 R in der Höhe.
Die leeren Flächen T werden in Topaze, die Flächen N in Noir, die Flächen B in Blanc und die Flächen C in Corde gestrickt.
Die kleinen Punkte = Or mit vierfachem Faden.
Dabei bei jedem Farbwechsel die Fäden hinter der Arbeit verkreuzen.
NB: der besseren Übersicht wegen sind die Halsausschnittabnahmen von Rücken- und Vorderteil nicht im Zählmuster eingezeichnet.
Maschenprobe: Mit Nadeln Nr. 5 im Jacquardmuster gestrickt, ergeben 16 M in der Breite und 23 R in der Höhe 10 cm im Quadrat.

AUSFÜHRUNG
Rückenteil: In Corde 84 M (88 M) mit Nadeln Nr. 3½ anschlagen und das Bündchen 11 cm 2 M re – 2 M li im Wechsel stricken. Im Grundmuster mit Nadeln Nr. 5 nach dem Zählmuster weiter gerade hochstricken. Nach 32 cm (33 cm) Gesamthöhe für den Halsausschnitt die 2 mittleren M abketten und beide Seiten getrennt und gegengleich weiterarbeiten.
Für die V-Ausschnittschrägung 19mal (20mal) abwechselnd in jeder 2 und in jeder 4. R je 1 M abketten.
Dabei gleichzeitig nach 33,5 cm (34,5 cm) Gesamthöhe an der Seitenkante für den Ärmel 2mal 3 und nach 2 R nochmals 2mal 3 M zunehmen.
In 59 cm (61,5 cm) Höhe die 28 (29) Schultermaschen abketten.
Vorderteil: In Corde 84 M (88 M) mit Nadeln Nr. 3½ anschlagen und wie das Rückenteil stricken.
Nach dem Zählmuster arbeiten und die Seitenkanten mit Ärmelzunahmen wie beim Rückenteil arbeiten.
Dabei aber mit dem V-Ausschnitt in 37 cm (38 cm) Gesamthöhe beginnen:

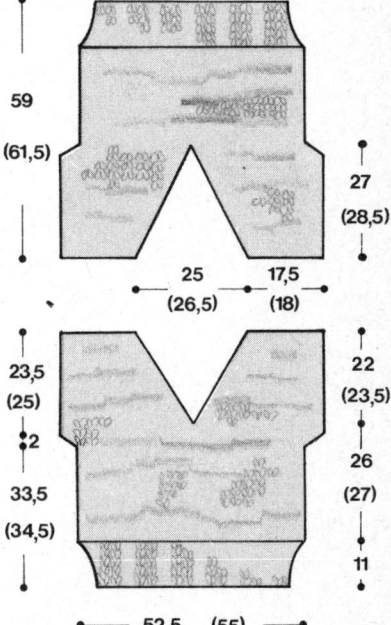

Die 2 mittleren M abketten und beide Seiten getrennt und gegengleich beenden.
Für die Ausschnittschrägung 16mal in jeder 2. R und 3mal in jeder 4. R 1 M abketten.
(★3mal in jeder 2. R und 1mal in jeder 4. R je 1 M abketten, ab ★ noch 4mal wiederholen.)
In Rückenteilhöhe die 28 (29) Schultermaschen locker abketten.

Ausarbeitung: Entlang der vorderen Ausschnittkante in Corde 138 M (146 M) mit Nadeln Nr. 3¹/₂ auffassen, und zwar so, daß sich in der Ausschnittspitze 2 M re befinden!, und die Blende 3 cm 2 M re – 2 M li im Wechsel stricken. Dabei in jeder R beiderseits der 2 M der Spitze je 1 M abketten.
Alle M abketten wie sie erscheinen. Entlang der rückw. Ausschnittkante in Corde 162 M (170 M) wieder mit 2 re M in der Ausschnittspitze mit Nadeln Nr. 3¹/₂ auffassen und die Blende 3 cm 2 M re – 2 M li im Wechsel stricken. Dabei in jeder R beiderseits der 2 M der Spitze je 1 M abketten. Alle M abketten wie sie erscheinen. Die Ärmel-Schulternähte und die Nähte der Halsblende schließen.
In Corde entlang der Ärmelkanten jeweils 112 M (120 M) auffassen und die Blenden 3 cm 2 M re – 2 M li im Wechsel stricken. Alle M abketten, wie sie erscheinen.
Für den Verschlußriegel des rückw. Halsausschnitts in Corde 18 M mit Nadeln Nr. 3¹/₂ anschlagen und 7 cm 2 M re – 2 M li im Wechsel stricken. Dabei zu beiden Seiten 3mal in jeder 6. R je 1 M zunehmen. Alle 24 M abketten wie sie erscheinen.
Die Seitenkanten des Riegels ab 8,5 cm (10 cm) Höhe der rückw. Ausschnittspitze wie auf dem Foto ersichtlich unsichtbar einnähen.
Die Ärmel- und Seitennähte schließen.
Den fertigen Pullunder in Form auflegen, mit feuchten Tüchern bedecken und gut trocknen lassen.

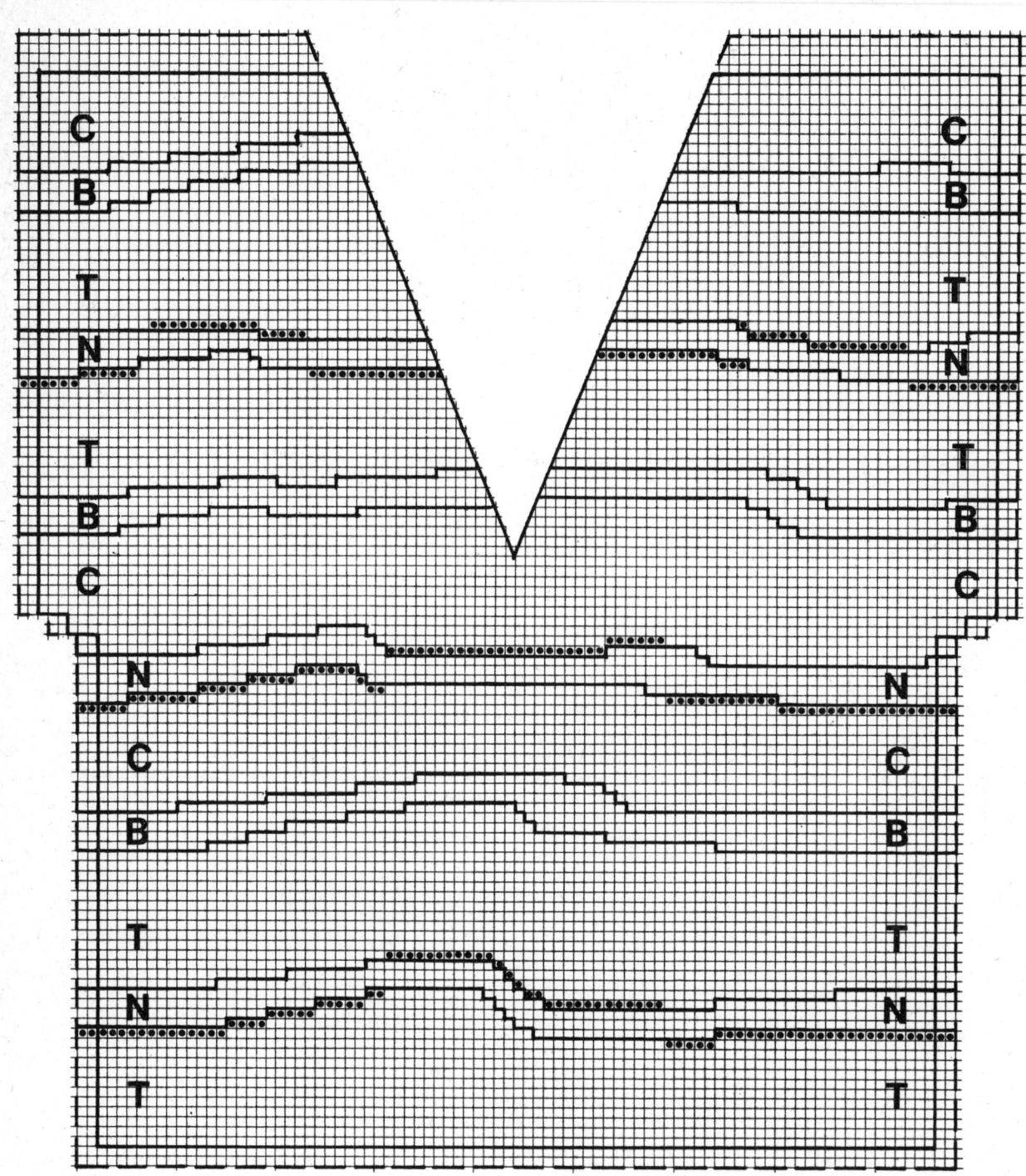

Jacke
für Größe 38–42

Rot oder Grün? Zwei Trachtenjacken
Nr. 72/73

Farbbild Seite 232

MATERIAL
Le Shetland et Alpaga Nr. 5
von WELCOMME
450 g Epicéa, Farbe 548
100 g Noir, Farbe 501
100 g Courge, Farbe 528
Lauflänge 70 m per 50 g Knäuel
(90% Wolle, 10% Alpaka)
Le Shetland et Alpaga Nr. 4
von WELCOMME
50 g Epicéa, Farbe 448
Lauflänge 130 m per 50 g Knäuel
(90% Wolle, 10% Alpakka)
Je 1 Paar Stricknadeln Nr. 4 und 5¹/₂
1 Häkelnadel Nr. 4
10 Knöpfe

MUSTER
Grundmuster: Glatt rechts (Hin R re – Rück R li) nach den Zählmustern.
1 Kästchen = 1 M in der Breite und 1 R in der Höhe.
Alle leeren Felder E = Epicéa 548
Alle leeren Felder C = Courge 528
Alle leeren Felder N = Noir 501
Wichtig: Bei dem Zählmuster 1 ist der Musterrapport 9 M, beim Zählmuster 3 der Rapport 10 M breit!

Dabei für jedes Farbfeld einen gesonderten Faden verwenden und beim Farbwechsel die Fäden immer einmal umeinanderschlingen, damit keine Löcher entstehen.
Maschenprobe: Im Grundmuster mit Nadeln Nr. 5¹/₂ gestrickt ergeben 16,5 M in der Breite und 21 R in der Höhe 10 cm im Quadrat.

AUSFÜHRUNG
Rückenteil: In Epicéa 548 mit Nadeln Nr. 5¹/₂ beginnen, 86 M anschlagen und das Bündchen 1,5 cm 1 M re – 1 M li im Wechsel stricken.
In derselben Nadelstärke im Grundmuster nach dem Zählmuster 1 weiterarbeiten und nach Musterende glatt re in Epicéa 548 weiterarbeiten. Dabei zu beiden Seiten 6mal in jeder 16. R je 1 M zunehmen.

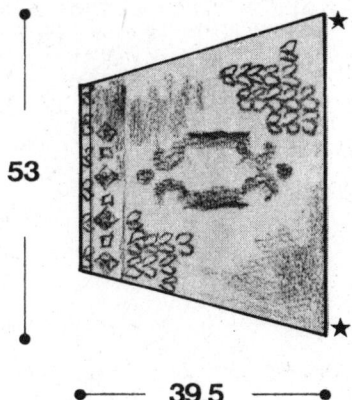

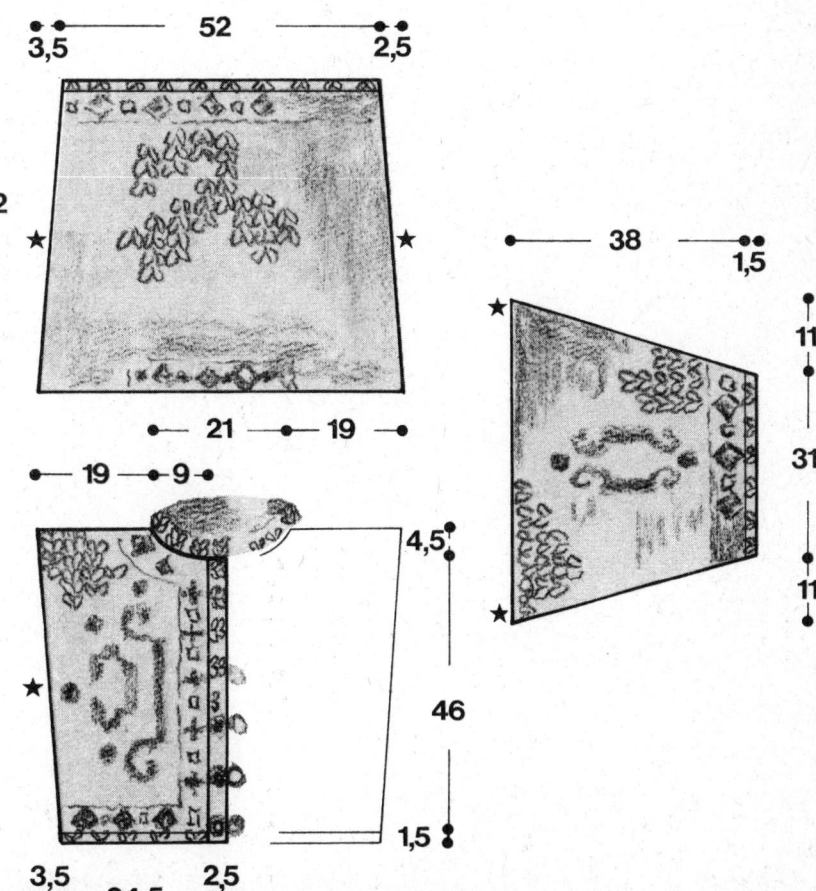

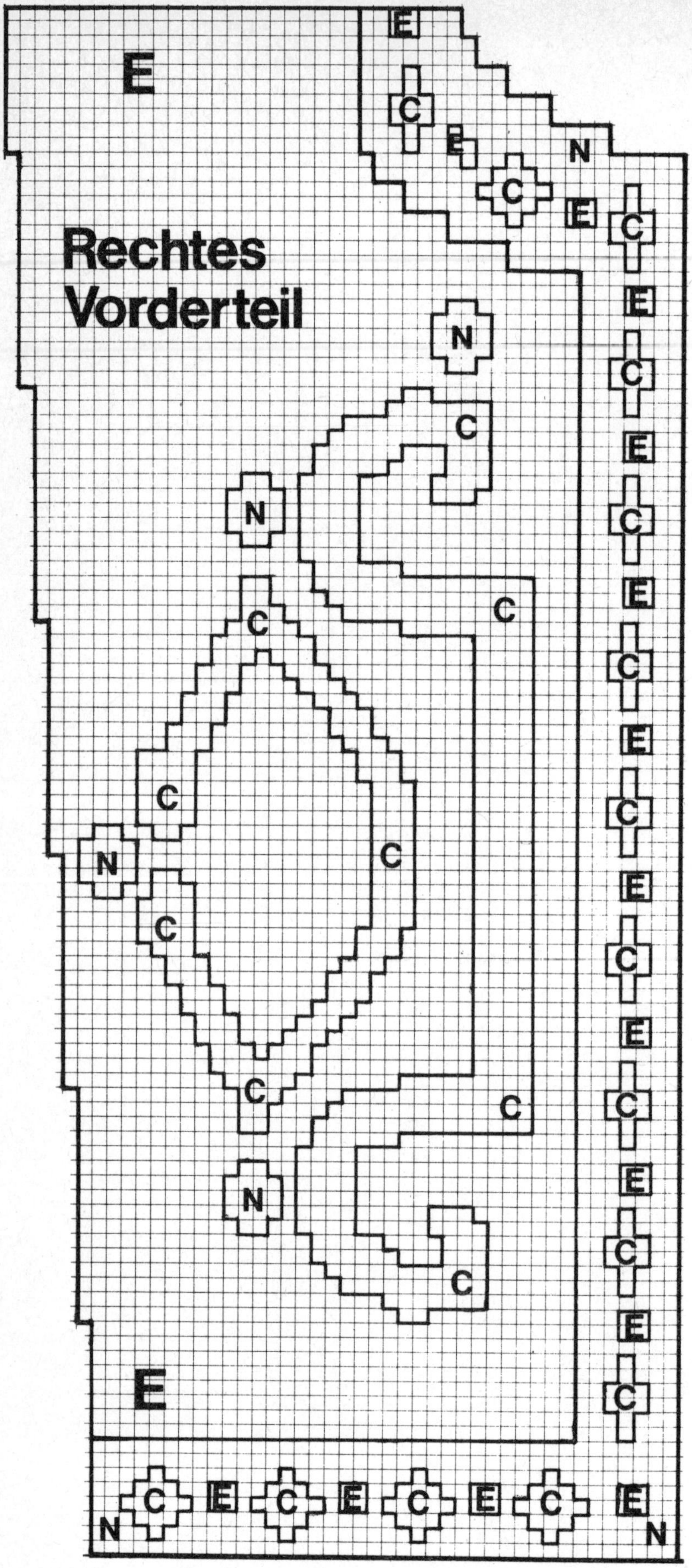

Rechtes Vorderteil

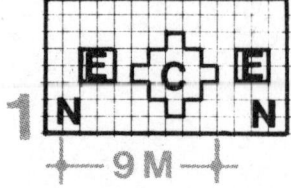

9 M

Nach 48,5 cm Gesamthöhe die M einteilen: zu beiden Seiten jeweils 24 M in der Grundfarbe weiter gerade hochstricken, in der Mitte und von dieser aus aufgeteilt die Jacquardbordüre nach dem Zählmuster 2 einstrikken.
In 52 cm Gesamthöhe alle 98 M locker abketten.
Rechtes Vorderteil: In Epicéa 548 mit Nadeln Nr. 5 1/2 beginnen, 40 M anschlagen und das Bündchen 1,5 cm 1 M re – 1 M li im Wechsel stricken. In derselben Nadelstärke im Grundmuster nach dem großen Zählmuster weiterarbeiten und dabei für die Seitenschrägung an der linken Kante 6mal in jeder 16. R je 1 M zunehmen. Nach 47,5 cm Gesamthöhe an der re Kante für den Halsausschnitt in jeder 2. R 1mal 5, 1mal 4, 1mal 3, 1mal 2 und 1mal 1 M abketten.
In 52 cm Höhe alle 31 Schultermaschen abketten.
Linkes Vorderteil: Gegengleich dem rechten arbeiten. Auch das Muster gegengleich stricken.
Ärmel: In Epicéa 548 mit Nadeln Nr. 5 1/2 beginnen: 46 M anschlagen und das Bündchen 1,5 cm 1 M re – 1 M li im Wechsel stricken. Dabei innerhalb der letzten Rück R gleichmäßig verteilt noch 6 M zunehmen. In derselben Nadelstärke im Grundmuster nach dem Zählmuster 3 weiterarbeiten und nach Musterende zunächst glatt re in Epicéa 548 fortfahren. Dabei gleichzeitig 18mal in jeder 4. R zu beiden Seiten je 1 M zunehmen.
In 19,5 cm Gesamthöhe die M von der Mitte aus für das Jacquardmotiv nach dem Zählmuster 4 einteilen und im Musterrhythmus mit den seitlichen Zunahmen bis 39,5 cm Ärmelhöhe weiterstricken.
Alle 88 M locker abketten.
Den 2. Ärmel ebenso stricken.
Ausarbeitung: Die Schulternähte schließen, die Ärmel wie im Schnitt markiert an die Ärmelansatzkanten nähen und die Ärmel- und Seitennähte schließen. Nun mit Nadeln Nr. 4 in Epicéa 448 entlang der Vorderteilkanten jeweils 100 M auffassen und die Leisten 5 cm 2 M re – 2 M li im Wechsel stricken.

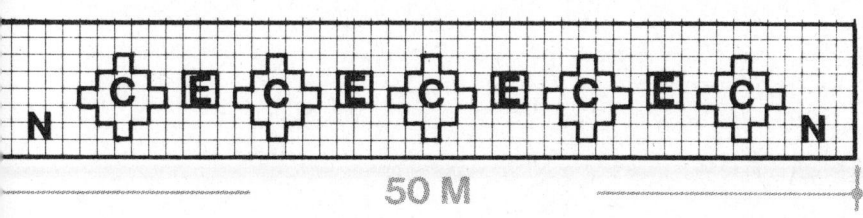

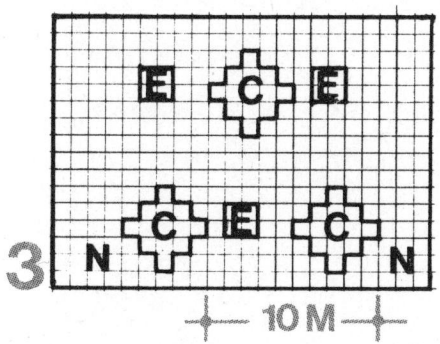

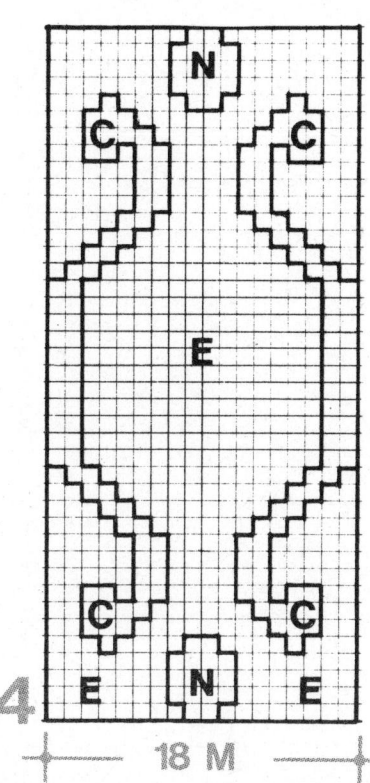

Farbbild Seite 233

Alle M im Maschenrhythmus abketten. Die Leisten zur Hälte nach innen legen und mit unsichtbaren Stichen gegennähen.
Mit Nadeln Nr. 4 in Epicéa 448 aus der Halsausschnittkante 96 M auffassen und das Bündchen 5 cm 2 M re - 2 M li im Wechsel stricken.
Alle M im Maschenrhythmus abketten. Das Bündchen zur Hälfte nach innen legen und mit unsichtbaren Stichen gegennähen.
Jeweils 5 Knöpfe im Abstand von 2,5 cm ab vorderer Kante auf die Vorderteilleisten nähen. Die ersten beiden 1,5 cm ab der Unterkanten, alle folgenden im Abstand von 12,5 cm.
Für die 5 Knopflochschlaufen jeweils 24 Luftmaschen in Epicéa 448 anschlagen und mit 1 Kettmasche zur Runde schließen.
In diesen Ring 1 Rd feste M häkeln: Mit der Nadel in 1 M einstechen, 1 Umschlag und die Schlinge durchholen, noch 1 Umschlag und diesen durch die beiden auf der Nadel liegenden Schlingen ziehen.
Jede der 5 Schlaufen in der Mitte mit einigen Stichen zusammenfassen und diese an der Kante des re Vorderteils in Höhe der Knöpfe befestigen.

Jacke
für Größe 38-42

MATERIAL
Le Shetland et Alpaga Nr. 4 von WELCOMME
50 g Courge, Farbe 428
Lauflänge 130 m per 50 g Knäuel (90% Wolle, 10% Alpaka)
Le Shetland et Alpaga Nr. 5 von WELCOMME
50 g Courge, Farbe 528
150 g Epicéa, Farbe 548
50 g Marine, Farbe 504
50 g Safran, Farbe 530
Lauflänge 70 m per 50 g Knäuel (90% Wolle, 10% Alpaka)
Je 1 Paar Stricknadeln Nr. 4 und 5 1/2
1 Häkelnadel Nr. 5 1/2
10 Knöpfe

MUSTER
Grundmuster: Glatt rechts (Hin R re - Rück R li) nach den Zählmustern.
1 Kästchen = 1 M in der Breite und 1 R in der Höhe.
Alle leeren Felder C = Courge 528
Alle leeren Felder S = Safran 530
Alle leeren Felder E = Epicéa 548
Die Punkte = Marine
Dabei für jedes Farbfeld einen gesonderten Faden verwenden und beim Farbwechsel die Fäden immer einmal umeinanderschlingen, damit keine Löcher entstehen.
Maschenprobe: Im Grundmuster mit Nadeln Nr. 5 1/2 gestrickt ergeben 16,5 M in der Breite und 21 R in der Höhe 10 cm im Quadrat.

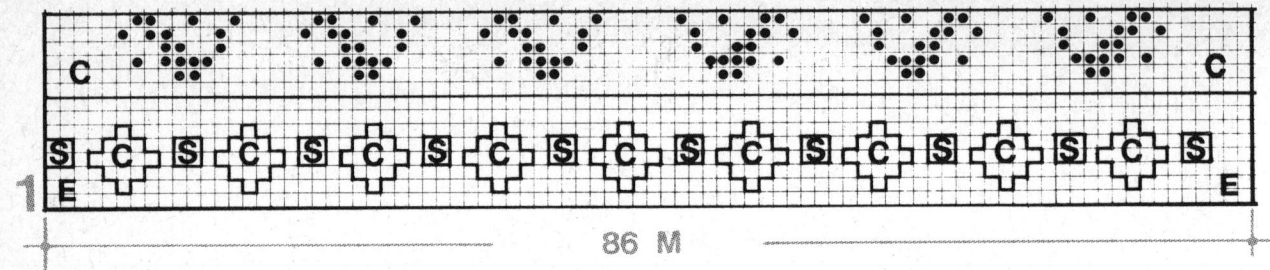

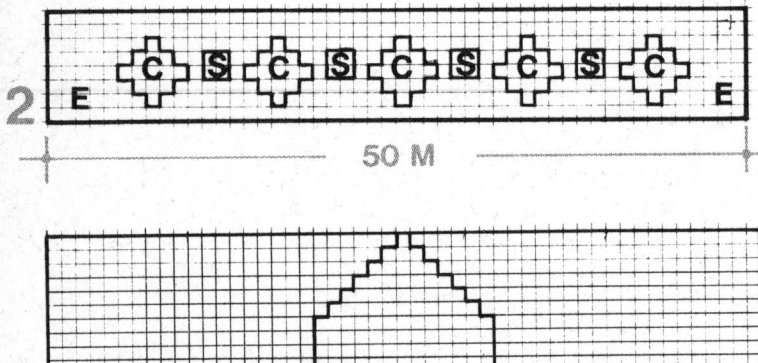

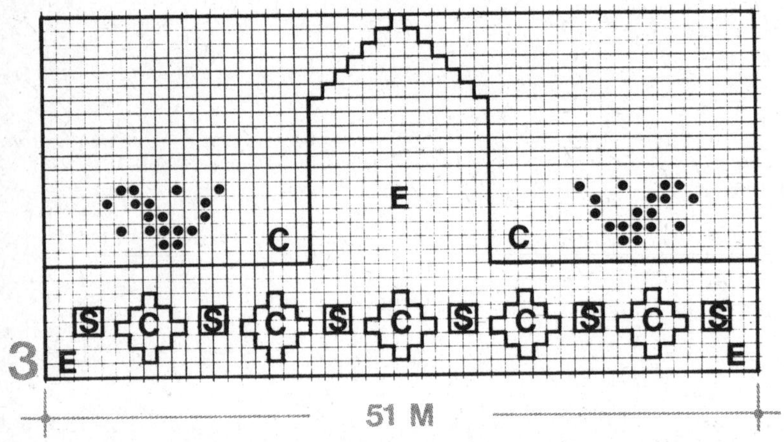

AUSFÜHRUNG
Rückenteil: In Courge 528 mit Nadeln Nr. 5½ beginnen, 86 M anschlagen und das Bündchen 1,5 cm 1 M re – 1 M li im Wechsel stricken.
In derselben Nadelstärke glatt re nach dem Zählmuster 1 weiterstricken und anschließend in Courge 528 weiterarbeiten. Dabei gleichzeitig für die Seitenschrägungen zu beiden Seiten 6mal in jeder 16. R je 1 M zunehmen. Nach 48,5 cm Gesamthöhe die M einteilen: zu beiden Seiten jeweils 24 M weiter in der Grundfarbe gerade hochstricken, die mittleren 50 M als Musterbordüre im Zählmuster 2 stricken.
In 52 cm Höhe alle 98 M locker abketten.
Rechtes Vorderteil: Mit Nadeln Nr. 5½ beginnen, 40 M in Courge 528 anschlagen und das Bündchen 1,5 cm 1 M re – 1 M li im Wechsel stricken.
In der gleichen Nadelstärke im Grundmuster nach dem großen Zählmuster weiterstricken und dabei für die Seitenschrägung an der li Kante 6mal in jeder 16. R 1 M zunehmen.
weiter Seite 193

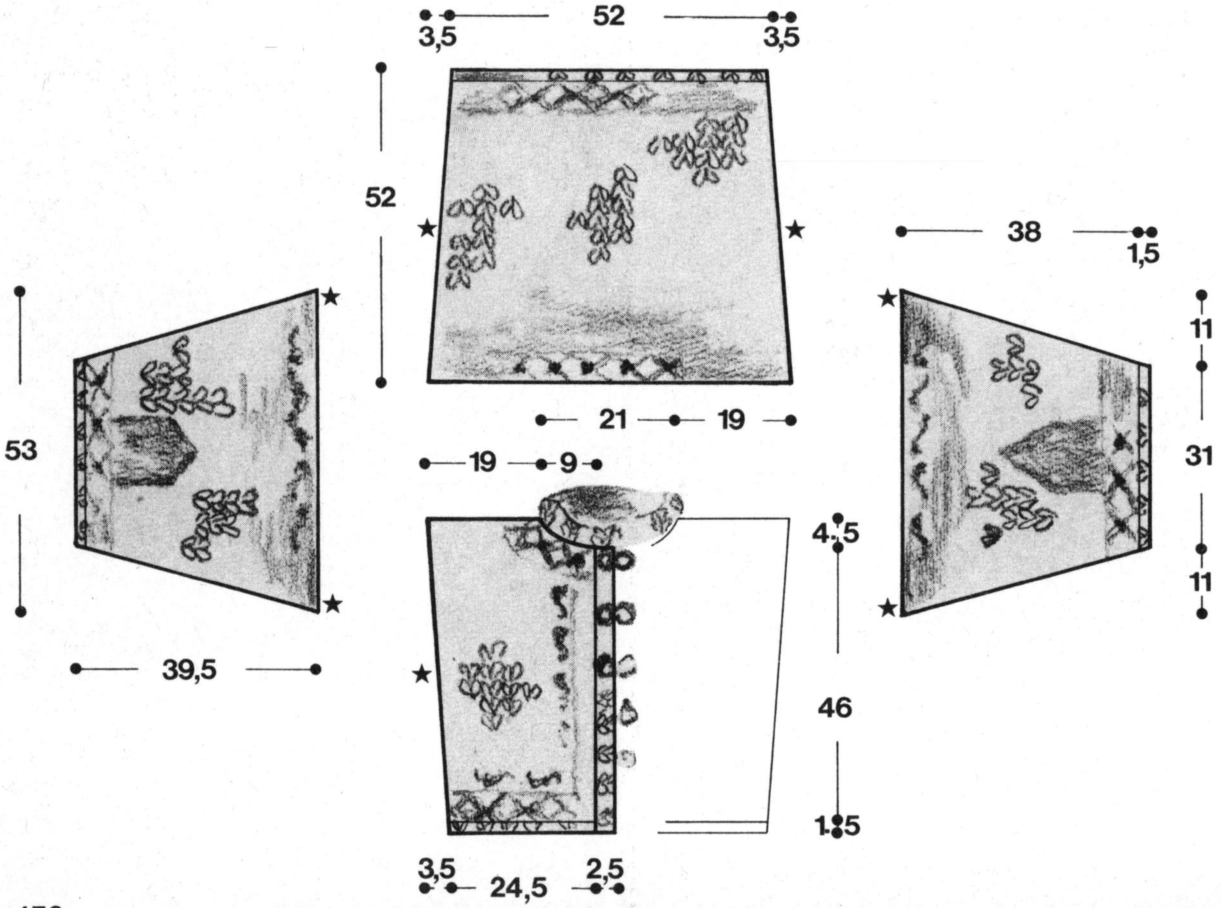

Nr. 49

Eine kleidsame Jacke für Ihn. Das kleine ganz regelmäßige Karo wird bestimmt keine Schwierigkeiten bereiten.

nr. 51

Noch einmal Blau und Schwarz. Diesmal in einer Kombination mehrerer Blautöne, Schwarz und ganz einfachen Mustern. Eine Jacke, die bestimmt auffällt.

nr. 50

Blau und Schwarz, eine schicke und augenfällige Kombination. Wenn Ihnen das Einstricken der Muster zu mühsam erscheint, sticken Sie es einfach mit Maschenstichen auf.

Nr. 52

Ein Pullover für Büro und Freizeit. Eine Schwarzweiß-Optik mit zusätzlichem raffinierten Einstrickmuster an den Ärmeln.

Nr. 53

Ein schon fast klassischer Norwegerpullover in modischen Farben. Für diesen Pullover sollten Sie schon etwas Geduld haben und auch etwas Erfahrung.

nr. 54/55

Senfgelb und Schwarz sind die dominierenden Farben bei diesen beiden Pullovern. Sein Pulli hat bunte Kästchen und Ihr Pulli nur schwarze, die von gelben Linien aufgeteilt werden.

Nr. 57
Kleine und große Rauten in Kontrastfarben sind auf diesem Pullover zu einem schönen Musterstreifen vereint.

Nr. 56
In Pastellfarben mit kleinen Mustern ein vielseitiger kleiner Pulli.

Nr. 58/59

Zwei weiche Mohairpullis mit Lurexeinstrickmustern. Schwarz mit Kupfer oder Petrol mit Weiß und Kupfer. Beide Pullis erfordern etwas Geduld, sind aber lange nicht so kompliziert, wie sie vielleicht aussehen.

Nr. 60/61

Für Sie und Ihn Baumwollpullover in außergewöhnlichen Farbkombinationen. Die Schnitte sind einfach, die Muster sind einfach, die Ergebnisse sind toll.

Nr. 62

Türkis - Braun und Blau sind die Farben dieses eindrucksvollen Pullovers. Das Einstrickmuster ist nur an den geraden Teilen, wo nicht zu- und abgenommen werden muß. Ärmel und Passe sind in Blau und einem dicken Rippenmuster.

Nr. 63

Ein wahres Prachtstück ist dieser graue Pullover mit den rosa, pink und violetten Einstrickmustern. Ein zusätzliches Strukturmuster unterstreicht noch die schönen Farbspiele.

Nr. 64

Rosa und Hellblau in jeweils zwei Garnqualitäten sind hier zu einem edlen Pullover mit vielen kleinen Jacquardmustern verstrickt worden.

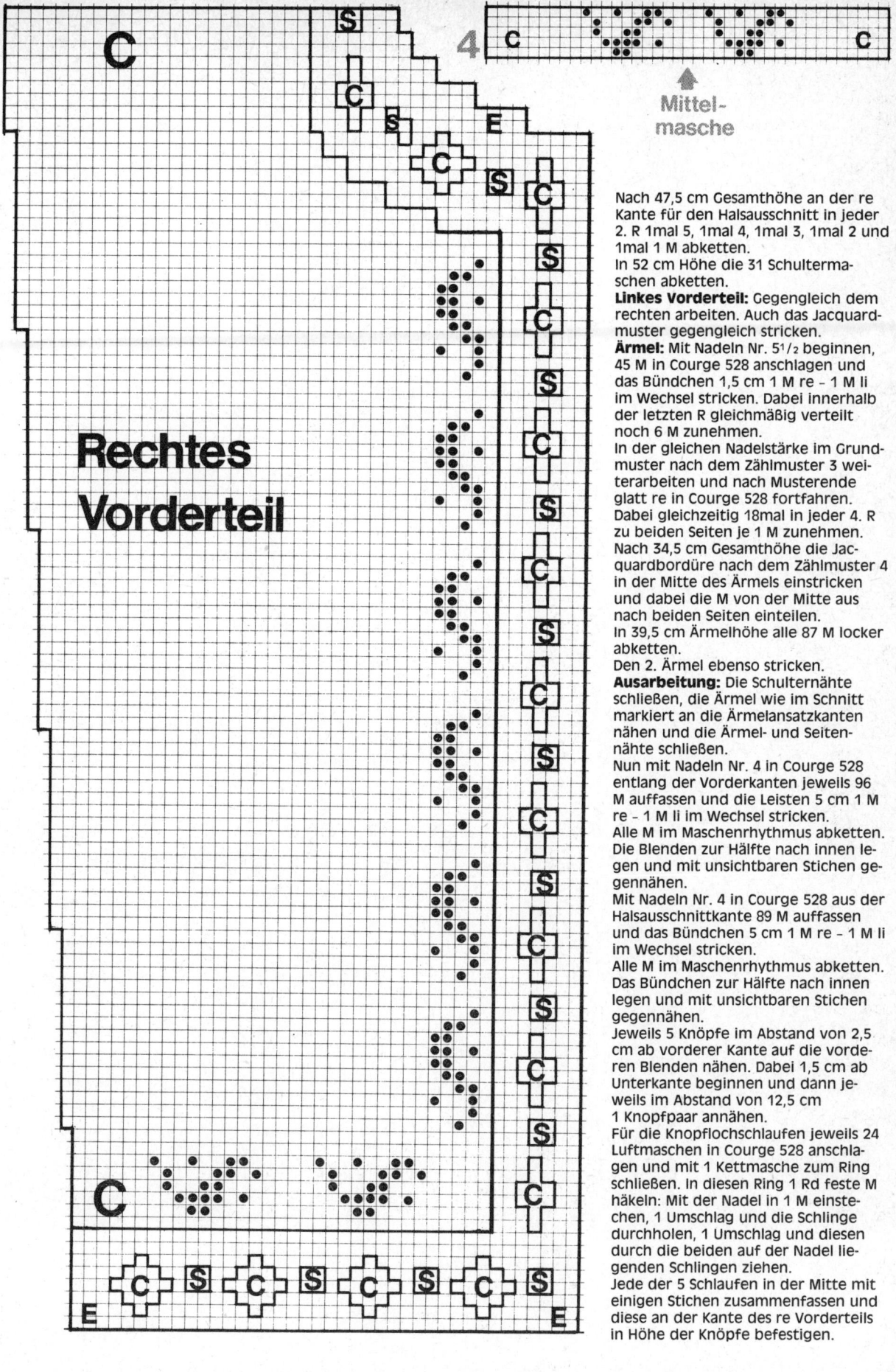

Mittel-masche

Nach 47,5 cm Gesamthöhe an der re Kante für den Halsausschnitt in jeder 2. R 1mal 5, 1mal 4, 1mal 3, 1mal 2 und 1mal 1 M abketten.
In 52 cm Höhe die 31 Schultermaschen abketten.

Linkes Vorderteil: Gegengleich dem rechten arbeiten. Auch das Jacquardmuster gegengleich stricken.

Ärmel: Mit Nadeln Nr. 5 1/2 beginnen, 45 M in Courge 528 anschlagen und das Bündchen 1,5 cm 1 M re - 1 M li im Wechsel stricken. Dabei innerhalb der letzten R gleichmäßig verteilt noch 6 M zunehmen.
In der gleichen Nadelstärke im Grundmuster nach dem Zählmuster 3 weiterarbeiten und nach Musterende glatt re in Courge 528 fortfahren. Dabei gleichzeitig 18mal in jeder 4. R zu beiden Seiten je 1 M zunehmen.
Nach 34,5 cm Gesamthöhe die Jacquardbordüre nach dem Zählmuster 4 in der Mitte des Ärmels einstricken und dabei die M von der Mitte aus nach beiden Seiten einteilen.
In 39,5 cm Ärmelhöhe alle 87 M locker abketten.
Den 2. Ärmel ebenso stricken.

Ausarbeitung: Die Schulternähte schließen, die Ärmel wie im Schnitt markiert an die Ärmelansatzkanten nähen und die Ärmel- und Seitennähte schließen.
Nun mit Nadeln Nr. 4 in Courge 528 entlang der Vorderkanten jeweils 96 M auffassen und die Leisten 5 cm 1 M re - 1 M li im Wechsel stricken.
Alle M im Maschenrhythmus abketten. Die Blenden zur Hälfte nach innen legen und mit unsichtbaren Stichen gegennähen.
Mit Nadeln Nr. 4 in Courge 528 aus der Halsausschnittkante 89 M auffassen und das Bündchen 5 cm 1 M re - 1 M li im Wechsel stricken.
Alle M im Maschenrhythmus abketten. Das Bündchen zur Hälfte nach innen legen und mit unsichtbaren Stichen gegennähen.
Jeweils 5 Knöpfe im Abstand von 2,5 cm ab vorderer Kante auf die vorderen Blenden nähen. Dabei 1,5 cm ab Unterkante beginnen und dann jeweils im Abstand von 12,5 cm 1 Knopfpaar annähen.
Für die Knopflochschlaufen jeweils 24 Luftmaschen in Courge 528 anschlagen und mit 1 Kettmasche zum Ring schließen. In diesen Ring 1 Rd feste M häkeln: Mit der Nadel in 1 M einstechen, 1 Umschlag und die Schlinge durchholen, 1 Umschlag und diesen durch die beiden auf der Nadel liegenden Schlingen ziehen.
Jede der 5 Schlaufen in der Mitte mit einigen Stichen zusammenfassen und diese an der Kante des re Vorderteils in Höhe der Knöpfe befestigen.

Ein Pullover – zwei Blumenmotive
Nr. 74/75

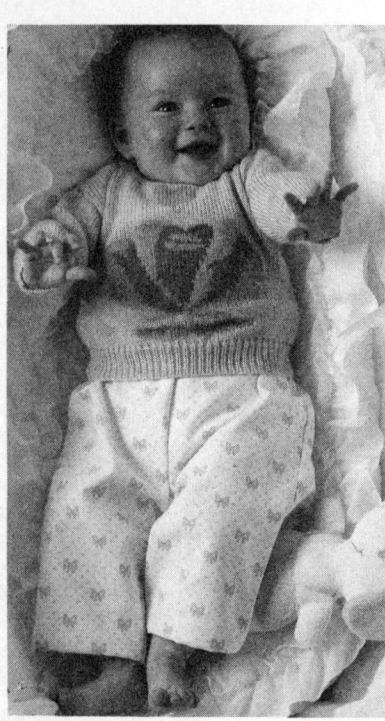

Farbbild Seite 234

Pulli
für 6 (9/12/18/24) Monate

MATERIAL
Baby'Blatt von ANNY BLATT
100 g (100 g/100 g/150 g/150 g) Rose, Farbe 1852
50 g (50 g/50 g/50 g/50 g) Buvard, Farbe 1854
50 g (50 g/50 g/50 g/50 g) Indien, Farbe 1855
50 g (50 g/50 g/50 g/50 g) Emeraude, Farbe 1860
Lauflänge 180 m per 50 g Knäuel (100% Wolle)
Je 1 Paar Stricknadeln Nr. 2½ und 3
1 Häkelnadel Nr. 2½
3 Knöpfe

MUSTER
Grundmuster Glatt rechts (Hin R re – Rück R li).
Maschenprobe: Mit Nadeln Nr. 3 gestrickt ergeben 29 M in der Breite und 37 R in der Höhe 10 cm im Quadrat.
Bildmotiv für das Vorderteil: Glatt rechts nach dem Zählmuster.
1 Kästchen = 1 M in der Breite und 1 R in der Höhe.
Die leeren, mit den großen schwarzen Quadraten gekennzeichneten Felder
= Grundfarbe Rose
a = Emeraude
s = Buvard
Die Punkte = Indien
Die Umrandungen von innen nach außen 1, 2, 3, 4 und 5 entsprechen den Größen 6, 9, 12 18 und 24 Monate. Dabei für jedes Farbfeld einen gesonderten Faden verwenden und die Fäden auf der Rückseite der Arbeit verkreuzen.

AUSFÜHRUNG
Rückenteil: In Rose 78 M (80 M/84 M/90 M/94 M) mit Nadeln Nr. 2½ anschlagen und das Bündchen 3 cm 1 M re – 1 M li im Wechsel stricken. Im Grundmuster mit Nadeln Nr. 3 weiterarbeiten und sofort innerhalb der 1. R noch 1 M zunehmen.
Gerade hochstricken und in 18 cm (18 cm/18 cm/19 cm/20 cm) Gesamthöhe die Rand M beider Seiten für die Ärmelansatzkanten markieren. In 26 cm (27 cm/28 cm/30 cm/32 cm) Gesamthöhe für den Halsausschnitt die mittleren 31 M (31 M/33 M/33 M/35 M) abketten, die M der re Seite stillegen und über die M der linken weiterstricken.
Dabei an der Halskante 2 R höher 1mal 2 (1mal 2/1mal 3/1mal 3/1mal 3) M abketten.
In 28 cm (29 cm/30 cm/32 cm/34 cm) Gesamthöhe die 22 (22/23/26/27) Schultermaschen abketten. Die M für die re Schulterseite wieder aufnehmen und den Halsausschnitt gegengleich dem linken stricken. Dabei aber schon in 27 cm (28 cm/29 cm/31 cm/33 cm) Gesamthöhe alle Schultermaschen abketten.
Vorderteil: In Rose 78 M (80 M/84 M/90 M/94 M) mit Nadeln Nr. 2½ anschlagen und wie das Rückenteil beginnen.
Dabei nach dem Bündchen mit Nadeln Nr. 3 im Grundmuster nach dem Zählmuster weiterarbeiten.
In Höhe des Rückenteils wieder die Rand M beider Seiten für die Ärmelansatzkanten markieren.
In 22 cm (23 cm/24 cm/26 cm/27 cm) Gesamthöhe für den Halsausschnitt die mittleren 13 M (13 M/15 M/15 M/15 M) abketten und die M der re Seite stillegen.
An der li Seite weiterstricken und dabei für die Halsrundung in jeder 2. R
1mal 5, 1mal 3 und 3mal 1 M
(1mal 5, 1mal 3 und 3mal 1 M)
(1mal 5, 1mal 3, 1mal 2 und 2mal 1 M)
(1mal 5, 1mal 3, 1mal 2 und 2mal 1 M)
(1mal 5, 1mal 3, 1mal 2 und 3mal 1 M)
abketten.
In 27 cm (28 cm/29 cm/31 cm/33 cm) Gesamthöhe alle 22 (23/23/26/27) Schultermaschen abketten.
Die stillgelegten M der re Seite wieder aufnehmen und die Halsrundung gegengleich arbeiten.
Dabei aber in 26 cm (27 cm/28 cm/30 cm/32 cm) Gesamthöhe über die Schultermaschen mit Nadeln Nr. 2½ weiter 1 M re – 1 M li im Wechsel stricken.
Dabei nach 1 cm Höhe im Abstand von 7 cm (7 cm/7 cm/8 cm/9 cm) ab re Kante und dann von diesem entfernt nach 6 M (7 M/7 M/8 M/8 M) die beiden Knopflöcher über je 1 M einstricken: 2 M zusammenstricken und 1 Umschlag.
Noch 1 cm gerade hochstricken und alle M abketten wie sie erscheinen.
Ärmel: In Rose 42 M (42 M/46 M/46 M/48 M) mit Nadeln Nr. 2½ anschlagen und das Bündchen 3 cm 1 M re – 1 M li im Wechsel stricken.
Im Grundmuster mit Nadeln Nr. 3 weiterarbeiten und sofort innerhalb der 1. R gleichmäßig verteilt 6 M zunehmen.
Für die Schrägungen auf beiden Seiten
3mal in jeder 14. R je 1 M
(6mal in jeder 8. R je 1 M)
(5mal in jeder 8. R und 2mal in jeder 6. R je 1 M)
(10mal in jeder 6. R je 1 M)
(12mal in jeder 6. R je 1 M)
zunehmen.
In 17 cm (18 cm/19 cm/21 cm/24 cm) Ärmelhöhe alle 54 M (60 M/66 M/72 M/78 M) locker abketten.
Halsblende: In Rose 94 M (94 M/100 M/100 M/112 M) mit Nadeln Nr. 2½ anschlagen und 1 M re – 1 M li im Wechsel stricken.
Dabei nach 1 cm Höhe nach 4 M ab der li Kante 1 Knopfloch wie beschrieben einstricken.
Nach 2 cm Gesamthöhe noch 1 R re M auf der re Arbeitsseite stricken, noch einige R glatt re in einem Kontrastfaden darüber stricken und alle M stillegen.
Ausarbeitung: Die re Schulternaht schließen.
Den rückw. Rand der li Schulter mit 1 R fester M in Rose behäkeln.
Die Halsblende M für M mit Steppstichen auf der re Arbeitsseite aufnähen

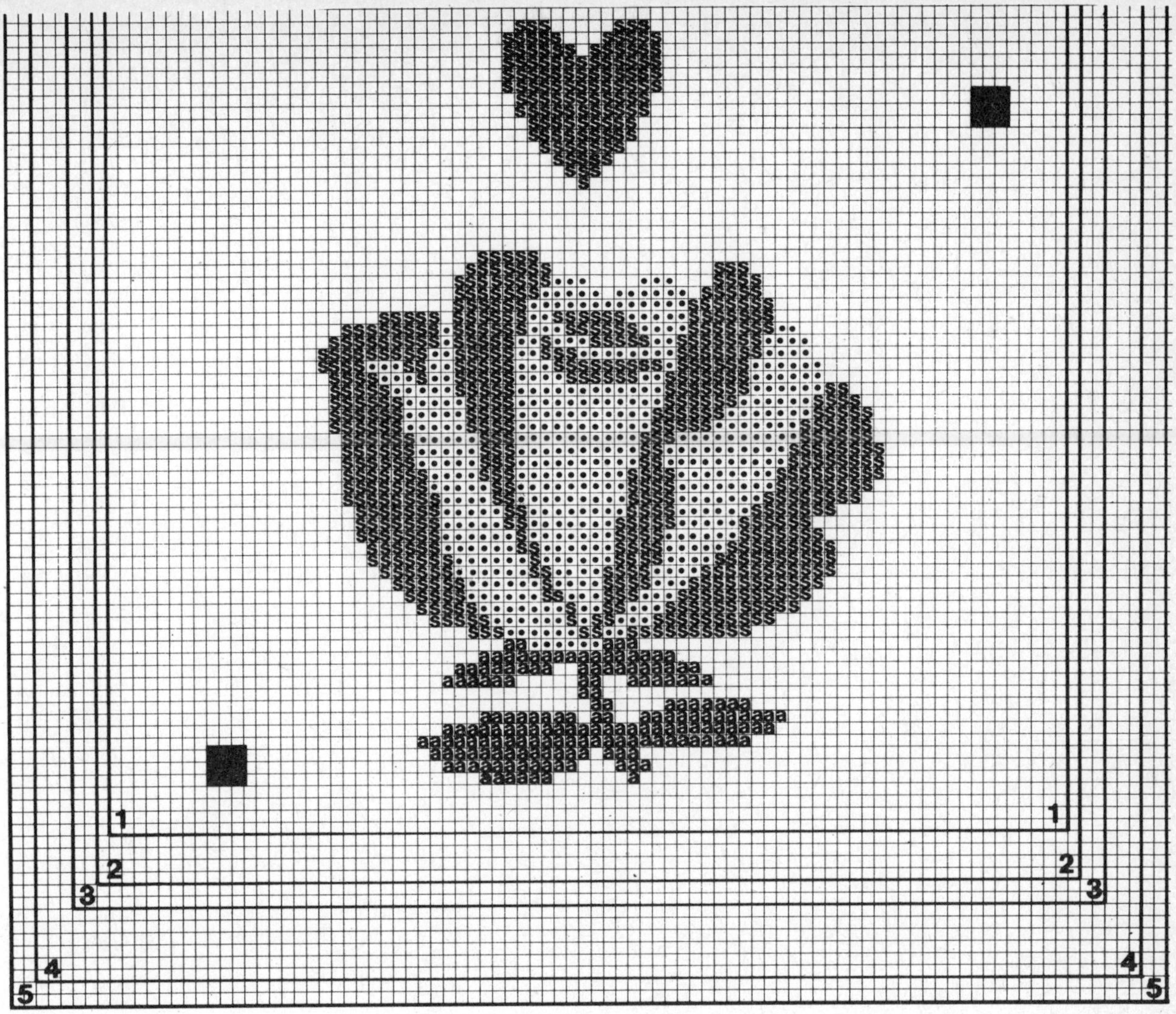

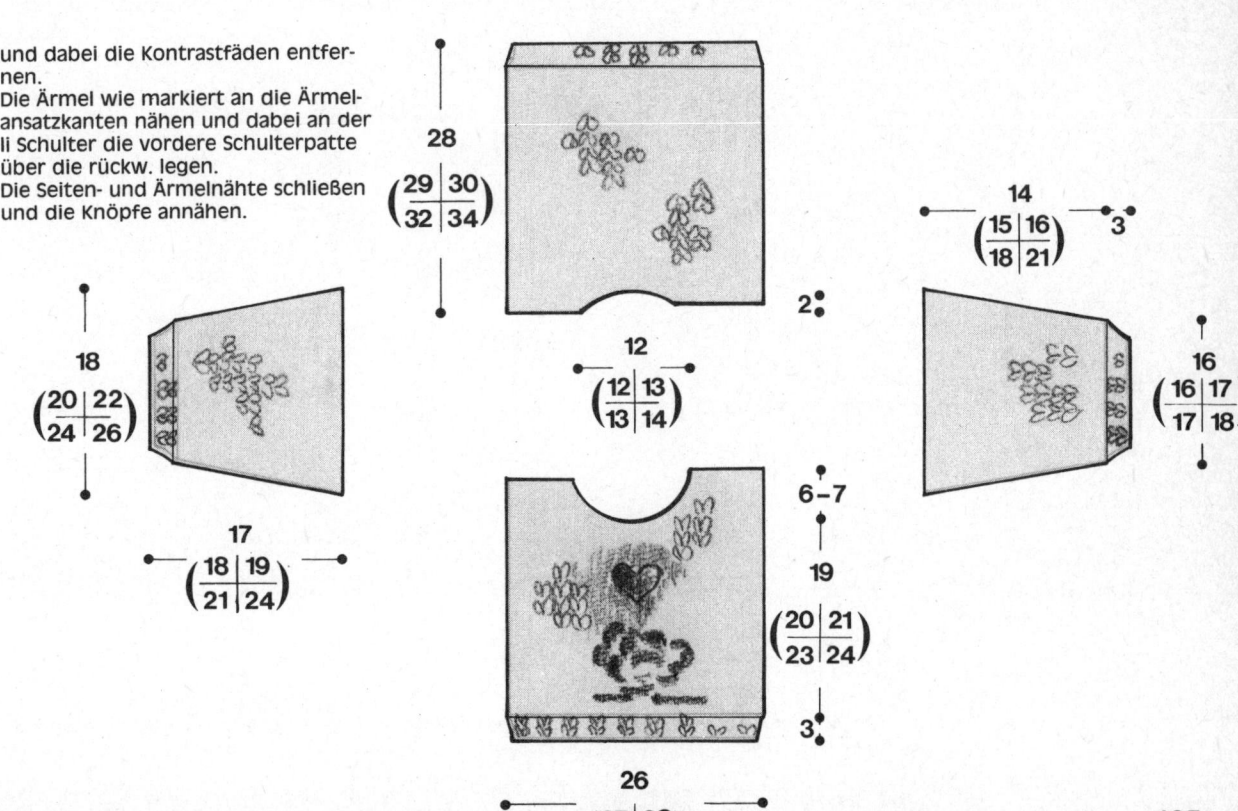

und dabei die Kontrastfäden entfernen.
Die Ärmel wie markiert an die Ärmelansatzkanten nähen und dabei an der li Schulter die vordere Schulterpatte über die rückw. legen.
Die Seiten- und Ärmelnähte schließen und die Knöpfe annähen.

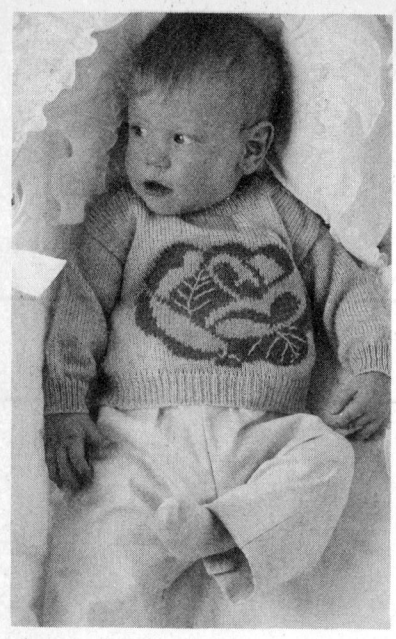

Farbbild Seite 235

Pulli

für 6 (9/12/18/24) Monate

MATERIAL
Baby'Blatt von ANNY BLATT
100 g (100 g/100 g/150 g/150 g) Bleu, Farbe 1857
und je 50 g für alle Größen in
Emeraude, Farbe 1860
Mer du Sud, Farbe 1861
Buvard, Farbe 1854
Lauflänge 180 m per 50 g Knäuel (100% Wolle)
Je 1 Paar Stricknadeln Nr. 2½ und 3
1 Häkelnadel Nr. 2½
3 Knöpfe

MUSTER
Grundmuster Glatt rechts (Hin R re - Rück R li).
Maschenprobe: Mit Nadeln Nr. 3 gestrickt ergeben 29 M in der Breite und 37 R in der Höhe 10 cm im Quadrat.

AUSFÜHRUNG
Bildmotiv für das Vorderteil: Glatt rechts nach dem Zählmuster.
1 Kästchen = 1 M in der Breite und 1 R in der Höhe.
Die leeren, mit großen schwarzen Quadraten gekennzeichneten Felder = Grundfarbe Bleu
Die leeren Felder innerhalb der Punkte = Mer du Sud
a = Emeraude
s = Buvard
Die Aderlinien der Kohlblätter werden später im Stielstich aufgestickt!
Die Umrandungen von innen nach außen 1, 2, 3, 4 und 5 entsprechen den Größen 6, 9, 12, 18 und 24 Monate. Dabei für jedes Farbfeld einen gesonderten Faden verwenden und die Fäden auf der Rückseite der Arbeit verkreuzen.
Alle Teile werden nun in den entsprechenden Farben nach der Anleitung des Rosenpullis mit Herz gestrickt. Die Ausarbeitung geschieht ebenso.

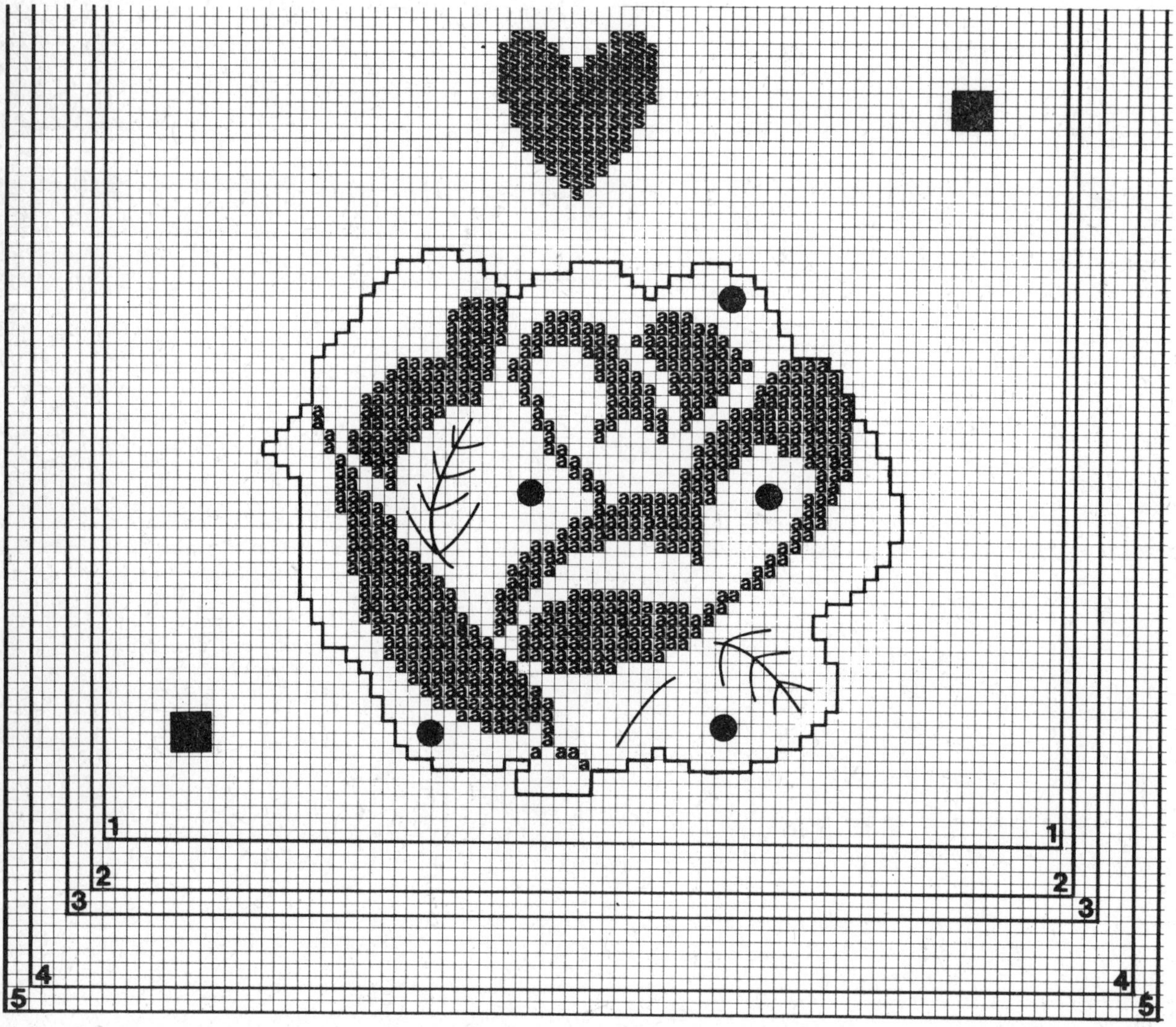

Bilder für die Junioren

Nr. 76/77

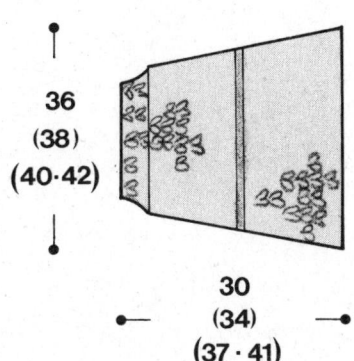

Farbbild Seite 236

Pulli

für Sechs- (Acht-, Zehn- und Zwölf)jährige

MATERIAL
Angor' von ANNY BLATT
100 g (100 g/120 g/140 g) Aurore, Farbe 2247
80 g (80 g/100 g/120 g) Cristal, Farbe 642
20 g (20 g/20 g/20 g) Abricot, Farbe 2243
20 g (20 g/20 g/20 g) Blanc, Farbe 625
und Reste in Prune, Farbe 1511, Sable, Farbe 2248, Noir, Farbe 636 und Zinc, Farbe 1983
Lauflänge 90 m per 20 g Knäuel
(70% Angora, 30% Wolle)
Je 1 Paar Stricknadeln Nr. 3 und 3½

MUSTER
Grundmuster Glatt rechts (Hin R re – Rück R li).
Maschenprobe: Mit Nadeln Nr. 3½ gestrickt ergeben 22 M in der Breite und 34 R in der Höhe 10 cm im Quadrat.
Bildmotiv für das Vorderteil: Im Grundmuster nach dem Zählmuster einstricken.
1 Kästchen = 1 M in der Breite und 1 R in der Höhe.
Die leeren Felder = die jeweilige Grundfarbe, unterhalb des Abricot-Streifens Cristal, oberhalb desselben Aurore.

a = Abricot
e = Blanc
Die Punkte = Perle
n = Zinc
z = Noir
x = Prune
u = Sable
o = Aurore

Dabei für jedes Farbfeld einen gesonderten Faden verwenden und die Fäden auf der Rückseite der Arbeit verkreuzen.
Die Umrandungslinien 1, 2, 3 und 4 gelten für die Größen 6, 8, 10 und 12 Jahre.
NB: Sollte Ihnen das Mitstricken kleinerer Motive noch etwas schwierig erscheinen, so können Sie diese selbstverständlich später in Maschenstichen aufsticken.

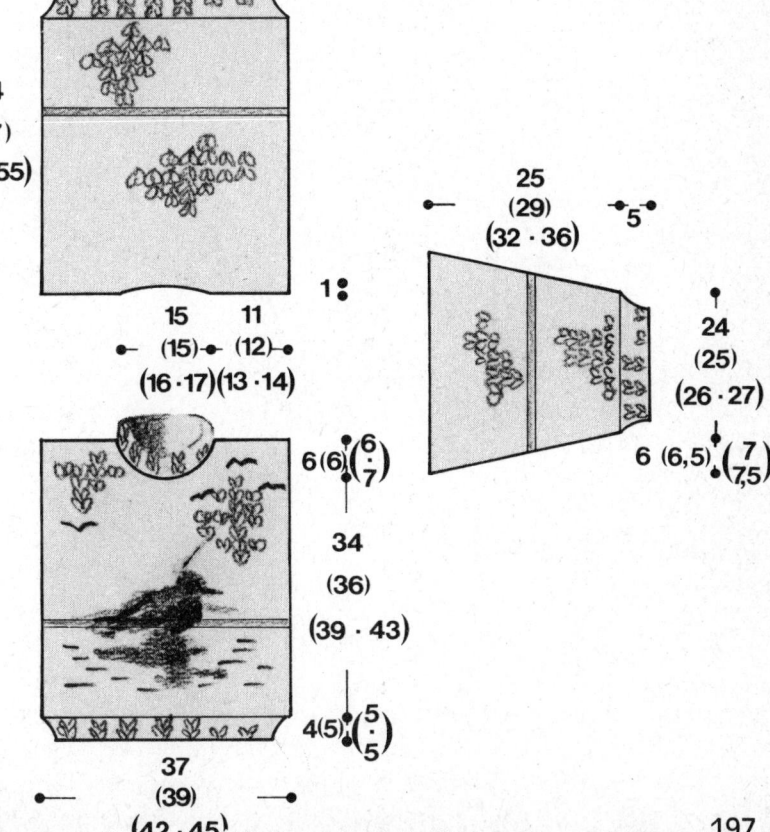

AUSFÜHRUNG
Rückenteil: In Cristal 76 M (80 M/86 M/92 M) mit Nadeln Nr. 3 anschlagen und das Bündchen 4 cm (5 cm/5 cm/5 cm) 1 M re - 1 M li im Wechsel stricken. Mit Nadeln Nr. 3½ im Grundmuster weiterstricken und dabei innerhalb der 1. R gleichmäßig verteilt 8 M zunehmen. 46 R (46 R/46 R/50 R) gerade hochstricken, 2 R Abricot stricken und das Teil in Aurore beenden. Dabei in 26 cm (28 cm/30 cm/34 cm) Gesamthöhe die Rand M beider Seiten für die Ärmelansatzkanten markieren.

In 43 cm (46 cm/49 cm/54 cm) Gesamthöhe für den Halsausschnitt die mittleren 28 M (28 M/28 M/30 M) abketten und zu beiden Seiten noch 2 R höher 1mal 2 (1mal 2/1mal 3/1mal 3) M abketten.
In 44 cm (47 cm/50 cm/55 cm) Höhe die jeweils 26 (28/30/32) Schultermaschen abketten.

Vorderteil: In Cristal 76 M (80 M/86 M/92 M) mit Nadeln Nr. 3 anschlagen und wie das Rückenteil beginnen. Dabei nach dem Bündchen mit Nadeln Nr. 3½ im Grundmuster nach dem Zählmuster stricken.
Nach Musterende das Teil in Aurore beenden. Dabei wieder zu beiden Seiten in Rückenteilhöhe die Rand M für die Ärmelansatzkanten markieren.
In 38 cm (41 cm/44 cm/48 cm) Gesamthöhe für den Halsausschnitt die mittleren 10 M (10 M/10 M/12 M) und

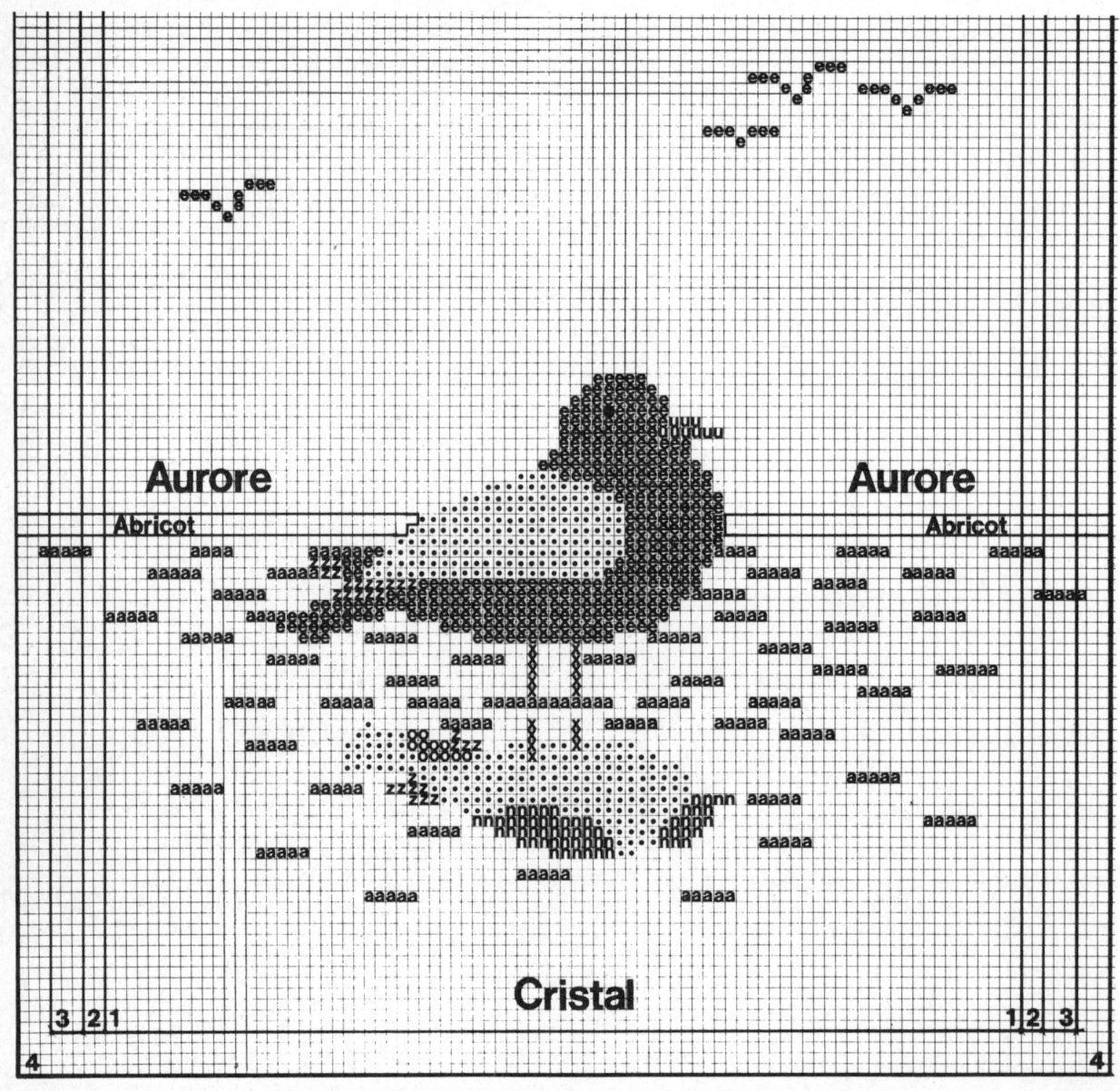

zu beiden Seiten noch in jeder 2. R
1mal 3, 2mal 2 und 4mal 1 M
(1mal 3, 2mal 2 und 4mal 1 M)
(1mal 3, 2mal 2 und 5mal 1 M)
(1mal 3, 2mal 2 und 5mal 1 M)
abketten.
In Rückenteilhöhe die Schultermaschen locker abketten.
Ärmel: In Cristal 42 M (42 M/44 M/ 46 M) mit Nadeln Nr. 3 anschlagen und das Bündchen 5 cm 1 M re – 1 M li im Wechsel stricken.
In derselben Farbe im Grundmuster mit Nadeln Nr. 3½ weiterarbeiten und sofort innerhalb der 1. R gleichmäßig verteilt 12 M (14 M/14 M/14 M) zunehmen.
Für die Schrägungen auf beiden Seiten
12mal in jeder 6. R und 2mal in jeder 4. R je 1 M
(15mal in jeder 6. R je 1 M)
(3mal in jeder 8. R und 13mal in jeder 6. R je 1 M)
(7mal in jeder 8. R und 10mal in jeder 6 R je 1 M)
zunehmen.
Dabei ab 17 cm (19 cm/20 cm/22 cm) Gesamthöhe 2 R in Abricot stricken und das Teil in Aurore beenden.
In 30 cm (34 cm/37 cm/41 cm) Ärmelhöhe alle 82 M (86 M/90 M/94 M) locker abketten.
Ausarbeitung: Die Teile auf den Schnitt spannen, mit feuchten Tüchern bedecken und gut trocknen lassen.
Wenn das Bildmotiv nicht ganz durchgestrickt wurde, dieses noch durch Stickerei im Maschenstich ergänzen.
Eine Schulternaht schließen.
In Aurore mit Nadeln Nr. 3 aus dem Halsausschnitt 86 M (86 M/90 M/96 M) aufnehmen und das Bündchen 2 cm 1 M re – 1 M li im Wechsel stricken.
Alle M locker abketten wie sie erscheinen.
Die 2. Schulternaht schließen, die Ärmel wie im Schnitt markiert an die Ärmelansatzkanten nähen und die Ärmel- und Seitennähte schließen.

Farbbild Seite 237

Mantel
für Acht- (Zehn- und Zwölf)jährige

MATERIAL
Soft von ANNY BLATT
150 g (200 g/250 g) Blanc, Farbe 1112
50 g (50 g/50 g) Vanille, Farbe 1391
50 g (50 g/50 g) Noir, Farbe 1118
100 g (100 g/150 g) Châtaigne, Farbe 1812
150 g (150 g/200 g) Acier, Farbe 1123
150 m (150 g/200 g) Gris, Farbe 1807
Lauflänge 155 m per 50 g Knäuel (80% Mohair, 20% Clorofibres)
Je 1 Paar Stricknadeln Nr. 4½ und 5
5 Knöpfe
Der Mantel wird durchgehend mit doppeltem Faden gestrickt!

MUSTER
Grundmuster I: Glatt rechts (Hin R re – Rück R li) nach den Zählmustern.
1 Kästchen = 1 M in der Breite und 1 R in der Höhe.
Alle leeren Felder werden in der jeweils markierten Grundfarbe gestrickt:
2 A = Acier mit doppeltem Faden
G B = je 1 Faden Gris und Blanc
2 G = Gris mit doppeltem Faden
A G = je 1 Faden Acier und Gris
C A = je 1 Faden Châtaigne und Acier
2 B = Blanc mit doppeltem Faden
2 C = Châtaigne mit doppeltem Faden
2 V = Vanille mit doppeltem Faden
Die großen Punkte = Blanc
Die schwarzen Quadrate = Châtaigne
Die kleinen Vögel werden später aufgestickt.
Bei großen Flächen ist es empfehlenswert, für jedes Farbfeld einen gesonderten Faden zu verwenden und die Fäden auf der Rückseite der Arbeit zu verkreuzen.
Die Umrandungslinien 1, 2 und 3 gelten für die Größen 8, 10 und 12 Jahre.
Grundmuster II: Kleines Perlmuster
1. R: 1 M re – 1 M li im Wechsel
2. R: 1 M li – 1 M re im Wechsel
Die 1. + 2. R fortlaufend wiederholen.
Maschenprobe: Mit Nadeln Nr. 5 im Jacquardmuster mit doppeltem Faden gestrickt, ergeben 15 M in der Breite und 20 R in der Höhe 10 cm im Quadrat.

AUSFÜHRUNG
Rückenteil: In Blanc 71 M (77 M/83 M) mit Nadeln Nr. 5 anschlagen und das Bündchen 2 cm im Perlmuster stricken. Dabei die M so einteilen, daß dieses mit 1 M re beginnt und endet.
Im Jacquardmuster nach dem Rückenteilzählmuster weiter arbeiten und dabei innerhalb der 1. R 1 M abnehmen. In 15 cm Gesamthöhe zu beiden Seiten je 1 M abketten, nach weiteren 8 R nochmals je 1 M abketten, so daß 66 M (72 M/78 M) auf der Nadel bleiben.
Gerade hoch weiterstricken und ab 44 cm (49 cm. 53 cm) Gesamthöhe für die Raglanschrägungen auf beiden

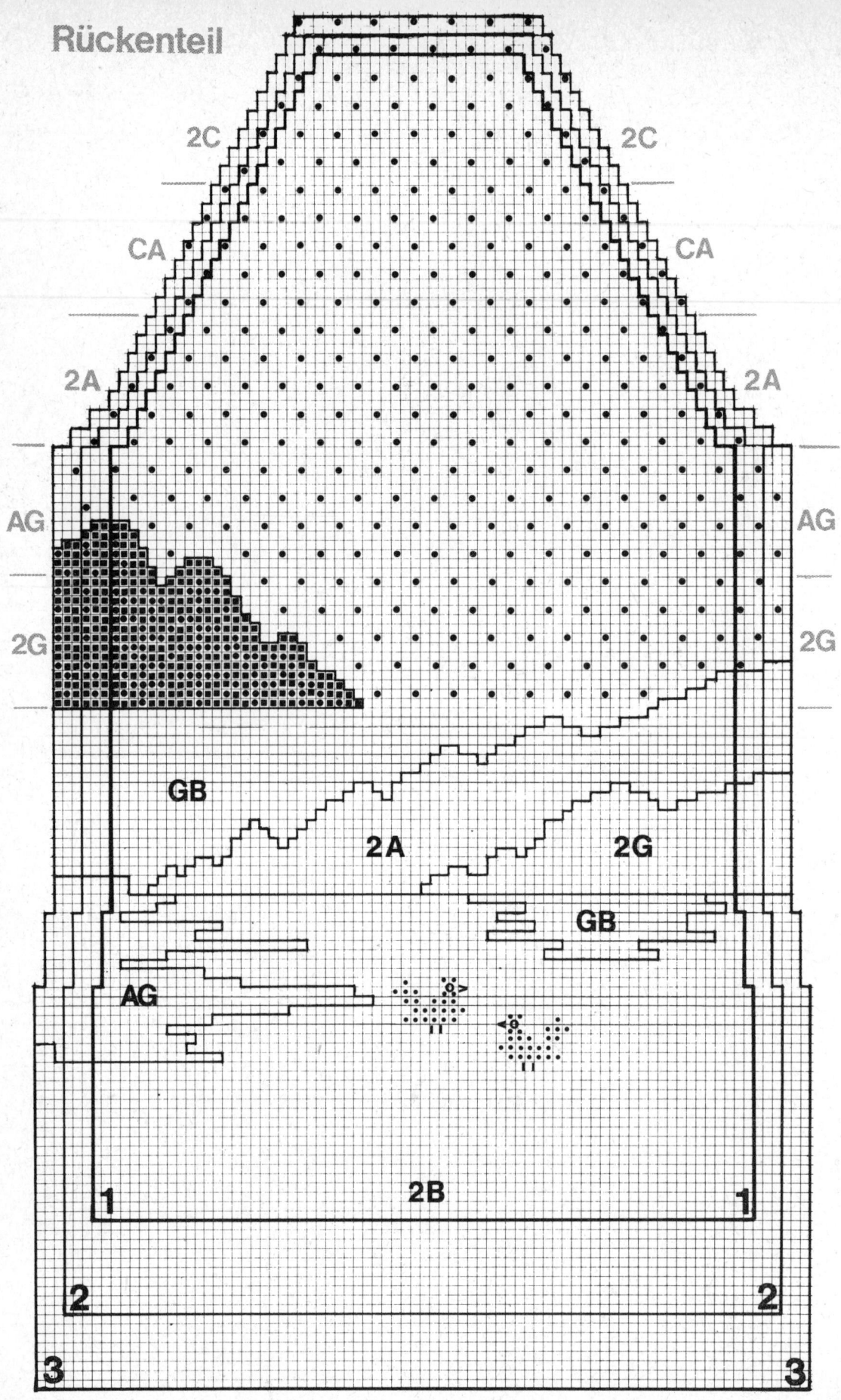

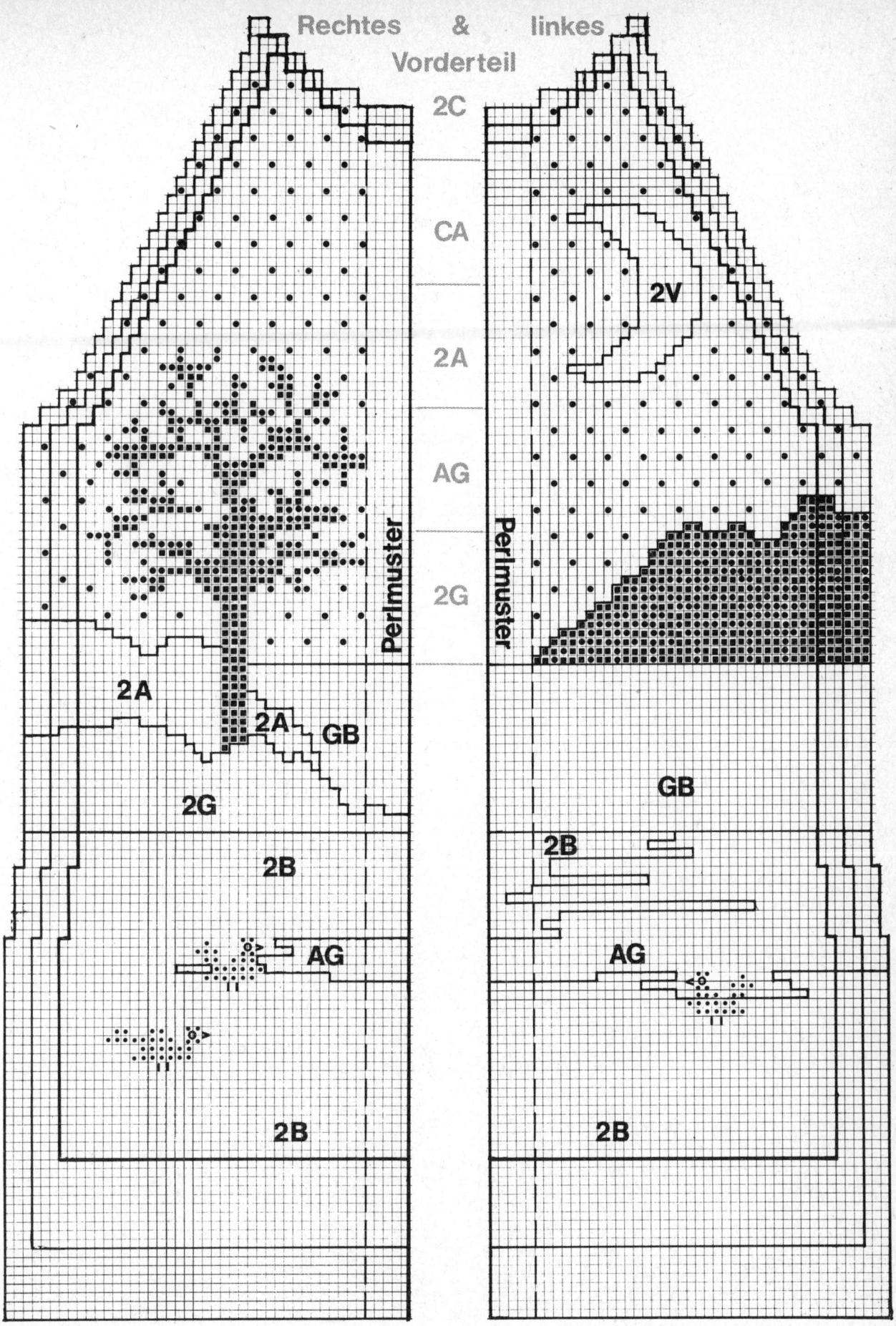

Seite 1mal 2 und nun in jeder 2. R 20mal 1 M abketten.
(1mal 2 und dann in jeder 2. R 1mal 2 und 20mal 1 M abketten.)
(1mal 2 und dann in jeder 2. R 2mal 2 und 20mal 1 M abketten.)
In 65 cm (71 cm/76 cm) Höhe alle 22 M (24 M/26 M) locker abketten.
Rechtes Vorderteil: In Blanc 38 M (42 M/46 M) mit Nadeln Nr. 5 anschlagen und das Bündchen 2 cm im Perlmuster stricken. Dabei mit 1 re M beginnen!
Im Jacquardmuster nach dem entsprechenden Zählmuster weiterarbeiten und dabei innerhalb der 1. R 1 M (keine/1 M) zunehmen.
Dabei die 5 M der vorderen Kante durchgehend als Blende in den entsprechenden Farben im Perlmuster stricken.
In 15 cm Gesamthöhe an der linken Seite 1 M abketten, nach 8 R nochmals 1 M abketten, so daß 37 M (40 M/43 M) auf der Nadel bleiben. Gerade hoch weiterstricken.
Dabei an der vorderen Blende in 18 cm (24 cm/29 cm) Gesamthöhe das erste Knopfloch über 1 M einstricken: 2 M Perlmuster, 1 Umschlag, 2 M zusammenstricken, 1 M Perlmuster. Die vier weiteren Knopflöcher in Abstand von jeweils 9 cm ebenso einstricken.
In 44 cm (49 cm/53 cm) Gesamthöhe an der Seitenkante mit der Raglanschrägung beginnen: 1mal 2 und dann in jeder 2. R 19mal 1 M abketten.
(1mal 2 und dann in jeder 2. R 1mal 2 und 19mal 1 M abketten.)
(1mal 2 und dann in jeder 2. R 2mal 2 und 19mal 1 M abketten.)
Dabei gleichzeitig an der vorderen Kante in 58,5 cm (64,5 cm/69,5 cm) Gesamthöhe für den Halsausschnitt die 5 Perlmuster M der vorderen Kante und dann in jeder 2. R 1mal 3 und 4mal 2 M abketten. (Die 5 Perlmustermaschen und dann in jeder 2. R 1mal 4 und 4mal 2 M abketten.)
(1mal 6 und dann in jeder 2 R 1mal 4 und 4mal 2 M abketten.)
Die restl. 2 M abketten.
Linkes Vorderteil: In der Form gegengleich dem rechten nach dem entsprechenden Zählmuster stricken. Bei diesem beginnt das Perlmuster mit 1 M li!
Die vordere Leiste wird ohne Knopflöcher gerade durchgestrickt.

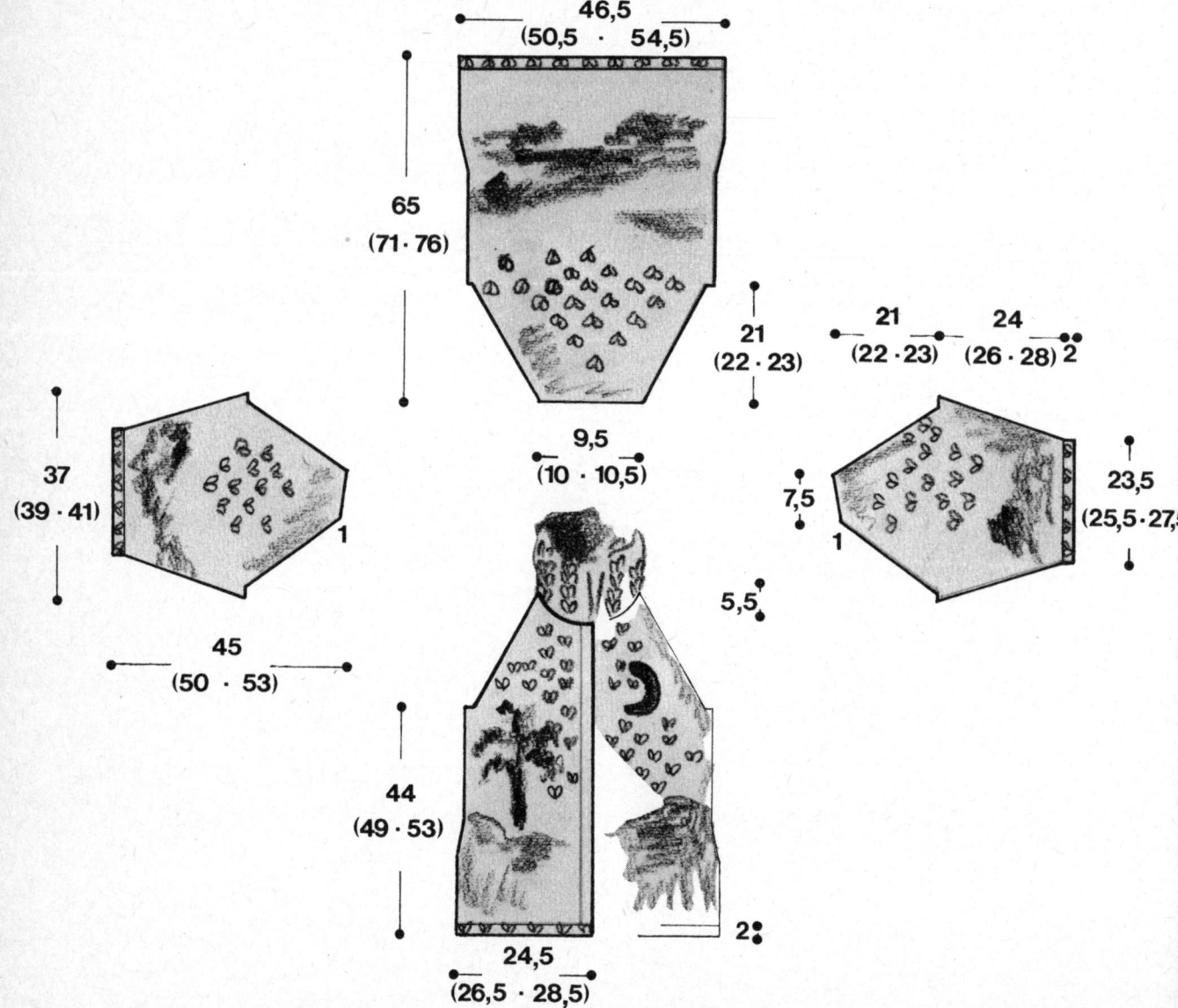

Ärmel: In Gris 36 M (40 M/42 M) mit Nadeln Nr. 5 anschlagen und 2 cm im Perlmuster stricken.
Im Jaquardmuster nach dem Ärmelzählmuster weiterarbeiten und dabei innerhalb der 1. R noch 1 M zunehmen. Für die Schrägungen auf beiden Seiten 6 R höher 1mal je 1 M zunehmen und dann in jeder 4. R 9mal 1 M zunehmen. (3mal in jeder 6. R und 7mal in jeder 4. R 1 M zunehmen.) (5mal in jeder 6. R und 5mal in jeder 4 R. 1 M zunehmen.)
Es sind nun 57 M (61 M/63 M) auf der Nadel.
In 26 cm (28 cm/30 cm) Gesamthöhe für die Raglanschrägungen zu beiden Seitem 1mal 2 M abketten und dann in jeder 2. R 1mal 2 und 18mal 1 M abketten.

(In jeder 2. R 2mal 2 und 18mal 1 M abketten.)
(In jeder 2. R 2mal 2 und 19mal 1 M abketten.)
Noch auf der li Seite 2 R höher 1mal 1 M und re in jeder 2. R 2mal 6 M abketten.
Den 2. Ärmel gegengleich stricken.
Die kürzere Seite der Raglanschrägungen entspricht der vorderen Raglannaht.

Ausarbeitung: Die Teile auf den Schnitt spannen, mit feuchten Tüchern bedecken und gut trocknen lassen.
Die Ärmel entlang der Raglanschrägung einsetzen.
Für den Kragen in Châtaigne mit doppeltem Faden 80 M (84 M/88 M) mit Nadel Nr. 4½ aus der Halskante auffassen und 12 cm 1 M re – 1 M li im Wechsel stricken. Alle M abketten wie sie erscheinen.
Die Ärmel- und Seitennähte schließen und die Knöpfe annähen.
Nun noch auf Rücken und Vorderteilen nach den Zählmustern die Vögel aufsticken.
Die Körper = kleine Punkte in Noir, die Beinchen ebenso.
Augen und Schnäbel werden möglichst plastisch in Vanille gestickt.

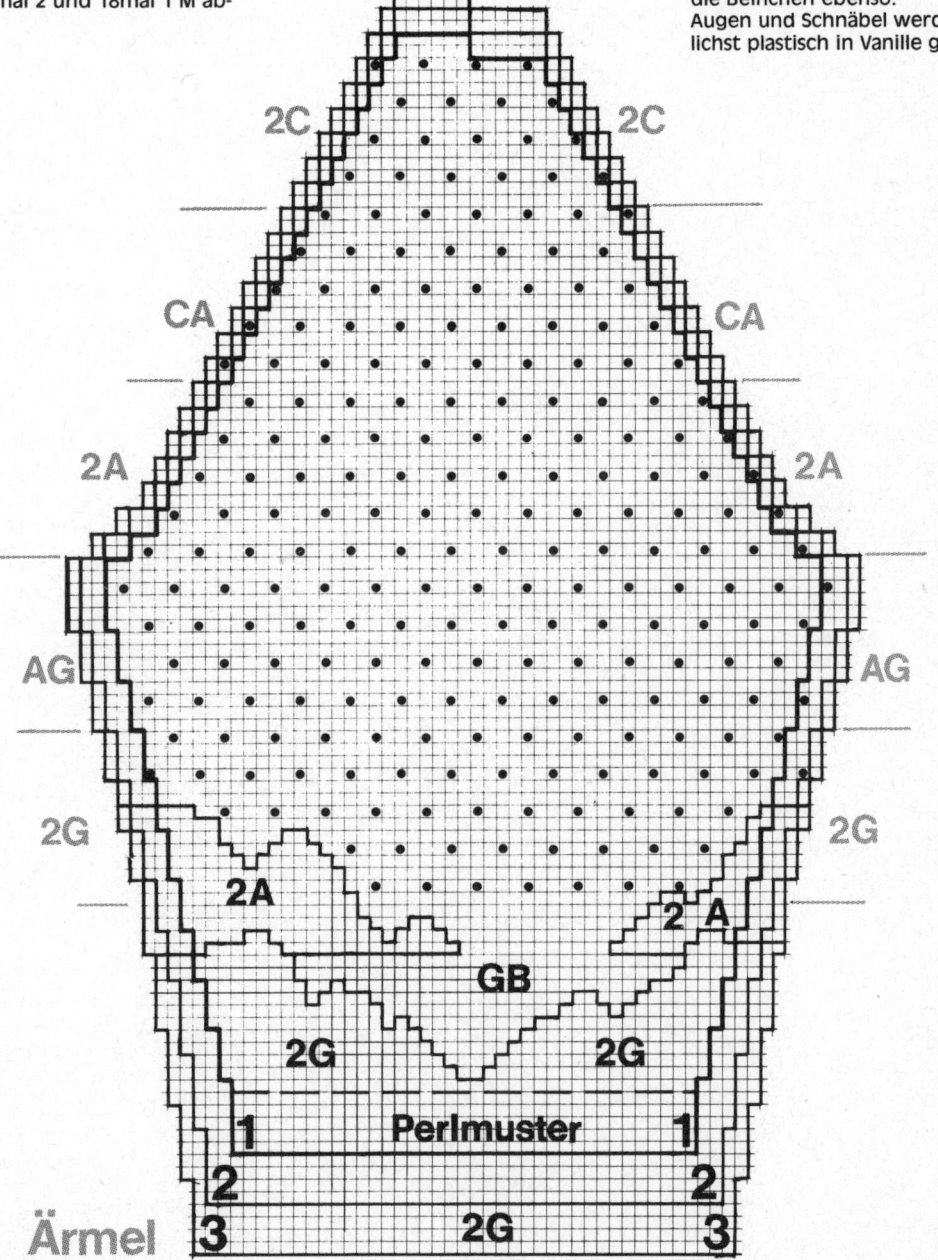

Einfach toll: Schwarz-weiß Nr. 78/79

Farbbild Seite 238

Pulli

für Größe 38/40 (42/44)

MATERIAL
Mango von ANNY BLATT
400 g (400 g) Noir, Farbe 2165
und 150 g (150 g) Blanc, Farbe 2164
Lauflänge 85 m per 50 g Knäuel
(55% Viskose, 43% Baumwolle)
Je 1 Paar Stricknadeln Nr. 3 und 3½

MUSTER
Grundmuster: Jacquardmuster glatt rechts (Hin R re – Rück R li) nach dem Zählmuster.
1 Kästchen = 1 M in der Breite und 1 R in der Höhe. Die leeren Felder innerhalb der schwarzen Quadrate = Noir, die leeren Felder innerhalb der Punkte = Blanc.
Nach dem Glatt-Rechts-Ende werden noch 6 R 2 M re – 2 M li im Wechsel als Abschluß gestrickt. Dabei bedeutet.
v = 2 M in 1 M stricken.
Immer für jedes Farbfeld einen gesonderten Faden verwenden und die Fäden auf der Rückseite der Arbeit verkreuzen, damit keine Löcher entstehen.
Die innere durchlaufende Begrenzung gilt für Größe 38/40, die äußere, gestrichelte für Gr. 42/44.
Maschenprobe: Mit Nadeln Nr. 3½ gestrickt ergeben 21 M in der Breite und 30 R in der Höhe 10 cm im Quadrat.

AUSFÜHRUNG
Rückenteil: Uni Noir. 110 M (118 M) mit Nadeln Nr. 3 anschlagen und das Bündchen 3 cm 2 M re – 2 M li im Wechsel stricken. Dabei die M so einteilen, daß sich an beiden Seitenkanten 2 M re befinden!
Glatt rechts mit Nadeln Nr. 3½ weiterstricken und sofort in der 1. R zu beiden Seiten je 1 M zunehmen.
Gerade hochstricken und in 29 cm Gesamthöhe zu beiden Seiten die Rand M für die Armausschnitte markieren. Ab 52 cm (53 cm) Gesamthöhe weiter 2 M re – 2 M li im Wechsel stricken und dabei innerhalb der 1. R gleichmäßig verteilt 8 M zunehmen.
In 54 cm (55 cm) Höhe alle M locker abketten wie sie erscheinen.
Vorderteil: In Noir 110 M (118 M) mit Nadeln Nr. 3 anschlagen und das Bündchen 3 cm 2 M re – 2 M li im Wechsel stricken. Dabei die M wieder so einteilen, daß die Rippen mit 2 M re beginnen und enden.
Mit Nadeln Nr. 3½ nach dem Zählmuster weiterarbeiten, die Armausschnitte in entsprechender Höhe kennzeichnen und ab 52 cm (53 cm) Gesamthöhe im Streifenrhythmus weiter 2 M re – 2 M li im Wechsel stricken. Dabei die mit „v" markierten Zunahmen berücksichtigen!
In Rückenteilhöhe alle M locker abketten wie sie erscheinen.
Ausarbeitung: Die jeweils mittleren 68 M für den Halsausschnitt kennzeichnen und die Schulternähte schließen.
Aus den Armausschnittkanten in Noir jeweils 118 M (122 M) mit Nadeln Nr. 3 auffassen und die Blenden 1,5 cm 2 M re – 2 M li im Wechsel stricken. Dabei wieder darauf achten, daß diese mit 2 M re beginnen und enden! Alle M locker abketten, wie sie erscheinen.
Die Seitennähte schließen.
Den fertigen Pulli in Form auflegen, mit feuchten Tüchern bedecken und gut trocknen lassen.

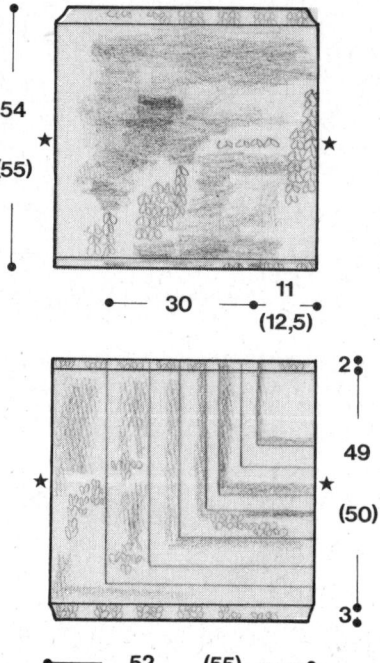

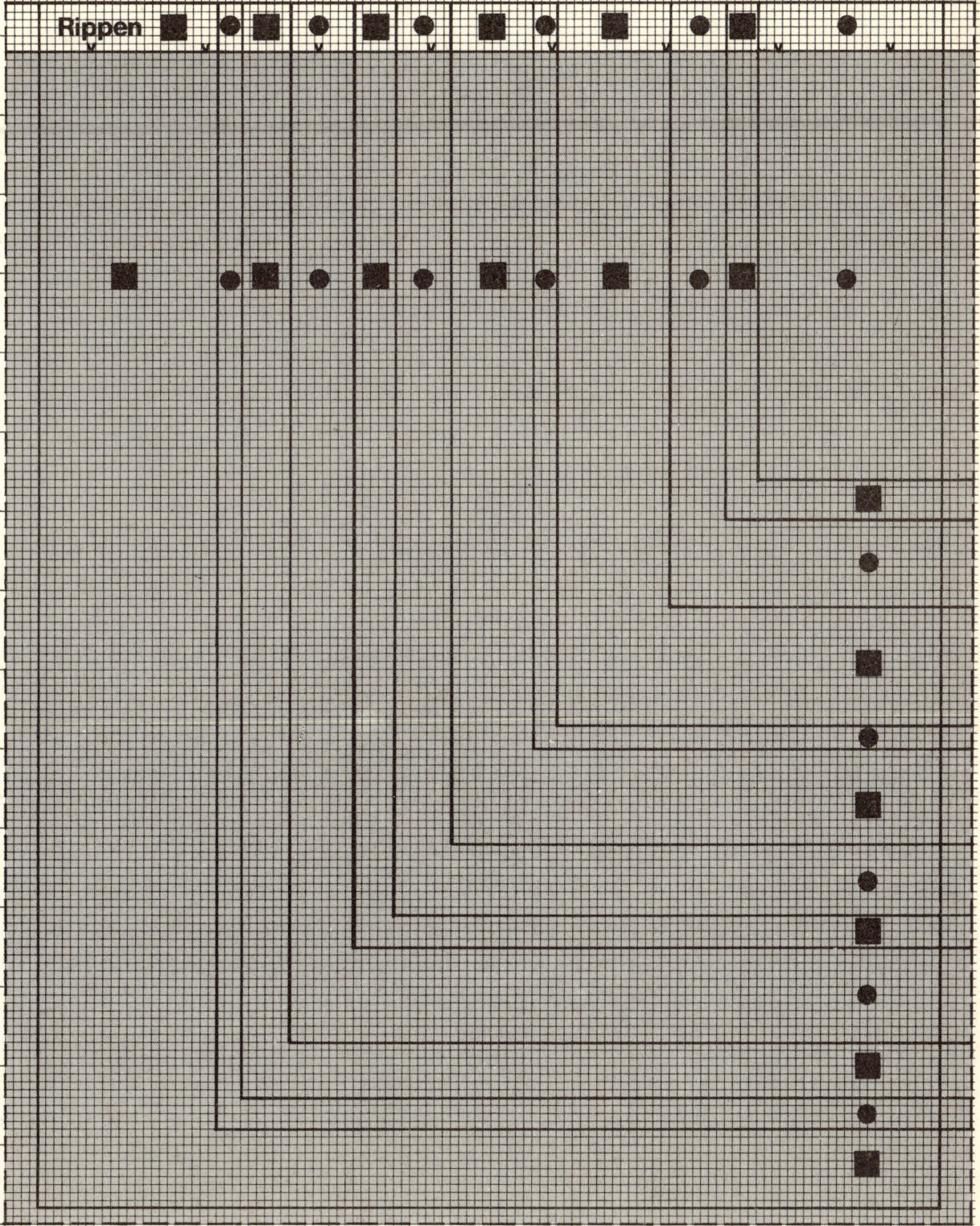

Pulli

für Größe 38–42

MATERIAL
100% Coton von PLASSARD
250 g Weiß, Farbe 302
und 350 g Schwarz, Farbe 317
Lauflänge 130 m per 50 g Knäuel
(100% Baumwolle)
Je 1 Paar Stricknadeln Nr. 3 und 3½

MUSTER
Grundmuster: Glatt rechts
(Hin R re – Rück R li) nach dem Zählmuster.
1 Kästchen = 1 M in der Breite und 1 R in der Höhe.
Die kleinen Punkte bilden die Trennlinien der Farbgrenzen. Die leeren Felder, welche mit den großen Punkten markiert sind, werden in Weiß, diejenigen, welche mit Quadraten markiert sind, in Schwarz gestrickt.

Dabei für jedes Farbfeld einen gesonderten Faden verwenden und beim Farbwechsel die Fäden immer einmal umeinanderschlingen, damit keine Löcher entstehen!
Maschenprobe: Mit Nadeln Nr. 3½ gestrickt, ergeben 24 M in der Breite und 33 R in der Höhe 10 cm im Quadrat.

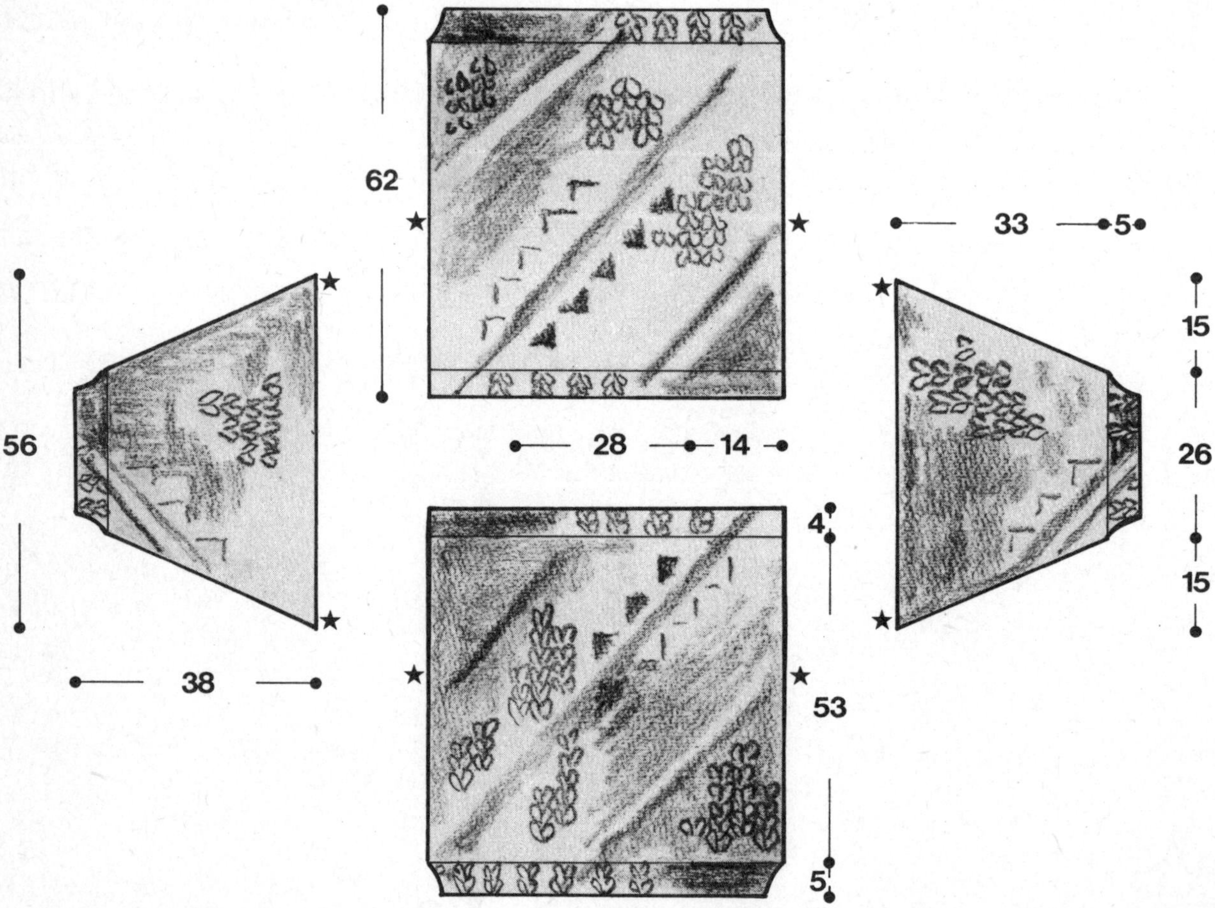

Farbbild Seite 239

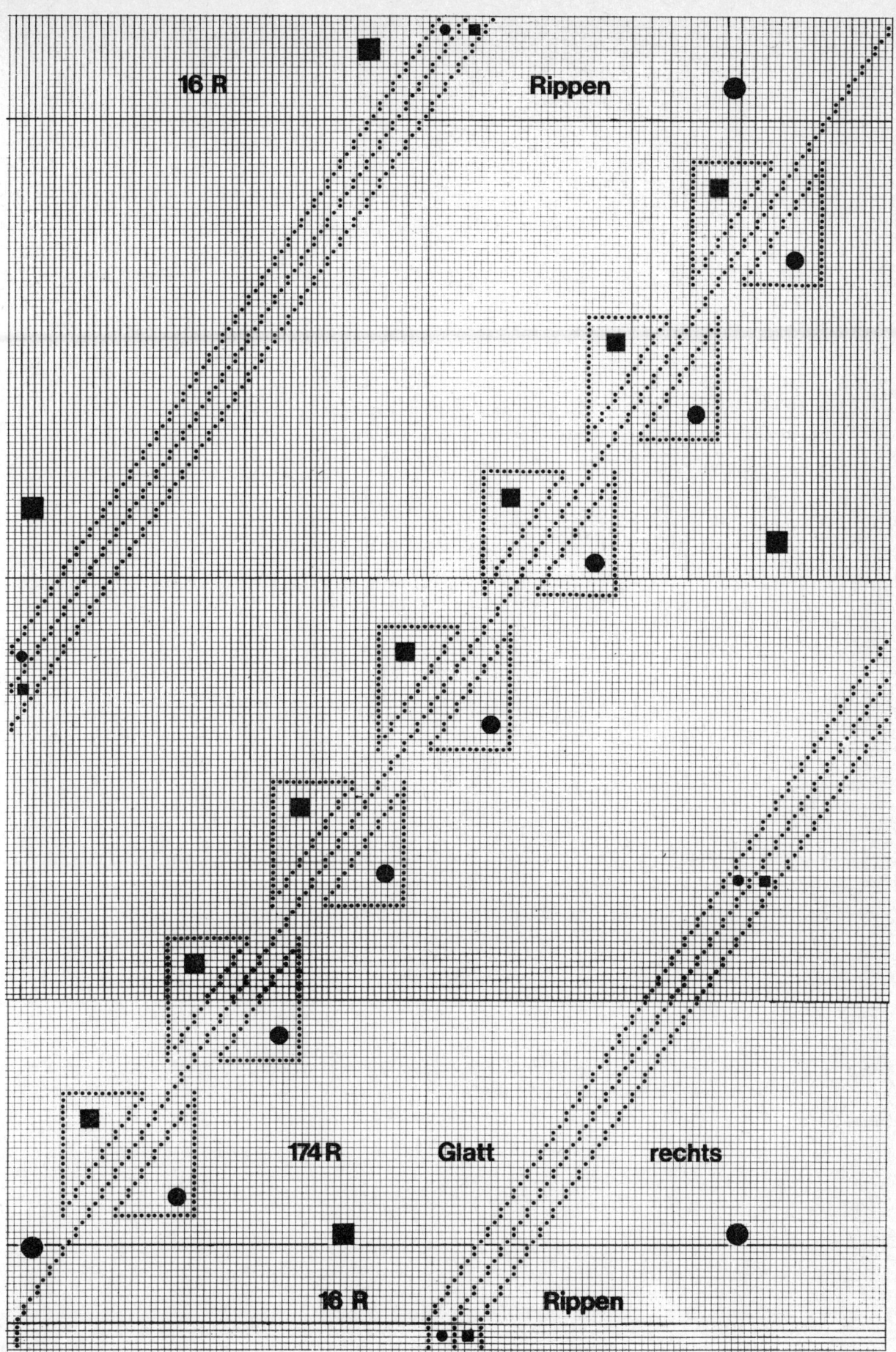

AUSFÜHRUNG
Rückenteil: Mit Nadeln Nr. 3 alle 136 M sofort im Farbmuster anschlagen: Rand M, 62 M Weiß, 4 M Schwarz, 4 M Weiß, 62 M Schwarz, 2 M Weiß, Rand M und das Bündchen nach dem Zählmuster 16 R 1 M re - 1 M li im Wechsel stricken.
Mit Nadeln Nr. 3¹/₂ im Grundmuster nach dem Zählmuster weiterarbeiten. 174 R gerade hochstricken, in fortlaufendem Muster noch 16 R 1 M re - 1 M li im Wechsel darüber stricken und alle M abketten wie sie erscheinen.
Vorderteil: Ebenso wie das Rückenteil arbeiten.
Rechter Ärmel: Mit Nadeln Nr. 3 alle 69 M sofort im Farbmuster anschlagen: Rand M, 25 M Weiß, 4 M Schwarz, 4 M Weiß, 34 M Schwarz, Rand M und das Bündchen nach dem Zählmuster 16 R 1 M re - 1 M li im Wechsel stricken.
Mit Nadeln Nr. 3¹/₂ im Grundmuster weiterarbeiten und dabei die re Ärmelseite nach dem Zählmuster, links von diesem durchgehend in Schwarz stricken.
Dabei für die Schrägungen zu beiden Seiten 33mal abwechselnd in jeder 4. und in jeder 2. R je 1 M zunehmen.
In 38 cm Ärmelhöhe alle M locker abketten.
Linker Ärmel: Gegengleich dem rechten stricken.
Ausarbeitung: Die Teile auf den Schnitt spannen, mit feuchten Tüchern bedecken und gut trocknen lassen.
Die Schulternähte schließen, die Ärmel wie im Schnitt markiert an die Ärmelansatzkanten nähen und die Ärmel- und Seitennähte schließen.

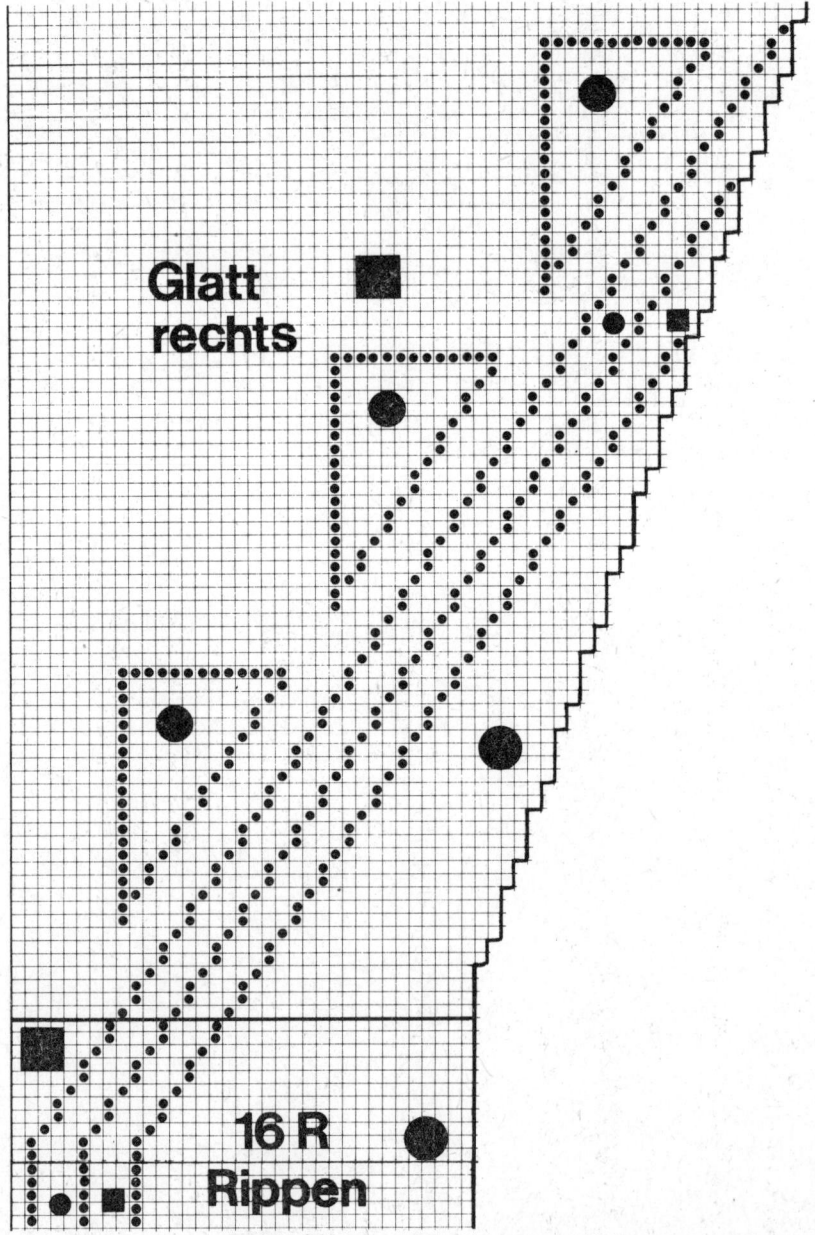

Mit Pfauen-augen gemustert
Nr. 80

Farbbild Seite 240

Pullover
für Größe 38/40 (42/44)

MATERIAL
100% Angora von ANNY BLATT
210 g (220 g) Noir, Farbe 1547
Lauflänge 25 m per 10 g Knäuel
Angor' von ANNY BLATT
80 g (80 g) Bleu Nuit, Farbe 1226
20 g (20 g) Blanc, Farbe 625
60 g (60 g) Daim, Farbe 1233
Lauflänge 90 m per 20 g Knäuel
(70% Angora, 30% Wolle)
Silk' von ANNY BLATT
40 g (40 g) Blanc, Farbe 1725
Lauflänge 60 m per 40 g Knäuel
(100% Seide)
Je ein Paar Stricknadeln Nr. 3½ und 4
1 Häkelnadel Nr. 3

MUSTER
Grundmuster: Glatt rechts
(Hin R re – Rück R li)
Jacquardstreifen: Nach dem Zählmuster stricken.
1 Kästchen = 1 M in der Breite und 1 R in der Höhe.
Der Musterrapport ist 24 M breit.
Die leeren Felder = Angor in Daim
E = Angor in Bleu Nuit
o = Angor in Blanc
P = 100% Angora in Noir
x = Silk in Blanc
Um lange Spannfäden auf der Rückseite zu vermeiden, empfiehlt es sich, für jedes Motiv in den entsprechenden Farben kleine Knäuel vorzubereiten. Bei jedem Farbwechsel die Fäden auf der Rückseite der Arbeit verkreuzen, damit keine Löcher entstehen.
Maschenprobe: In Angor' mit Nadeln Nr. 4 glatt re gestrickt ergeben 21 M in der Breite und 28 R in der Höhe 10 cm im Quadrat.

AUSFÜHRUNG
Rückenteil: In 100% Angora Noir 114 M (120 M) mit Nadeln Nr. 3½ anschlagen und das Bündchen 10 cm 1 M re – 1 M li im Wechsel stricken. In derselben Farbe im Grundmuster mit Nadeln Nr. 4 weiterstricken und sofort innerhalb der 1. R gleichmäßig verteilt noch 6 M zunehmen. Es sind nun 120 M auf der Nadel. Diese nun in der Streifen- und Musterfolge gerade hochstricken:
11 cm in 100% Angora Noir
8 R Angor in Daim
18 R Jacquardstreifen nach dem Zählmuster.
5mal die 24 M des Musterrapports.
(3 M glatt re in Daim, 5mal 24 M Rapport, 3 M glatt re in Daim.)
24 R Angor in Bleu Nuit
8 R Angor in Daim
18 R Jacquardstreifen wie oben
und in 100% Angora Noir das Teil beenden.
Dabei in 31 cm Gesamthöhe die Rand M beider Seiten für die Ärmelansatzkanten markieren. In 58 cm (59 cm) Gesamthöhe für den Halsausschnitt die mittleren 16 M und zu beiden Seiten noch in jeder 2. R 1mal 7 und 1mal 6 M abketten. In 60 cm (61 cm) Höhe die jeweils 39 (42) Schultermaschen abketten.
Vorderteil: In 100% Angora Noir 114 M (120 M) mit Nadeln 3½ anschlagen und wie das Rückenteil stricken. Dabei aber mit Halsausschnitt schon in 53 cm (54 cm) Gesamthöhe beginnen: Die mittleren 12 M abketten und zu beiden Seiten noch in jeder 2. R 2mal 3, 3mal 2 und 3mal 1 M abketten.
In Rückenteilhöhe die jeweils 39 (42) Schultermaschen locker abketten.
Ärmel: In 100% Angora Noir 58 M (62 M) mit Nadeln Nr. 3½ anschlagen und das Bündchen 4 cm 1 M re – 1 M li im Wechsel stricken. Mit Nadeln Nr. 4 im Grundmuster in der Streifenfolgen weiterstricken:
5 cm in 100% Angora Noir
8 R Angor in Daim
18 R Jacquardstreifen und dabei die M so einteilen, daß ein Motiv die Ärmelmitte bildet!
24 R Angor in Bleu Nuit
8 R Angor in Daim
18 R Jacquardstreifen und dabei die M so einteilen, daß die Motive genau übereinanderliegen. Den Ärmel in 100% Angora Noir beenden.
Dabei ab Bündchen für die Seitenschrägungen 7mal in jeder 6. R, 6mal in jeder 4. R und 19mal in jeder 2. R zu beiden Seiten je 1 M zunehmen. In 42 cm Ärmelhöhe alle 122 M (126 M) locker abketten.
Den 2. Ärmel ebenso stricken.

Ausarbeitung: Die Schulternähte schließen, die Ärmel wie im Schnitt markiert an die Ärmelansatzkanten nähen und die Ärmel- und Seitennähte schließen.
Rund um den Halsausschnitt und die Ärmelbündchen in 100% Angora Noir 1 Rd feste M häkeln.
Nun noch 1 Rd Picots darüberhäkeln:
1. Rd: Gerade Maschenzahl. Feste M häkeln.
2. Rd: 1 feste M ★ 3 Luftmaschen, 1 Grund M übergehen, 1 feste M in die folg. M, 1 feste M, 3 Luftmaschen, eine Kettmasche in die gleiche M, ab ★ wiederholen.
Die Rd endet mit 1 festen M und 1 Kettmasche in die 1. M.

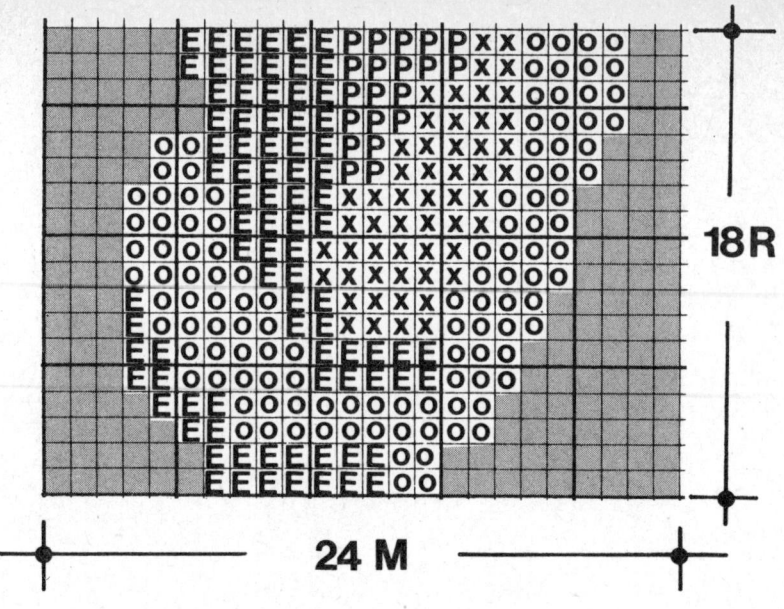

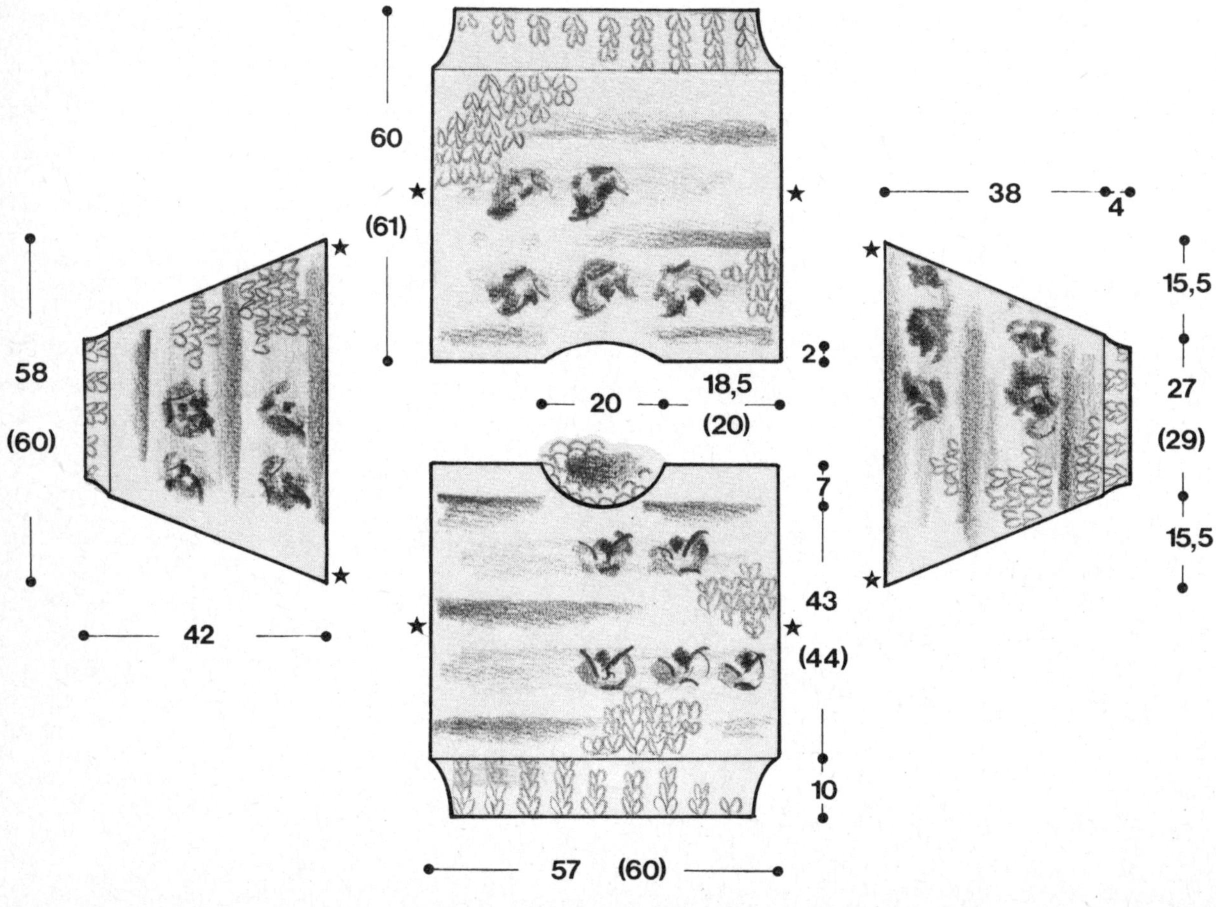

Stricken mit Garn- und Mustermix

Eine unendliche Vielfalt freier Gestaltungsmöglichkeiten.

Garn- und Mustermix

Verschiedene Garne und Strickmuster miteinander zu kombinieren, dieses Thema ist aus der heutigen Handstrickmode nicht mehr wegzudenken. Hier ist fast alles erlaubt, und mit etwas Geschick, modischem Gespür und gutem Geschmack lassen sich optisch ebenso eindrucksvolle wie individuelle Kleidungsstücke gestalten.

Die bedeutendsten italienischen Designer haben dieses Thema in die Mode eingebracht und die ungewöhnlichsten Kompositionen gezaubert. Kein Wunder also, daß sich immer mehr Strickerinnen für diesen Trend begeistern, denn gerade hier sind der Fantasie keine Grenzen gesetzt.

Hier gibt es fast kein Material, welches sich nicht verarbeiten ließe: Nicht nur Woll- und Effektgarne, auch Spitzenreste, Lederreste, Samtbänder und schmal gerissene Stoffstreifen oder was auch immer Ihnen geeignet erscheinen mag, all dies läßt sich in solch einem Pulli verstricken.

Sollten Sie schon etwas Übung haben, dann können Sie ruhig versuchen, Ihre eigenen, ganz persönlichen Modelle zu entwerfen. Das ist gar nicht so schwer, wie Sie vielleicht am Anfang vermuten. Stellen Sie sich einen Materialkorb zusammen. Es ist wirklich gleichgültig, ob die Garne dick oder dünn, glatt oder mit Struktureffekt, noppig, glitzernd sind und in welchen Nadelstärken diese gestrickt werden sollen.

Dieses läßt sich nämlich leicht ausgleichen: Nehmen Sie dünnere Fäden doppelt oder lassen Sie zwei verschiedene dünne Fäden zusammenlaufen. Denn stricken mit doppeltem Faden ist kein Problem.

Wie wichtig eine Maschenprobe selbst bei einfachen Mustern ist, haben wir schon gesagt. In diesem Falle geht es gar nicht ohne Maschenprobe! Und diese sollte unbedingt eine Fläche größer sein als die üblichen 10 mal 10 cm. Nur so lassen sich verschiedene Garn- und Materialqualitäten auf eine Nadelstärke abstimmen.

Und wenn Sie auch glauben, nicht zeichnen zu können oder dies noch nie probiert haben: Machen Sie einen Entwurf! Kleben Sie so viele Karobögen aneinander, bis Sie die erforderliche Maschen- und Reihenzahl erreicht haben. Denn diese errechnen Sie ja nach der Maschenprobe und Ihrem Schnitt.

Nun können Sie mit einer in Flächen und Umrissen großzügigen Bleistiftskizze beginnen, am be-

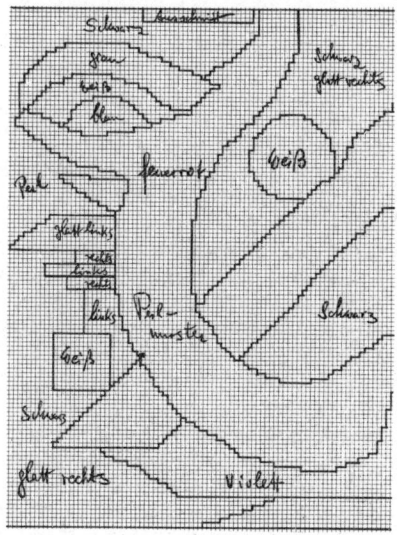

sten mit einem weichen Bleistift, was Radierkorrekturen erleichtert. Die zunächst runden, skizzenhaften Linien können Sie nun entlang der Karolinien exakt nach Maschen und Reihen nachzeichnen, mit einem schwarzen Filzstift festlegen und alles Überflüssige wegradieren.

Nun haben Sie eine genaue technische Musterzeichnung.

Wenn Sie die einzelnen Felder noch beschriften, die vorgesehenen Garnqualitäten und Muster eintragen, so haben Sie eine bedeutende Arbeitserleichterung. Und je sorgfältiger die Vorarbeit, desto mehr Freude macht die eigentliche Arbeit.

Sehr wichtig bei dieser Art Pullis ist auch die Form. Vom Schnitt aus schon leger und elegant, niemals streng sportlich, klassisch, müssen auch Details entsprechend gestaltet werden.

Wie also die Halskanten abschließen?

Die üblichen Rippenbündchen 2 rechts – 2 links oder 1 rechts – 1 links sind hier in fast allen Fällen ungeeignet.

Bei der einfachsten Form, den „geraden" Pullis mit kastenförmigem Vorder- und Rückenteil, genügt es meist, beim Zusammennähen einen entsprechend weiten Halsschlitz offen zu lassen. Nichts weiter. Wollen Sie aber einen runden Ausschnitt, ganz gleich ob flach oder „vertieft", dann ist es am besten, die Halskante zu umhäkeln.

Die Häkelnadel soll dabei immer etwas dünner sein als die Nadelstärke, mit welcher gestrickt wurde: bei 5er Nadeln 3½ bis 4, bei 7er Nadeln 4 oder 5, das ist Gefühlssache.

Einen schönen Halsabschluß – auch Ärmelabschluß natürlich – bilden 1 bis 2 Runden feste Maschen und darüber noch 1 Runde feste Maschen im Krebsstich.

Beim Krebsstich werden auch feste Maschen gehäkelt, aber nicht wie üblich von rechts nach links, sondern entgegengesetzt. Auf diese Weise entsteht eine schöne Abschlußkante, welche fast einer gedrehten Kordel gleicht.

Eine weitere, ebenso schöne Lösung für die Halsblende ist eine gestrickte Mäusezähnchenkante. Vielleicht haben Sie in der Schule einmal Mäusezähnchen, Picots, gehäkelt. Aber stricken?

Fassen Sie mit einer Rundnadel – immer eine bis 1½ Nadelstärken dünner als die des Musters – die entsprechende Maschenzahl aus der Halskante auf, aus jeder Masche eine Masche. Je nach Garnstärke – was ja für die Bündchenhöhe wichtig ist – können Sie nun 3 bis 5 Runden glatt rechts stricken. Die folgende Runde wird dann so gearbeitet: Immer abwechselnd 2 Maschen rechts zusammenstricken – 1 Umschlag.

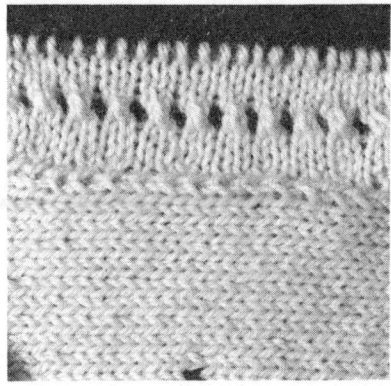

Über diese Runde nun die gleiche Rundenzahl wie vorher glatt rechts stricken und alle Maschen locker abketten. Bei einem doppelten Bündchen ist das „locker" besonders wichtig, denn nun legen Sie das Bündchen entlang der Lochrunde zur Hälfte nach innen und säumen es mit unsichtbaren Stichen an die Runde, aus welcher die Maschen aufgenommen wurden.

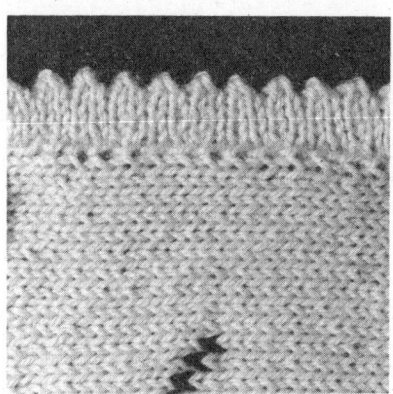

Auf diese Weise erhalten Sie immer eine schöne Kante, welche sich nicht nur für unser spezielles Thema eignet. Sie bildet darüber hinaus auch eine ideale Abschlußkante für Trachtenjacken und für Kinder- und Babykleidung ganz besonders.
Mehr noch: Diese Kante kann mitten in einem Strickstück erscheinen, als Abschluß einer Passe oder ganz einfach als Effektlinie mitten zwischen Garn- und Mustermix. Sie wird ebenso gestrickt wie beschrieben und kann dann entweder als Biese hochgenäht werden oder „gleich gestrickt", d. h. in der letzten Reihe stechen Sie gleichzeitig in die folgende Masche der linken Nadel und in die entsprechende Quermasche der 1. Reihe ein und stricken beide Schlingen als eine Masche ab! Eine zusätzliche Höhe ergibt sich hierbei nicht.
Kleine Probleme können entstehen, wenn Sie sehr unterschiedliche Garne miteinander verarbeiten. Dann können an den Übergängen von einer Fläche zur nächsten kleine Löcher, Buckel oder Unebenheiten entstehen. Diese auszugleichen ist aber kein Notbehelf, sondern ergibt noch einen zusätzlichen Effekt!
Entlang solcher Kanten können Sie zum Beispiel eine Krebsmaschenkante häkeln oder diese Kante mit Lederbändchen betonen. Ganz gleich, ob Sie die Bändchen mit Hexen-, Schling- oder einfachen Spannstichen aufnähen, es wird immer einen besonderen Effekt ergeben.
Hier brauchen Sie wirklich nicht mutlos sein. Sie können Ihrer Fantasie freien Lauf lassen: Durchgezogene schmale Spitzenborten oder Samtbänder vertuschen keine Unebenheiten, sondern bilden einen krönenden Abschluß.
Wenn Sie nicht nur stricken, sondern auch selber nähen, können Sie noch mehr Fantasie aufbringen. Nur als Beispiel: Wenn Sie sich einen Sommerrock nähen und ein passendes Oberteil dazu brauchen, kaufen Sie ca. 1,5 m mehr an Stoff, schneiden die Reste des Rockstoffes in schmale Schrägstreifen und verstricken diese mit dicken Nadeln in einfachem Muster, glatt rechts oder rechts kraus. Sie werden ein tolles Kostüm haben.
Ein wichtiges Kapitel zu unserem Garn- und Mustermix ist auch das Zusammennähen der einzelnen Teile. Wenn Ihnen dies wegen der verschiedenen Materialien als schwierig erscheint, können Sie die Teile auch zusammenhäkeln. Legen Sie die Teile links auf links. Nun können Sie die Kanten mit festen Maschen zusammenhäkeln. Das muß nicht unbedingt in denselben Farben geschehen, denn in einer Kontrastfarbe ergibt dies noch einen zusätzlichen Effekt. Dies um so mehr, wenn Sie die Kanten noch mit einer Reihe Krebsmaschen betonen.

Äußerst wichtig für schöne Kanten sind auch die Zunahmen an den Ärmelkanten. Dies gilt nicht nur für die heute sehr modischen weiten Ärmel, sondern grundsätzlich! Wann immer das Muster es zuläßt – und das ist in den meisten Fällen möglich – heben Sie die Randmaschen ab, stricken eine oder zwei Maschen und nehmen erst dann zu! So erhalten Sie eine ganz gleichmäßige gerade Kante ähnlich der Seitenkanten, welche Sie später, wie beschrieben, von rechts Knötchen gegen Knötchen zusammennähen können.

Diese Zunahmen erfolgen dabei als Umschläge, welche in der folgenden Reihe rechts verschränkt abgestrickt werden. Auf diese Weise können keine Löcher entstehen.
Sie können aber auch eine Grundmasche zweimal abstricken. Hier gibt es 2 Möglichkeiten:
Zuerst das vordere, dann das hintere Maschenglied abstricken oder aber
die Quermasche auf die Nadel nehmen und diese verschränkt abstricken.
Die Zunahmen nach dem Bündchen, welches ja in den meisten Fällen in einer geringeren Maschenzahl und einer dünneren Nadelstärke gestrickt wird, sollten immer ebenso erfolgen.
Welche der beiden Möglichkeiten empfehlenswerter ist, hängt allein von der Garnstärke ab. Auch in diesem Falle ist es empfehlenswert, beide vorher auszuprobieren.
Dieses viele Ausprobieren mag noch so lästig erscheinen, erspart aber letzthin zusätzliche Arbeit und trägt wesentlich zum guten Gelingen bei. Mehr noch: zum perfekten Strickbild.

Pulli

für Größe 38/40 (42/44)

Einfach toll Nr. 81

Farbbild Seite 273

MATERIAL
Alle angegebenen Garnmengen gelten für beide Größen.
Ecoss von ANNY BLATT
300 g Souci, Farbe 2423
 50 g Camélia, Farbe 2424
 50 g Hibiscus, Farbe 2415
 50 g Genêt, Farbe 2416
Lauflänge 85 m per 50 g Knäuel
(100% Baumwolle)
Seringa von ANNY BLATT
100 g Camélia, Farbe 2449
100 g Genêt, Farbe 2451
 50 g Blanc, Farbe 2456
Lauflänge 80 m per 50 g Knäuel
(71% Baumwolle, 29% Viskose)
Look von ANNY BLATT
150 g Noir, Farbe 1772
Lauflänge 50 m per 50 g Knäuel
(94% Viskose, 6% Nylon)
100% Angora von ANNY BLATT

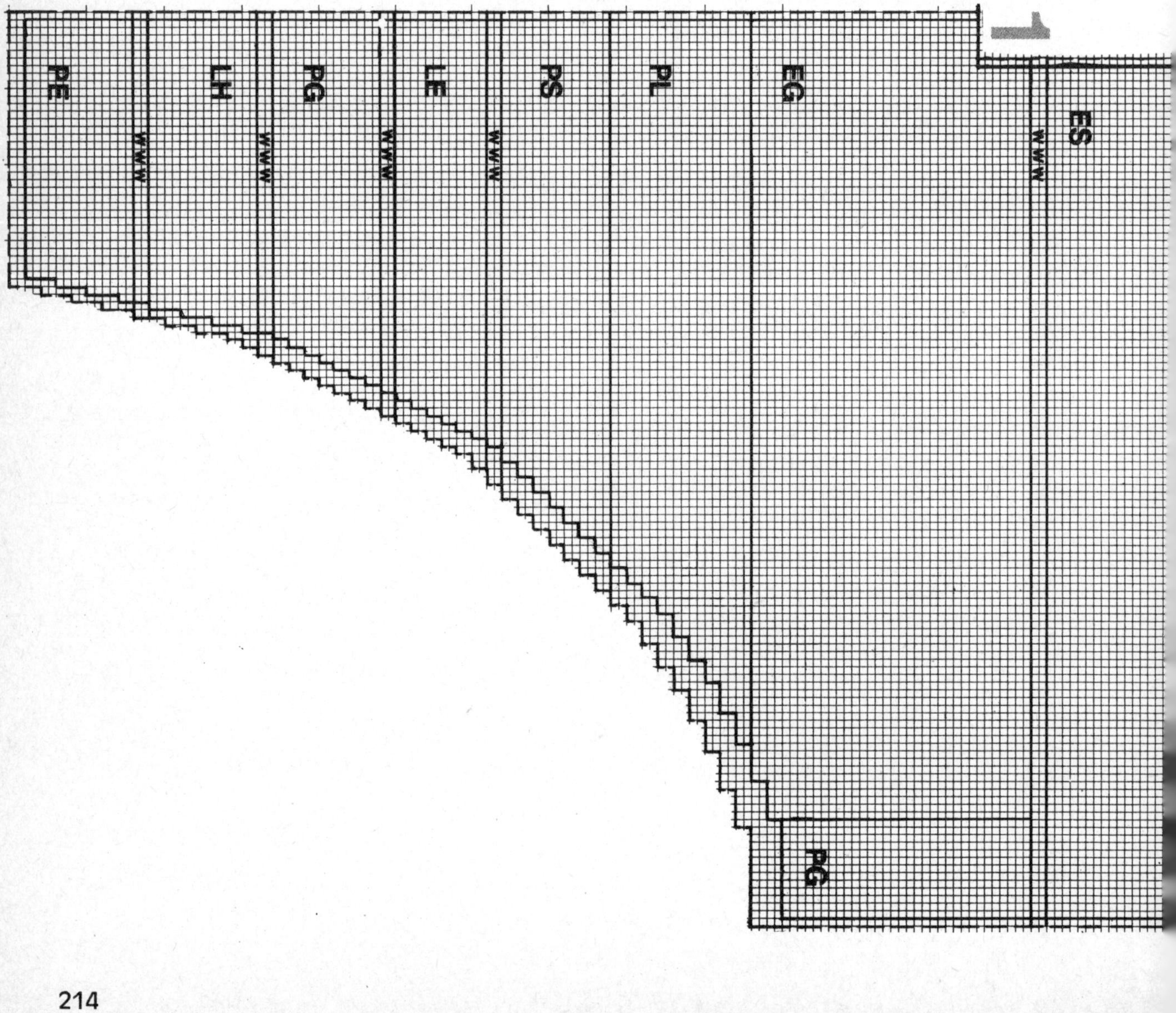

20 g Noir, Farbe 1547
Lauflänge 25 m per 10 g Knäuel
(100% Angora)
Silk von ANNY BLATT
40 g Rouge, Farbe 1966
Lauflänge 60 m per 40 g Knäuel
(100% Seide)
1 Paar Stricknadeln Nr. 5
1 Rundstricknadel Nr. 5
1 Häkelnadel Nr. 4½

MUSTER
Grundmuster I: Glatt links (Hin R li – Rück R re)
Grundmuster II: Glatt rechts (Hin R re – Rück R li)
Grundmuster III: Großes Perlmuster mit gerader Maschenzahl
1. + 2. R: 1 M re – 1 M li im Wechsel
3. + 4. R: 1 M li – 1 M re im Wechsel
Die 1.-4. R fortlaufend wiederholen.
Jacquardmuster: Nach den beiden Zählmustern stricken.
Zählmuster 1 = Rückenteil
Zählmuster 2 = Vorderteil
1 Kästchen = 1 M in der Breite und 1 R in der Höhe.

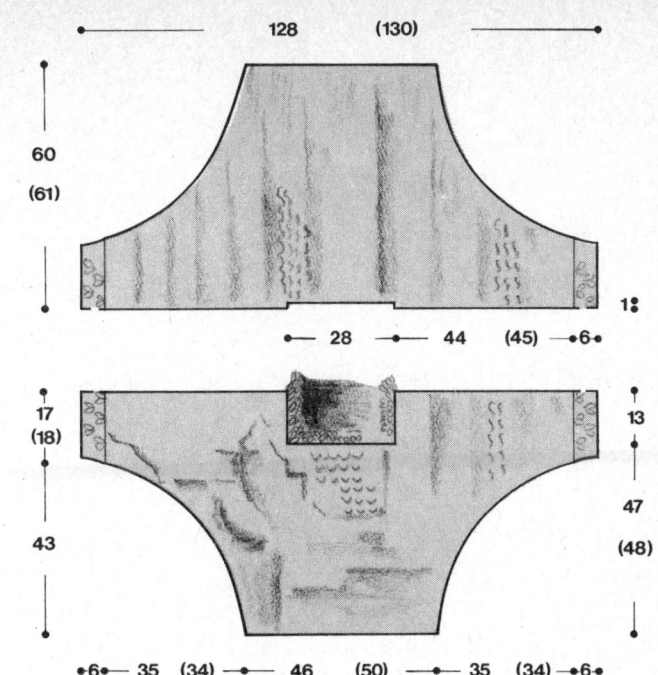

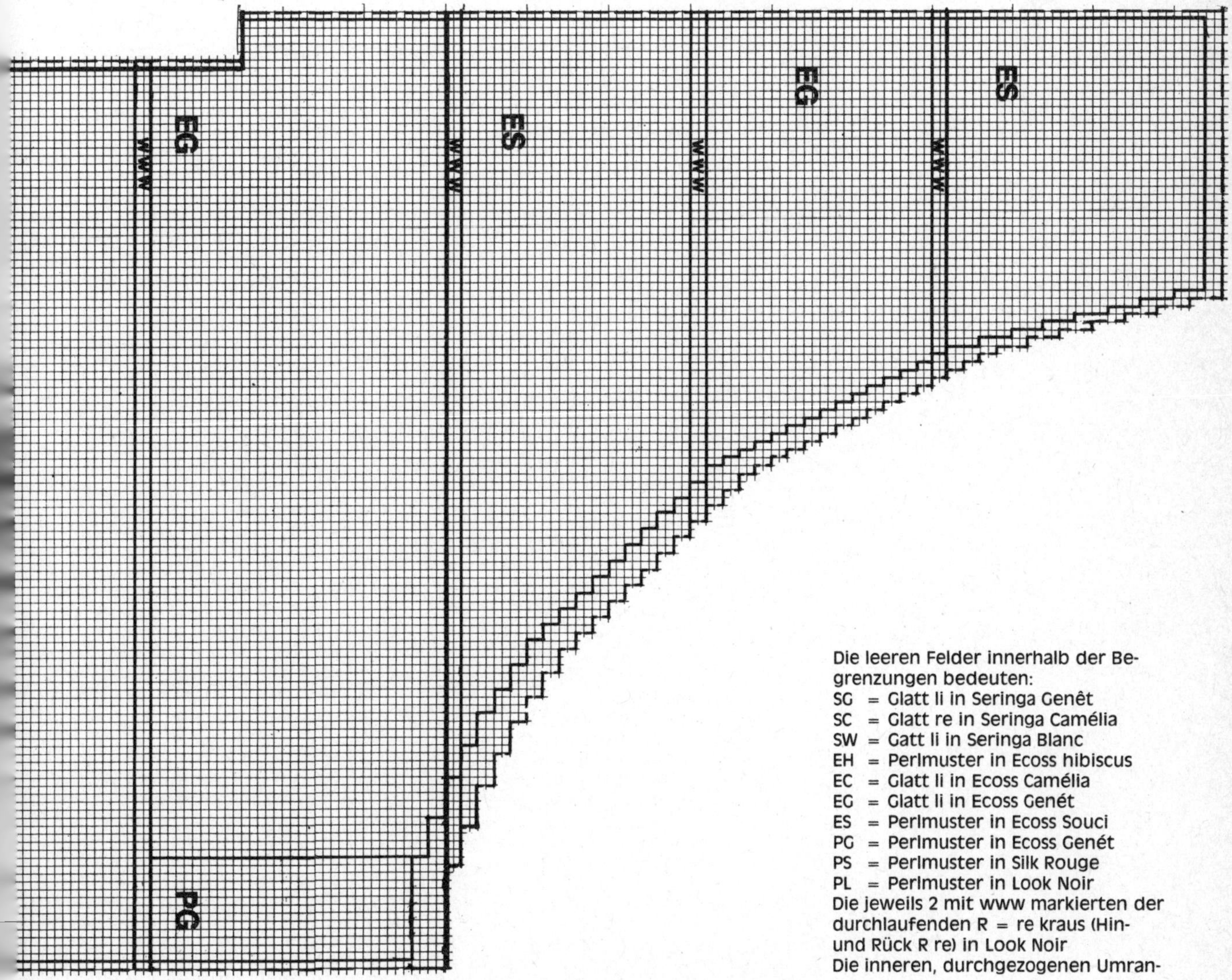

Die leeren Felder innerhalb der Begrenzungen bedeuten:
SG = Glatt li in Seringa Genêt
SC = Glatt re in Seringa Camélia
SW = Gatt li in Seringa Blanc
EH = Perlmuster in Ecoss hibiscus
EC = Glatt li in Ecoss Camélia
EG = Glatt li in Ecoss Genét
ES = Perlmuster in Ecoss Souci
PG = Perlmuster in Ecoss Genét
PS = Perlmuster in Silk Rouge
PL = Perlmuster in Look Noir
Die jeweils 2 mit www markierten der durchlaufenden R = re kraus (Hin- und Rück R re) in Look Noir
Die inneren, durchgezogenen Umran-

dungslinien gelten für Gr. 38/40, die äußeren, gestrichelten für Gr. 42/44. Dabei für jedes Farbfeld einen gesonderten Faden verwenden und beim Farbwechsel die Fäden auf der Rückseite der Arbeit verkreuzen, damit keine Löcher entstehen.
Wichtig: Um ein schönes Maschenbild zu erhalten, jeden Farbwechsel unabhängig vom Muster mit 1 R re M auf der re Arbeitsseite beginnen!
Maschenprobe: In Ecoss mit Nadeln Nr. 5 glatt li gestrickt, ergeben 19 M in der Breite und 25 R in der Höhe 10 cm im Quadrat.

In 81 cm (84 cm) Gesamthöhe – nach 216 R (222 R) die li Kante weiter gerade hochstricken, an der re Kante gegengleich der Zunahmen die M wieder entsprechend abketten, bis wieder 34 M (36 M) auf der Nadel sind. Noch
4 R stricken und in 116 cm (118 cm) Höhe alle M abketten.
Vorderteil: Für den rechten Ärmel in Ecoss Hibiscus 19 M (20 M) und dann in Ecoss Camélia 15 M (16 M) mit Nadeln Nr. 5 anschlagen und nach dem Zählmuster 2 stricken.

Dabei die Zunahmen der re Seite wie beim Rückenteil arbeiten.
In 44 cm (45 cm) Gesamthöhe an der li Seite für den Halsausschnitt 1mal 24 M (1mal 25 M) abketten,über die restl. 94 M (95 M) bis 72 cm (73 cm) Höhe gerade hochstricken und den Halsausschnitt beenden: die 24 M (25 M) wieder dazu anschlagen und über die ganze Breite stricken.
In 81 cm (84 cm) Höhe – wieder nach 216 R (222 R) – die Abnahmen der re Seite wie beim Rückenteil stricken, dabei nun aber im Streifenmuster arbeiten:

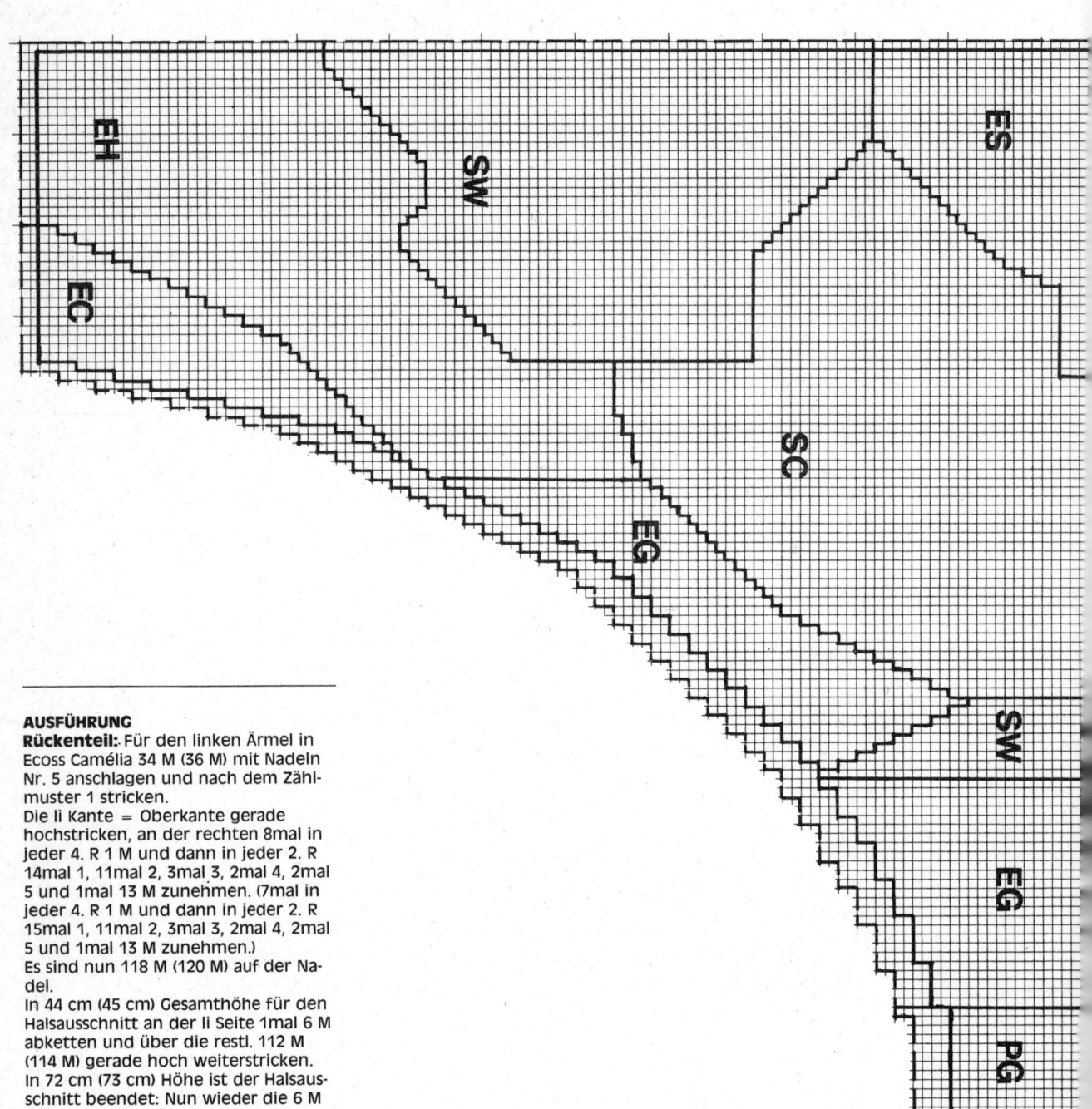

AUSFÜHRUNG
Rückenteil: Für den linken Ärmel in Ecoss Camélia 34 M (36 M) mit Nadeln Nr. 5 anschlagen und nach dem Zählmuster 1 stricken.
Die li Kante = Oberkante gerade hochstricken, an der rechten 8mal in jeder 4. R 1 M und dann in jeder 2. R 14mal 1, 11mal 2, 3mal 3, 2mal 4, 2mal 5 und 1mal 13 M zunehmen. (7mal in jeder 4. R 1 M und dann in jeder 2. R 15mal 1, 11mal 2, 3mal 3, 2mal 4, 2mal 5 und 1mal 13 M zunehmen.)
Es sind nun 118 M (120 M) auf der Nadel.
In 44 cm (45 cm) Gesamthöhe für den Halsausschnitt an der li Seite 1mal 6 M abketten und über die restl. 112 M (114 M) gerade hoch weiterstricken.
In 72 cm (73 cm) Höhe ist der Halsausschnitt beendet: Nun wieder die 6 M dazu anschlagen und weiter gerade hochstricken.

18 R Perlmuster in Look Noir – wie noch auf dem Zählmuster ersichtlich, und dann
14 R Perlmuster in Silk Rouge
2 R re kraus in Look Noir
14 R glatt li in Ecoss Souci
2 R re kraus in Look Noir
14 R Perlmuster in Ecoss Genêt
2 R re kraus in Look Noir
14 R glatt li in Ecoss Hibiscus
2 R re kraus in Look Noir
14 R (16 R) Perlmuster in Ecoss Camélia.
Alle 34 M (36 M) abketten.

Ausarbeitung: Die oberen Ärmel-Schulternähte schließen.
In Angora Noir aus dem Halsausschnitt 138 M aufnehmen und auf der Rundnadel verteilen: 40 M aus dem rückw. Ausschnitt, 29 M aus der li Halskante, 40 M aus dem vorderen Ausschnitt und 29 M aus der re Halskante.
Die Blende 3,5 cm glatt re stricken und dabei in jeder der Ecken in jeder 4. R 2mal 1 M abnehmen.
Alle 130 M locker abketten.
Die Motive des Vorderteils in Look Noir mit jeweils 1 R Kettmaschen umhäkeln.

Für das Bündchen des re Ärmels in Look Noir aus der unteren Ärmelkante 42 M mit Nadeln Nr. 5 auffassen, 1 R re M auf der li Seite der Arbeit stricken und das Bündchen dann in Ecoss Genêt 6 cm im Perlmuster stricken. Alle M abketten wie sie erscheinen.
Das Bündchen des li Ärmels ebenso beginnen, dieses aber dann in Ecoss Souci im Perlmuster stricken.
Die Ärmel- und Seitennähte schließen.
Den fertigen Pulli in Form auflegen, mit feuchten Tüchern bedecken und gut trocknen lassen.

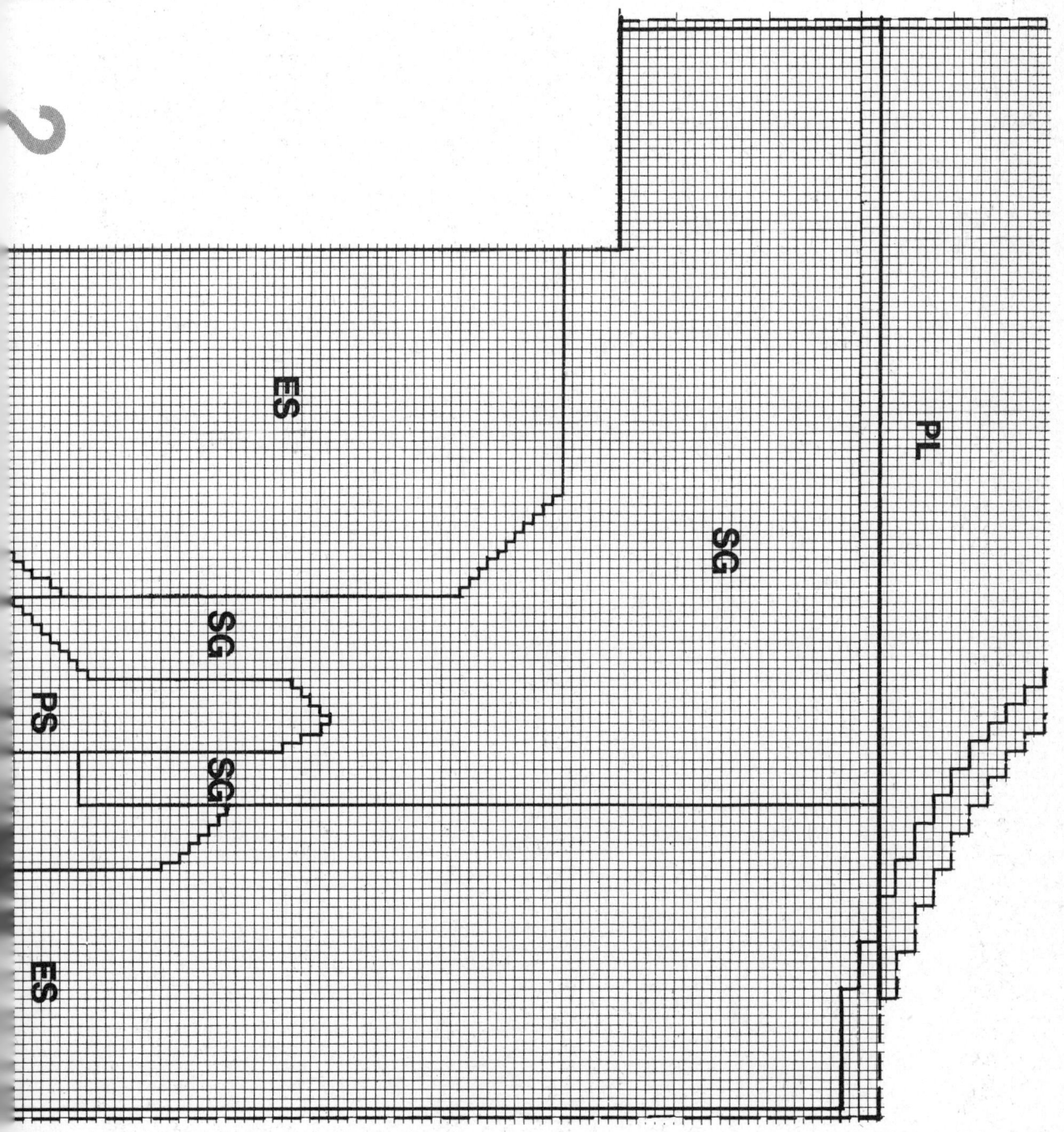

Weiß und Silber
Nr. 82/83

Farbbild Seite 274

Pulli
für Größe 38/40 (42/44)

MATERIAL
Les Années 30 von WELCOMME
650 g (700 g) Blanc, Farbe 13
Lauflänge 87 m per 50 g Knäuel
(57% Baumwolle, 24% Viskose, 19% Leinen)
Le Kid Mohair et Soie von WELCOMME
160 g (180 g) Diamant, Farbe 10
Lauflänge 40 m per 20 g Knäuel
(88% Mohair, 12% Seide)
L'Esquisse von WELCOMME
60 g (80 g) Platine, Farbe 01
Lauflänge 140 m per 20 g Knäuel
(65% Viskose, 35% Polyester)
Je 1 Paar Stricknadeln Nr. $3^{1}/_{2}$ und 4
1 Rundstricknadel Nr. $3^{1}/_{2}$
L'Esquisse wird mit doppeltem Faden gestrickt!

MUSTER
Grundmuster: Glatt rechts (Hin R re – Rück R li) nach den Zählmustern.
1 Kästchen = 1 M in der Breite und 1 R in der Höhe.

Die inneren, durchgezogenen Umrandungen gelten für Größe 38/40, die äußeren, gestrichelten für Größe 42/44.
Die Felder A = Les Années 30
Die Felder ms = Mohair et Soie
Die Punkte = L'Esquisse mit doppeltem Faden.
Dabei bei jedem Farbwechsel die Fäden auf der Rückseite der Arbeit verkreuzen.
Maschenprobe: Im Muster mit Nadeln Nr. 4 gestrickt, ergeben 23 M in der Breite und 25 R in der Höhe 10 cm im Quadrat.

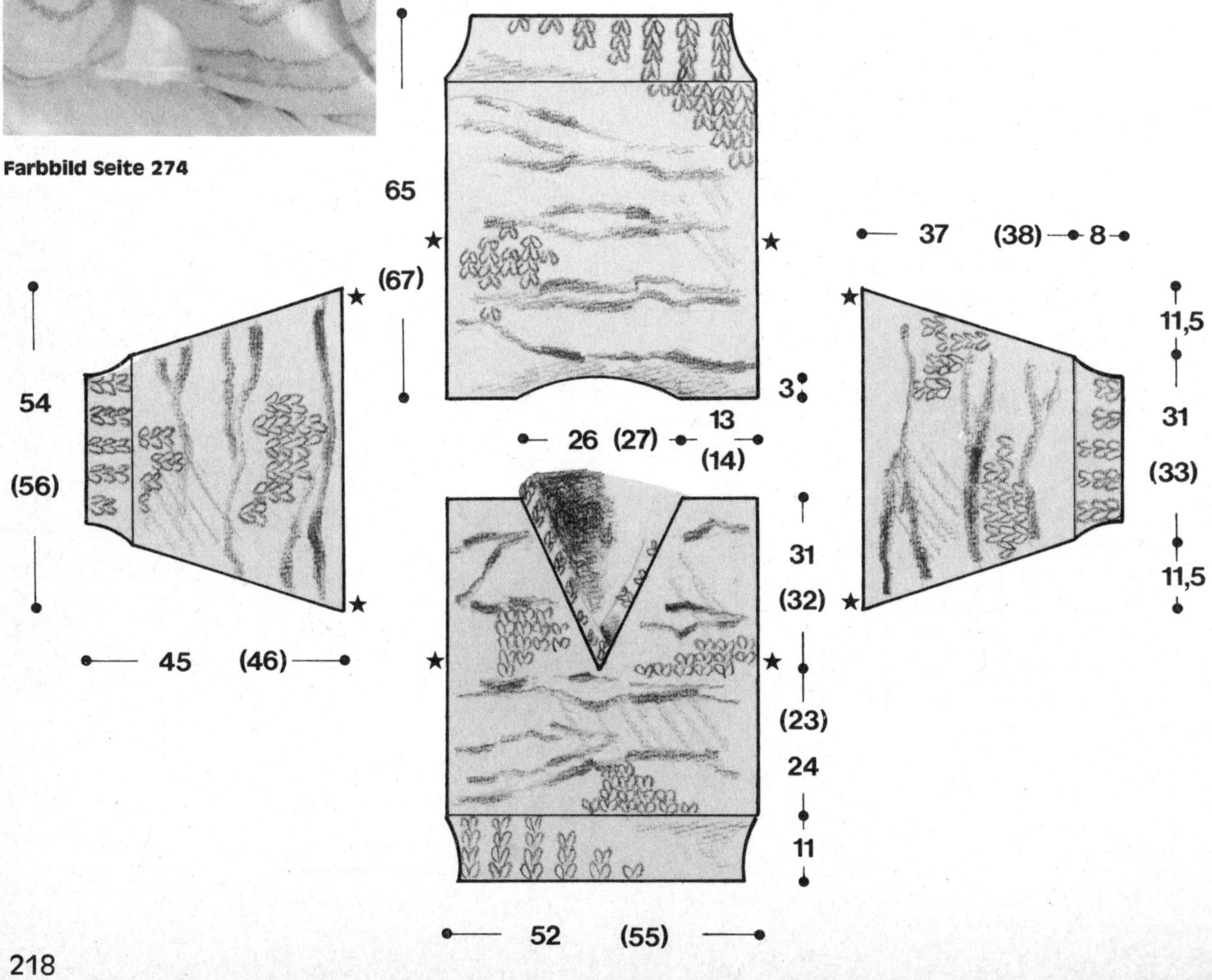

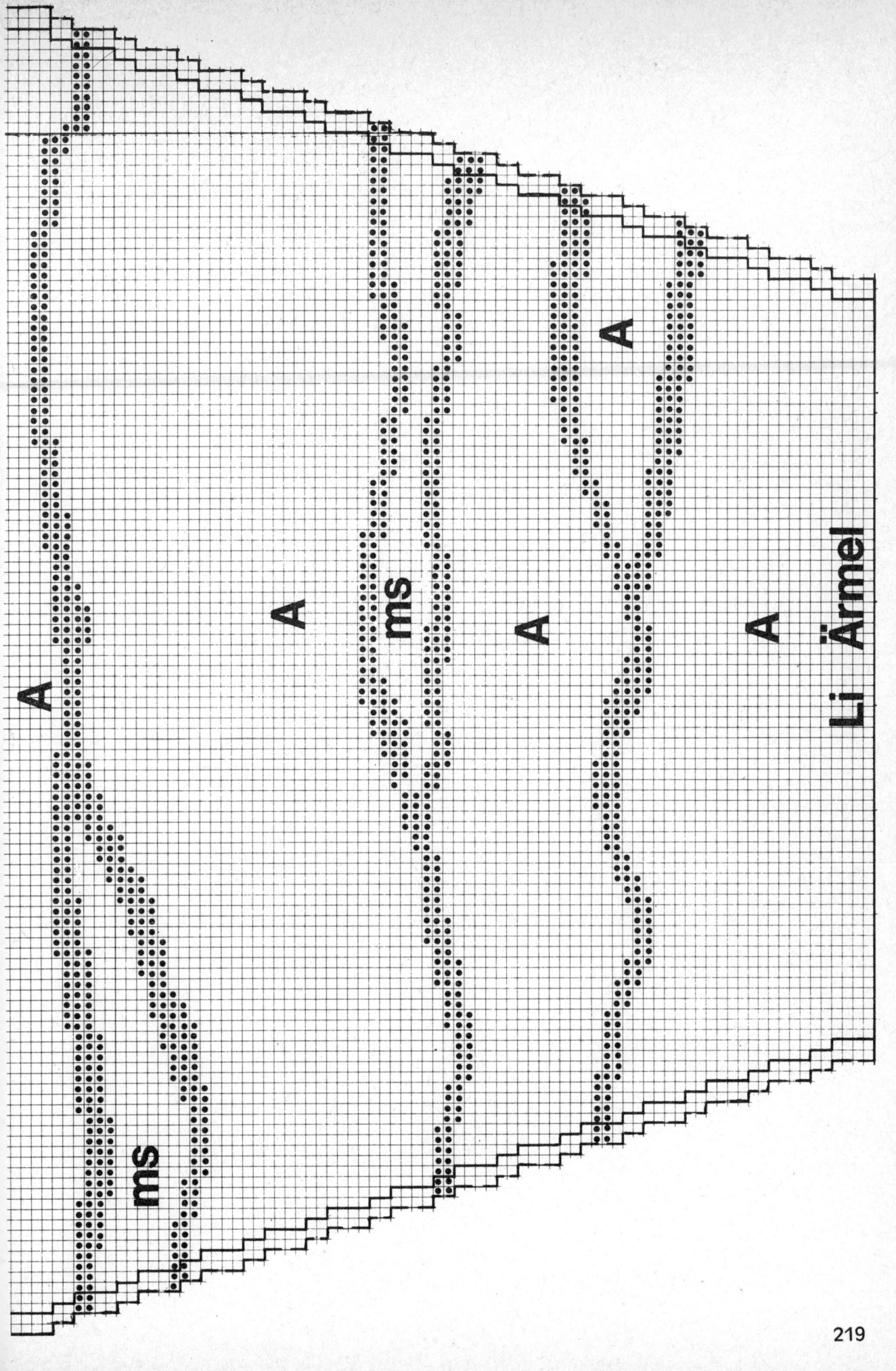

AUSFÜHRUNG
Rückenteil: In Les Années 99 M (105 M) mit Nadeln Nr. 3¹/₂ anschlagen und das Bündchen 11 cm 1 M re - 1 M li im Wechsel stricken.
Im Grundmuster mit Nadeln Nr. 4 weiterarbeiten und sofort innerhalb der 1. R gleichmäßig verteilt 20 M zunehmen, so daß 119 M (125 M) auf der Nadel sind. Ab der 1. R (3. R) nach dem Zählmuster gerade hochstricken.
Nach 62 cm (64 cm) Gesamthöhe für den Halsausschnitt die mittleren 25 M (27 M) und zu beiden Seiten noch in jeder 2. R 1mal 11 und 1mal 6 M abketten.
In 65 cm (67 cm) Höhe die jeweils 30 (32) Schultermaschen abketten.
Vorderteil: In Les Années 99 M (105 M) mit Nadeln Nr. 3¹/₂ anschlagen und wie das Rückenteil beginnen.
Dabei das Zählmuster jedoch gegengleich stricken!
Nach 34 cm (35 cm) Gesamthöhe für den Halsausschnitt die mittlere M abketten und beide Seiten getrennt und gegengleich beenden.
Für die V-Ausschnittkante ★ 2mal alle 2 R und 1mal alle 4 R 1 M abketten, ab ★ noch 7mal wiederholen, und dann noch alle 2 R 5mal 1 M (6mal 1 M) abketten. In Rückenteilhöhe die jeweils 30 (32) Schultermaschen abketten.
Linker Ärmel: In Les Années 51 M (55 M) mit Nadeln Nr. 3¹/₂ anschlagen und das Bündchen 8 cm 1 M re - 1 M li im Wechsel stricken.
Im Grundmuster mit Nadeln Nr. 4 weiterarbeiten und sofort innerhalb der 1. R gleichmäßig verteilt 20 M zunehmen, so daß 71 M (75 M) auf der Nadel sind. Den Ärmel nach dem Zählmuster stricken und für die Schrägungen auf beiden Seiten abwechselnd alle 2 und 4 R 26mal je 1 M zunehmen.
In 45 cm (46 cm) Ärmelhöhe alle 123 M (127 M) locker abketten.
Rechter Ärmel: Wie den linken stricken, dabei aber gegengleich dem Zählmuster arbeiten!
Ausarbeitung: Die Schulternähte schließen.
Für die Halsblende, in der vorderen Ausschnittspitze beginnend und endend, aus der Halskante mit der Rundnadel in Les Années 160 M (166 M) auffassen und die Blende 2 cm 1 M re - 1 M li im Wechsel stricken. Alle M abketten wie sie erscheinen.
Die Blendenenden re über li gelegt mit feinen Stichen in die V-Spitze einnähen.
Die Ärmel wie im Schnitt markiert an die Ärmelansatzkanten nähen und die Ärmel- und Seitennähte schließen.
Den fertigen Pulli in Form auflegen, mit feuchten Tüchern bedecken und gut trocknen lassen.

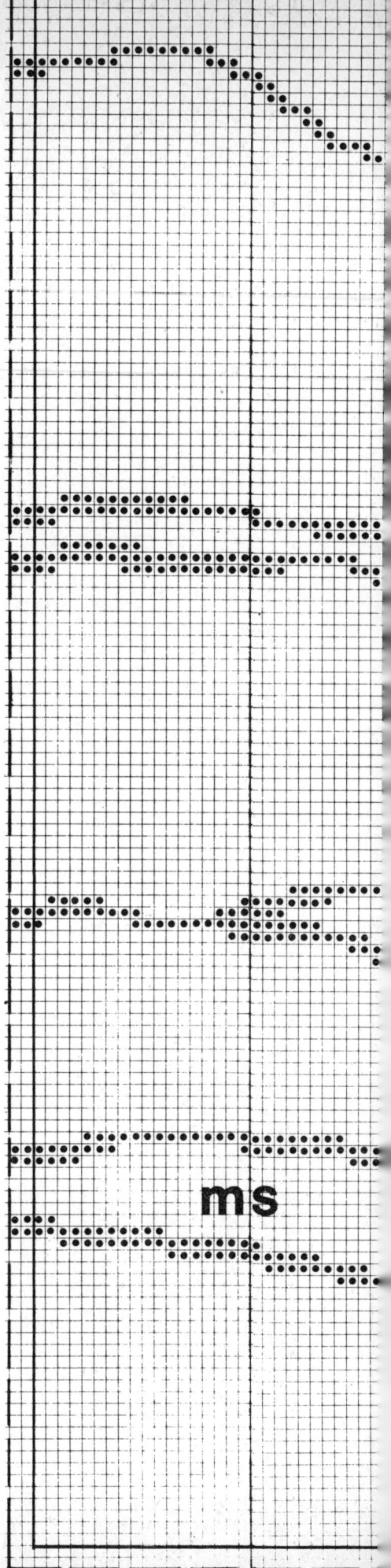

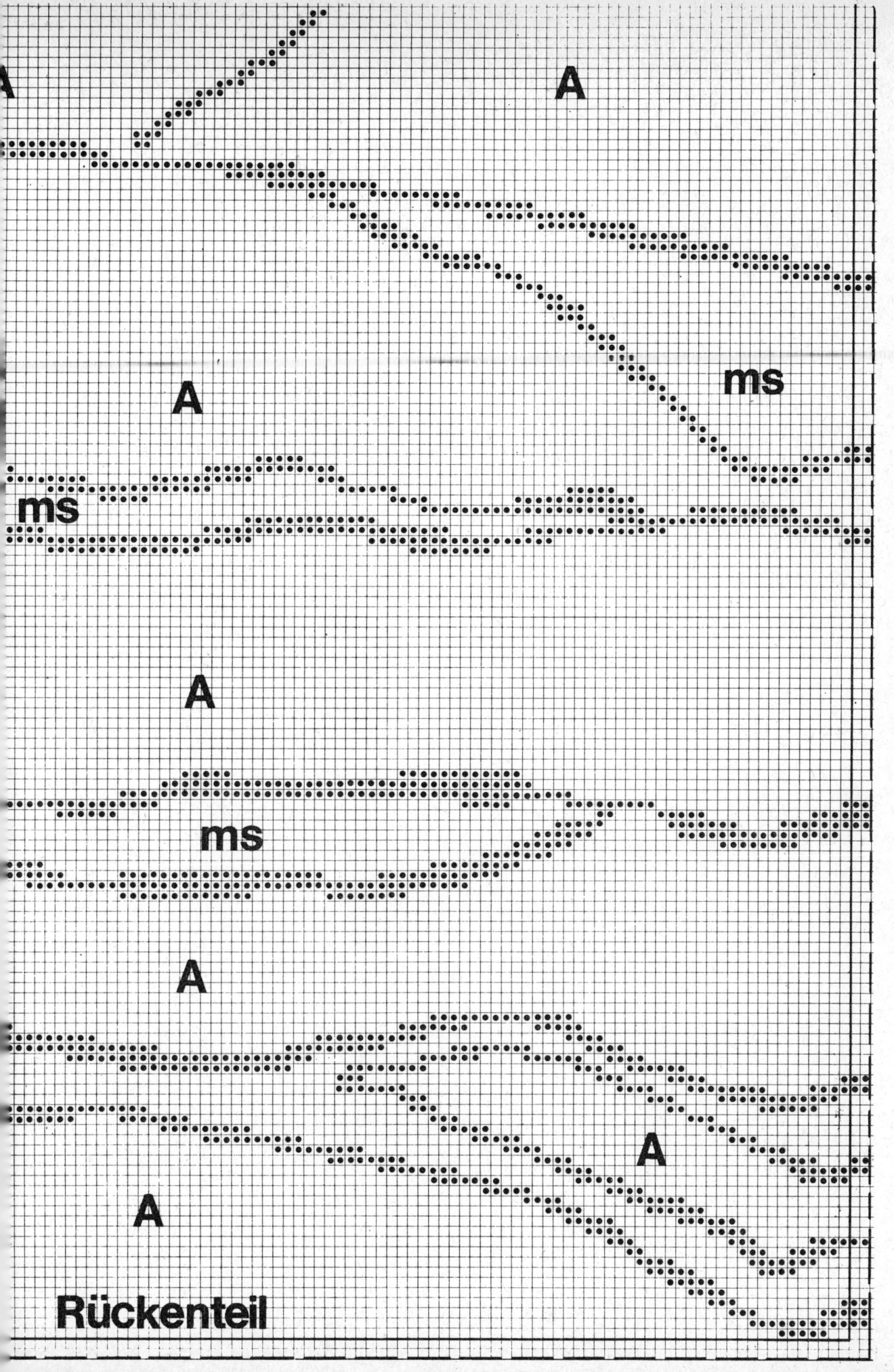

Pulli

für Größe 38/40 (42/44)

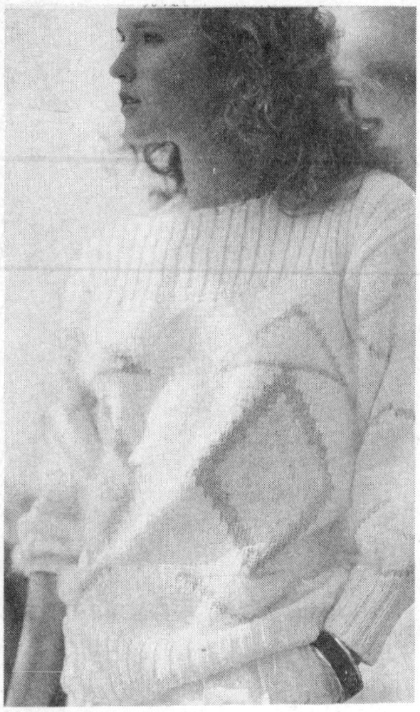

MATERIAL
L' Akala von WELCOMME
550 g (600 g) Blanc, Farbe 01
Lauflänge 87 m per 50 g Knäuel
(100% Baumwolle)
L' Esquisse von WELCOMME
120 g (120 g) Platine, Farbe 01
Lauflänge 140 m per 20 g Knäuel
(65% Viskose, 35% Polyester)
Pur Angora von WELCOMME
60 g (60 g) Blanc, Farbe 01
Lauflänge 28 m per 10 g Knäuel
(100% Angora)
oder als Alternative
L' Angora von WELCOMME
60 g (60 g) Blanc, Farbe 01
Lauflänge 90 m per 20 g Knäuel
(75% Angora, 25% Lammwolle)
L' Angora wird mit doppeltem Faden gestrickt!
Je 1 Paar Stricknadeln Nr. 3½ und 4½

MUSTER
Grundmuster: Glatt rechts (Hin R re – Rück R li) nach den Zählmustern Nr. 1 für Vorder- und Rückenteil, ab Mitte gegengleich gestrickt
Nr. 2 für die Ärmel
1 Kästchen = 1 M in der Breite und 1 R in der Höhe.
AK = Grundfarbe L' Akala Blanc
Alle leeren Felder A = Angora
Alle leeren Felder Ae = doppelfädig, je 1 Faden Angora und 1 Faden L' Esquisse
Die Punkte = L' Esquisse mit dreifachem Faden
Dabei die Fäden bei jedem Farbwechsel hinter der Arbeit verkreuzen.
Maschenprobe: Im Grundmuster mit Nadeln Nr. 4½ gestrickt ergeben 20 M in der Breite und 29 R in der Höhe 10 cm im Quadrat.

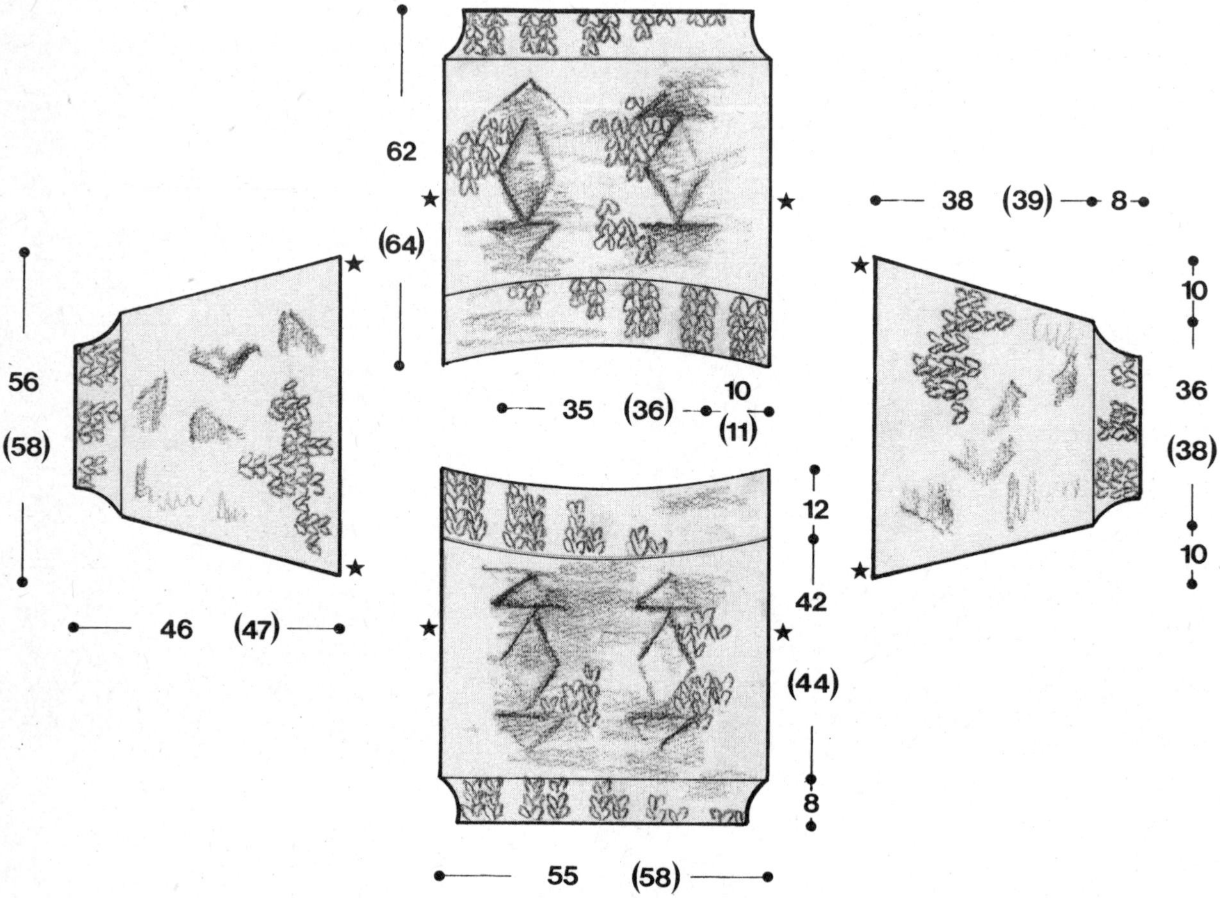

Farbbild Seite 275

AUSFÜHRUNG

Rückenteil: In L' Akala 100 M (104 M) mit Nadeln Nr. 3 1/2 anschlagen und das Bündchen 8 cm 2 M re – 2 M li im Wechsel stricken.
Im Grundmuster mit Nadeln Nr. 4 1/2 weiterarbeiten und sofort innerhalb der 1. R gleichmäßig verteilt 10 M (12 M) zunehmen, so daß 110 M (116 M) auf der Nadel sind.
Gerade hochstricken, ab der 6. R (9. R) das Zählmuster 1 von der Mitte aus einteilen und im Musterrhythmus stricken.
Nach 50 cm (52 cm) Gesamthöhe für den Halsausschnitt die mittleren 42 M (44 M) und zu beiden Seiten noch in jeder 2. R 5mal 6 und 1mal 4 (1mal 6) M abketten.

Vorderteil: Wie das Rückenteil arbeiten.

Rechter Ärmel: In L' Akala 52 M (56 M) mit Nadeln Nr. 3 1/2 anschlagen und das Bündchen 8 cm 2 M re – 2 M li im Wechsel stricken.
Im Grundmuster mit Nadeln Nr. 4 1/2 nach dem Zählmuster 2 weiterarbeiten und sofort innerhalb der 1. R gleichmäßig verteilt 20 M zunehmen, so daß 72 M (76 M) auf der Nadel sind.
Im Muster stricken und dabei für die Schrägungen zu beiden Seiten 15mal alle 4 R und 5mal alle 6 R je 1 M zunehmen.
In 46 cm (47 cm) Ärmelhöhe alle 112 M (112 M) locker abketten.

Linker Ärmel: Im Muster gegengleich dem rechten arbeiten.

Passe: In L' Akala entlang der oberen Rückenteilkante 120 M (128 M) mit Nadeln Nr. 3 1/2 auffassen, 1 R rechts auf links stricken und dann 12 cm 2 M re – 2 M li im Wechsel stricken. Dabei mit 3 M li beginnen und enden.
Alle M abketten wie sie erscheinen.
Die vordere Passe ebenso anstricken.

Ausarbeitung: Die Schulternähte über jeweils 10 cm (11 cm) schließen, die Ärmel wie im Schnitt markiert an die Ärmelansatzkanten nähen und die Ärmel- und Seitennähte schließen.
Den fertigen Pulli in Form auflegen, mit feuchten Tüchern bedecken und gut trocknen lassen.

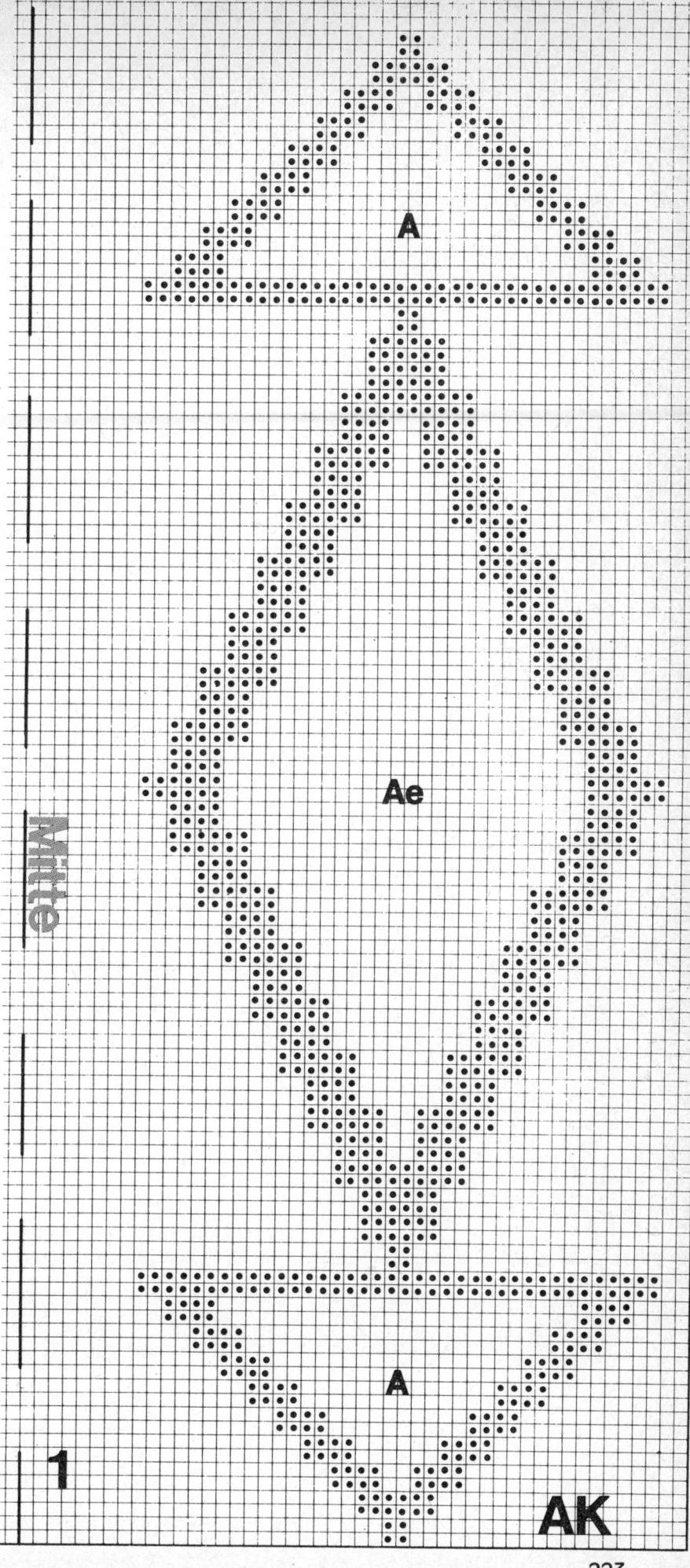

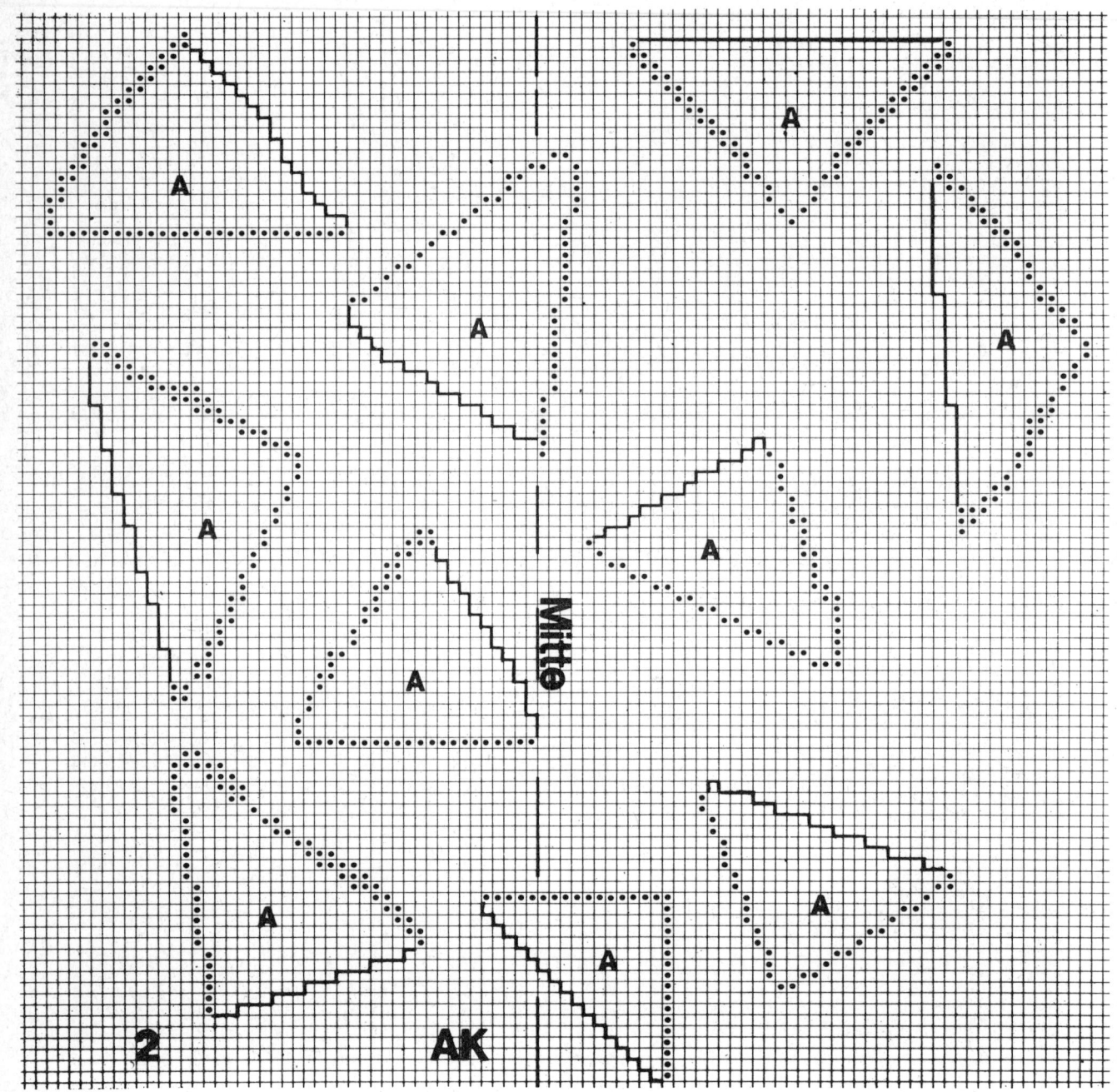

Grafik für rechten und linken Ärmel

nr. 65

Leuchtend bunt mit schwarzen Konturen. Ein Sommerpulli, der die Sonne immer scheinen läßt.

Nr. 66
Ein schönes Baumwolleffektgarn mit Fransen in drei Farben und eine großzügige Flächenaufteilung kennzeichnen diesen Pullover. Ein Pullover, der immer anspricht.

Nr. 67
Noch einmal ein Baumwolleffektgarn für einen Pullover mit Flächenaufteilungen. Die Dreiecke entlang den Seitenkanten sind ganz gleichmäßig und auch für Anfängerinnen leicht zu stricken.

Nr. 68/69

Zwei leuchtendblaue Pullover mit schwarzen Motiven. Pullover, die schon von weitem leuchten und Eindruck machen. Die Motive können auch, wenn das Einstricken zu mühsam erscheint, nachträglich aufgestickt werden.

Nr. 70

Intarsienmotive – ganz edel: Auf beigem Grund schwarze Angorablüten mit weißem Punkt. Ein fast eleganter Pullover, der auch sportlich eine gute Figur macht.

Nr. 71

Beigetöne mit schwarzen und weißen Wellenlinien machen aus dem einfachen ärmellosen Pulli fast ein Gemälde.

Nr. 72/73

Trachten einmal anders. Zwei Jacken mit ungewöhnlicher Wirkung. Die Farben entsprechen der Trachtenmode, die Muster sind etwas modisch abgewandelt.

Nr. 74/75

Baby in Pullover mit großen Blumen. Über so einen hübschen Pullover wird sich sicher jede Mama freuen. Und die Arbeit ist bestimmt nicht groß.

Nr. 76/77

Pullis oder Jacken mit Motiven sind immer wieder die Lieblinge der Kinder. Und wem sollten wohl dieser Pulli oder diese schöne Jacke nicht gefallen?

Nr. 78/79

Schwarz-Weiß, die klassischste und zugleich tollste Kombination, die es gibt. Ein ärmelloser Pullover mit waagerechten und senkrechten Linien und ein langärmeliger Pullover mit spektakulären Diagonaleffekten.

nr. 80

Schwarz – Grau – Braun und wenig Weiß – eine Kombination mit großer Wirkung. Eigentlich ein Streifenpullover, aber durch die wenigen Muster kostbar und vornehm.

Jacke

für Größe 38/40 (42/44)

Weiß und Weiß
Nr. 84/85

Farbbild Seite 276

MATERIAL
La Brillance von WELCOMME
50 g (50 g) Blanc, Farbe 02
Lauflänge 95 m per 50 g Knäuel
(100% Viskose)
Strass von WELCOMME
20 g (20 g) Daim/Blanc, Farbe 01
Lauflänge 110 m per 20 g Knäuel
(68% Polyamid, 32% Glas)
Pur Angora
oder nach Ihrer Wahl L' Angora
von WELCOMME
50 g (60 g) Blanc, Farbe 01
Lauflänge Pur Angora 28 m per 10 g Knäuel
Lauflänge L' Angora 90 m per 20 g Knäuel
(Pur Angora: 100% Angora)
(L' Angora: 75% Angora, 25% Lammwolle)
Super Mohair von WELCOMME
450 g (450 g) Blanc, Farbe 144
Lauflänge 150 m per 50 g Knäuel
(70% Mohair, 30% Polyacryl)

Vitrail von WELCOMME
40 g Blanc, Farbe 9
Lauflänge 36 m per 20 g Knäuel
Sixties von WELCOMME
Lauflänge 90 m per 50 g Knäuel
(70% Viskose, 18% Baumwolle, 12% Leinen)
Je 1 Paar Stricknadeln Nr. $4^1/_2$
und $5^1/_2$
6 Perlmuttknöpfe
Pur Angora (oder Angora) und Super Mohair werden mit doppeltem Faden gestrickt!

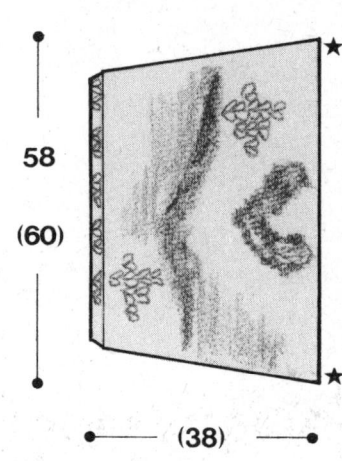

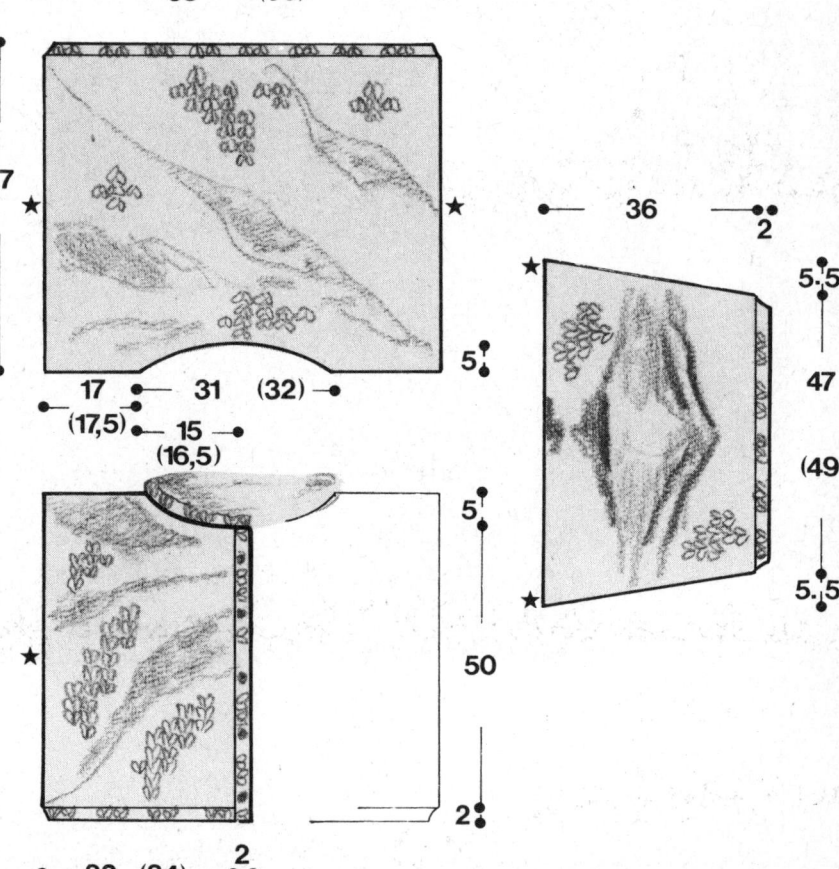

241

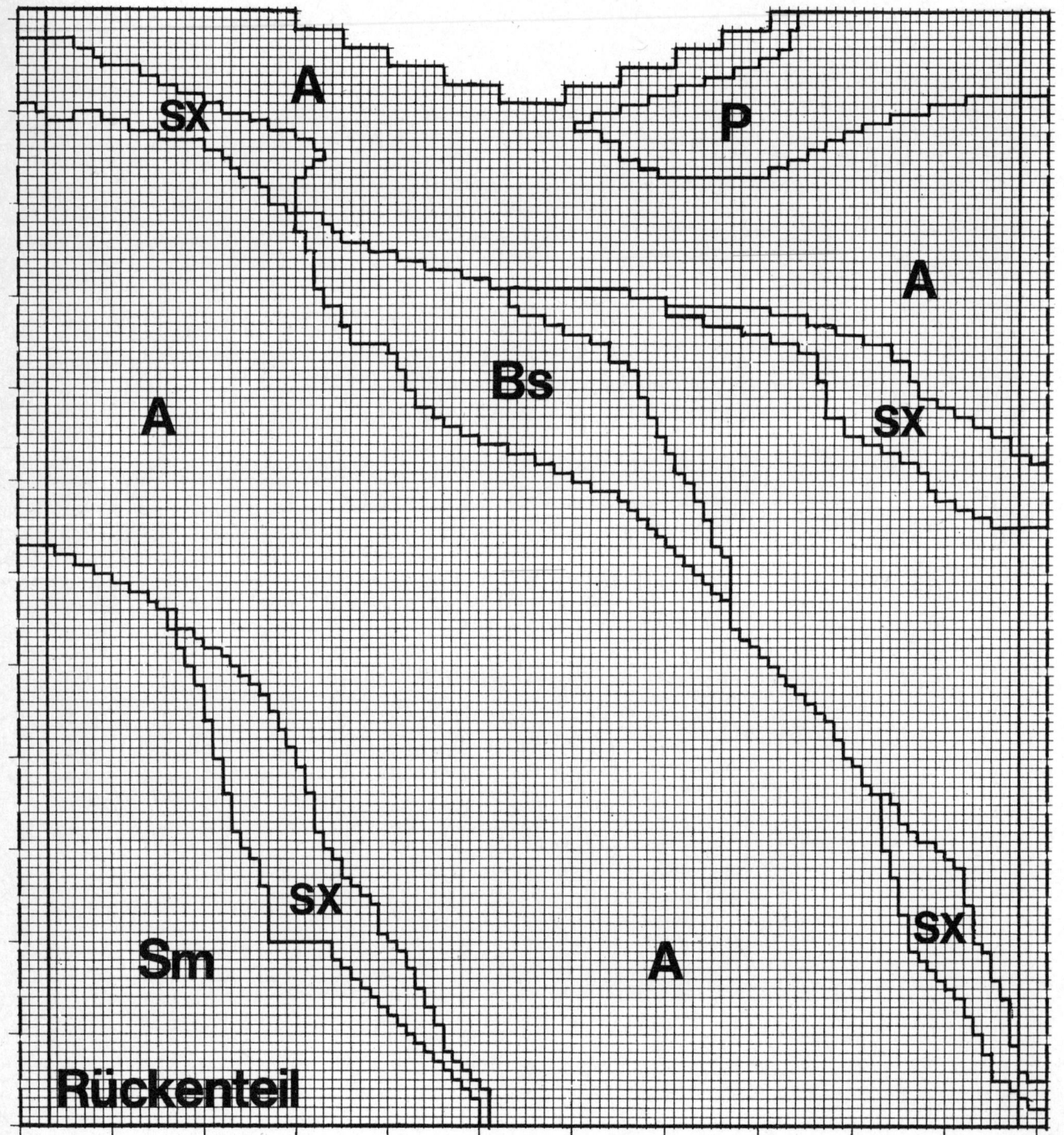

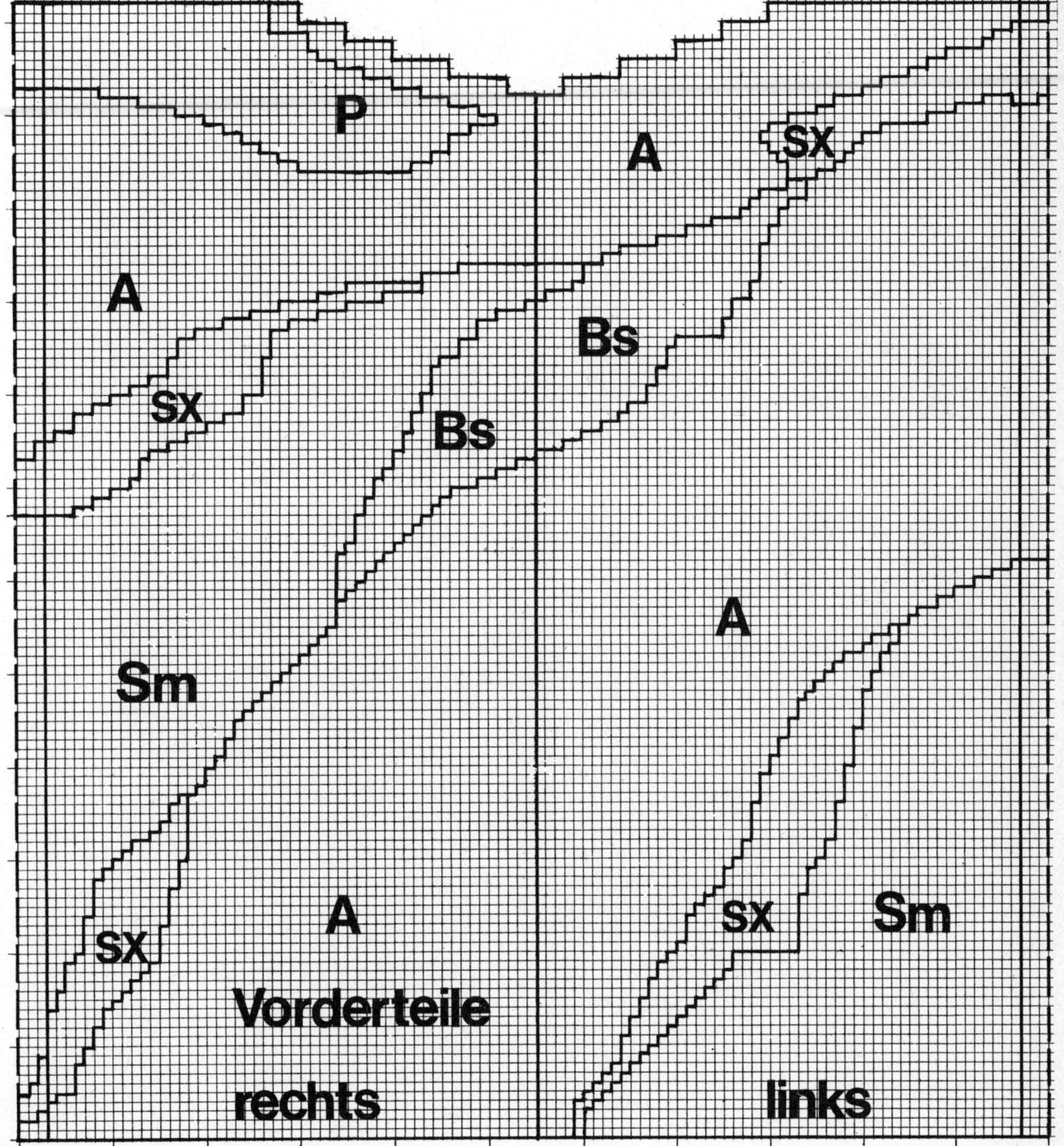

MUSTER

Grundmuster: Glatt rechts (Hin R re - Rück R li) nach den Zählmustern.
1 Kästchen = 1 M in der Breite und 1 R in der Höhe.
Die inneren, durchgezogenen Umrandungen gelten für Größe 38/40, die äußeren, gestrichelten für Größe 42/44.

- A = Pur Angora oder Angora mit doppeltem Faden
- P = Vitrail
- Bs = Je 1 Faden Brillance und Straß
- SX = Sixties
- Sm = Super Mohair mit doppelten Faden

Dabei bei jedem Farbwechsel die Fäden auf der Rückseite der Arbeit verkreuzen.

Maschenprobe: Im Muster mit Nadeln Nr. 5½ gestrickt ergeben 16 M in der Breite und 22 R in der Höhe 10 cm im Quadrat.

AUSFÜHRUNG

Rückenteil: In Angora 102 M (110 M) mit Nadeln Nr. 4½ anschlagen und das Bündchen 2 cm 2 M re - 2 M li im Wechsel stricken. Dabei innerhalb der letzten Rück R gleichmäßig verteilt noch 3 M (1 M) zunehmen, so daß 105 M (111 M) auf der Nadel sind.
Im Grundmuster mit Nadeln Nr. 5½ nach dem Rückenteilzählmuster weiterstricken.
Nach 52 cm Gesamthöhe für den Halsausschnitt die mittleren 7 M und zu beiden Seiten noch in jeder 2. R 1mal 6 und 3mal 5 M (2mal 6 und 2mal 5 M) abketten.
In 57 cm Höhe die jeweils 28 (30) Schultermaschen abketten.

Rechtes Vorderteil: In Angora 50 M (54 M) mit Nadeln Nr. 4½ anschlagen und das Bündchen 2 cm 2 M re - 2 M li im Wechsel stricken. Dabei innerhalb der letzten Rück R gleichmäßig verteilt noch 2 M (1 M) zunehmen, so daß 52 M (55 M) auf der Nadel sind.
Im Grundmuster mit Nadeln Nr. 5½ nach der entsprechenden Hälfte des Vorderteilzählmusters weiterstricken.
Nach 52 cm Gesamthöhe für den Halsausschnitt an der re Kante 1mal 3 und dann alle 2 R 1mal 6 und 3mal 5 M (2mal 6 und 2mal 5) abketten.
In Rückenteilhöhe die 28 (30) Schultermaschen abketten.

Linkes Vorderteil: Gegengleich dem rechten nach der entsprechenden Hälfte des Vorderteilzählmusters stricken.

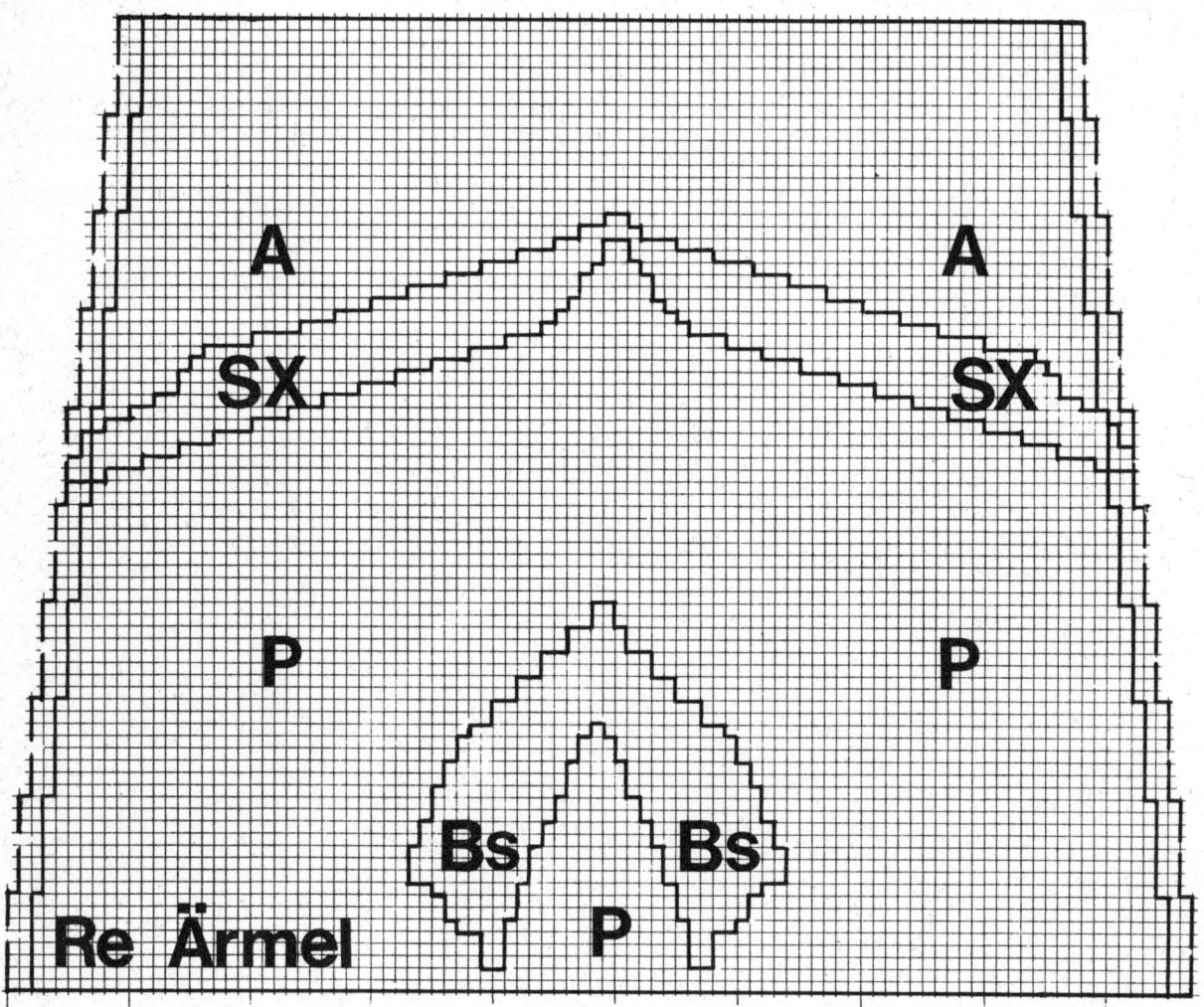

Rechter Ärmel: An der oberen Ärmelkante beginnen! In Angora 93 M (97 M) mit Nadeln Nr. 5¹/₂ anschlagen und im Grundmuster nach dem Zählmuster des re Ärmels stricken.
Dabei für die Schrägungen zu beiden Seiten 9mal alle 8 R 1 M abketten.
Nach 36 cm Gesamthöhe in Angora mit Nadeln Nr. 4¹/₂ das Bündchen stricken und sofort innerhalb der 1. R gleichmäßig verteilt 13 M abketten.
2 cm 2 M re - 2 M li im Wechsel stricken und alle 62 M (66 M) abketten wie sie erscheinen.
Linker Ärmel: In der Technik wie den rechten stricken, dabei aber nach dem Zählmuster des li Ärmels arbeiten.

Ausarbeitung: Die Schulternähte schließen.
Für die re Vorderteilblende in Angora mit Nadeln Nr. 4¹/₂ entlang der re vorderen Kante 98 M auffassen und 2 cm 2 M re - 2 M li im Wechsel stricken. Dabei nach 1 cm 5 Knopflöcher über jeweils 1 M einstricken: 2 M zusammenstricken, 1 Umschlag.
Das 1. Knopfloch 4 M ab der Unterkante, alle weiteren im Abstand von jeweils 18 M.
Alle M abketten wie sie erscheinen.

Die li Vorderteilblende ebenso, aber ohne Knopflöcher stricken.
Nun in Angora 114 M mit Nadeln Nr. 4¹/₂ aus der Halskante auffassen und das Bündchen 2 M re - 2 M li im Wechsel stricken. Dabei nach 1 cm Höhe 2 M von der re Kante entfernt das 6. Knopfloch wie beschrieben einarbeiten.
Nach 2 cm Gesamthöhe alle M abketten wie sie erscheinen.
Die Ärmel wie im Schnitt markiert an die Ärmelansatzkanten nähen und die Ärmelansatzkanten nähen und die Ärmel- und Seitennähte schließen.
Die Knöpfe annähen.
Die fertige Jacke in Form auflegen, mit feuchten Tüchern bedecken und gut trocknen lassen.

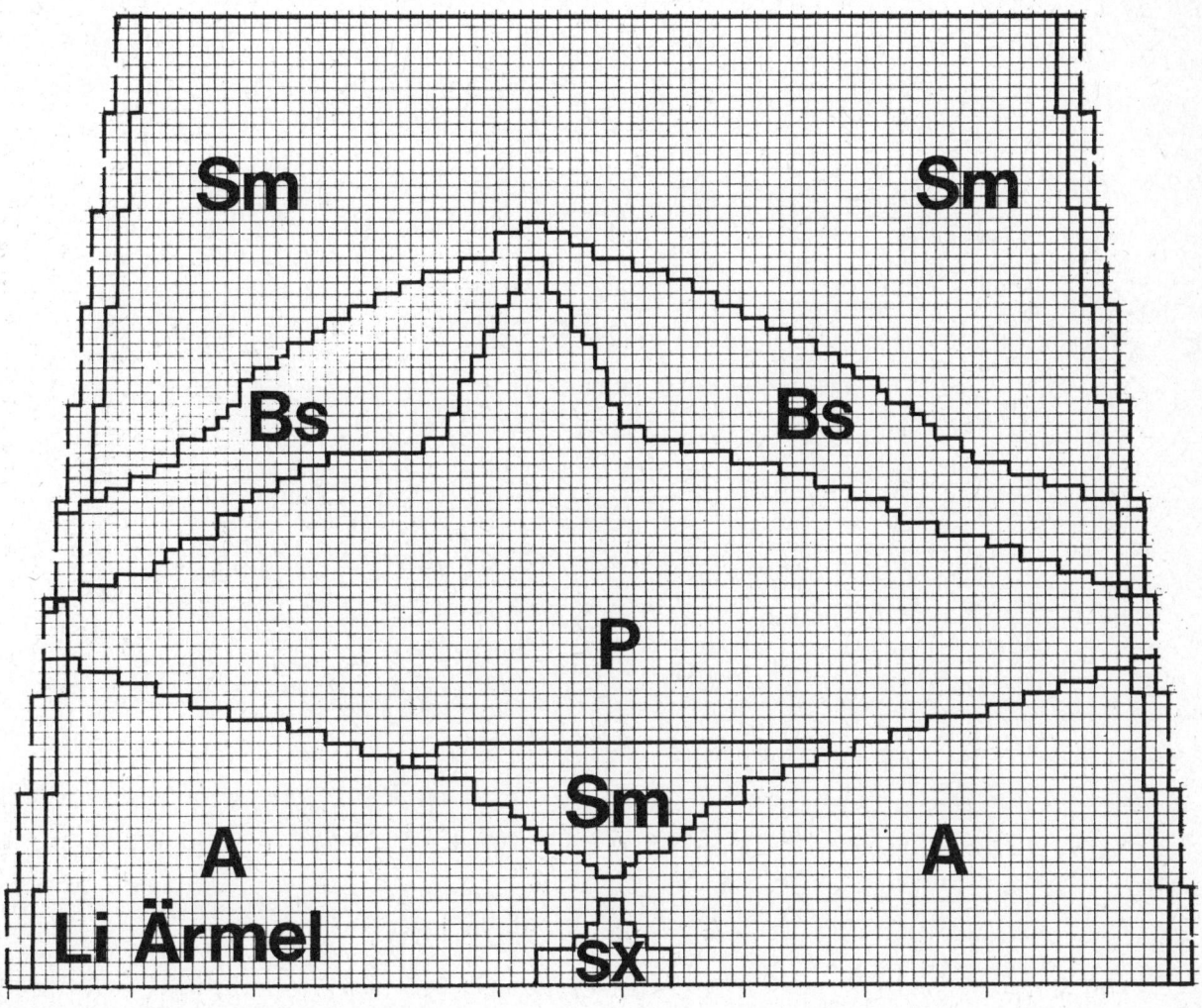

Pulli

für Größe 38/40 (42/44)

Farbbild Seite 277

MATERIAL
Vitrail von WELCOMME
220 g (240 g) Blanc, Farbe 9
Lauflänge 36 m per 20 g Knäuel
Le Super Mohair von WELCOMME
350 g (400 g) Blanc, Farbe 144
Lauflänge 150 m per 50 g Knäuel
Pur Angora von WELCOMME
90 g (100 g) Blanc, Farbe 01
Lauflänge 28 m per 10 g Knäuel
(100% Angora)
oder als Alternative
L' Angora von WELCOMME
100 g (100 g) Blanc, Farbe 01
Lauflänge 90 m per 20 g Knäuel
(75% Angora, 25% Lammwolle)
Strass von WELCOMME
80 g (80 g) Daim/Blanc, Farbe 01
Lauflänge 110 m per 20 g Knäuel
(68% Polyamid, 32% Glas)
Les Sixties von WELCOMME
200 g (200 g) Blanc, Farbe 110
Lauflänge 90 m per 50 g Knäuel
(70% Viskose, 18% Baumwolle, 12% Leinen)
Je 1 Paar Stricknadeln Nr. 3½ und 4½
Le Super Mohair und die Alternative L' Angora werden mit doppeltem Faden gestrickt!

MUSTER
Grundmuster: Glatt rechts (Hin R re - Rück R li) nach den Zählmustern.
1 Kästchen = 1 M in der Breite und 1 R in der Höhe.
Die inneren, durchgezogenen Umrandungslinien gelten für Größe 42/44.
A = Pur Angora mit einfachem oder L' Angora mit doppeltem Faden
P = Vitrail
s&s = Je 1 Faden Sixties und Strass
Sm = Super Mohair mit doppeltem Faden
Dabei bei jedem Farbwechsel die Fäden hinter der Arbeit verkreuzen.
Maschenprobe: Im Muster mit Nadeln Nr. 4½ gestrickt ergeben 20 M in der Breite und 22 R in der Höhe 10 cm im Quadrat.

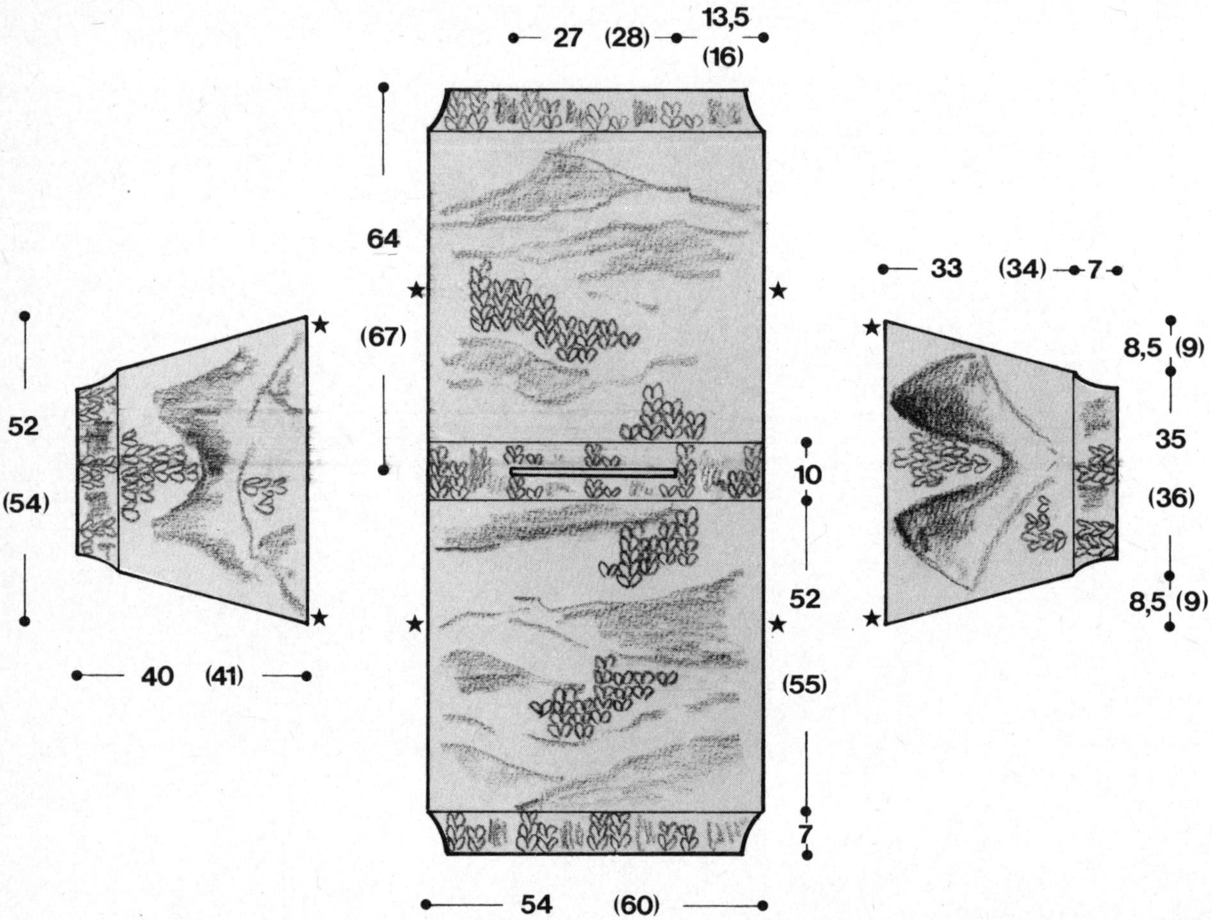

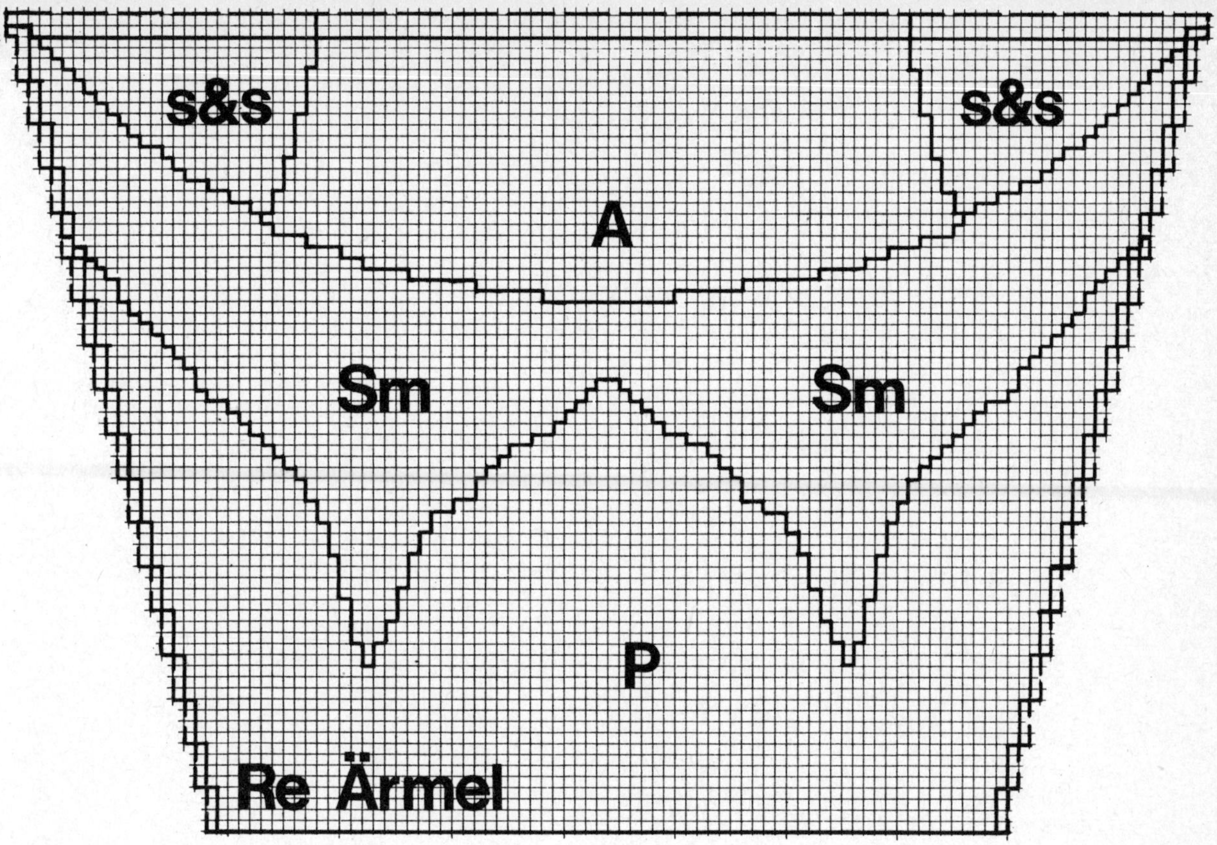

Re Ärmel

s&s · A · Sm · Sm · P · s&s

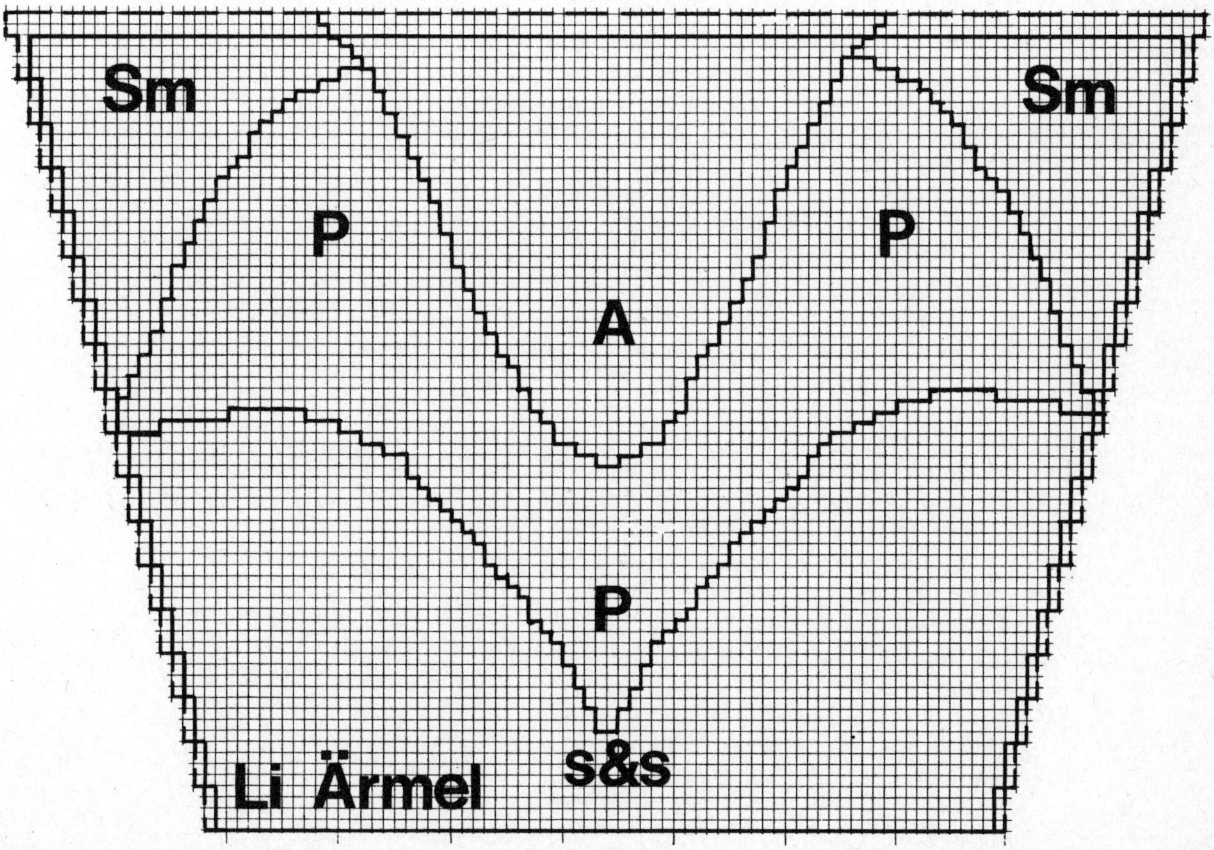

Li Ärmel

Sm · P · P · A · P · s&s · Sm

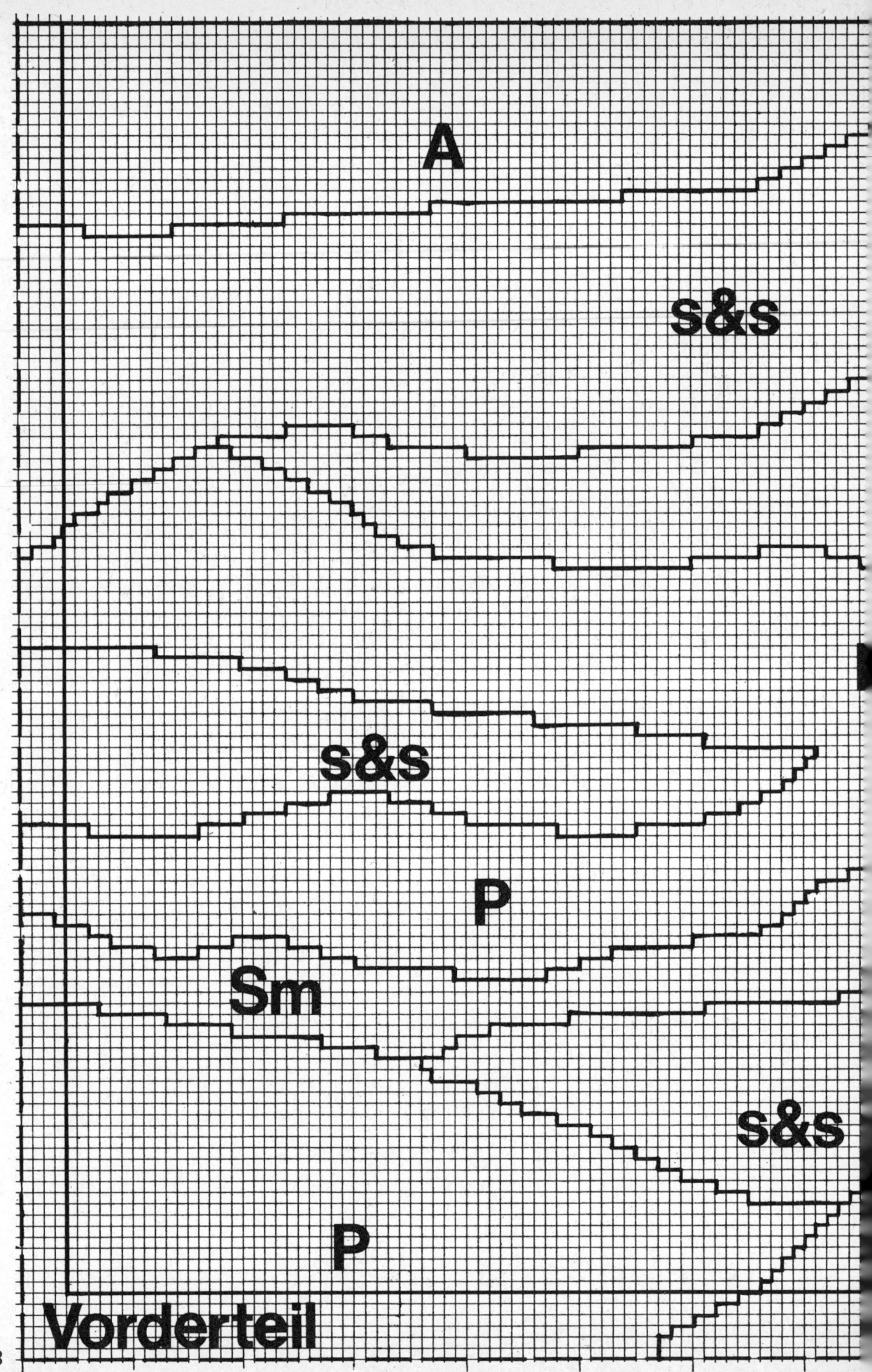

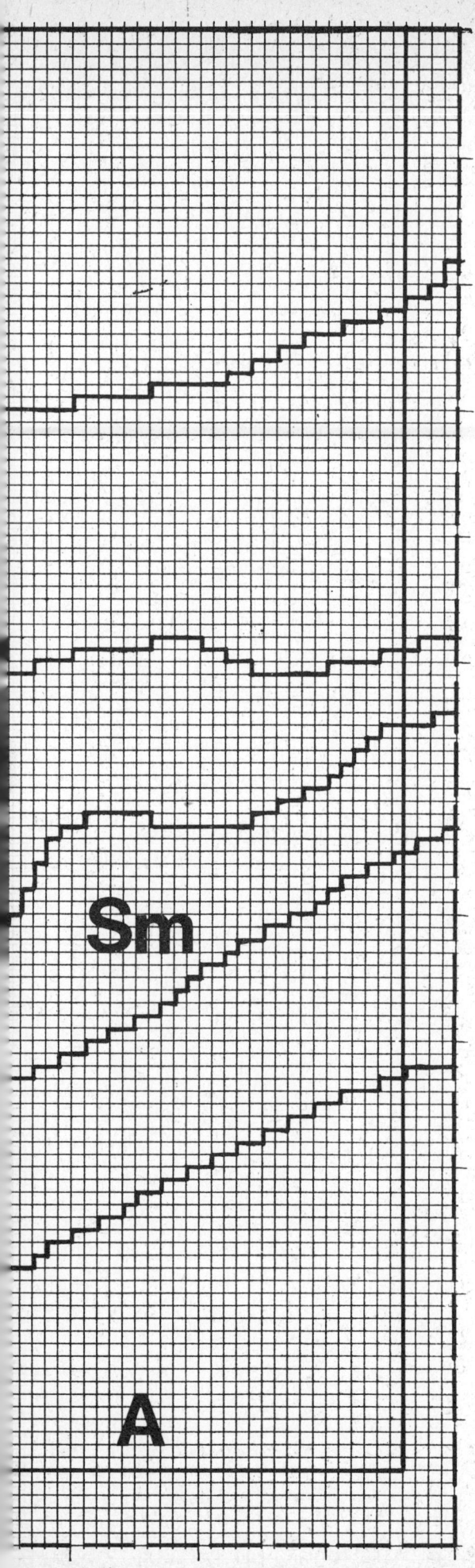

AUSFÜHRUNG

Vorder- und Rückenteil werden in einem Stück gestrickt.
Für das Vorderteil in Angora 104 M (110 M) mit Nadeln Nr. 3½ anschlagen und das Bündchen 7 cm 2 M re – 4 M li im Wechsel stricken.
Im Grundmuster mit Nadeln Nr. 4½ nach dem Vorderteilzählmuster weiterarbeiten und sofort innerhalb der 1. R gleichmäßig verteilt noch 8 M (10 M) zunehmen, so daß 112 M (120 M) auf der Nadel sind.
Nach 59 cm (62 cm) Gesamthöhe in derselben Nadelstärke in Angora die Passe stricken, dabei in der 1. R keine M (gleichmäßig verteilt 2 M) abnehmen.
5 cm 2 M re – 4 M li im Wechsel stricken und dabei mit 3 M re beginnen und enden.
In nun 64 cm (67 cm) Gesamthöhe für den Halsausschnitt die mittleren 54 M (56 M) abketten und diese in der folg. R sofort wieder neu anschlagen.
Noch 5 cm 2 M re – 4 M li im Wechsel stricken (dabei in der letzten R gleichmäßig verteilt die fehlenden 2 M wieder zunehmen) und das Jacquardmuster gegengleich dem Vorderteilzählmuster arbeiten. Nach Musterende in der letzten R gleichmäßig verteilt 8 M (10 M) abnehmen und mit Nadeln Nr. 3½ das Bündchen in Angora 7 cm 2 M re – 4 M li im Wechsel stricken.
Alle 104 M (110 M) abketten wie sie erscheinen.
Rechter Ärmel: In Vitrail 36 M (38 M) mit Nadeln Nr. 3½ anschlagen und das Bündchen 7 cm 2 M re – 4 M li im Wechsel stricken.
Im Grundmuster mit Nadeln Nr. 4½ weiterarbeiten und sofort innerhalb der 1. R gleichmäßig verteilt 34 M zunehmen, so daß 70 M (72 M) auf der Nadel sind.
Nach dem Zählmuster für den re Ärmel arbeiten und für die Schrägungen zu beiden Seiten 17mal (18mal) alle 4 R je 1 M zunehmen.
In 40 cm (41 cm) Ärmelhöhe alle 104 M (108 M) locker abketten.
Linker Ärmel: Mit doppeltem Faden – je 1 Faden Les Sixties und Strass – 36 M (38 M) mit Nadeln Nr. 3½ anschlagen und das Bündchen 7 cm 2 M re – 4 M li im Wechsel stricken.
Im Grundmuster mit Nadeln Nr. 4½ weiterarbeiten und sofort innerhalb der 1. R gleichmäßig verteilt 34 M zunehmen.
Nach dem Zählmuster für den li Ärmel arbeiten, wie beim rechten zunehmen und alle M locker abketten.
Ausarbeitung: Die Ärmel wie im Schnitt markiert an die Ärmelansatzkanten nähen und die Ärmel- und Seitennähte schließen. Den fertigen Pulli in Form auflegen, mit feuchten Tüchern bedecken und gut trocknen lassen.

Schöne Muster – schöne Garne – schöne Pullover

Nr. 86/87

Farbbild Seite 278

Pulli

für Größe 38/40 (42/44)

MATERIAL
Le Coton von WELCOMME
150 g (200 g) Blanc, Farbe 117
Lauflänge 90 m per 50 g Knäuel
(100% Baumwolle)
La Flamme von WELCOMME
600 g (650 g) Blanc, Farbe 101
Lauflänge 105 m per 50 g Knäuel
(58% Acetat, 35% Baumwolle, 5% Polyamid, 2% Polyester)
Pur Angora von WELCOMME
100 g (130 g) Blanc, Farbe 01
Lauflänge 28 m per 10 g Knäuel
(100% Angora)
oder als Alternative
L' Angora von WELCOMME
120 g (160 g) Blanc, Farbe 01
Lauflänge 90 m per 20 g Knäuel
(75% Angora, 25% Lammwolle)
L' Angora wird mit doppeltem Faden gestrickt!
Je 1 Paar Stricknadeln Nr. 3 und 4

MUSTER
Grundmuster I: Ajourmuster
1. R: Alle M rechts
2. R und alle folg. Rück R: Alle M links
3. R: Rand M ★ 2 M re, 2 M re zusammenstricken, 1 Umschlag, ab ★ wiederholen und mit 1 Rand M enden
5. R: Rand M ★ 2 M re zusammenstricken, 1 Umschlag, 2 M re, ab ★ wiederholen und mit 1 Rand M enden

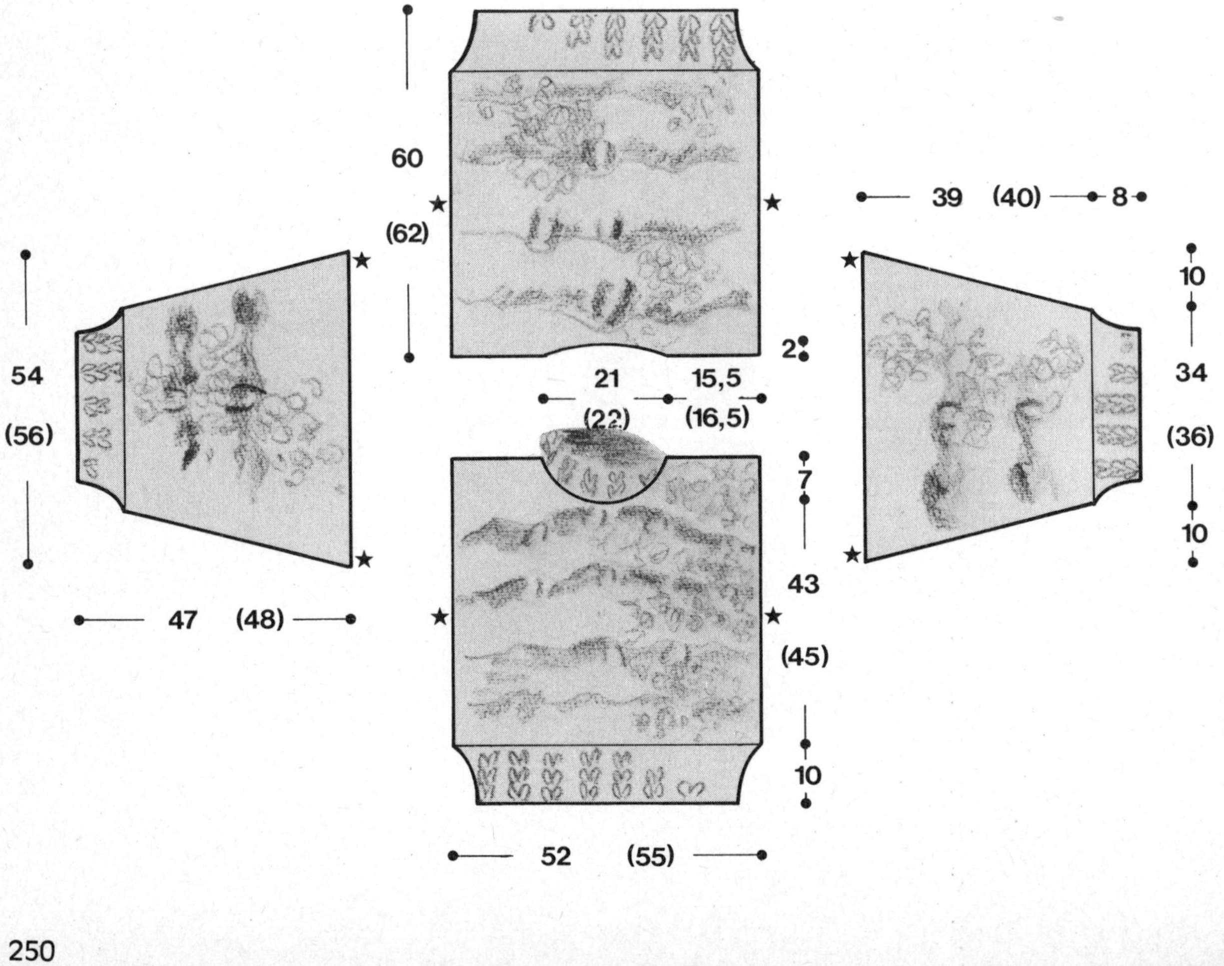

7. R: Wie 3. R
Die 3.-6. R fortlaufend wiederholen.
Grundmuster II: Faltenmuster
1. R: In Coton ★ 5 M links, dabei für jede M den Faden 2mal um die Nadel schlingen = 2 Umschläge, dann 11 M glatt re, ab ★ wiederholen
2. R und alle folg. Rück R: Alle M stricken wie sie erscheinen und bei jeder Links M einen Umschlag fallen lassen
3. R: In Coton wie 1. R
5. R: In Coton wie 1. R
6.-10. R: In Angora wie die vorhergehenden R
11.-16. R: In Le Coton wie die vorhergehenden R
Wichtig:
Um die Falten über der 1. R des Ajourmusters zu bilden, strickt man über den Rechts M auf folgende Weise: Mit der Nadel in die 3. und 9. M auf der Rückseite der Arbeit 16 R tiefer einstechen und zwar in die letzte R des Ajourmusters vor der Falte! Diese M nun mit der entsprechenden M der 1. R des Ajourmusters zusammenstricken und den Faden fest anziehen, so daß auf der Vorderseite der Arbeit die 16 R als Falte erscheinen.
Maschenprobe: In La Flamme mit Nadeln Nr. 4 im Ajourmuster gestrickt ergeben 23 M in der Breite und 31 R in der Höhe 10 cm im Quadrat.

AUSFÜHRUNG
Rückenteil: In La Flamme 104 M (110 M) mit Nadeln Nr. 3 anschlagen und das Bündchen 10 cm 1 M re - 1 M li im Wechsel stricken.
Mit Nadeln Nr. 4 in La Flamme mit dem Ajourmuster beginnen und dabei sofort innerhalb der 1. R gleichmäßig verteilt 16 M zunehmen, so daß 120 M (126 M) auf der Nadel sind.
In den Grundmustern weiter gerade hochstricken:
6 cm (7 cm) Ajourmuster
★★ 16 R Faltenmuster, dabei in der Mitte der 1. R 1 M abketten und in der Mitte der letzten R diese 1 M wieder zunehmen. Dabei mit
★ 5 M glatt li
(3 M glatt re ★ 5 M glatt li) beginnen.
Anschließend 11 cm im Ajourmuster stricken und dabei die Falten in der 1. R bilden.
Ab ★★ fortlaufend wiederholen.
Nach 58 cm (60 cm) Gesamthöhe für den Halsausschnitt die mittleren 16 M (18 M) und zu beiden Seiten noch in jeder 2. R 1mal 7, 1mal 5 und 1mal 4 M abketten.
In 60 cm (62 cm) Höhe die jeweils 36 (38) Schultermaschen abketten.
Vorderteil: In La Flamme 104 M (110 M) mit Nadeln Nr. 3 anschlagen und wie das Rückenteil stricken.
Dabei aber schon in 53 cm (55 cm) Gesamthöhe mit dem Halsausschnitt beginnen: Die mittleren 16 M (18 M) abketten und zu beiden Seiten noch in jeder 2. R 1mal 6, 2mal 4 und 2mal 1 M abketten.
In Rückenteilhöhe die jeweils 36 (38) Schultermaschen abketten.
Ärmel: In La Flamme 60 M (64 M) mit Nadeln Nr. 3 anschlagen und das Bündchen 8 cm 1 M re - 1 M li im Wechsel stricken.
Mit Nadeln Nr. 4 zunächst im Ajourmuster weiterarbeiten und sofort innerhalb der 1. R gleichmäßig verteilt 19 M zunehmen.
In der Musterfolge des Rückenteils arbeiten und dabei die M so einteilen, daß sich in der Mitte 11 M glatt re für die Falten befinden.
Im Muster stricken und für die Schrägungen zu beiden Seiten 23mal alle 4 R je 1 M zunehmen.
In 47 cm (48 cm) Ärmelhöhe alle 125 M (129 M) abketten.
Ausarbeitung: Für die Halsblende in La Flamme mit Nadeln Nr. 3 auf der Rückseite des rückw. Halsausschnitts 76 M (78 M) auffassen und 1 M re - 1 M li im Wechsel stricken:
1 R über alle M, dann zu beiden Seiten 5mal alle 2 R 2 M stillegen, 2 R über 56 M (58 M) stricken und zu beiden Seiten wieder alle 2 R 2 M von den stillgelegten M aufnehmen. Anschließend alle M im Maschenrhythmus abketten.
Die gleiche Blende über der vorderen Halsausschnittkante stricken.
Die Schulternähte schließen.
Die Nähte der Halsblenden schließen, die Blende auf rechts doppelt legen und entlang der Anschlagreihe annähen.
Die Ärmel, wie im Schnitt markiert, an die Ärmelansatzkanten nähen und die Ärmel- und Seitennähte schließen.

Farbbild Seite 279

für Größe 38/40 (42/44)

MATERIAL
La Spirale von WELCOMME
Lauflänge 125 m per 50 g Knäuel
200 g (250 g) Blanc, Farbe 01
(50% Baumwolle, 50% Viskose)
L'Esquisse von WELCOMME
40 g Platine, Farbe 01
Lauflänge 140 m per 20 g Knäuel
(65% Viskose, 35% Polyester)
Le Super Mohair von WELCOMME
50 g Blanc, Farbe 144
Lauflänge 150 m per 50 g Knäuel
(70% Mohair, 30% Polyacryl)
L'Akala von WELCOMME
200 g Blanc, Farbe 01
Lauflänge 87 m per 50 g Knäuel
(100% Baumwolle)
Pur Angora von WELCOMME
30 g Blanc, Farbe 01
Lauflänge 28 m per 10 g Knäuel
(100% Angora)
Je 1 Paar Stricknadeln Nr. 3 und 4

MUSTER
Grundmuster I: Flachrippenmuster
6 M re - 1 M li im Wechsel

Grundmuster II: Zopfmuster 18 M breit
1. R: Alle 18 M rechts
2. R und alle folg. Rück R: Alle 18 M links
3. R: ★ 3 M auf einer Hilfsnadel hinter die Arbeit legen, 3 M re, die 3 M von der Hilfsnadel re abstricken, ab ★ noch 2mal wiederholen.
5. R: Alle 18 M rechts
7. R: 3 M re ★ 3 M auf der Hilfsnadel vor die Arbeit legen, 3 M re, die 3 M von der Hilfsnadel re abstricken, ab ★ noch 1mal wiederholen und mit 3 M re enden.
9. R: Wie 1. R
Die 1.-8. R fortlaufend wiederholen.
Maschenprobe: In Super Mohair, Angora oder Spirale mit Nadeln Nr. 4 im Flachrippenmuster gestrickt ergeben 17,5 M in der Breite und 22 R in der Höhe 10 cm im Quadrat.

AUSFÜHRUNG
Rückenteil: In La Spirale 93 M (99 M) mit Nadeln Nr. 4 anschlagen und sofort im Flachrippenmuster stricken, dabei mit 4 M (7 M) re beginnen und enden!
Nach 26 cm (27 cm) Gesamthöhe für die Armschrägungen 3mal in jeder 20. R auf beiden Seiten je 1 M zunehmen.
Gleichzeitig nach 34 cm (35 cm) Gesamthöhe für den Halsausschnitt die mittlere M stillegen und beide Seiten getrennt und gegengleich beenden.
Für die Ausschnittschrägung 18mal (19mal) abwechselnd in jeder 2. und in jeder 4. R je 1 M abketten.
In 52 cm (54 cm) Gesamthöhe die 31 (33) Schultermaschen abketten.
Linke Vorderteilseite: In La Spirale 61 M (64 M) mit Nadeln Nr. 4 anschlagen und die M einteilen: 4 M (7 M) glatt re, 2 M li, 18 M Zopfmuster mit doppeltem Faden: je 1 Faden La Spirale und 1 Faden Esquisse, 2 M li, 6 M glatt re, 2 M li, 18 M Zopfmuster ebenso mit doppeltem Spirale-Esquisse-Faden, 2 M li, 6 M glatt re, Rand M.
Im Musterrhythmus gerade hochstricken. Nach 26 cm (27 cm) Gesamthöhe in einer R gleichmäßig verteilt 14 M abketten, so daß noch 47 M (50 M) auf der Nadel bleiben.
In Angora im Flachrippenmuster weiterarbeiten und dabei mit 4 M (7 M) glatt re beginnen!
Gleichzeitig an der rechten Kante für die Armkante 3mal in jeder 20. R 1 M zunehmen.
Nach 34 cm (35 cm) Gesamthöhe an der li Kante 1 M abketten und dann für die Ausschnittschrägung 18mal (19mal) abwechselnd in jeder 2. und in jeder 4. R je 1 M abketten.
In 52 cm (54 cm) Gesamthöhe die 31 (33) Schultermaschen abketten.
In 52 cm (54 cm) Gesamthöhe die 31 (33) Schultermaschen abketten.
Rechte Vorderteilseite: In Le Super Mohair 48 M (51 M) mit Nadeln Nr. 4 anschlagen und im Flachrippenmuster stricken. Dabei mit Rand M, 1 M li, 6 M re, 1 M li beginnen!
Nach 26 cm (27 cm) Gesamthöhe in einer R gleichmäßig verteilt 14 M zunehmen und die 62 M (65 M) einteilen: Rand M, 1 M li, 6 M glatt re, 2 M li, 18 M Zopfmuster mit doppeltem Faden in La Spirale und L'Esquisse, 2 M li, 6 M glatt re, 2 M li, 18 M Zopfmuster ebenso mit doppeltem Spirale-Esquisse-Faden, 2 M li, 4 M (7 M) glatt re.
Im Musterrhythmus stricken und für die Armkante an der li Seite 3mal in jeder 20. R 1 M zunehmen.
Gleichzeitig nach 34 cm (35 cm) Gesamthöhe an der re Kante 2 M abketten und dann für die Ausschnittschrägung 5mal (6mal) in jeder 2. R abwechselnd 1mal 1 und 1mal 2 M und wieder in jeder 2. R 10mal (8mal) 1 M abketten.
In 52 cm (54 cm) Gesamthöhe die 38 (40) Schultermaschen abketten.
Halsausschnittblende: In L'Akala 133 M (137 M) mit Nadeln Nr. 3 anschlagen und 2,5 cm 1 M re - 1 M li im Wechsel stricken. Alle M stillegen.
Eine 2. Blende ebenso stricken.
Armausschnittblende: In L'Akala 158 M (162 M) mit Nadeln Nr. 3 anschlagen und 1 M re - 1 M li im Wechsel stricken. Dabei gleichzeitig in jeder 2. R auf beiden Seiten je 1mal 20 und dann je 1mal 25 M stillegen. Anschließend über alle M weiterstricken und nach 2,5 cm Gesamthöhe, gemessen in der Mitte, an der breitesten Stelle, alle M stillegen.
Eine 2. Blende ebenso stricken.
Ausarbeitung: Die linke und rechte Vorderteilseite entlang der 34 cm (35 cm) - Kanten miteinander verbinden, dabei für die Naht von jeder Seite eine Rand M erfassen.
Über jede Linksmasche des Flachrippenmusters bei Vorder- und Rückenteil mit doppeltem Esquisse-Faden Kettmaschen sticken.
Die Schulternähte schließen.
Die Halsausschnittblenden entlang der Halskante in Steppstichen annähen und dabei in jede stillgelegte M einstechen. Die Blenden in der vorderen und rückw. Mitte in einer Spitze verbinden.
Die Armausschnittblenden ab der Schulternaht markiert entlang der 26 cm (27 cm) - Schrägkanten annähen und dabei in jede stillgelegte M einstechen.
Die Seitennähte schließen.
In L'Akala 102 M (106 M) entlang der unteren Kante von Rücken- und Vorderteil mit Nadeln Nr. 3 auffassen und das Bündchen 8 cm 1 M re - 1 M li im Wechsel stricken. Alle M im Maschenrhythmus abketten. Die Blende zur Runde schließen.

Bunte Karos auf schwarzem Grund Nr. 88

Farbbild Seite 280

Pulli

für Größe 38/40 (42/44)

MATERIAL
Kid von ANNY BLATT
300 g (350 g) Noir, Farbe 272
 50 g Gentiane, Farbe 247
 50 g Rouge, Farbe 254
 50 g Framboisine, Farbe 1804
Lauflänge 100 m per 50 g Knäuel
(80% Kid Mohair, 20% Chlorofibres)
Look von ANNY BLATT
200 g (200 g) Noir, Farbe 1772
50 g Gentiane, Farbe 1775
50 g Mer du Sud, Farbe 2035
Lauflänge 50 m per 50 g Knäuel
(94% Viskose, 6% Nylon)
Silk von ANNY BLATT
40 g Prune, Farbe 2239
40 g Fuchsia, Farbe 2240
40 g Bleu de France, Farbe 1729
Lauflänge 60 m per 40 g Knäuel
(100% Seide)
100% Angora von ANNY BLATT
10 g Noir, Farbe 1547
10 g Galaxie, Farbe 2049
10 g Lupin, Farbe 2288
10 g Prune, Farbe 2286
10 g Crépuscule, Farbe 2287
Lauflänge 25 m per 10 g Knäuel
(100% Angora)
Je 1 Paar Stricknadeln Nr. 4 1/2 und 5

MUSTER
Grundmuster I: Glatt rechts
(Hin R re - Rück R li)
Grundmuster II: Glatt links
(Hin R li - Rück R re)
Grundmuster III: Großes Perlmuster
mit gerader Maschenzahl
1. + 2. R: 1 M re - 1 M li im Wechsel
3. + 4. R: 1 M li - 1 M re im Wechsel
Die 1.-4. R fortlaufend wiederholen.
Jacquardmuster: Beide Ärmel werden nach den Zählmustern gestrickt.
1 Kästchen = 1 M in der Breite und 1 R in der Höhe.
1 = glatt rechts
2 = glatt links
A = in Kid Gentiane
B = in Kid Noir
C = in Kid Framboisine
D = in Kid Rouge
E = in Silk Prune
G = in Silk Fuchsia
H = in Silk Bleu de France
J = in Look Gentiane
K = in Look Noir
L = in Look Mer du Sud
M = in 100% Angora Noir
O = in 100% Angora Galaxie
P = in 100% Angora Lupin
S = in 100% Angora Prune
T = in 100% Angora Crépuscule
Dabei für jedes Motiv ein kleines Extraknäuel vorbereiten und die Fäden immer auf der Rückseite der Arbeit verkreuzen.
Maschenprobe: In Kid mit Nadeln Nr. 5 glatt re gestrickt, ergeben 17 M in der Breite und 23 R in der Höhe 10 cm im Quadrat.

AUSFÜHRUNG
Vorderteil: Das Vorderteil wird schräg gestrickt.
Für die li Hälfte in Kid Noir 2 M mit Nadeln Nr. 5 anschlagen und glatt re stricken. Dabei in jeder 2. R 20mal 1 M (24mal 1 M) an der re Seite für den unteren Pulloverrand und an der li Seite in jeder 2. R 20mal 4 M (21mal 4 M) für die Seitenkante zunehmen.
Dabei nur für Größe 42/44 nach Ende der linken Zunahmen auf der li Seite in jeder 2. R 3mal 1 M abketten.
Es sind nun 102 M (107 M) auf der Nadel. Diese M stillegen.
Für die re Hälfte in Kid Noir 2 M mit Nadeln Nr. 5 anschlagen und das Teil ebenso weit, aber gegengleich stricken. Beide Teile zusammen auf eine Nadel nehmen und dabei in der Mitte noch 1mal 1 M zunehmen.
Nun in Farben und Mustern weiterarbeiten und gleichzeitig abnehmen: Zu beiden Seiten in jeder 2. R 1mal je 1 M abketten und in der Mitte folg. Abnahmen stricken:
Auf glatt re - Grund auf der re Seite der Arbeit: Mit der 3. und 2. M vor der Mittel M 1 einfachen Überzug arbeiten, d. h. 1 M abheben, die folg. M stricken und die abgehobene M über die gestrickte ziehen, dann die 2 folg. M zusammen re abheben, die nächste M re stricken und die 2 abgehobenen M über die gestrickte ziehen, dann die 2 folg. M re zusammenstricken, so daß insgesamt 4 Abnahmen entstanden sind.
Auf der li Seite der Arbeit 4 M vor der Mittel M beginnen: 4mal 2 M li zusammenstricken, so daß wiederum 4 Abnahmen entstanden sind.
Auf glatt li - Grund auf der re Seite der Arbeit: Die 3. und 2. M vor der Mittel M li zusammenstricken, die 2 folg. M zusammen re abheben, die nächste M re stricken und die beiden abgehobenen M über diese ziehen, noch 2 M li zusammenstricken, so daß insgesamt 4 Abnahmen entstanden sind.
Auf der li Seite der Arbeit 4 M vor der Mittel M beginnen: 2mal 1 einfacher Überzug, die Mittel M li stricken, 2mal 2 M re zusammenstricken, wiederum 4 Abnahmen.
Wichtig: Jeden Farbwechsel unabhängig vom Muster mit 1 R re M auf der re Seite der Arbeit beginnen!
Mit beiden Teilen zusammen auf einer Nadel in den folg. Mustern und Farben stricken:
1. R: Von re ausgehend: 9 M (10 M) glatt li in Kid Gentiane, 9 M (10 M) glatt li in Silk Prune, 9 M (9 M) glatt li in Look Gentiane, 9 M (10 M) glatt re in Angora Noir, 9 M (9 M) glatt li in Silk Fuchsia, 9 M (10 M) glatt re in Angora Galaxie, 9 M (9 M) glatt li in Look Noir, 9 M (10 M) glatt li in Kid Framboisine, 9 M (9 M) glatt re in Angora Crépuscule, 9 M (9 M) glatt li in Look Noir und 10 M (10 M) glatt re in Angora Lupin. Die Mittel M in Angora Lupin stricken. 10 M (10 M) glatt re in Angora Lupin, 9 M (9 M) glatt re in Angora Noir, 9 M (10 M) glatt li in Silk Bleu de France, 9 M (9 M) glatt li in Look Gentiane, 9 M (9

253

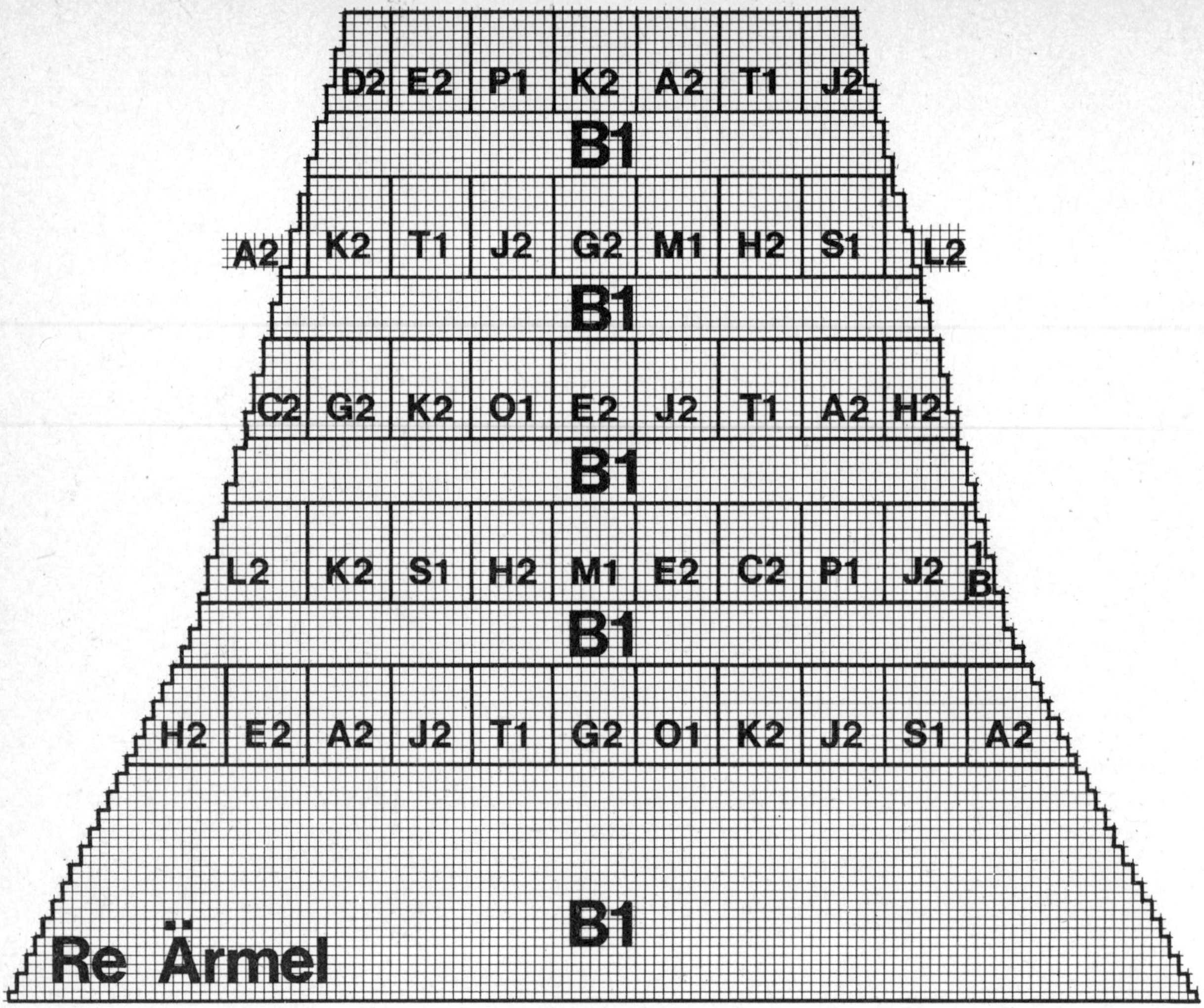

D2
E2
P1
K2
A2
T1
J2
B1
A2
K2
T1
J2
G2
M1
H2
S1
L2
B1
C2
G2
K2
O1
E2
J2
T1
A2
H2
B1
L2
K2
S1
H2
M1
E2
C2
P1
J2
1 B
B1
H2
E2
A2
J2
T1
G2
O1
K2
J2
S1
A2
B1
Re Ärmel

66
(67)
16
32
3
(4)
11
10,5
76
33
4
29
8
(10)
4
10,5
11
54
(55)
51
(52)
24
(25)
8
45
(49)

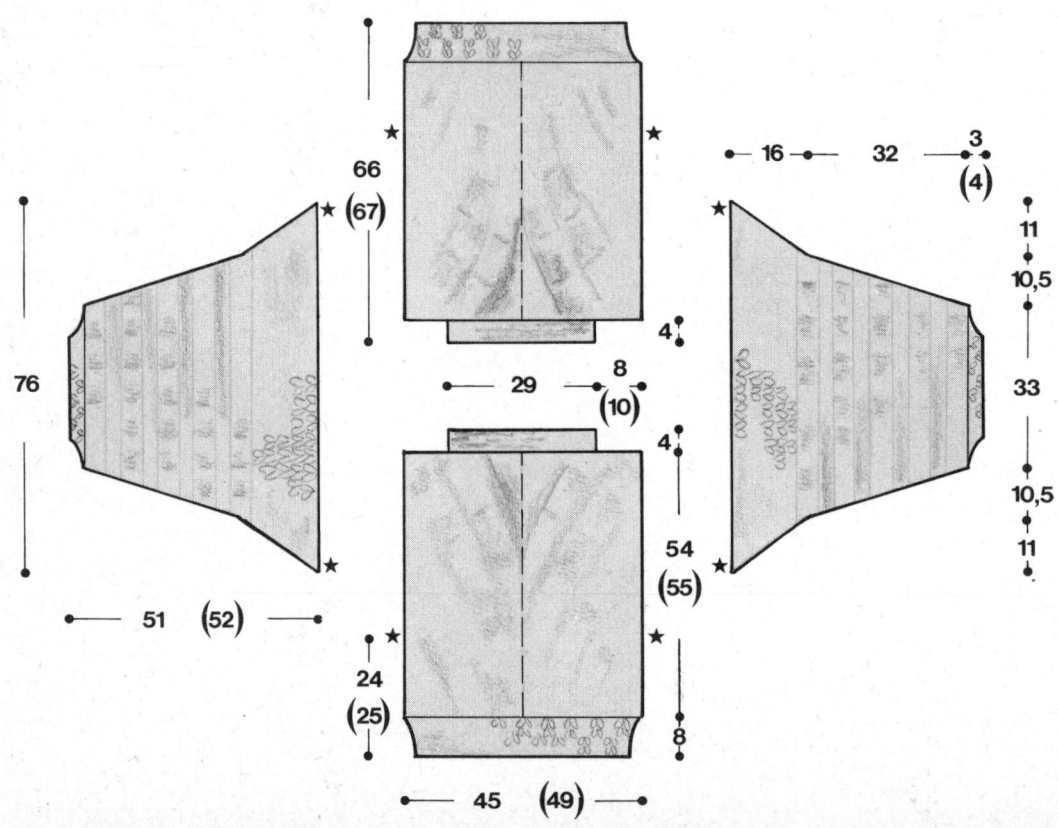

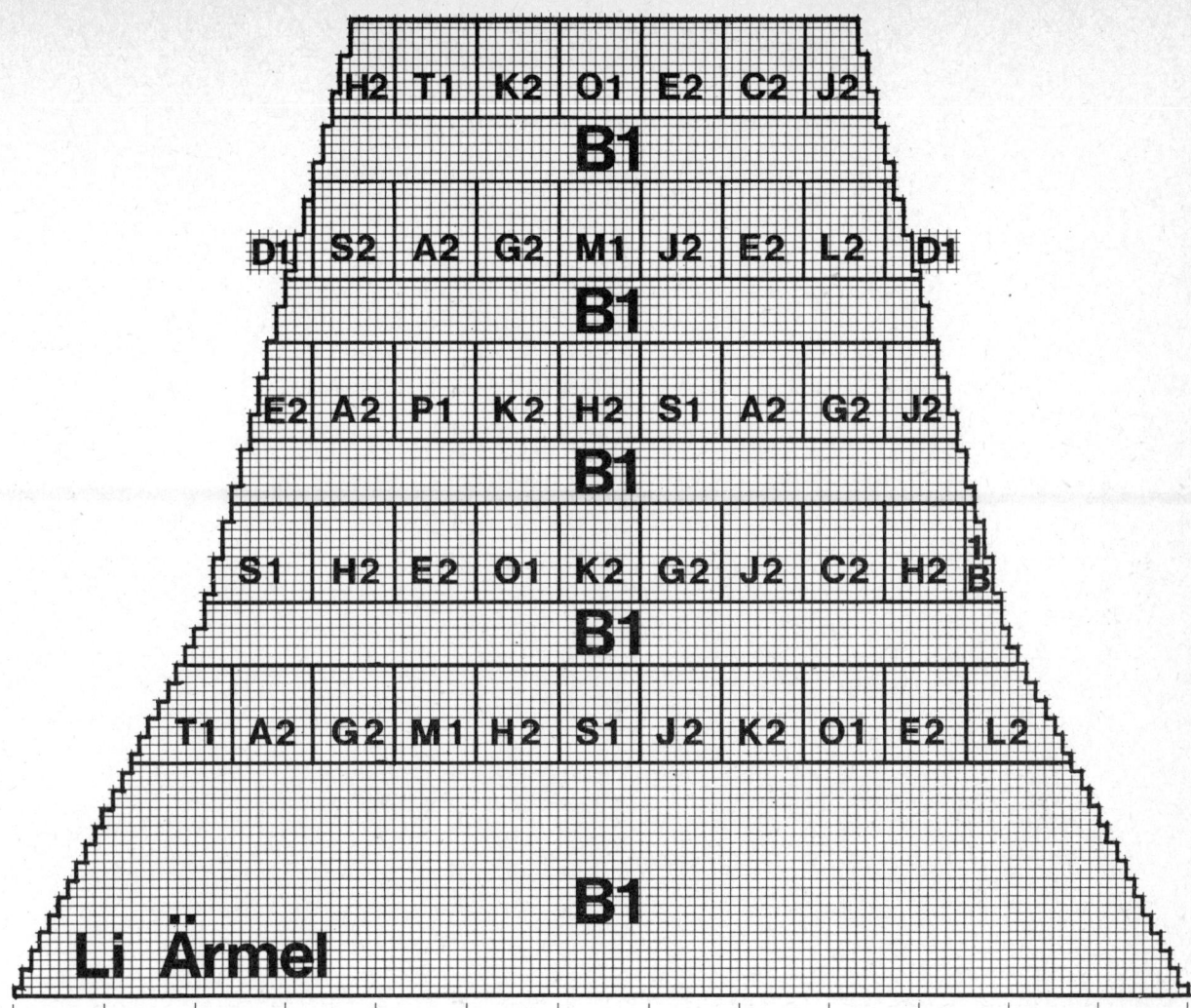

M) glatt re in Angora Prune, 9 M (10 M) glatt li in Kid Gentiane, 9 M (9 M) glatt li in Look Noir, 9 M (10 M) glatt re in Angora Lupin, 9 M (9 M) glatt li in Silk Prune, 9 M (9 M) in Look Mer du Sud und glatt li in Kid Framboisine enden. Insgesamt 11 R in diesem Muster stricken, dann 7 R glatt re in Kid Noir stricken **und dabei die Abnahmen in der Mitte und an den Kanten nicht vergessen!**
Nun eine 2. R Rechtecke in den folg. Farben und Mustern stricken: Die Rechtecke natürlich genau über den vorhergehenden.
Glatt li in Silk Bleu de France, glatt re in Angora Lupin, glatt li in Look Gentiane, glatt re in Angora Crépuscule, glatt li in Look Noir, die Rechtecke beiderseits der Mittel M und diese selbst glatt li in Kid Gentiane, weiter glatt li in Silk Fuchsia, glatt re in Angora Galaxie, glatt li in Look Gentiane, glatt li in Look Noir und in glatt li in Kid Rouge enden.
Wieder 11 R stricken und dann 7 R glatt re in Kid Noir stricken.

Eine 3. R Rechtecke wie die erste in folg. Farben beginnen: Glatt li in Silk Prune, die Rechtecke beiderseits der Mittel M und diese selbst in Silk Bleu de France und glatt li in Silk Prune enden.
Rückenteil: Die gleiche Maschenzahl wie für das Vorderteil anschlagen und dieses ebenso stricken.
Die Schulternähte einschließlich der 1. R Rechtecke schließen.
In 16 cm (17 cm) Gesamthöhe ab der Unterkanten zu beiden Seiten die Rand M von Rücken- und Vorderteil für die Ärmelansatzkanten markieren.
Rechter Ärmel: In Kid Noir mit Nadeln Nr. 5 entlang der Kante zwischen den markierten M 130 auffassen und nach dem Zählmuster für den re Ärmel stricken. Die 1. R des Zählmusters wird auf der li Seite der Arbeit gestrickt. Zu beiden Seiten 1 R höher 1mal 1 M, dann 20mal in jeder 2. R und 16mal in jeder 4. R je 1 M abketten, so daß 56 M auf der Nadel bleiben.

Nach Musterende das Bündchen mit Nadeln Nr. 4½ in Look Noir stricken und sofort innerhalb der 1. R gleichmäßig verteilt 16 M abnehmen.
Das Bündchen 3 cm (4 cm) im Perlmuster stricken und alle M locker abketten wie sie erscheinen.
Linker Ärmel: Wie den rechten, aber nach dem Zählmuster des li Ärmels arbeiten.
Ausarbeitung: Für das Taillenbündchen in Look Noir mit Nadeln Nr. 4½ jeweils 70 M (78 M) aus den Unterkanten von Vorder- und Rückenteil auffassen und 8 cm im Perlmuster stricken. Alle M locker abketten wie sie erscheinen.
Für den Kragen in Look Noir mit Nadeln Nr. 4½ jeweils 46 M aus dem vorderen und rückw. Halsausschnitt auffassen und 4 cm glatt li stricken. Alle M abketten. Die Seitennähte des Kragens schließen. Die Ärmel- und Seitennähte schließen.
Den fertigen Pulli in Form auflegen, mit feuchten Tüchern bedecken und gut trocknen lassen.

Zum Träumen
Nr. 89

Pulli
für Größe 38-42

MATERIAL
Honey-Moon von ANNY BLATT
120 g Daim, Farbe 2321
140 g Prune, Farbe 2318
140 g Aubergine, Farbe 2319
Lauflänge 46 m per 20 g Knäuel
(80% Mohair, 20% Seide)
100% Angora von ANNY BLATT
30 g Lupin, Farbe 2288
20 g Crépuscule, Farbe 2287
Lauflänge 25 m per 10 g Knäuel
(100% Angora)
Serpentine von ANNY BLATT
50 g Outremer, Farbe 2339
50 g Rubis, Farbe 1410
Lauflänge 50 m per 50 g Knäuel
(65% Viskose, 35% Polyester metallisiert)
1 Paar Stricknadeln Nr. 4½

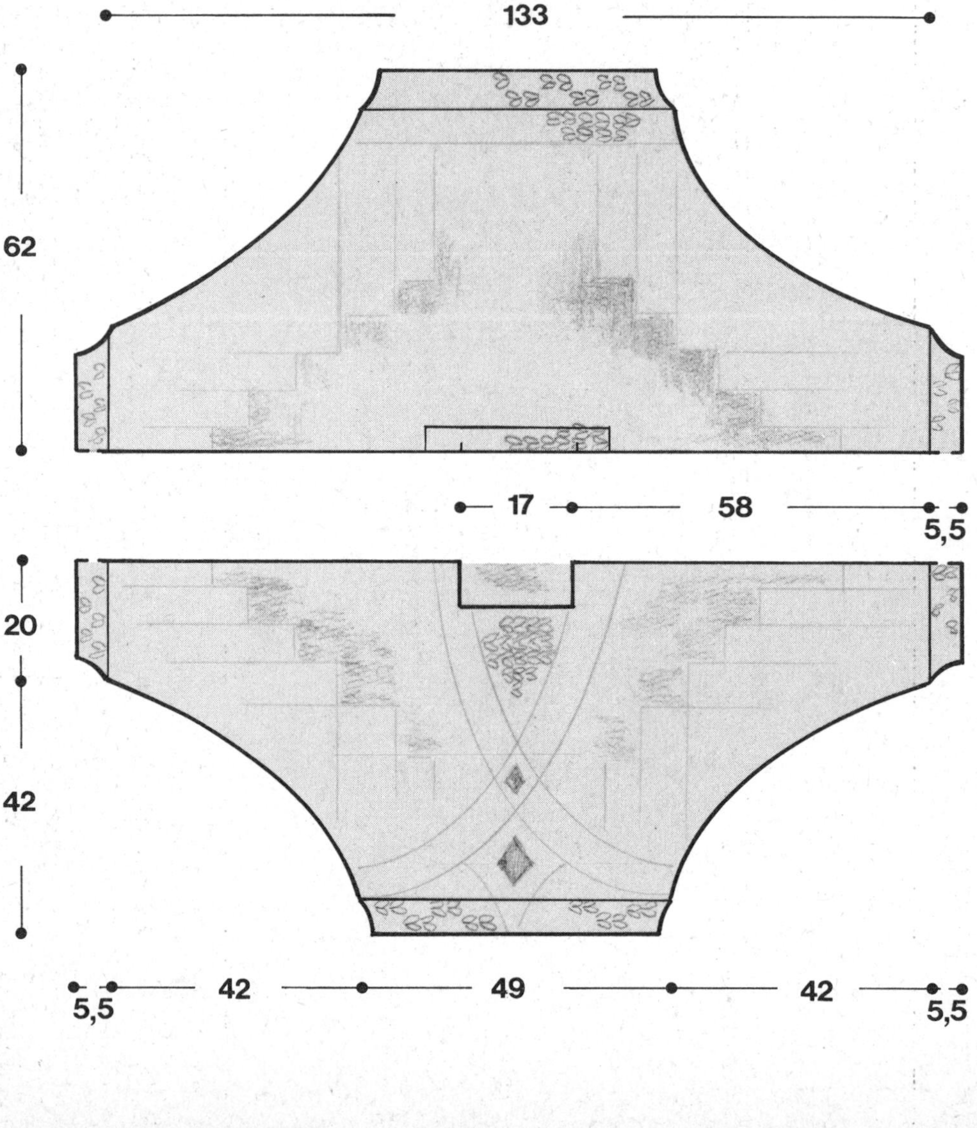

Farbbild Seite 281

Mitte

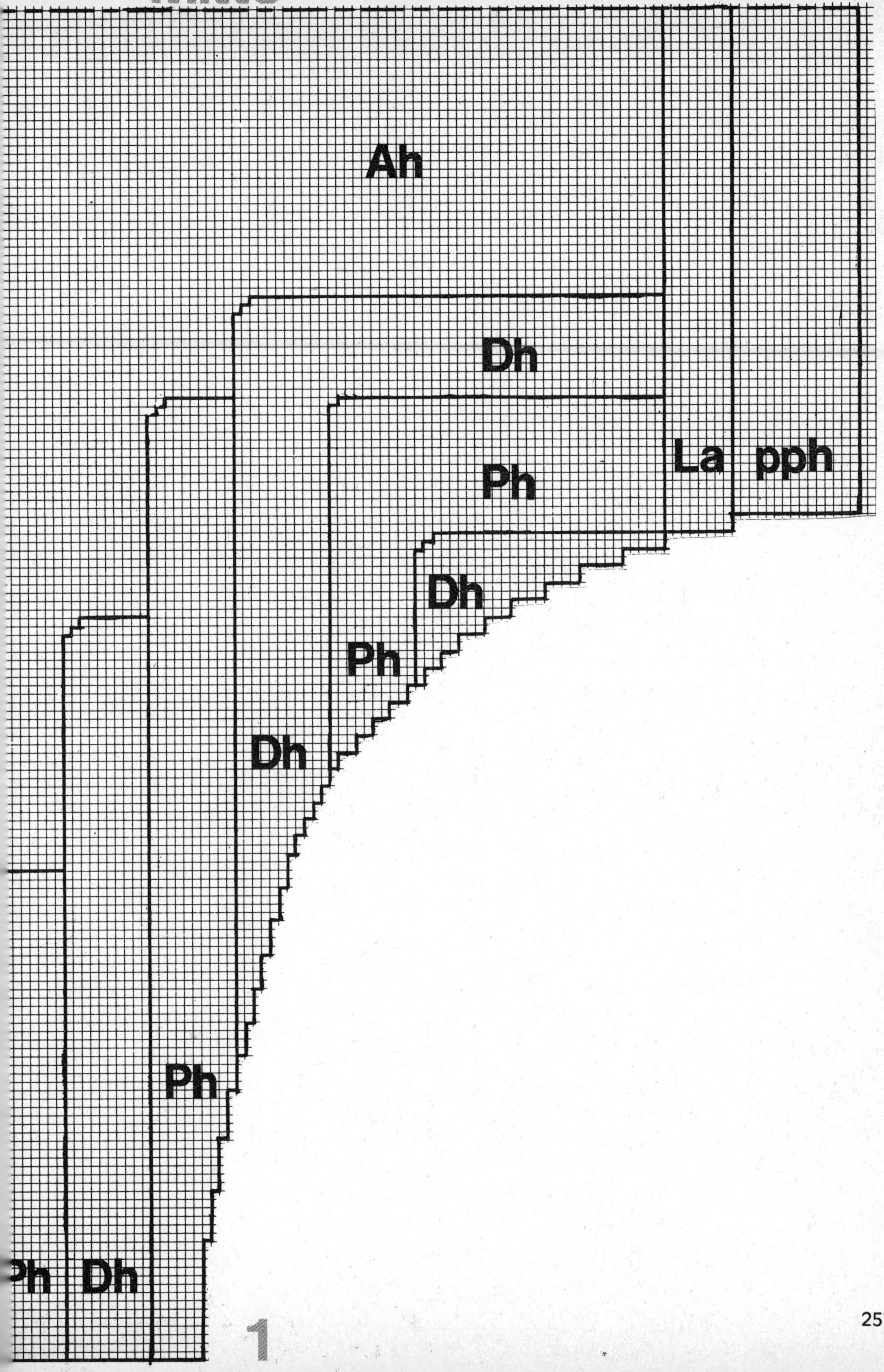

Ah

Dh

Ph

La pph

Dh

Ph

Dh

Ph

Ph Dh

1

MUSTER
Grundmuster I: Glatt rechts
(Hin R re – Rück R li)
Grundmuster II: Glatt links
(Hin R li – Rück R re)
Grundmuster III: Großes Perlmuster
1. + 2. R: 1 M re – 1 M li im Wechsel
3. + 4. R: 1 M li – 1 M re im Wechsel
Die 1.–4. R fortlaufend wiederholen.
Jacquardmuster: Der Pulli wird nach den beiden Zählmustern gearbeitet.
Zählmuster 1 = Rückenteilhälfte, ab Mitte gegengleich arbeiten.
Zählmuster 2 = Ganzes Vorderteil

1 Kästchen = 1 M in der Breite und 1 R in der Höhe.
Dh = Glatt li in Honey-Moon Daim
Ph = Glatt li in Honey-Moon Prune
Ah = Glatt li in Honey-Moon Aubergine
Os = Glatt li in Serpentine Outremer
Rs = Glatt li in Serpentine Rubis
La = Glatt re in 100% Angora Lupin
Ca = Glatt re in 100% Angora Crépuscule
pph = Perlmuster in Honey-Moon Prune
pah = Perlmuster in Honey-Moon Aubergine
HA = vorderer Halsausschnitt

Dabei für jedes Farbfeld einen gesonderten Faden verwenden und beim Farbwechsel die Fäden immer auf der Rückseite der Arbeit verkreuzen, damit keine Löcher entstehen.
Maschenprobe: In Honey-Moon mit Nadeln Nr. 4½ glatt li gestrickt, ergeben 17 M in der Breite und 24 R in der Höhe 10 cm im Quadrat.

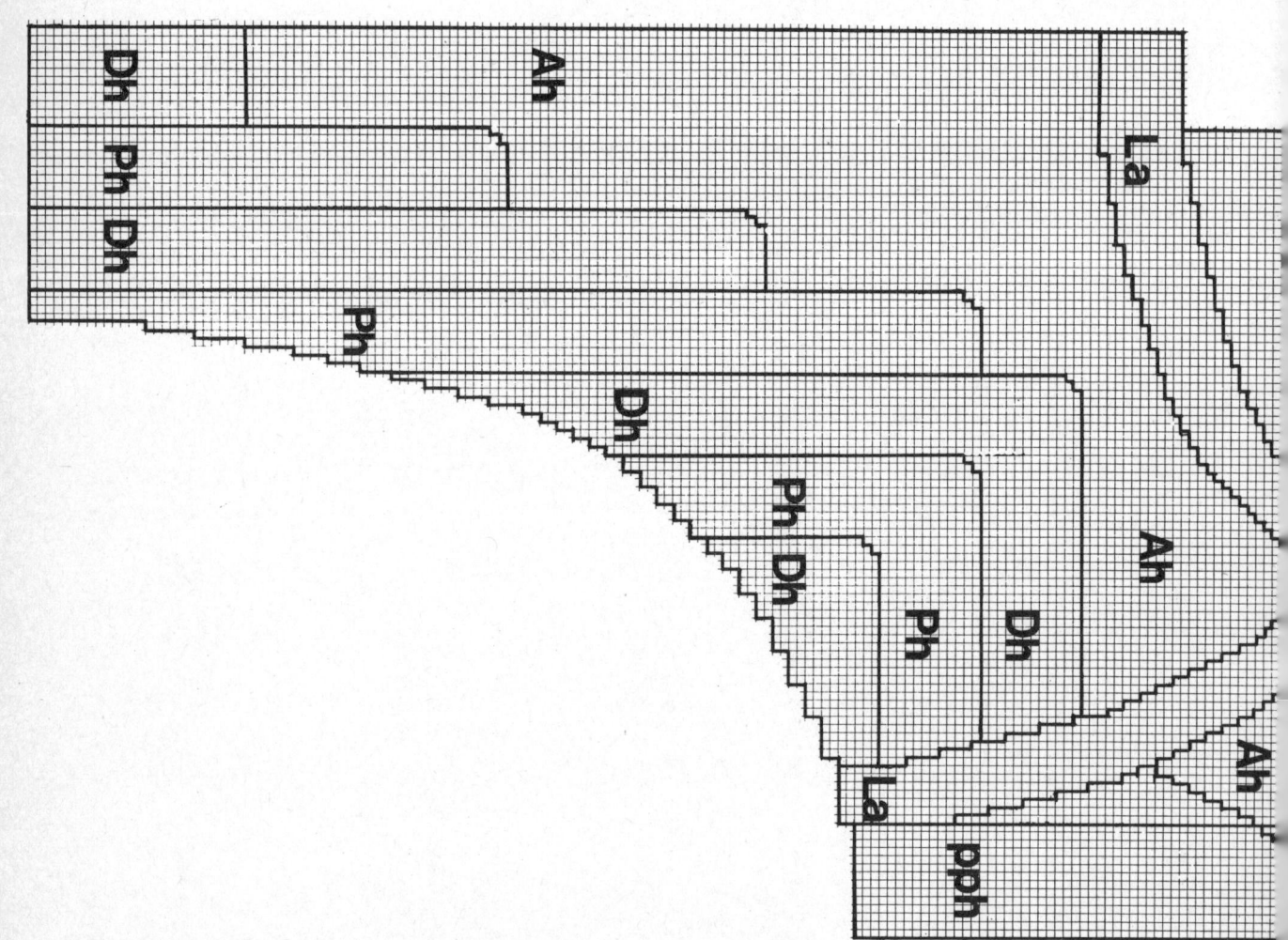

AUSFÜHRUNG

Rückenteil: In Honey-Moon Prune 37 M mit Nadeln Nr. 4½ anschlagen, diese M nach dem Zählmuster 1 einteilen und nach diesem im Muster stricken.
Die li Ärmel-Schulterkante gerade hochstricken, die Zunahmen an der re Seite nach dem Zählmuster arbeiten und dann gerade hoch weiterstricken. In 58 cm Gesamthöhe die li Rand M für den Halsausschnitt markieren. Ab Mitte des Zählmusters gegengleich weiterarbeiten und dabei – 42 R nach der 1. Markierung – die Rand M für das Halsausschnittende wieder kennzeichnen.
Nach Musterende = 133 cm Gesamthöhe alle 37 M locker abketten.
Vorderteil: In Honey-Moon Prune 36 M mit Nadeln Nr. 4½ anschlagen, diese nach dem Zählmuster 2 einteilen und nach diesem im Muster stricken. Die li Ärmel-Schulterkante gerade hochstricken, die Zunahmen an der re Seite nach dem Zählmuster arbeiten und gerade hoch weiterstricken.
In 58 cm Gesamthöhe für den Halsausschnitt 1mal 12 M abketten, die Halskante 42 R gerade hochstricken und dann wieder 1mal 12 M dazu anschlagen.
Das Vorderteil nach dem Zählmuster beenden und nach Musterende alle M locker abketten.
Ausarbeitung: Die oberen Ärmel-Schulternähte schließen.
Aus den unteren Ärmelkanten jeweils 42 M in Honey-Moon Prune aufnehmen und die Bündchen 5,5 cm im Perlmuster stricken. Alle M locker abketten wie sie erscheinen. Die Ärmel- und Seitennähte schließen. Den fertigen Pulli in Form auflegen, mit feuchten Tüchern bedecken und gut trocknen lassen.

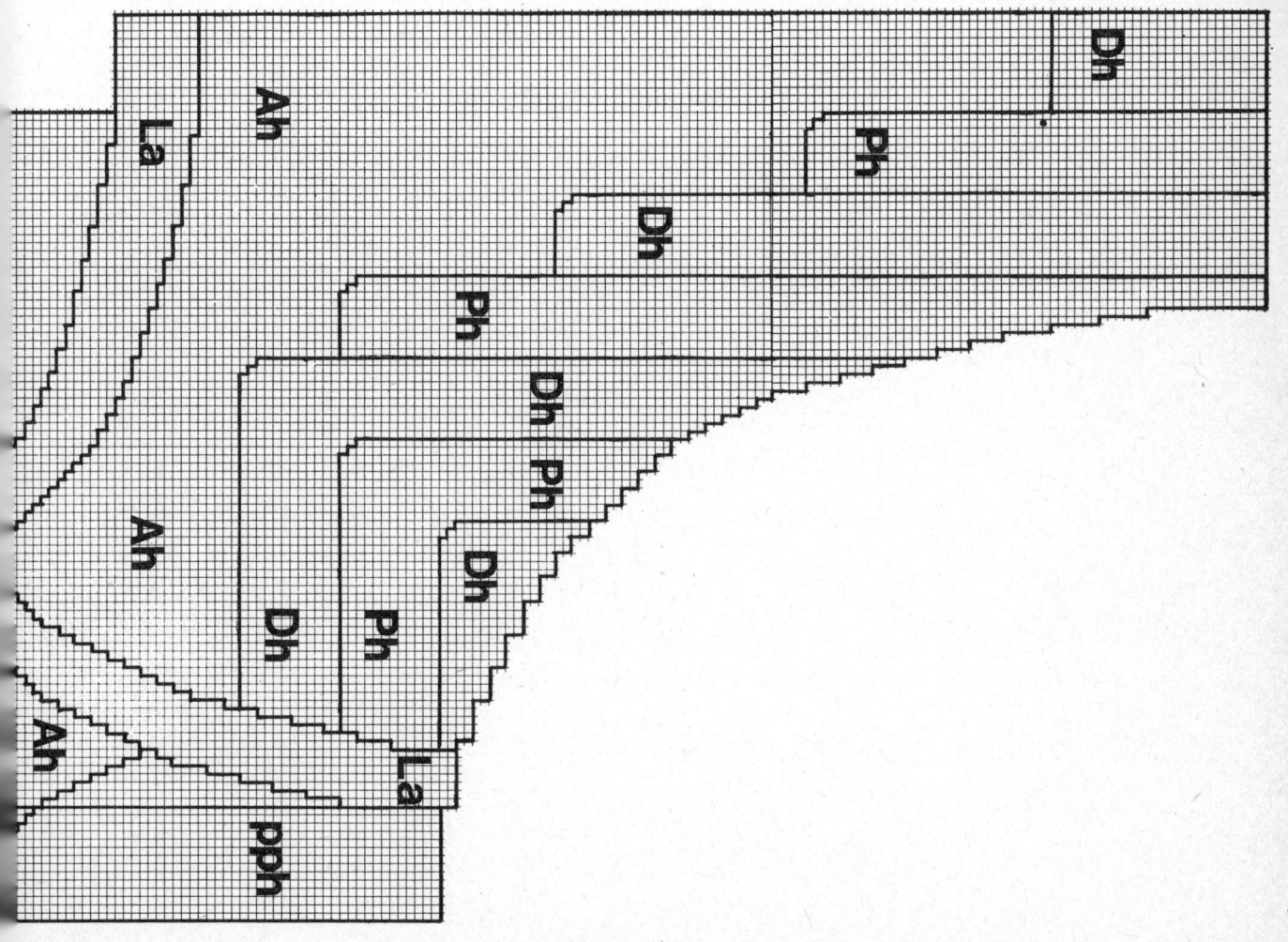

Schöne Garnspielereien Nr. 90

Farbbild Seite 282

Pulli
für Größe 38/40 (42/44)

MATERIAL
Kid' von ANNY BLATT
150 g (200 g) Noir, Farbe 272
Lauflänge 100 m per 50 g Knäuel
(80% Kid Mohair, 20% Chlorofibres)
Angor' von ANNY BLATT
80 g (80 g) Noir 636
Lauflänge 90 m per 20 g Knäuel
(70% Angora, 30% Wolle)
Laser von ANNY BLATT
100 g (100 g) Blanc, Farbe 2360
300 g (350 g) Noir, Farbe 2361
Lauflänge 55 m per 50 g Knäuel
(51% Mohair, 25% Viskose, 24% Polyamid)
Mango von ANNY BLATT
100 g (100 g) Gris, Farbe 2188
Lauflänge 85 m per 50 g Knäuel
(57% Viskose, 43% Baumwolle)
Starblitz von ANNY BLATT
50 g (50 g) Soleil, Farbe 2356
50 g (50 g) Lune, Farbe 2353
Lauflänge 125 m per 50 g Knäuel
(60% Mohair, 20% Courtelle, 20% Polyamid)
Je 1 Paar Stricknadeln Nr. 3½ und 5
1 Nadelspiel Nr. 3½
1 Zopf- oder Hilfsnadel
Kid und Laser werden mit einfachem, Angor, Mango und Starblitz werden mit doppeltem Faden gestrickt!

MUSTER
Grundmuster I: Glatt rechts
(Hin R re – Rück R li)
Grundmuster II: Glatt links
(Hin R li – Rück R re)
Grundmuster III: Kleines Perlmuster
1. R: 1 M re – 1 M li im Wechsel
2. R: 1 M li – 1 M re im Wechsel
Die 1.+2. R fortlaufend wiederholen.
Zopfstreifen: 10 M breit
1. R: Alle M rechts
2. R: Alle M links
3.+4. R: Wie 1.+2. R
5. R: 5 M auf der Hilfsnadel vor die Arbeit legen, 5 M re, die 5 M von der Hilfsnadel re abstricken
6. R: Alle M links
7.+8. R: Wie 1.+2. R
Die 1.–8. R fortlaufend wiederholen.
Jacquardmuster: Nach dem Zählmuster arbeiten.
1 Kästchen = 1 M in der Breite und 1 R in der Höhe.
Die inneren, durchgezeichneten Umrandungen gelten für Größe 38/40, die äußeren, gestrichelten für Größe 42/44.
HA = V-Ausschnitt des Vorderteils. Dieser endet in der Mitte der Arbeit.
Für die leeren Felder der Muster gilt:
Pm = Perlmuster in Mango Gris mit doppeltem Faden
Ss = Glatt re in Starblitz Soleil mit doppeltem Faden
Lb = Glatt re in Laser Blanc
ZL = Zopf in Laser Blanc
PL = Perlmuster in Laser Blanc
AN = Glatt re in Angor Noir mit doppeltem Faden
KN = Glatt re in Kid Noir
LN = Glatt re in Laser Noir
mf = Glatt re in Mango Gris mit doppeltem Faden
Zm = Zopf in Mango Gris mit doppeltem Faden
SL = Glatt li in Starblitz Lune mit doppeltem Faden
Dabei immer beim Farbwechsel die Fäden auf der Rückseite der Arbeit verkreuzen.
Maschenprobe: In Laser mit Nadeln Nr. 5 glatt re gestrickt ergeben 13 M in der Breite und 18 R in der Höhe 10 cm im Quadrat.

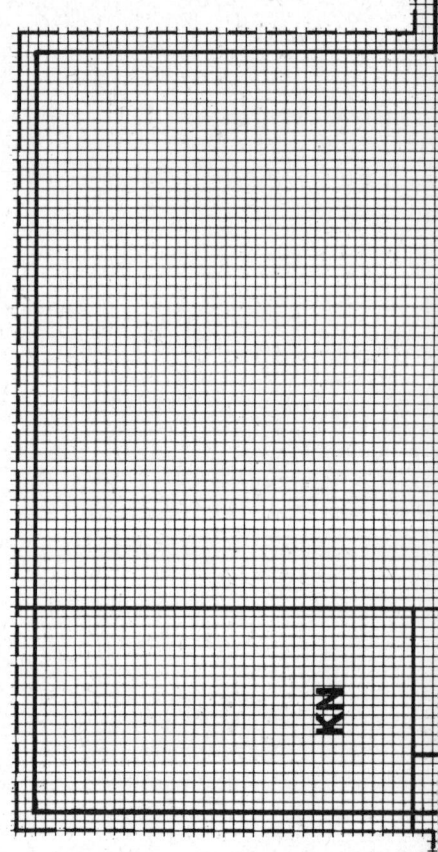

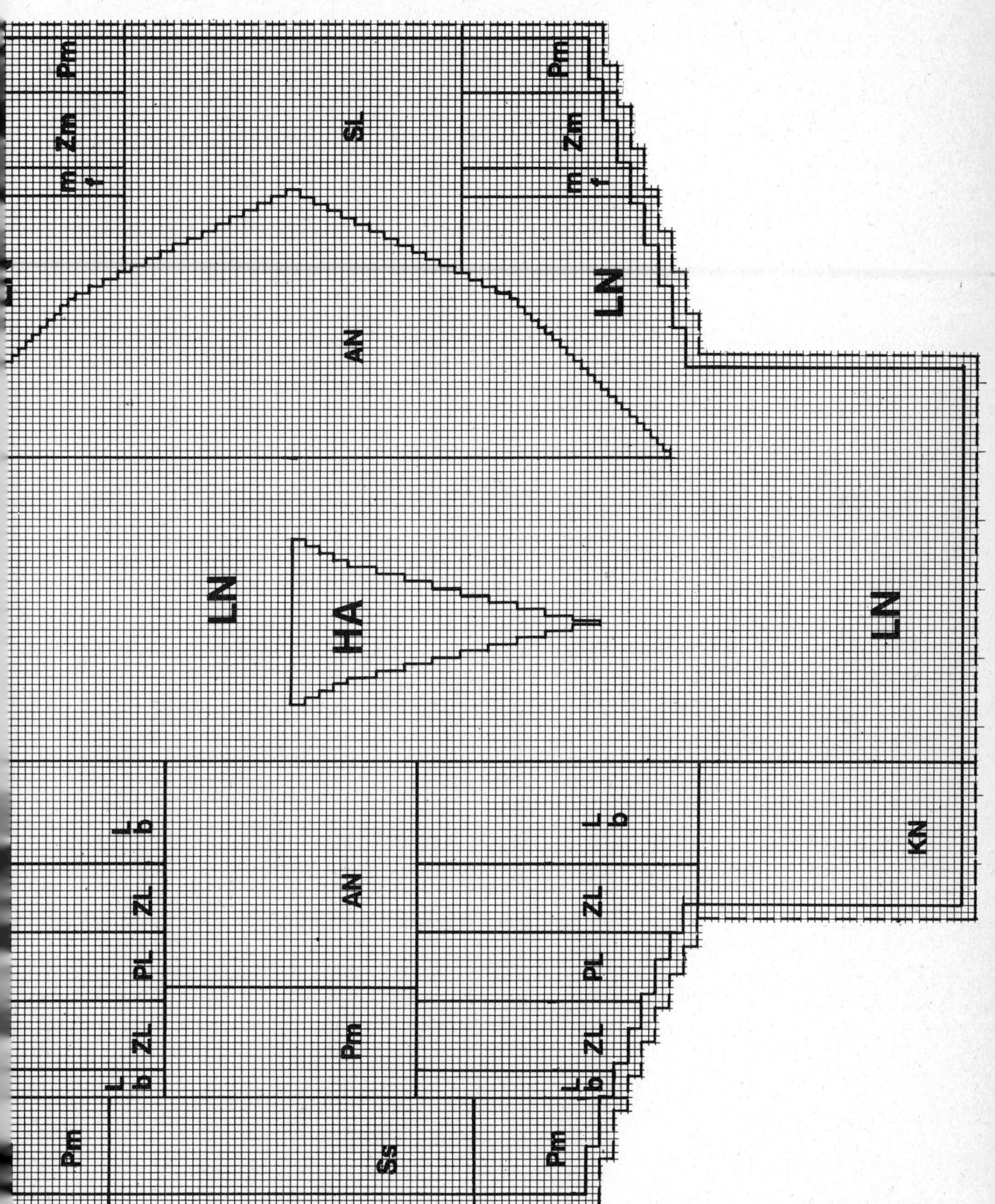

AUSFÜHRUNG

Anleitung: Der Pulli wird in einem Stück gestrickt.
In Kid Noir 68 M (72 M) mit Nadeln Nr. 3 1/2 anschlagen und das Bündchen 9 cm 1 M re - 1 M li im Wechsel stricken. Mit Nadeln Nr. 5 nach dem Zählmuster weiterarbeiten und dabei innerhalb der 1. R gleichmäßig verteilt über die rechten 49 M (51 M) noch 8 M, über die restl. 19 M (21 M) noch 2 M zunehmen, so daß insgesamt 78 M (82 M) auf der Nadeln sind.
In 32 cm Gesamthöhe = 41. R des Jacquardmusters auf der re Seite 1mal 6 und dann in jeder 2. R 7mal 6 M zunehmen, gleichzeitig auf der li Seite 1mal 4 und und dann in jeder 2. R 1mal 4, 4mal 5 und 2mal 7 M zunehmen. Es sind dann 168 M (172 M) auf der Nadel.
Dabei auch in 38 cm (39 cm) Gesamthöhe = 53. R (55. R) des Jacquardmusters für den Halsausschnitt wie im Zählmuster eingezeichnet die Arbeit in der Mitte teilen und beide Seiten getrennt weiterstricken. Die M der re Seite stillegen und entlang der li V-Kante 9mal in jeder 4. R und 3mal in jeder 2. R je 1 M abketten. Alle 71 M (73 M) noch 1 R stricken und stillegen.
In nun 62 cm (63 cm) Gesamthöhe = 96 R (98 R) Jacquardmuster ist die Schulter- und Ärmelmitte der Arbeit. Die stillgelegten M der re Seite wieder aufnehmen, die V-Kante gegengleich der linken abnehmen und anschließend in gleicher Höhe für den rückw. Halsausschnitt 24 M neu dazu anschlagen.
Wieder über die ganze Breite der 168 M (172 M) stricken.
Die Abnahmen der re und li Seite = der 141. R (145. R) des Jacquardmusters nun gegengleich der entsprechenden Zunahmen arbeiten, bis wieder 78 M (82 M) auf der Nadel sind.
In 115 cm (117 cm) Gesamthöhe = nach 192 R (196 R) des Musters alle M auf die Nadeln Nr. 3 1/2 nehmen und in Kid Noir das Bündchen stricken. Dabei in der 1. R gleichmäßig verteilt über die rechten 57 M (59 M) 8 M, über die restl. 21 M (23 M) der li Seite 2 M abnehmen.
Die nun 68 M (72 M) 9 cm 1 M re - 1 M li im Wechsel stricken und alle M locker abketten wie sie erscheinen.

Ausarbeitung: Aus den unteren Ärmelkanten in Kid Noir jeweils 36 M (38 M) mit Nadeln Nr. 3 1/2 auffassen und die Bündchen 8 cm (7 cm) 1 M re - 1 M li im Wechsel stricken. Alle M locker abketten wie sie erscheinen.
In Angor Noir aus dem Halsausschnitt 126 M aufnehmen und auf das Nadelspiel verteilen. Die Blende 3 cm glatt re stricken und dabei die vordere Spitze ausformen:
In jeder 2. R eine doppelte Abnehme stricken. Für diese von den mittleren 3 M die ersten beiden M zusammen re abheben, dann die erste dieser 2 M hinter der 2. M vorbei auf die li Nadel zurücknehmen, diese erste und die 3. M re zusammenstricken und die 2. M über diese beiden M ziehen.
Alle M locker abketten.
Diese Halsblende soll sich nach außen leicht umrollen.
Die Ärmel- und Seitennähte schließen. Den fertigen Pulli in Form auflegen, mit feuchten Tüchern bedecken und gut trocknen lassen.

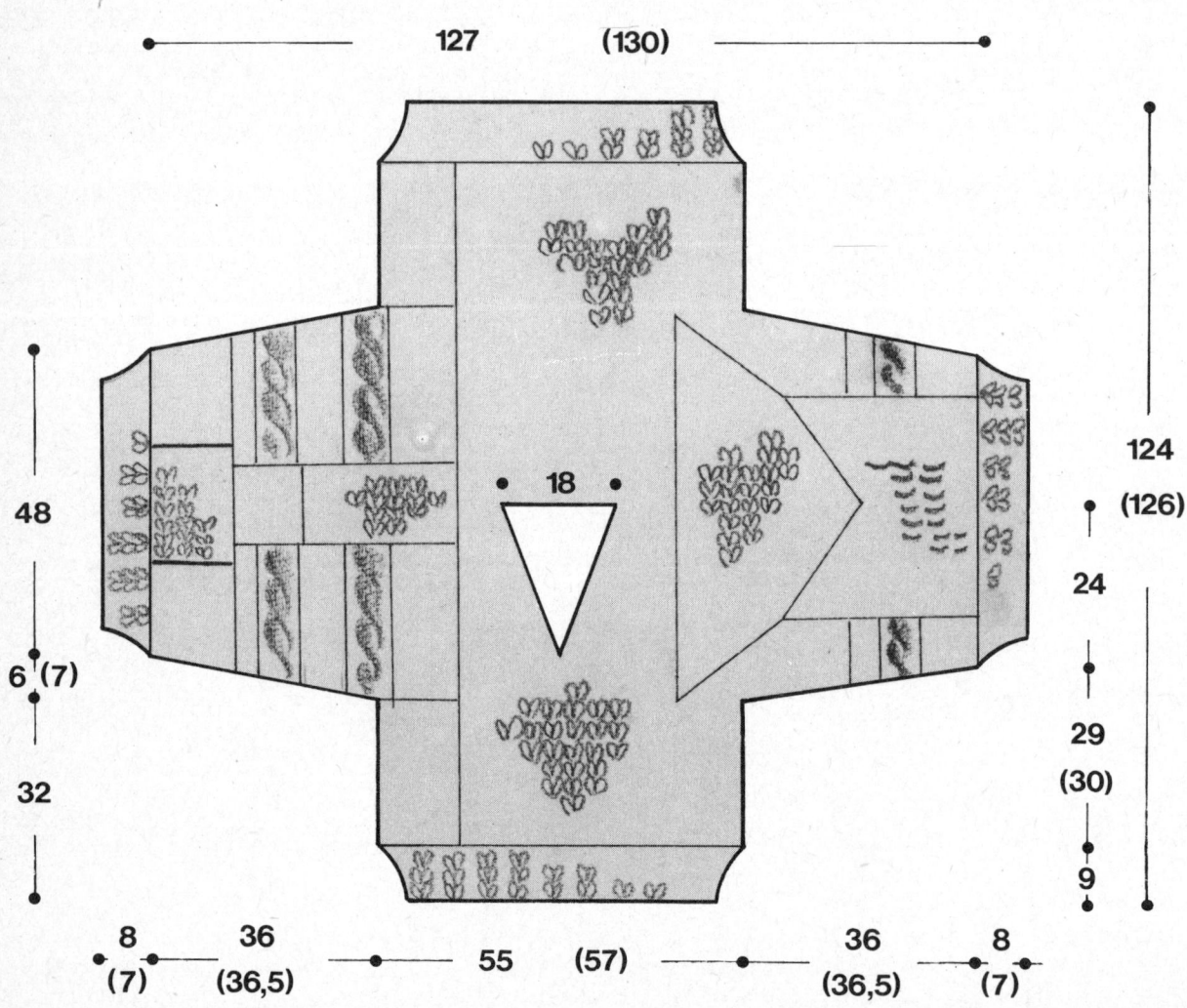

Geometrische Flächen
Nr. 91

Farbbild Seite 283

Pulli
für Größe 38/40 (42/44)

MATERIAL
Die angegebenen Garnmengen gelten für beide Größen.
Luciole von ANNY BLATT
160 g Noir, Farbe 2429
 60 g Ecru, Farbe 2428
Lauflänge 44 m per 20 g Knäuel
(55% Viskose, 23% Wolle, 10% Polyamid, 12% Polyester)
Silk von ANNY BLATT
160 g Topaze, Farbe 2401
Lauflänge 60 m per 40 g Knäuel
(100% Seide)
1 Paar Stricknadeln Nr. 4½
1 Häkelnadel Nr. 5

MUSTER
Grundmuster I: Jacquardmuster glatt rechts (Hin R re – Rück R li) nach dem Zählmuster)
1 Kästchen = 1 M in der Breite und 1 R in der Höhe.
E = Luciole Ecru
T = Silk Topaze
Die leeren Felder innerhalb dieses Musters = Luciole Noir
e = Luciole Ecru
n = Luciole Noir

Die leeren Felder ST = Silk Topaze
Die leeren Felder LE = Luciole Ecru
Die leeren Felder LN = Luciole Noir
Das Muster beginnt an der re Seitenkante (mit der 24. M) und wird im Musterrhythmus bis zur linken durchgestrickt.

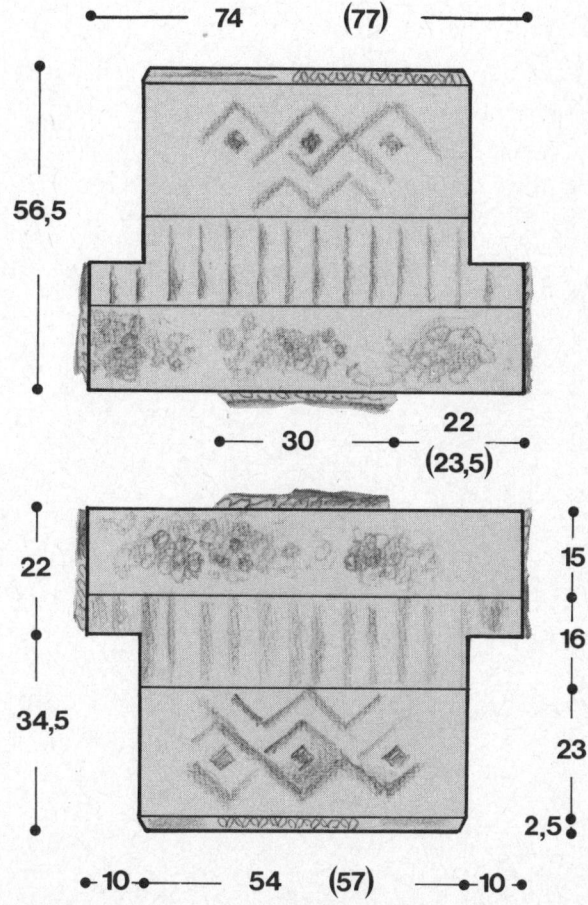

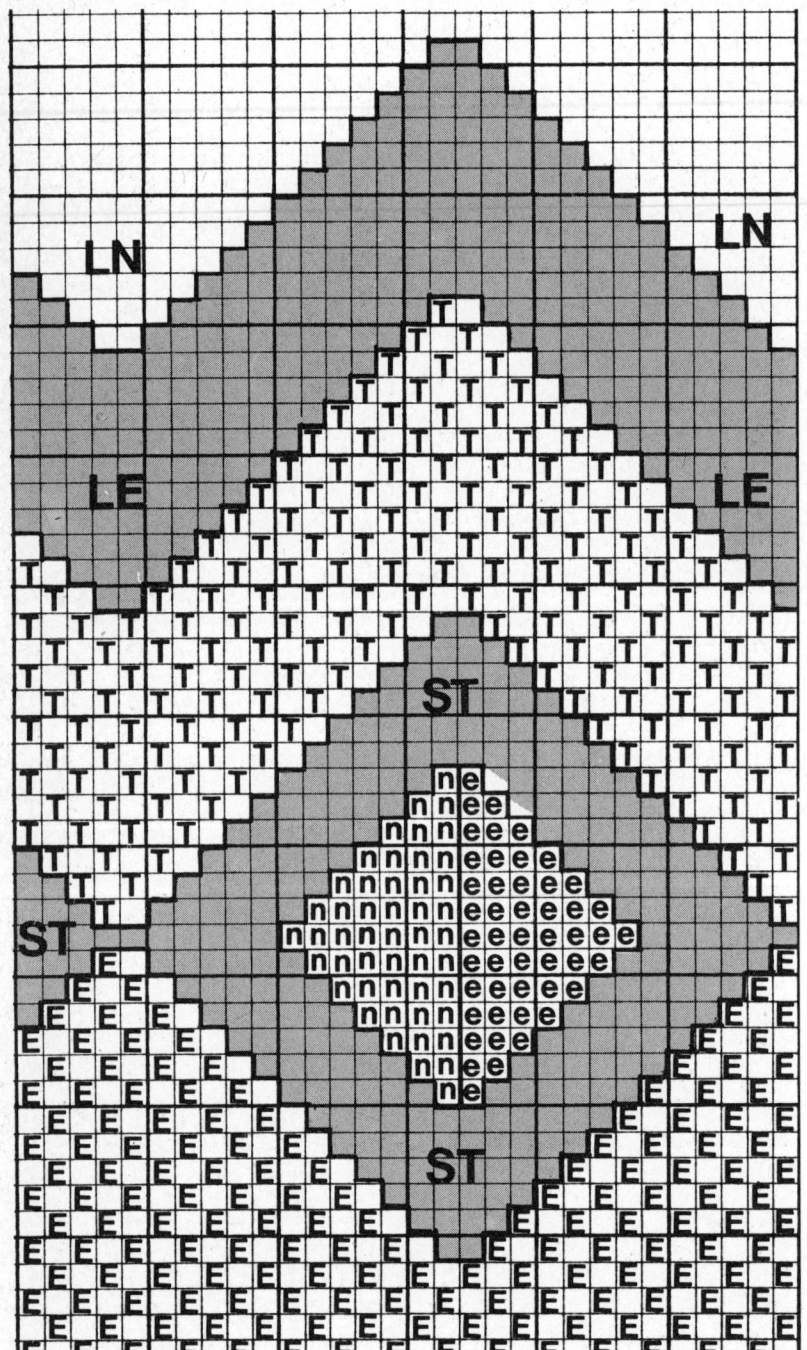

Grundmuster II: Säulenmuster
Maschenzahl teilbar durch 6 plus 2 M
1. R.: 2 M li in Luciole Noir ★ 4 M re in Silk Topaze, 2 M li in Luciole Noir, ab ★ wiederholen.
2. R.: ★ 1 M re in Luciole Noir, 2mal 2 M li in Silk Topaze, ab ★ wiederholen. Die R endet mit 2 M re in Luciole Noir.
3. R.: 2 M li in Luciole Noir ★ in Topaze unter den Kopf der M der Vor R stechen und rechts stricken, dann die M der li Nadel re stricken, unter den Kopf der M der Vor R stechen und re stricken, dann die M der li Nadel re stricken, dann 2 M li in Noir, ab ★ wiederholen.
4. R.: ★ 1 M re in Noir, in Topaze 2mal 2 M li zusammenstricken und 1 M re, ab ★ wiederholen.
Die R endet mit 2 M re in Noir.
5. R.: In Noir 2 M li ★ in Topaze 1 M li, die M der Vor R re stricken, 1 M der li Nadel re stricken, die M der Vor R re stricken, 1 M der li Nadel re stricken, dann in Noir 1 M li, ab ★ wiederholen.
Die 2.–5. R fortlaufend wiederholen.
Grundmuster III: Türkisches Muster mit gerader Maschenzahl
1. R: Rand M ★ 1 Umschlag, 1 einfacher re Überzug, d. h. 1 M re abheben, die folg. M re stricken und die abgehobene M über diese ziehen, ab ★ wiederholen und mit 1 Rand M enden.
Diese 1. R fortlaufend wiederholen.
Maschenprobe: Im Säulenmuster mit Nadeln Nr. 4½ gestrickt, ergeben 19 M in der Breite und 22 R in der Höhe 10 cm im Quadrat.

AUSFÜHRUNG
Rückenteil: In Noir 104 M (110 M) anschlagen und 2,5 cm glatt re stricken. Nun für die Saumkante 1 R re M auf der li Seite der Arbeit stricken und dann im Jacquardmuster nach dem Zählmuster arbeiten. Dabei mit der 1. M (24. M) des Zählmusters beginnen! Nach den 52 Musterreihen im Säulenmuster weiter gerade hochstricken. In 34,5 cm Gesamthöhe für die Ärmel zu beiden Seiten 1mal je 18 M zunehmen, so daß 140 M (146 M) auf der Nadel sind. Weiter gerade hochstricken und ab 41,5 cm Gesamthöhe das türkische Muster stricken.
In 56,5 cm Höhe alle M locker abketten.
Vorderteil: Wie das Rückenteil stricken.
Ausarbeitung: Die mittleren 30 cm für den Halsausschnitt markieren und die Schulternähte schließen.
Die Ärmel- und Seitennähte schließen. Den 2,5 cm breiten Saum nach innen legen und mit unsichtbaren Stichen gegennähen.
Um den Halsausschnitt und die Ärmelkanten je 1 Rd feste M und 1 Rd feste M im Krebsstich häkeln. (Krebsstich: Feste M von li nach re häkeln.)
Den fertigen Pulli in Form auflegen, mit feuchten Tüchern bedecken und gut trocknen lassen.

Rote Wolken
Nr. 92

Pulli
für Größe 38/40 (42/44)

Farbbild Seite 284

MATERIAL
Alle Mengenangaben gelten für beide Größen.
Le Super Mohair von WELCOMME
500 g Bourgogne, Farbe 123
Lauflänge 150 m per 50 g Knäuel
(70% Mohair, 30% Polyarcryl)
L' Esquisse von WELCOMME
40 g Corail, Farbe 8
Lauflänge 140 m per 20 g Knäuel
(65% Viskose, 35% Polyester)
La Brillance von WELCOMME
150 g Rouge, Farbe 8
Lauflänge 95 m per 50 g Knäuel
(100% Viskose)
Le Shetland et Alpaga Nr. 5
von WELCOMME
250 g Rouge, Farbe 503
Lauflänge 70 m per 50 g Knäuel
(90% Wolle, 10% Alpaka)
Pur Angora von WELCOMME
50 g Rouge, Farbe 12
Lauflänge 28 m per 10 g Knäuel
(100% Angora)
oder als Alternative
L' Angora von WELCOMME
100 g Emeline, Farbe 40
Lauflänge 90 m per 20 g Knäuel
(75% Angora, 25% Lammwolle)
Je 1 Paar Stricknadeln Nr. 3½ und 4½
1 Rundstricknadeln Nr. 3½

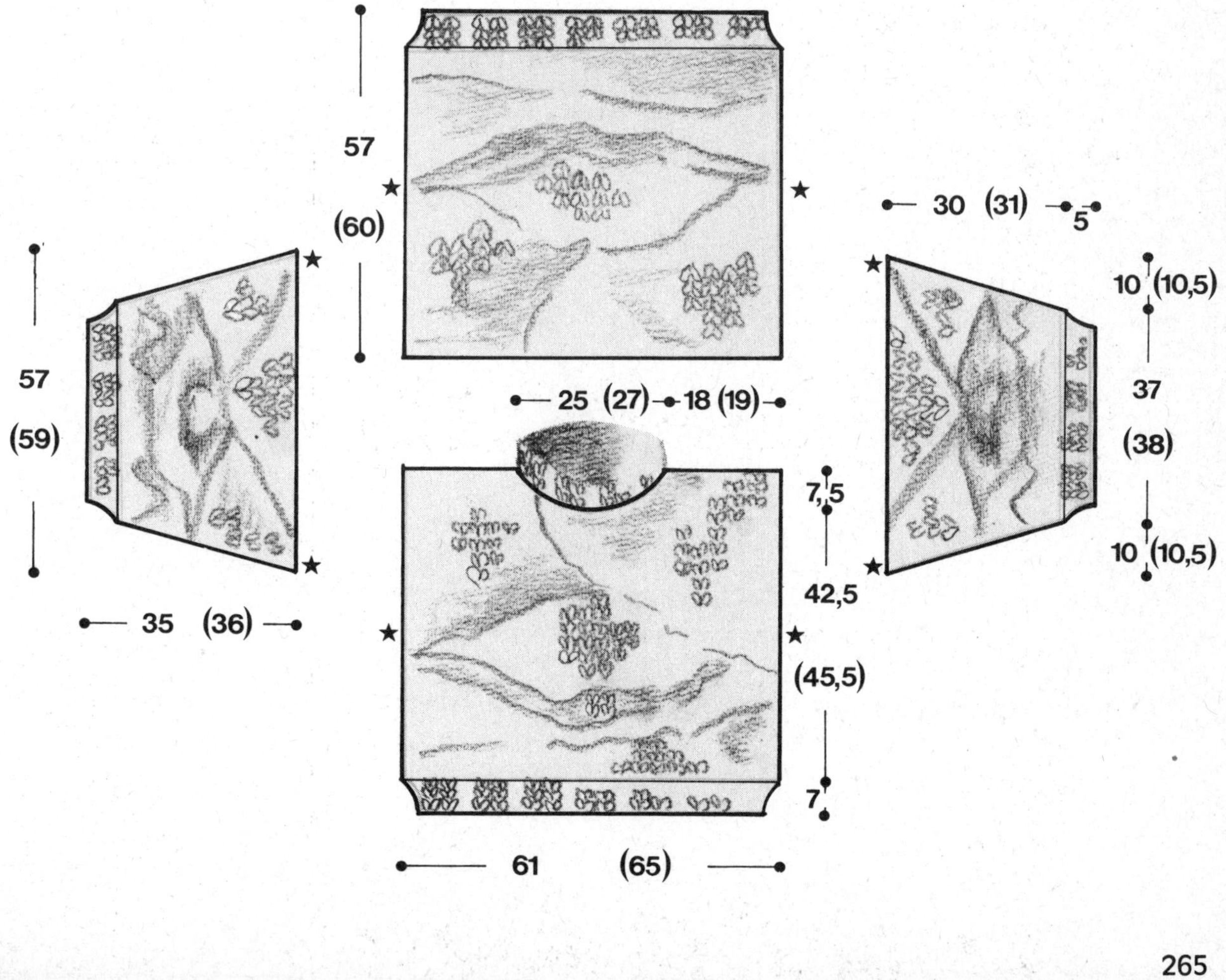

MUSTER
Grundmuster: Glatt rechts (Hin R re – Rück R li) nach den Zählmustern
Nr. 1 für das Vorderteil
Nr. 2 für die Ärmel
1 Kästchen = 1 M in der Breite und 1 R in der Höhe.
Die inneren, durchgezogenen Umrandungen gelten für Gr. 38/40, die äußeren, gestrichelten für Größe 42/44.

Sm = Super Mohair mit doppeltem Faden
E = L' Esquisse mit dreifachem Faden
B = La Brillance mit einfachem Faden
Sa = Le Shetland et Alpaga mit einfachem Faden
A = Pur Angora mit einfachem oder L' Angora mit doppeltem Faden

Dabei bei jedem Farbwechsel die Fäden auf der Rückseite der Arbeit verkreuzen.
Maschenprobe: Im Grundmuster in Mustern mit Nadeln Nr. 4½ gestrickt ergeben 19 M in der Breite und 25 R in der Höhe 10 cm im Quadrat.

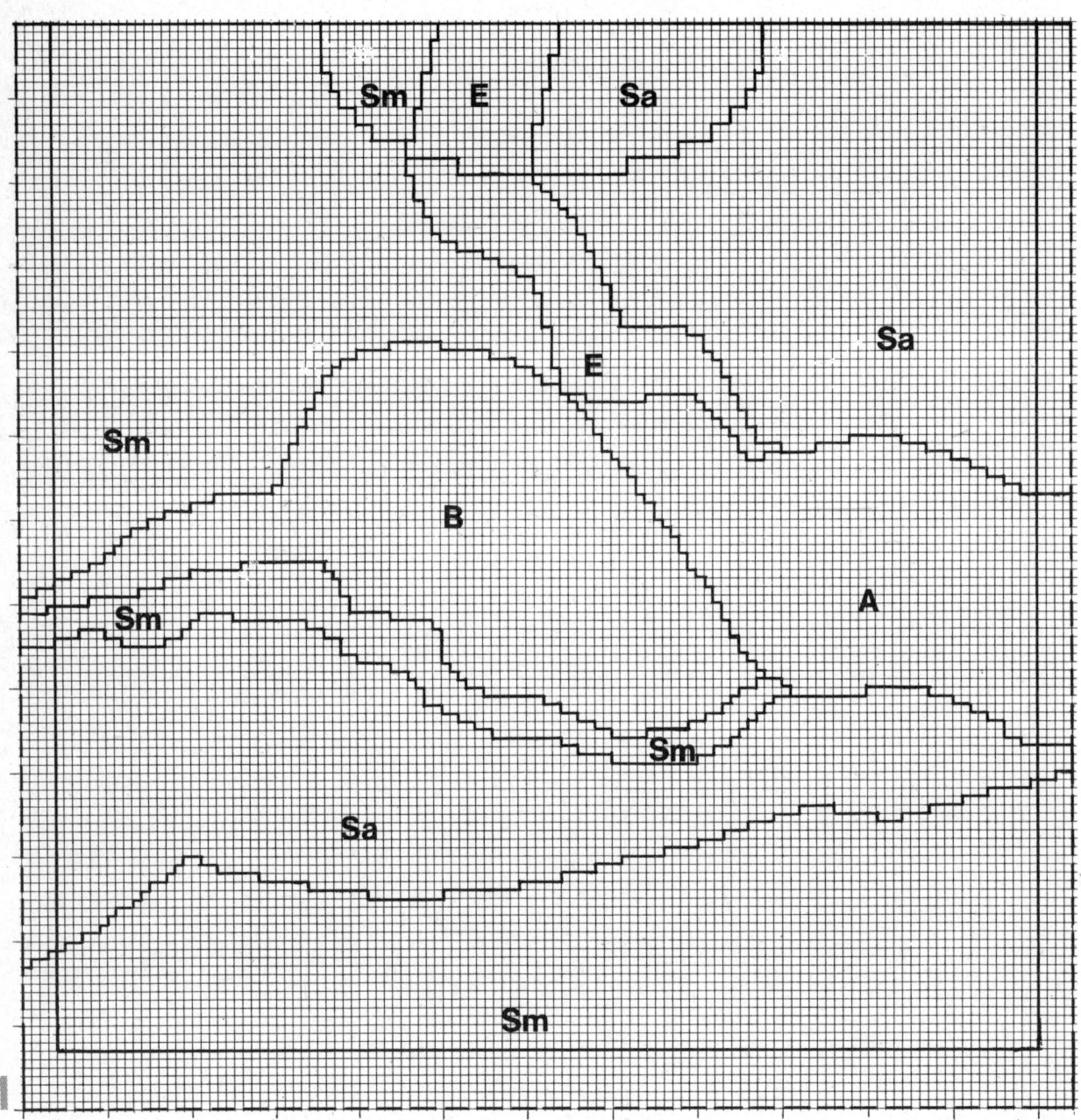

AUSFÜHRUNG

Rückenteil: In Le Super Mohair mit doppeltem Faden 104 M (112 M) mit Nadeln Nr. 3¹/₂ anschlagen und das Bündchen 7 cm 2 M re - 2 M li im Wechsel stricken. Dabei innerhalb der letzten Rück R gleichmäßig verteilt noch 12 M zunehmen, so daß 116 M (124 M) auf der Nadel sind.
Im Grundmuster mit Nadeln Nr. 4¹/₂ gegengleich dem Vorderteilzählmuster gerade hochstricken und nach Musterende = 57 cm (60 cm) Gesamthöhe alle M abketten.

Vorderteil: In Le Super Mohair mit doppeltem Faden 104 M (112 M) anschlagen und das Bündchen 7 cm 2 M re - 2 M li im Wechsel stricken. Dabei innerhalb der letzten Rück R gleichmäßig verteilt noch 12 M zunehmen.

Im Grundmuster mit Nadeln Nr. 4¹/₂ nach dem Zählmuster gerade hochstricken.
In 49,5 cm (52,5 cm) Gesamthöhe für den Halsausschnitt die mittleren 16 M (20 M) und zu beiden Seiten noch in jeder 2. R 1mal 6, 1mal 4, 2mal 2 und 2mal 1 M abketten.
In Rückenteilhöhe die jeweils 34 (36) Schultermaschen abketten.

Ärmel: In Le Super Mohair mit doppeltem Faden 38 M mit Nadeln Nr. 3¹/₂ anschlagen und das Bündchen 5 cm 2 M re - 2 M li im Wechsel stricken. Dabei innerhalb der letzten Rück R gleichmäßig verteilt noch 32 M (34 M) zunehmen, so daß 70 M (72 M) auf der Nadel sind.
Im Grundmuster mit Nadeln Nr. 4¹/₂ nach dem Ärmelzählmuster weiterarbeiten und für die Schrägungen zu beiden Seiten 6mal abwechselnd alle 2 und 4 R je 1 M zunehmen und dann noch 7mal in jeder 4. R (8mal in jeder 4. R) je 1 M zunehmen.
In 35 cm (36 cm) Ärmelhöhe alle 108 M (112 M) abketten.
Den 2. Ärmel ebenso stricken.

Ausarbeitung: Die Schulternähte schließen, die Ärmel wie im Schnitt markiert an die Ärmelansatzkanten nähen und die Ärmel- und Seitennähte schließen.
Mit der Rundnadel in Le Super Mohair mit doppeltem Faden 104 M (112 M) aus der Halskante auffassen und das Bündchen 5 cm 2 M re - 2 M li im Wechsel stricken. Alle M locker abketten wie sie erscheinen.
Das Bündchen zur Hälfte nach innen legen und mit unsichtbaren Stichen gegensäumen.
Den fertigen Pulli in Form auflegen, mit feuchten Tüchern bedecken und gut trocknen lassen.

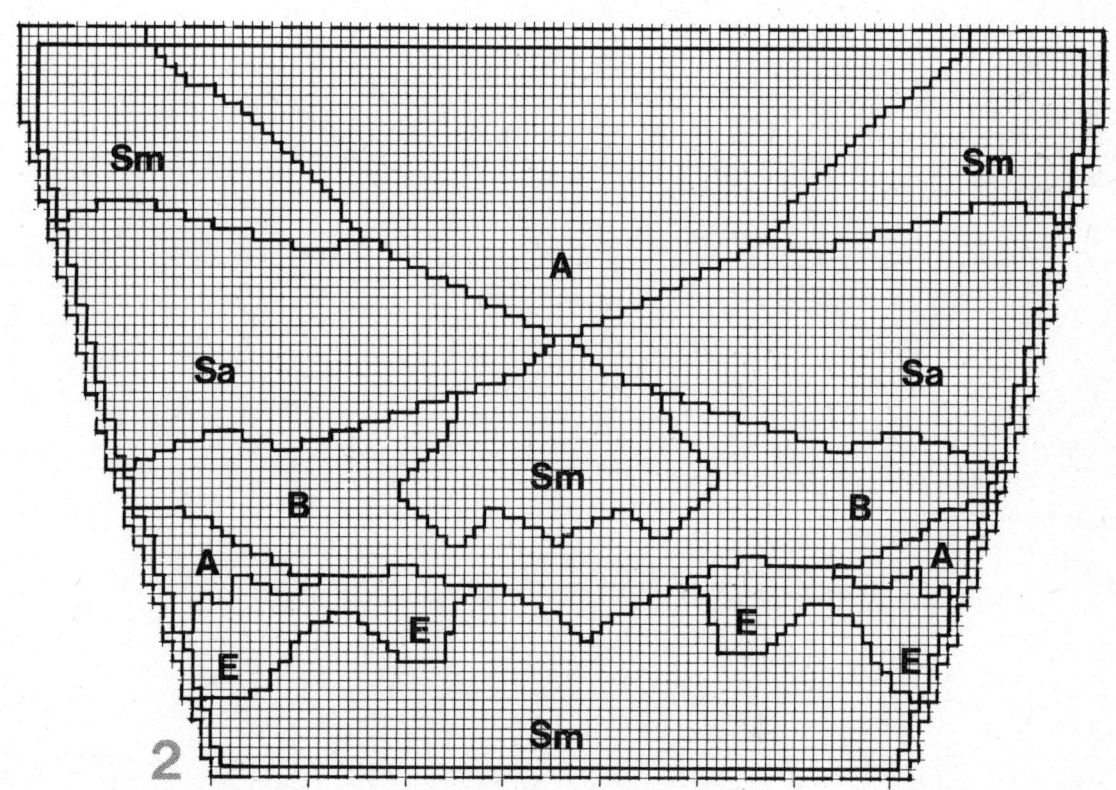

Garneffekte Nr. 93

Farbbild Seite 285

Pulli
für Größe 38/40 (42/44)

MATERIAL
Alle angegebenen Garnmengen gelten für beide Größen.
Le Super Mohair von WELCOMME
300 g Cobalt, Farbe 131
Lauflänge 150 m per 50 g Knäuel
(70% Mohair, 30% Polyacryl)
La Brillance von WELCOMME
250 g Turquoise, Farbe 10
Lauflänge 95 m per 50 g Knäuel
(100% Viscose)
Pur Angora von WELCOMME
130 g Pacifique, Farbe 14
Lauflänge 28 m per 10 g Knäuel
(100% Angora)
oder als Alternative
L'Angora von WELCOMME
140 g Natacha, Farbe 15
Lauflänge 90 m per 20 g Knäuel
(70% Angora, 30% Lammwolle)
Le Shetland et Alpaga Nr. 5
von WELCOMME
400 g Cobalt, Farbe 521
Lauflänge 70 m per 50 g Knäuel
(90% Wolle, 10% Alpaka)
L'Esquisse von WELCOMME
60 g Saphir, Farbe 7
Lauflänge 140 m per 20 g Knäuel
(65% Viskose, 35% Polyester)
Je 1 Paar Stricknadeln Nr. 3½ und 4½
La Brillance, Pur Angora und Le Shetland et Alpaga werden mit einfachem, Le Super Mohair und die Alternative L'Angora mit doppeltem Faden gestrickt. L'Esquisse wird mit dreifachem Faden gestrickt!

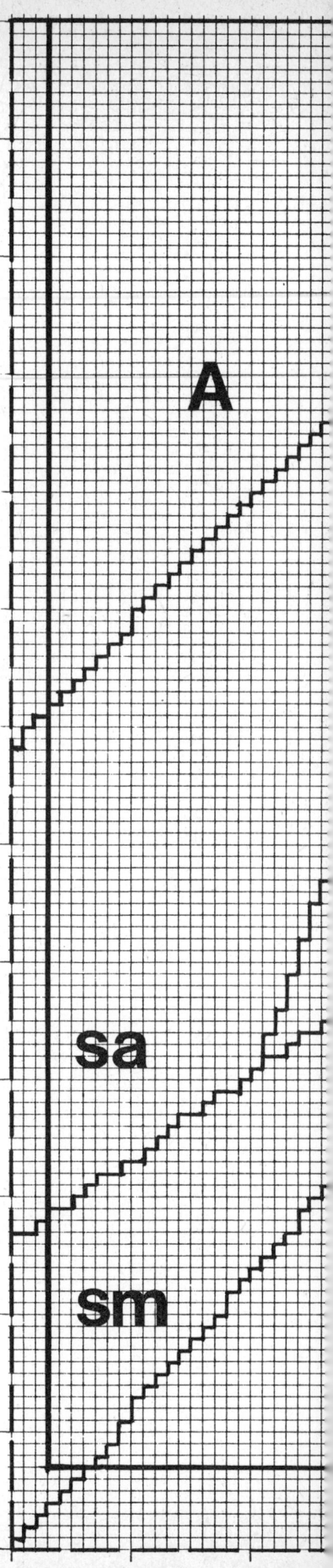

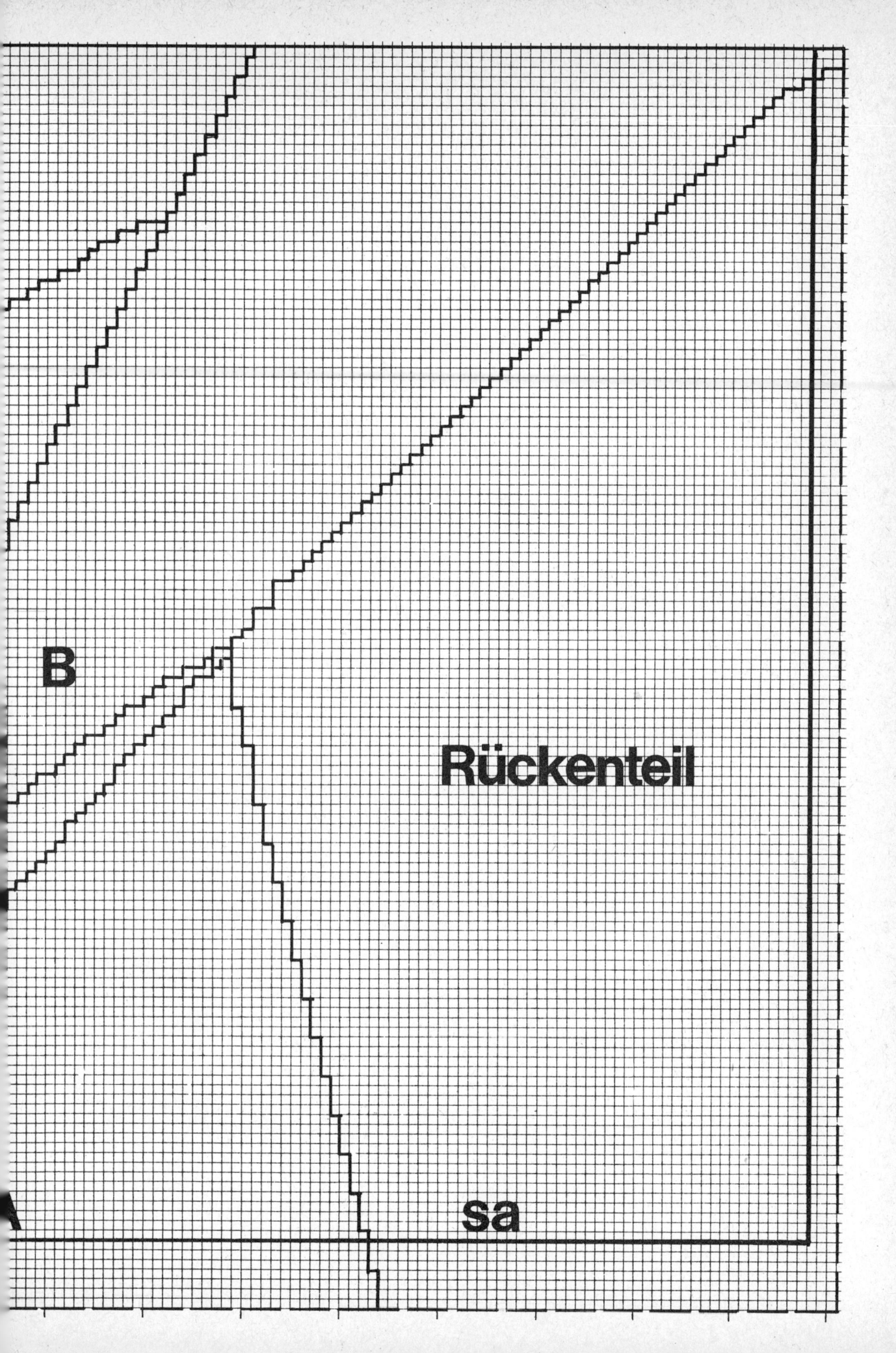

MUSTER

Grundmuster: Glatt rechts (Hin R re - Rück R li) nach den Zählmustern.
1 Kästchen = 1 M in der Breite und 1 R in der Höhe.
Die inneren, durchgezogenen Umrandungen gelten für Größe 38/40, die äußeren, gestrichelten für Größe 42/44.

A = Pur Angora mit einfachem oder L'Angora mit doppeltem Faden.
sa = Le Shetland et Alpaga
sm = Le Super Mohair mit doppeltem Faden
B = La Brillance
E = L'Esquisse mit dreifachem Faden

Dabei bei jedem Farbwechsel die Fäden auf der Rückseite der Arbeit verkreuzen.

Maschenprobe: Im Muster mit Nadeln Nr. 4½ gestrickt, ergeben 19 M in der Breite und 24 R in der Höhe 10 cm im Quadrat.

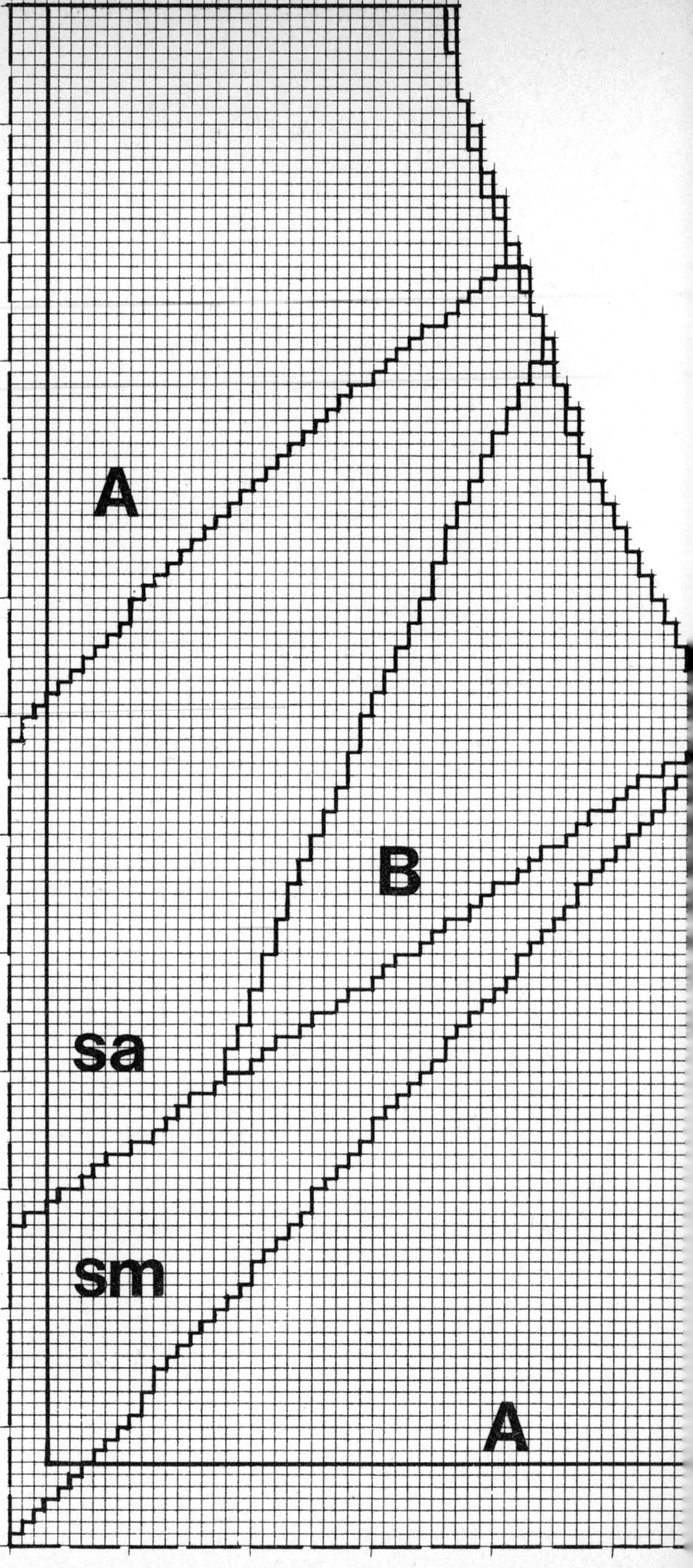

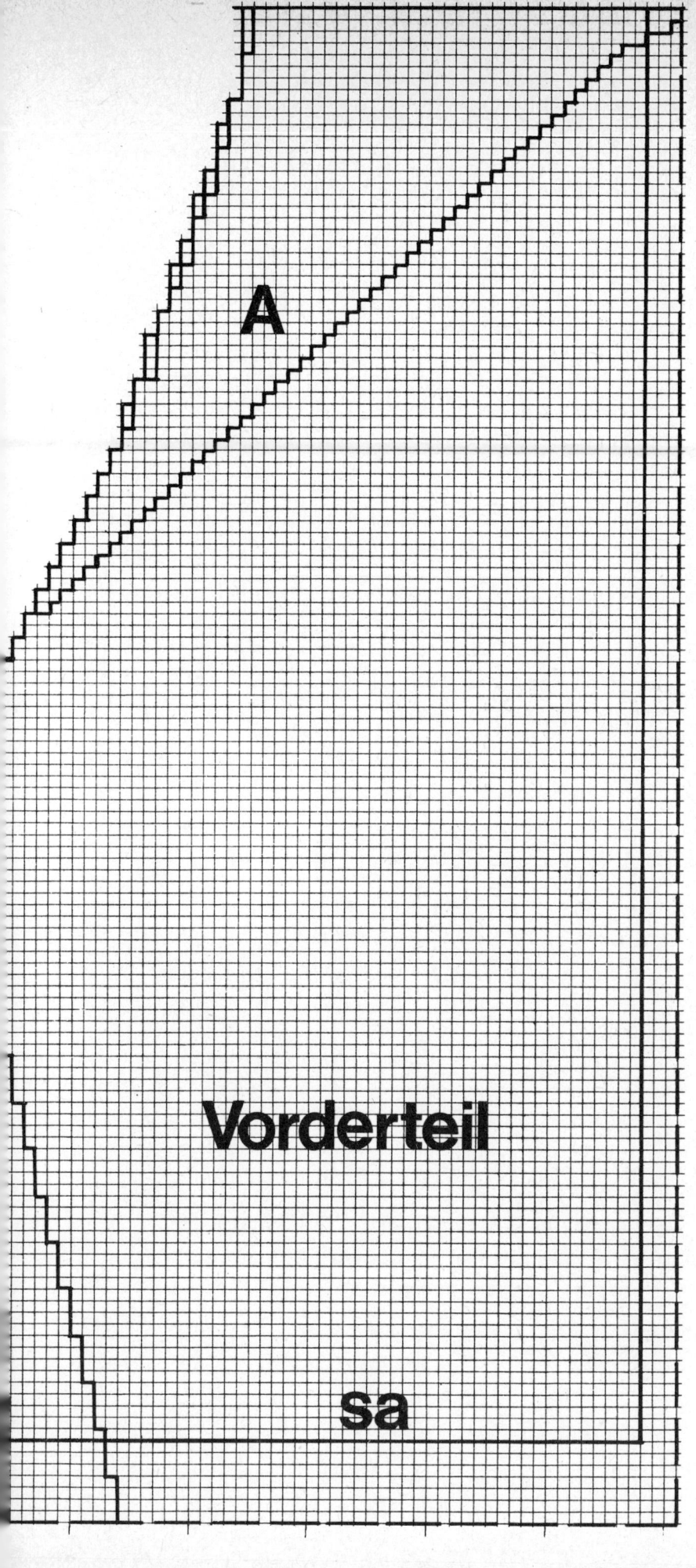

AUSFÜHRUNG

Rückenteil: In Le Shetland et Alpaga 106 M (112 M) mit Nadeln Nr. 3½ anschlagen und das Bündchen 7 cm 2 M re – 2 M li im Wechsel stricken. Dabei innerhalb der letzten Rück R gleichmäßig verteilt noch 9 M zunehmen, so daß 115 M (121 M) auf der Nadel sind. Im Grundmuster mit Nadeln Nr. 4½ nach dem Rückenteilzählmuster bis 58 cm (61 cm) Gesamthöhe gerade hochstricken und alle M abketten.

Vorderteil: In Le Shetland et Alpaga 106 M (112 M) anschlagen und das Bündchen 7 cm 2 M re – 2 M li im Wechsel stricken.
Dabei innerhalb der letzten Rück R gleichmäßig verteilt noch 9 M zunehmen.
Im Grundmuster mit Nadeln Nr. 4½ nach dem Vorderteilzählmuster weiter gerade hochstricken.
Nach 31,5 cm (34,5 cm) Gesamthöhe für den V-Ausschnitt die mittlere M abketten und beide Seiten getrennt und gegengleich beenden.
Für die Halskante 13mal in jeder 2. R 1 M und noch abwechselnd in jeder 2. und 4. R 5mal 1 M abketten.
(12mal in jeder 2. R 1 M und noch abwechselnd in jeder 2. und 4. R 6mal 1 M abketten.)
In Rückenteilhöhe die jeweils 34 (36) Schultermaschen locker abketten.

Rechter Ärmel: In Le Super Mohair mit doppeltem Faden 38 M mit Nadeln Nr. 3½ anschlagen und das Bündchen 5 cm 2 M re – 2 M li im Wechsel stricken. Dabei innerhalb der letzten Rück R gleichmäßig verteilt noch 32 M (34 M) zunehmen.
Es sind nun 70 M (72 M) auf der Nadel.
Im Grundmuster mit Nadeln Nr. 4½ nach dem Zählmuster Re Ärmel weiterstricken und für die Schrägungen auf beiden Seiten 19mal alle 4 R und nach 2 R noch 1mal je 1 M zunehmen.
In 38 cm (39 cm) Ärmelhöhe alle 108 M (112 M) abketten.

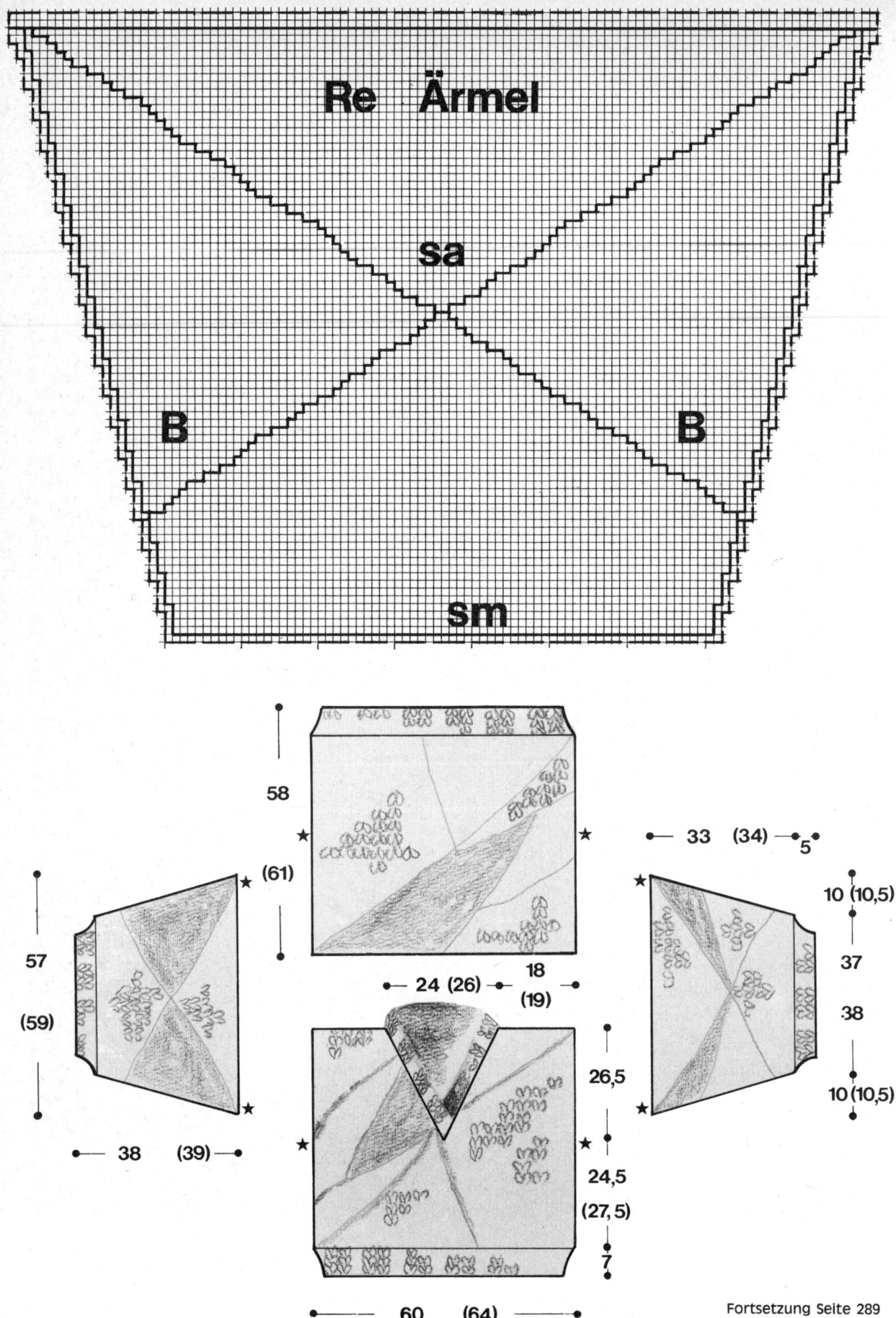

Fortsetzung Seite 289

Nr. 81

Ein Pullover in Sonnenfarben: Streifen und Flächen zu einem harmonischen Ganzen vereint. Schöne Garne, schöne Farben und ganz einfache Muster ergeben fast ein Gemälde. Die einzelnen Flächen sind dann noch in Schwarz eingefaßt.

Nr. 82/83

Weiß und Silber. Zwei Pullover, die durch ihre Schlichtheit bestechen. Ganz einfache Schnitte und ganz klare Linien und Flächen ergeben die Wirkung.

Nr. 84/85

Weiß in den verschiedensten Materialien vereinen sich in diesen beiden Modellen. Eine einfache Jacke mit rundem Ausschnitt und weiten Ärmeln. Ein gerader Pullover in T-Form.

Nr. 86/87

Muster- und Garnmix in edler Schönheit. Zweimal Weiß in Weiß, wer möchte da nicht sofort losnadeln? Zwei Pullis zum Verlieben.

Nr. 88
Dieser schwarze Pullover mit den bunten Karos in den verschiedensten Materialien ist zwar etwas aufwendiger zu stricken, aber dafür hinterher um so auffallender.

Nr. 89
Die dunklen Violett-Rot-Töne eines Sonnenuntergangs sind in diesem Pullover zusammengefaßt. Kostbare Angora-, Lurex- und Seidengarne ergeben in ihrer Kombination diesen Traumpullover.

Nr. 90
5 Garne im noblen Schwarz-Grau-Weiß vereinen sich in einem schönen zeitlosen Pullover

Nr. 91
Raffiniert und nicht zu übersehen ist dieser Pullover in Schwarz, Grau und Türkis.

nr. 92

Ein Traum in Rot. Der Pullover ist ganz einfach geschnitten, aber ganz traumhaft schieben sich die verschiedenen Rots zu Wolken ineinander.

nr. 93

Blau in Blau. Schmeichelndes Angora und kühle Glanzgarne kennzeichnen diesen V-Ausschnitt-Pullover. Die Flächen sind großzügig, und die Farben gehen harmonisch ineinander.

Nr. 94/95

Ein wahres Feuerwerk an Farben und Garnen zeigen diese zwei Pullover. Die Schnitte sind ganz einfach, die Muster klein, aber die Pullover sind Stars.

nr. 96

Ein Pullover in Schwarz und Rot. Effektvolle Garne und klare geometrische Flächen zeichnen diesen Pullover aus. Wer würde sich in diesem Pullover nicht wohl fühlen?

Linker Ärmel: Ebenso, aber nach dem Zählmuster Li Ärmel arbeiten.
Ausarbeitung: Die Schulternähte schließen, die Ärmel wie im Schnitt markiert an die Ärmelansatzkanten nähen und die Ärmel- und Seitennähte schließen. Für die Halsblende in Pur Angora mit einfachem – oder L'Angora mit doppeltem Faden – 180 M (188 M) mit Nadeln Nr. 3½ anschlagen und 3 cm 2 M re – 2 M li im Wechsel stricken. Alle M abketten wie sie erscheinen.
Die Blende entlang der Halsausschnittkante einnähen und dabei die Enden, re über li gelegt, in der vorderen Spitze einnähen.
Den fertigen Pulli in Form auflegen, mit feuchten Tüchern bedecken und gut trocknen lassen.

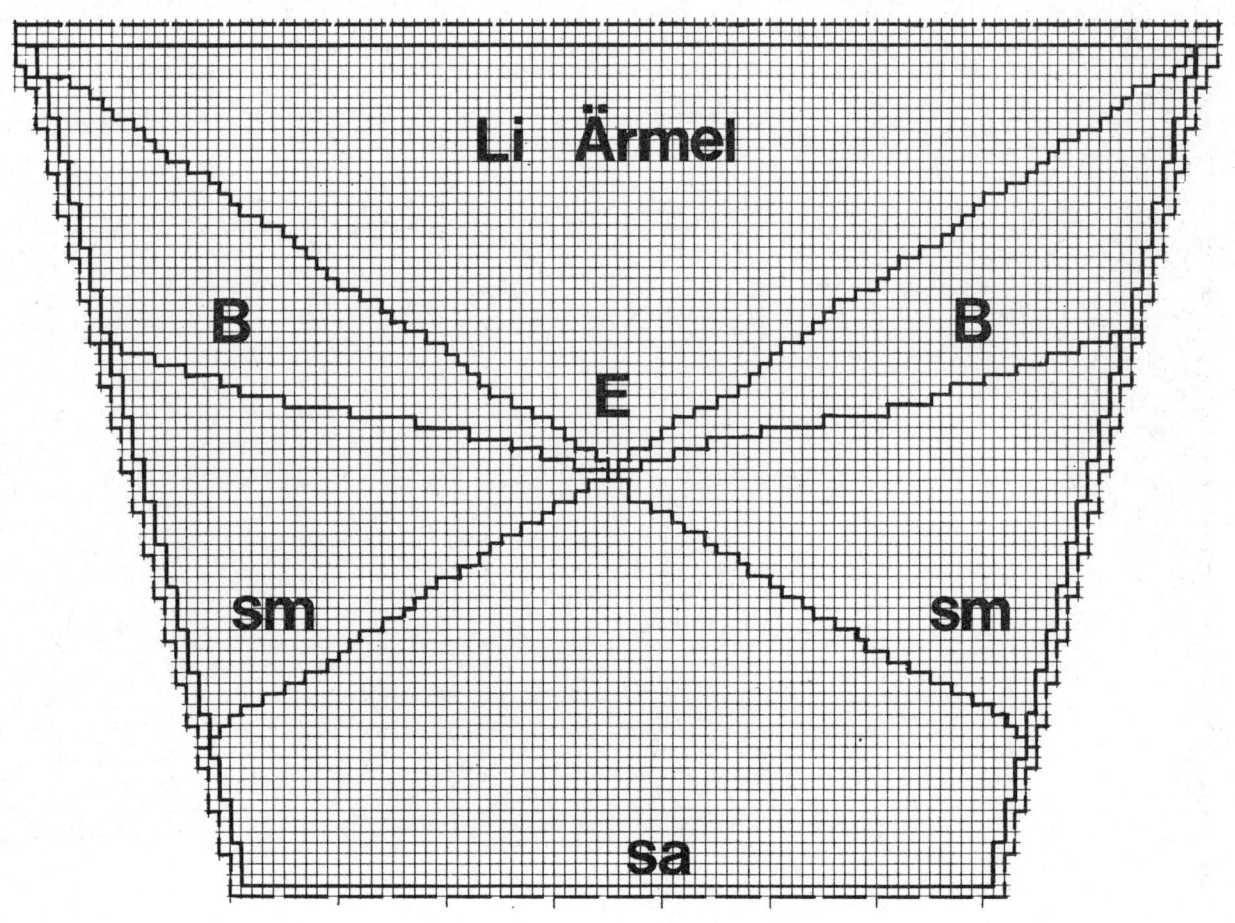

Eine Freude für die Augen

Nr. 94/95

Farbbild Seite 286

Pulli
für Größe 38-42

MATERIAL
Starblitz von ANNY BLATT
50 g Soleil, Farbe 2356
50 g Mars, Farbe 2352
50 g Pluton, Farbe 2348
50 g Uranus, Farbe 2349
50 g Mercure, Farbe 2347
Lauflänge 125 m per 50 g Knäuel
(60% Mohair, 20% Courtelle, 20% Polyamid)
Serpentine von ANNY BLATT
50 g Noir, Farbe 2340
Lauflänge 50 m per 50 g Knäuel
(65% Viskose, 35% Polyester metallisiert)
Silk von ANNY BLATT
80 g Azur, Farbe 1965
80 g Bleu de France, Farbe 1729
80 g Fuchsia, Farbe 2240
80 g Prune, Farbe 2239
Lauflänge 60 m per 40 g Knäuel
(100% Seide)
100% Angora von ANNY BLATT
20 g Aurore, Farbe 2289
20 g Noir, Farbe 1547
20 g Rouge, Farbe 1548
20 g Indigo, Farbe 2052
20 g Crépuscule, Farbe 2287
Lauflänge 25 m per 10 g Knäuel
(100% Angora)
Honey-Moon von ANNY BLATT
40 g Prune, Farbe 2318
Lauflänge 46 m per 20 g Knäuel
(80% Mohair, 20% Seide)
Look von ANNY BLATT
100 g Mer du Sud, Farbe 2035
Lauflänge 50 m per 50 g Knäuel
(94% Viskose, 6% Nylon)
1 Paar Stricknadeln Nr. 4½
1 Häkelnadel Nr. 5

MUSTER
Grundmuster I: Glatt rechts
(Hin R re – Rück R li)
Grundmuster II: Glatt links
(Hin R li – Rück R re)
Grundmuster III: Rechts kraus
(Hin R re – Rück R re)
Grundmuster IV: Großes Perlmuster mit gerader Maschenzahl
1. + 2. R: 1 M re – 1 M li im Wechsel
3. + 4. R: 1 M li – 1 M re im Wechsel
Die 1.–4. R fortlaufend wiederholen.
Wichtig: Für das untere Rippenbündchen werden die 14 M (der re Seite des Zählmusters) durchgehend in den entsprechenden Farben rechts kraus gestrickt!
Für die rückw. Halsblende werden die 5 M (der li Seite des Zählmusters) durchgehend in den entsprechenden Farben ebenfalls re kraus gestrickt!
Maschenprobe: In Honey Moon mit Nadeln Nr. 4½ gestrickt ergeben 18 M in der Breite und 22 R in der Höhe 10 cm im Quadrat.

AUSFÜHRUNG
Rückenteil: Mit dem unteren Rand des li Ärmels beginnen. 32 M in folg. Farben anschlagen: 12 M in Starblitz Mercure, 12 M in Silk Azur und 8 M in Starblitz Mars. Sofort nach dem Zählmuster arbeiten. Die li Seite gerade hochstricken, die Ärmel- und dann seitlichen Zunahmen nach dem Zählmuster stricken.
Wenn 104 M auf der Nadel sind, 4 R gerade hochstricken, dann an der re Seite die 14 M für das Taillenbündchen zunehmen und weiter gerade hochstricken. Dabei das Bündchen in den entsprechenden Farben durchgehend re kraus stricken.
Ab 49 cm Gesamthöhe an der li Seite die 5 M für die Halsblende ebenso in den entsprechenden Farben re kraus stricken.
Nach 78 cm Gesamthöhe ist die Halsblende beendet. Durchgehend bis auf das Taillenbündchen in den entsprechenden Mustern weiterarbeiten und nach dessen Ende die Abnahmen wieder nach dem Zählmuster arbeiten.
Nach Zählmusterende = 127 cm Höhe alle 32 M locker abketten.
Vorderteil: Mit dem unteren Rand des re Ärmels beginnen. 32 M in den folg. Farben anschlagen: 12 M in Starblitz Mercure, 12 M in Silk Azur und 8 M in Starblitz Mars.
Nach dem Zählmuster wie das Rückenteil arbeiten.
Dabei aber in 46 cm Gesamthöhe für den Halsausschnitt an der li Seite 1mal 8 und dann in jeder R 2mal 4, 2mal 2 und 1mal 1 M abketten. Bis 78 cm Höhe gerade hochstricken und die M der Halskante gegengleich wieder zunehmen.
Das Teil nach dem Zählmuster beenden und in 127 cm Höhe alle M locker abketten.

Ausarbeitung: Für die vordere Halsblende aus dem Halsausschnitt in den entsprechenden Farben die M auffassen und nun
die M in Aurore glatt rechts
die M in Fuchsia glatt links
die M in Rouge glatt rechts
die M in Prune glatt li usw. stricken, alle Farbgruppen also abwechselnd glatt rechts und links.
Dabei in der 4. und 8. R gleichmäßig verteilt je 6 M abnehmen und in der 9. R alle M locker abketten wie sie erscheinen.

Die Ärmel-Schulternähte schließen. Aus den unteren Ärmelkanten jeweils 40 M in Starblitz Soleil auffassen und die Bündchen 8 cm im Perlmuster stricken.
Alle M abketten wie sie erscheinen.
Die Ärmel- und Seitennähte schließen.
Alle Angora-Felder des Vorderteils mit 1 Rd Kettmaschen in Serpentine umhäkeln.
Den fertigen Pulli in Form auflegen, mit feuchten Tüchern bedecken und gut trocknen lassen.

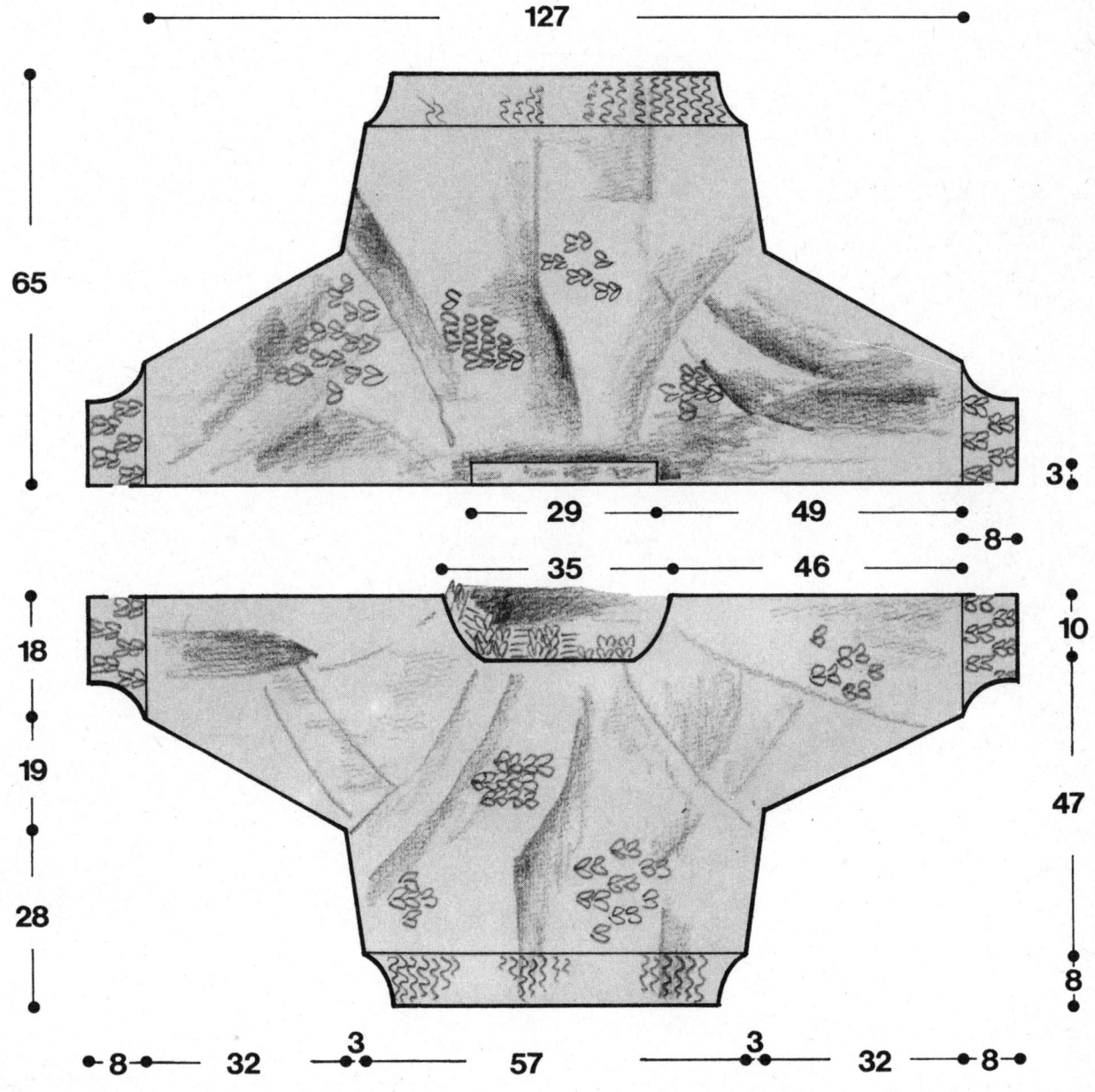

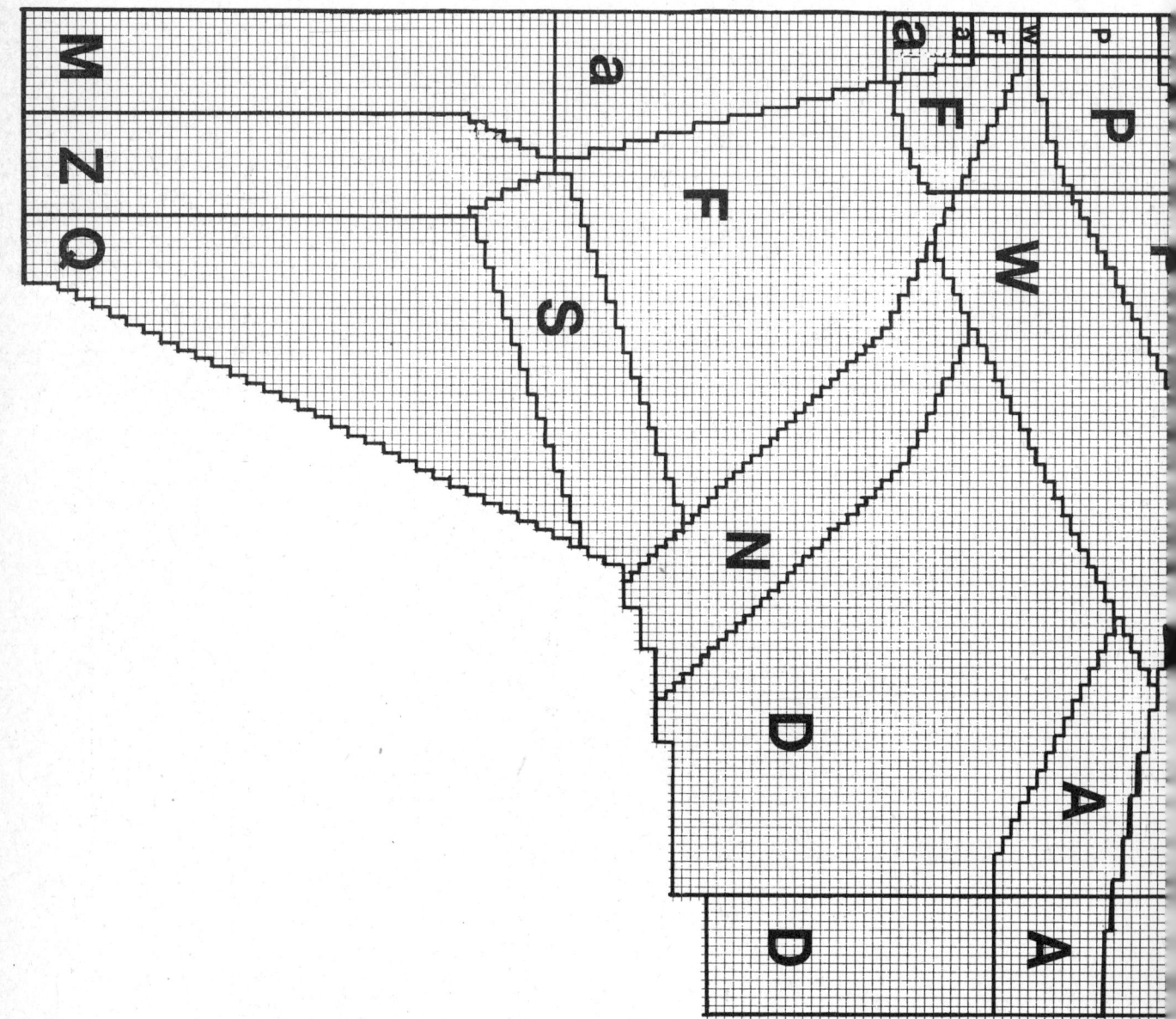

Jacquardmuster: Nach dem Zählmuster arbeiten.
1 Kästchen = 1 M in der Breite und 1 R in der Höhe.
e = Glatt li in Starblitz Soleil
L = Glatt li in Starblitz Pluton
Y = Perlmuster in Silk Fuchsia
A = Perlmuster in Look Mer du Sud
B = Glatt li in Starblitz Mars
O = Glatt re in Angora Crépuscule
X = Perlmuster in Silk Bleu de France
J = Glatt re in Angora Indigo
C = Glatt re in Starblitz Uranus
P = Perlmuster in Silk Prune
D = Glatt li in Honey Moon Prune
W = Glatt re in Angora Rouge
N = Glatt re in Angora Noir
F = Glatt li in Silk Fuchsia
a = Glatt re in Angora Aurore
S = Glatt li in Silk Bleu de France
M = Glatt li in Starblitz Mercure
Z = Perlmuster in Silk Azur
Q = Glatt re in Starblitz Mars

Dabei bei jedem Farbwechsel die Fäden auf der Rückseite der Arbeit verkreuzen.

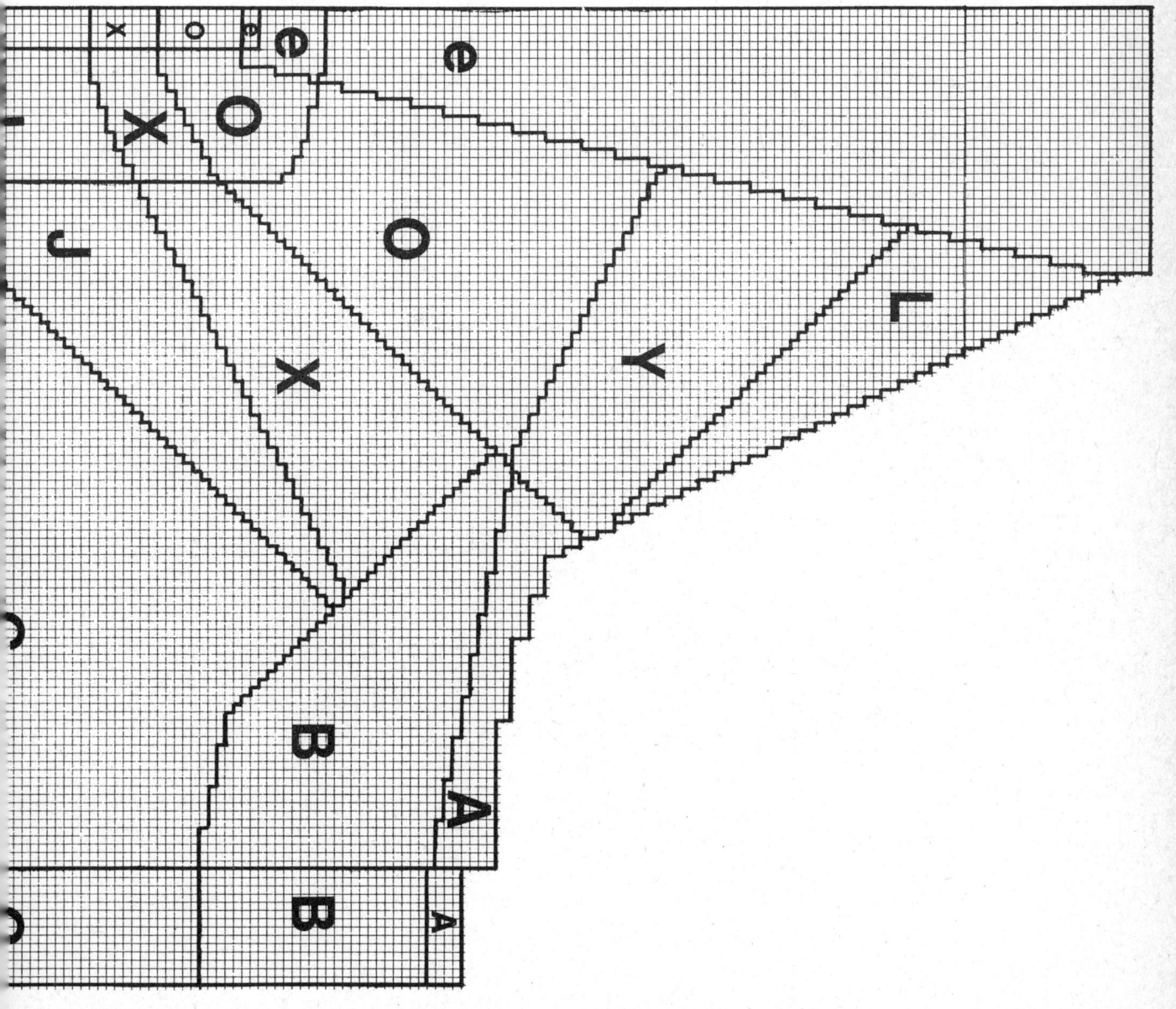

Pulli

für Größe 38/40 (42/44)

Farbbild Seite 287

MATERIAL
Starblitz von ANNY BLATT
150 g (200 g) Saturne, Farbe 2351
150 g (150 g) Pluton, Farbe 2348
Lauflänge 125 m per 50 g Knäuel
(60% Mohair, 20% Courtelle, 20% Polyamid)
100% Angora von ANNY BLATT
30 g (40 g) Ecru, Farbe 1533
60 g (60 g) Aurore, Farbe 2289
20 g (20 g) Indigo, Farbe 2052
10 g (10 g) Crépuscule, Farbe 2287
Lauflänge 25 m per 10 g Knäuel
(100% Angora)
Silk von ANNY BLATT je 40 g
Bleu de France, Farbe 1729
Azur, Farbe 1965
Fuchsia, Farbe 2240
und Prune, Farbe 2239
Lauflänge 60 m per 40 g Knäuel
(100% Seide)
Look von ANNY BLATT
50 g Noir, Farbe 1772
Lauflänge 50 m per 50 g Knäuel
(94% Viskose, 6% Nylon)
Honey Moon von ANNY BLATT
20 g Rouge, Farbe 2329
Lauflänge 46 m per 20 g Knäuel
(80% Mohair, 20% Seide)
Je 1 Paar Stricknadeln Nr. 4 und 4½
1 Nadelspiel Nr. 4½

MUSTER
Grundmuster I: Glatt rechts
(Hin R re – Rück R li)
Grundmuster II: Glatt links
(Hin R li – Rück R re)
Grundmuster III: Großes Perlmuster
1. + 2. R: 1 M re – 1 M li im Wechsel
3. + 4. R: 1 M li – 1 M re im Wechsel
Die 1.-4. R fortlaufend wiederholen.
Streifenmuster: Glatt links gestrickt
1 R li M auf der li Arbeitsseite und 13 R glatt li in Starblitz Saturne 1 R li M auf der li Arbeitsseite und 13 R glatt li in Starblitz Pluton
Diese 28 R fortlaufend wiederholen.
Maschenprobe: In Starblitz mit Nadeln Nr. 4½ im glatt linkem Streifenmuster gestrickt, ergeben 17 M in der Breite und 22 R in der Höhe 10 cm im Quadrat.

AUSFÜHRUNG
Rückenteil: Für den re Ärmel in Starblitz Pluton 40 M (42 M) mit Nadeln Nr. 4½ anschlagen und sofort in glatt linkem Streifenmuster stricken.
Mit 3 R (5 R) Pluton beginnen und im Streifenmuster weiterarbeiten.
Die re Kante = obere Ärmel- und Schulterkante gerade hochstricken, an der li Seite 12mal in jeder 4. R und dann in jeder 2. R 12mal 1, 11mal 2, 1mal 8 und 1mal 12 M zunehmen. Es sind nun 106 M (108 M) auf der Nadel.
Gerade hoch weiterstricken und in 55 cm (56 cm) Gesamthöhe an der re Kante für die Halsblende die 12 äußeren M glatt re in Angora Ecru stricken. Dabei in 60 cm (61 cm) und 74 cm (75 cm) Höhe jeweils die re Rand M für den Halsausschnitt markieren.
Nach 79 cm (80 cm) Höhe ist die Halsblende beendet: Nun wieder durchgehend im Streifenmuster stricken.
Ab 90 cm (92 cm) Höhe die re Kante weiter gerade hochstricken, an der linken 1mal 12, dann in jeder 2. R 1mal 8, 11mal 2 und 12mal 1 und noch 12mal in jeder 4. R 1 M abketten, so daß wieder 40 M (42 M) auf der Nadel sind.
Nach dem Musterrapport – kurz vor 134 cm (136 cm) Höhe – noch 3 R (5 R) in Pluton stricken und alle M locker abketten.
Vorderteil: Wieder mit der re unteren Ärmelkante beginnen: 40 M (42 M) mit Nadeln Nr. 4½ in der Farbteilung des Zählmusters anschlagen: 11 M (8 M) in Angora Crépuscule, 14 M (18 M) in Look Noir und 15 M (16 M) in Starblitz Saturne.
Das Muster nach dem Zählmuster stricken und dabei an der re Seite 2mal in jeder 6. R, 11mal in jeder 4. R 1 M und dann in jeder 2. R 11mal 1, 11mal 2, 1mal 8 und 1mal 12 M zunehmen, so daß 106 M (108 M) auf der Nadel sind.
In 60 cm (61 cm) Höhe = 141 R (143 R) auf der li Seite für den Halsausschnitt 1mal 8 und dann in jeder 2. R 2mal 8, 4mal 4 und 1mal 2 M abketten und 2 R höher gegengleich wieder zunehmen, so daß wieder 106 M (108 M) auf der Nadel sind.
Ab 90 cm (92 cm) Höhe = 208 R (212 R) an der re Seite gegengleich wieder im Rhythmus abnehmen, bis wieder 40 M (42 M) auf der Nadel sind.
Nach Zählmusterende = 134 cm (136 cm) Höhe alle M locker abketten.

Ausarbeitung: Aus der Unterkante des Rückenteils in Starblitz Saturne 74 M (78 M) mit Nadeln Nr. 4 auffassen und das Bündchen 7 cm im Perlmuster stricken. Alle M locker abketten wie sie erscheinen.
Das Bündchen des Vorderteils ebenso arbeiten.
Die oberen Ärmelnähte schließen. Aus den unteren Ärmelkanten in Starblitz Saturne jeweils 40 M (42 M) mit Nadeln Nr. 4 auffassen und die Bündchen 4 cm im Perlmuster stricken.
Alle M locker abketten wie sie erscheinen.
In Angora Ecru 96 M aus dem Halsausschnitt auffassen und auf dem Nadelspiel verteilen. Die Halskante mit 2 R re kraus (jede R re) umranden und alle M locker abketten.
Die Ärmel- und Seitennähte schließen. Den fertigen Pulli in Form auflegen, mit feuchten Tüchern bedecken und gut trocknen lassen.

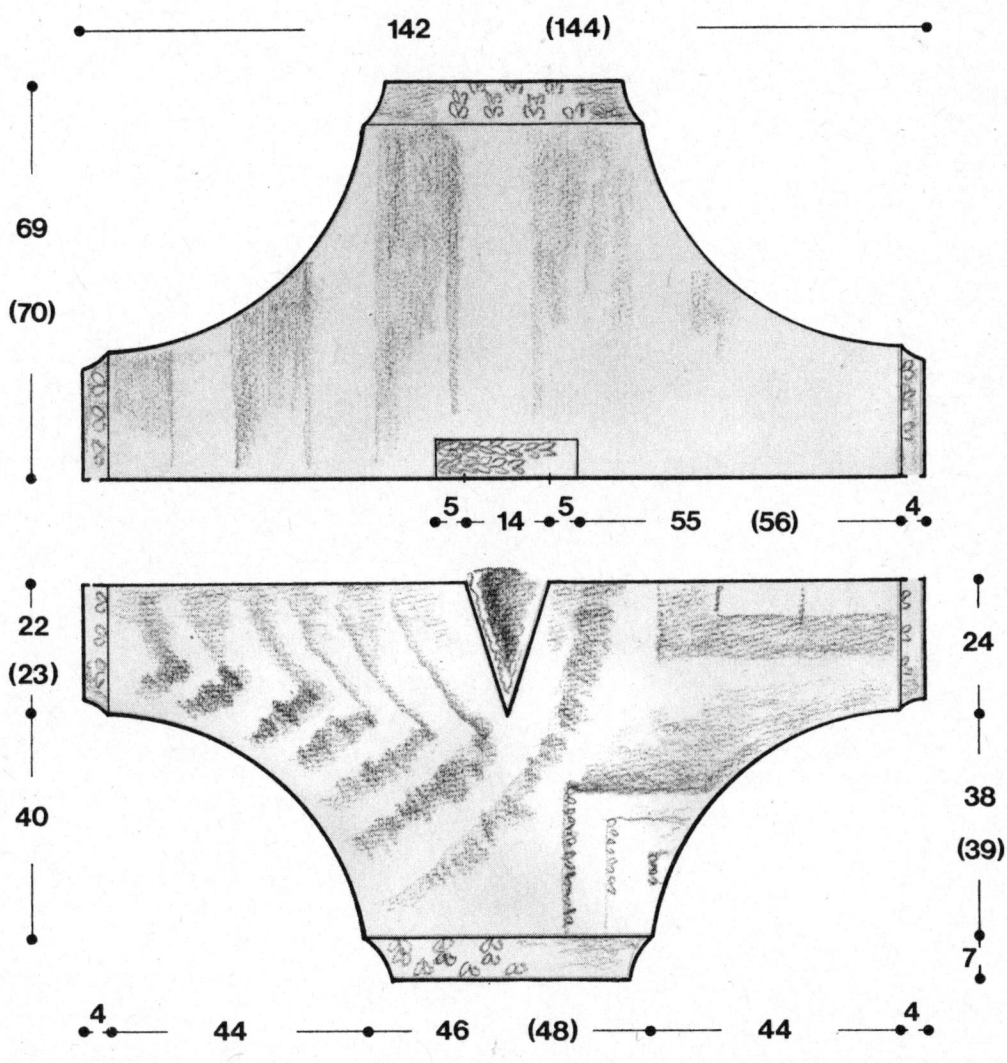

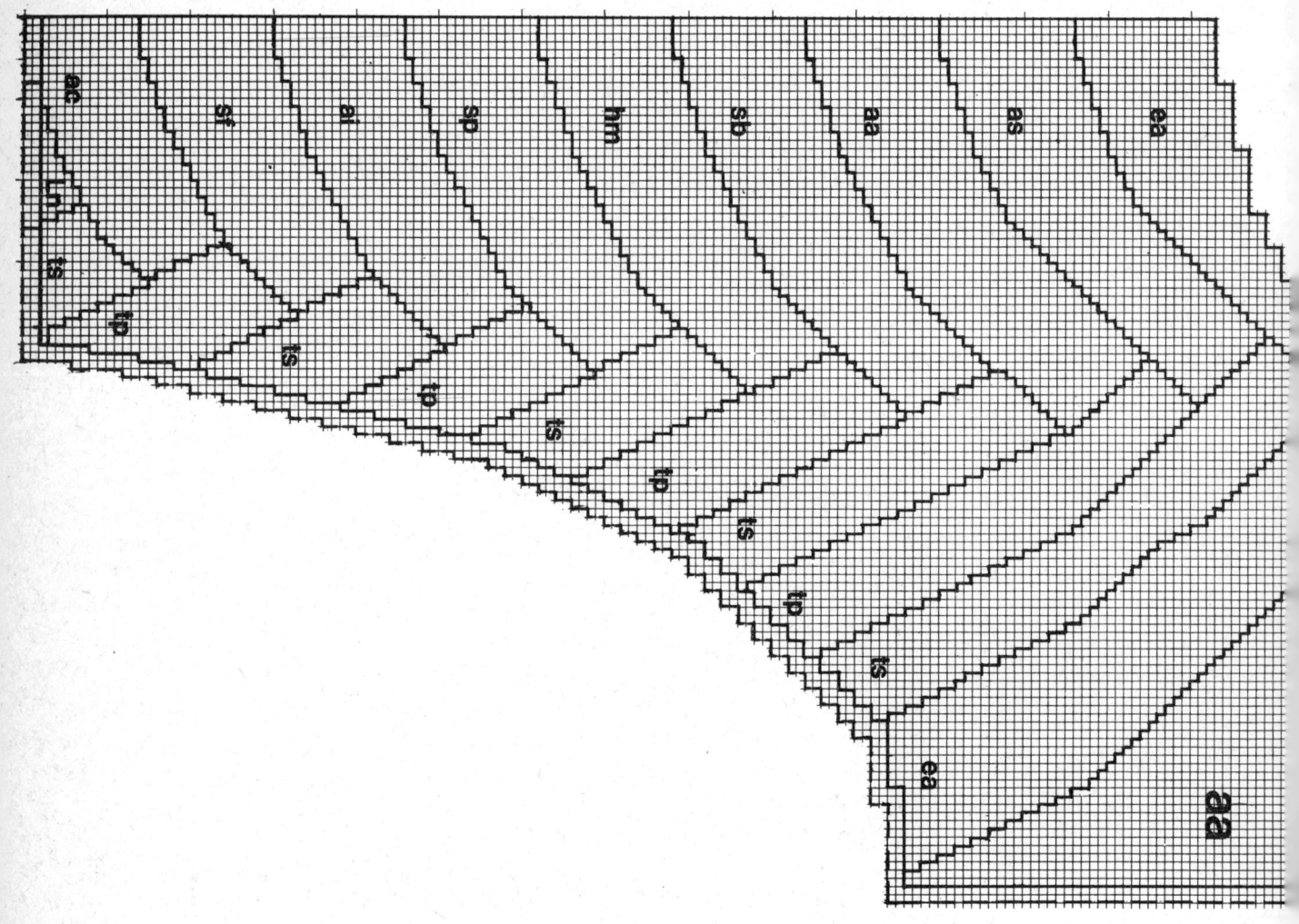

Jacquardmuster: Nach dem Zählmuster stricken.
1 Kästchen = 1 M in der Breite und 1 R in der Höhe.
Die leeren Felder innerhalb der Begrenzungen bedeuten:
Sb = Perlmuster in Silk Bleu de France
as = Perlmuster in Silk Azur
sp = Perlmuster in Silk Prune
sf = Perlmuster in Silk Fuchsia
ea = Glatt re in 100% Angora Ecru
aa = Glatt re in 100% Angora Aurore
aö = Glatt re in 100% Angora Indigo
ac = Glatt re in 100% Angora Crépuscule
hm = Glatt re in Honey Moon Rouge
Ln = Glatt li in Look Noir
ts = Glatt li in Starblitz Saturne
tp = Glatt li in Starblitz Pluton

Die schwarz durchgezogenen, mit o markierten beiden R = 1 re M auf der re oder 1 li M auf der li Seite der Arbeit in Starblitz Saturne
Die umrandete, mit oo markierte R = 1 re M auf der re oder 1 li M auf der li Arbeitsseite in Starblitz Pluton
Die innere, durchgezeichnete Umrandung bis Oberkante gilt für Gr. 38/40, die äußere, gestrichelte für Gr. 42/44. Dabei für jedes Farbfeld einen gesonderten Faden verwenden und die Fäden auf der Rückseite der Arbeit verkreuzen, damit keine Löcher entstehen!

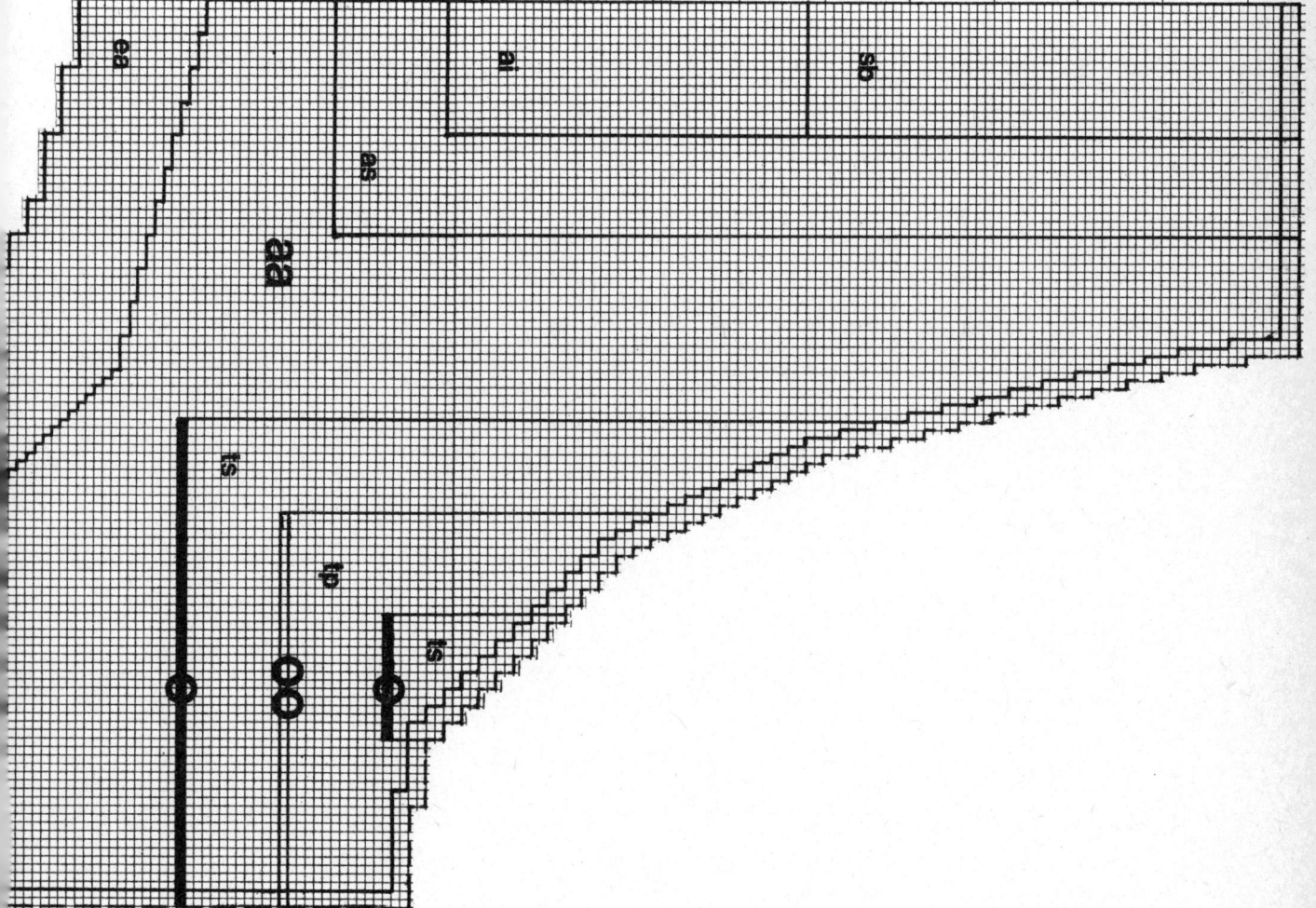

Farben wie ein Nachtfeuer
Nr. 96

Pulli
für Größe 38/40 (42/44)

Farbbild Seite 288

MATERIAL
Starblitz von ANNY BLATT
250 g Jupiter, Farbe 2350
Lauflänge 125 m per 50 g Knäuel
(60% Mohair, 20% Courtelle, 20% Polyamid)
100% Angora von ANNY BLATT
80 g Rouge, Farbe 1548
100 g Noir, Farbe 1547
Lauflänge 25 m per 10 g Knäuel
(100% Angora)
Die angegebenen Garnmengen gelten für beide Größen.
1 Paar Stricknadeln Nr. 4½

MUSTER
Grundmuster I: Glatt rechts
(Hin R re – Rück R li)
Grundmuster II: Rechts kraus
(Hin R re – Rück R re)
Grundmuster III: Großes Perlmuster
1. + 2. R: 1 M re – 1 M li im Wechsel
3. + 4. R: 1 M li – 1 M re im Wechsel
Die 1.–4. R fortlaufend wiederholen.
Maschenprobe: In Starblitz mit Nadeln Nr. 4½ im Perlmuster gestrickt, ergeben 18 M in der Breite und 21 R in der Höhe 10 cm im Quadrat.

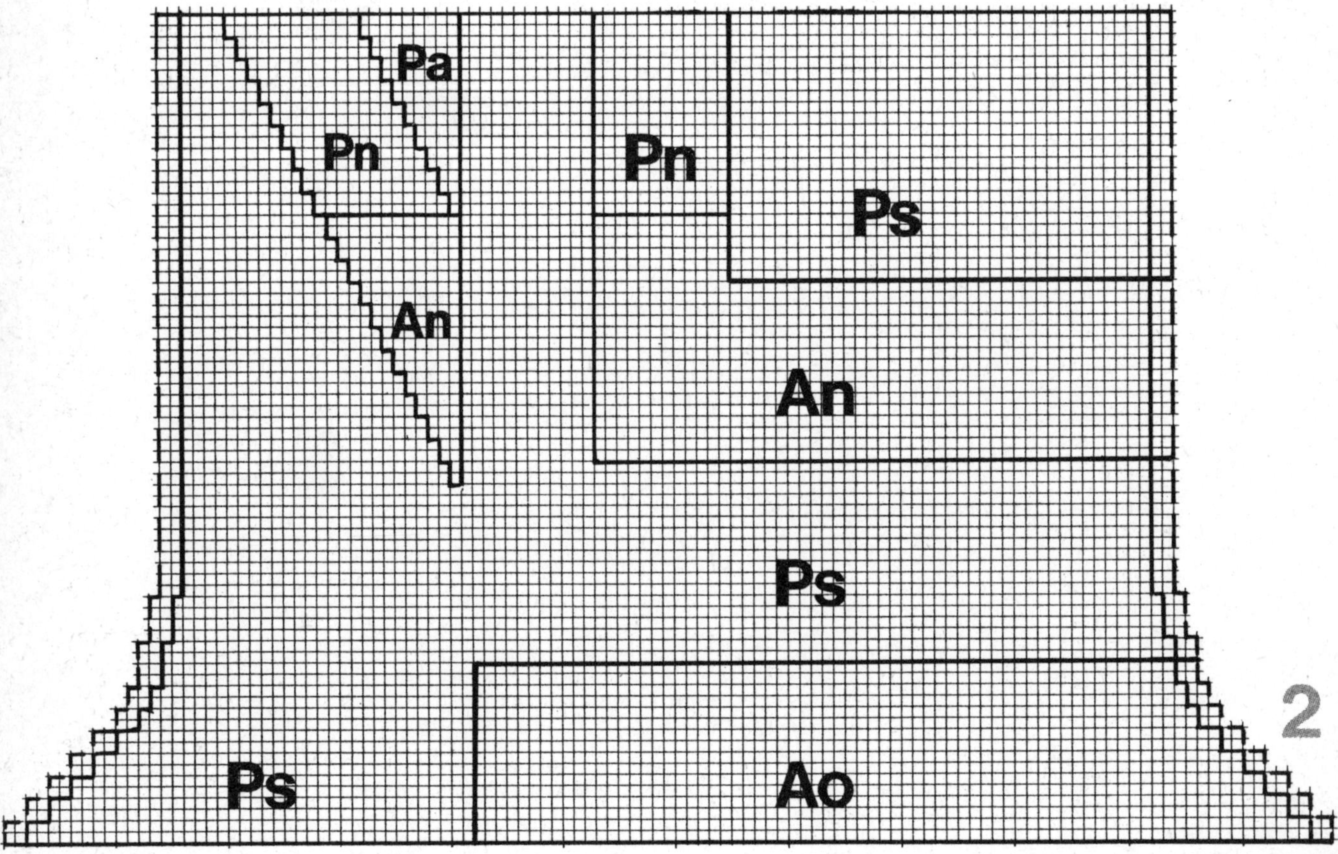

AUSFÜHRUNG

Anleitung: Der Pullover besteht aus 3 Teilen: Dem oberen Teil des Körpers mit den beiden Ärmeln und dem unteren Vorderteil bzw. Rückenteil.
Für den re Ärmel in Starblitz 40 M (44 M) mit Nadeln Nr. 4½ anschlagen und das Bündchen 6 cm im Perlmuster stricken.
Im Jacquardmuster nach dem Zählmuster 1 weiterarbeiten und sofort in der 1. R gleichmäßig verteilt 24 M zunehmen, so daß 64 M (68 M) auf der Nadel sind. Nun für Vorder- und Rückenteil 2mal in jeder 8. R, 2mal in jeder 6. R, 2mal in jeder 4. R je 1 M und noch in jeder 2. R 6mal 1 und 7mal 2 M zunehmen, so daß in 38 cm Gesamthöhe 116 M (120 M) auf der Nadel sind.
Die Rand M beider Seiten markieren.
In 60 cm (61 cm) Gesamthöhe für den Halsausschnitt die Arbeit in der Mitte teilen, die M der re Seite stillegen und über die 58 M (60 M) der li Seite bis 82 cm (83 cm) Gesamthöhe gerade hochstricken. Diese M stillegen, die M der re Seite wieder aufnehmen, bis zur gleichen Höhe gerade hochstricken und wieder über die gesamte Breite arbeiten.
In 104 cm (106 cm) Gesamthöhe wieder die Rand M beider Seiten markieren und alle Abnahmen gegengleich den Zunahmen arbeiten, bis wieder 64 M (68 M) auf der Nadel sind.
Ab 136 cm (138 cm) Gesamthöhe – 8 R höher – das Bündchen in Starblitz stricken und dabei sofort innerhalb der 1. R gleichmäßig verteilt 24 M abnehmen.
6 cm im Perlmuster gerade hochstricken und alle 44 M locker abketten wie sie erscheinen.

Aus der Unterkante des Vorderteils – der geraden Kante zwischen den markierten M – 114 M (118 M) auffassen, die ersten 74 M (76 M) in Angora Rouge, die restl. 40 M (42 M) in Starblitz.
Nach dem Zählmuster 2 stricken und dabei zu beiden Seiten in jeder 2. R 5mal 2 und 2mal 1 M und noch 2mal in jeder 4. R je 1 M abketten.
Nach Musterende = nach 33 cm Höhe alle 86 M (90 M) locker abketten.
Für die Farben gegengleich aus der Unterkante des Rückenteils – zwischen den markierten M – dieselbe Maschenzahl aufnehmen und das Zählmuster 2 gegengleich stricken.
Alle 86 M (90 M) locker abketten.
Ausarbeitung: Die Ärmel- und Seitennähte schließen.
Den fertigen Pulli in Form auflegen, mit feuchten Tüchern bedecken und gut trocknen lassen.

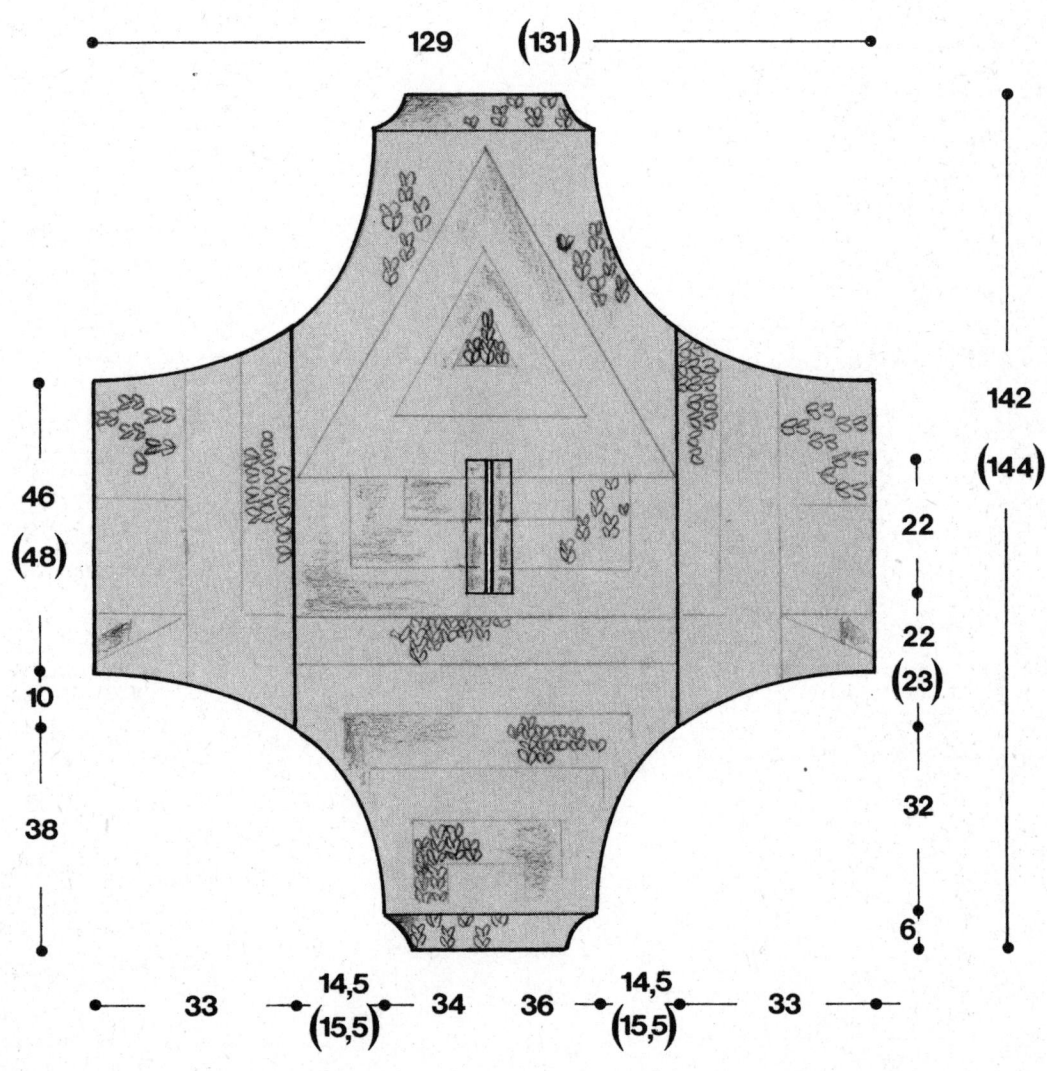

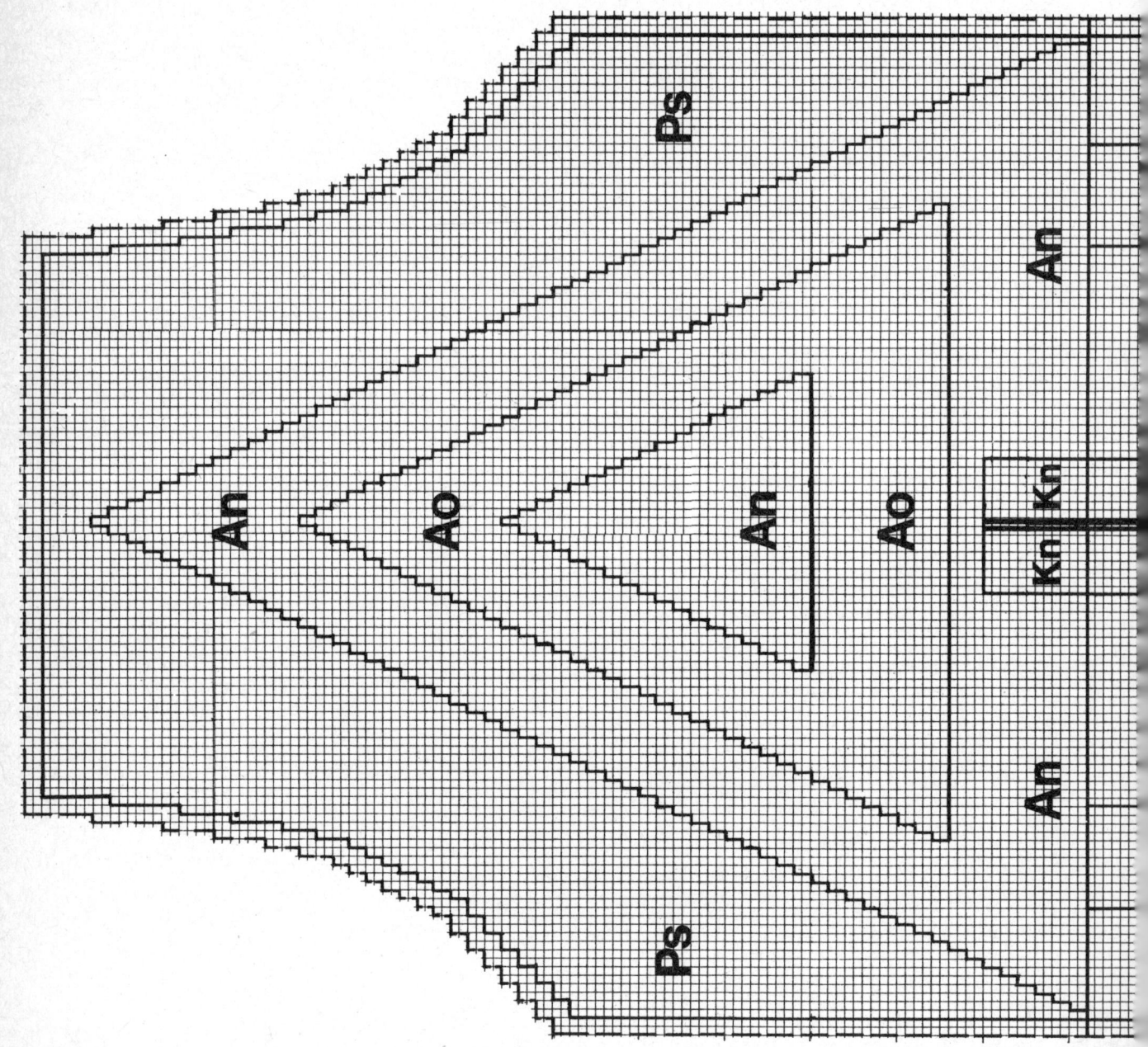

Jacquardmuster: Nach den beiden Zählmustern arbeiten.
Zählmuster 1 = Vorder- und Rückenteil mit Ärmeln
Zählmuster 2 = Unteres Vorder- und Rückenteil, beide werden an das Körperteil angestrickt.
1 Kästchen = 1 M in der Breite und 1 R in der Höhe.
Die inneren, durchgezogenen Umrandungslinien gelten für Größe 38/40, die äußeren, gestrichelten für Größe 42/44.
Ps = Perlmuster in Starblitz
An = Glatt re in Angora Noir
Ao = Glatt re in Angora Rouge
Ks = Re kraus in Starblitz
Kn = Re kraus in Angora Noir
Ka = Re kraus in Angora Rouge
Pn = Perlmuster in Angora Noir
Pa = Perlmuster in Angora Rouge
Dabei für jedes Farbfeld einen gesonderten Faden verwenden und beim Farbwechsel die Fäden immer auf der Rückseite der Arbeit verkreuzen, damit keine Löcher entstehen.

Modellverzeichnis

Stricken mit rechten und linken Maschen

	Seite
Nr. 1 **Damenpulli mit rechten und linken Streifen**	11
Nr. 2 **Damenjäckchen glatt links gestrickt**	12
Nr. 3 **Damenjäckchen mit Aufschlägen**	13
Nr. 4 **Herrenpullover in Rechts-Links-Effekt**	14
Nr. 5 **Damenpulli in Perlmuster**	15
Nr. 6 **Damenpulli in Patentmuster**	16
Nr. 7 **Damenpulli mit schmalem Rippenmuster**	17
Nr. 8 **Damenpulli mit 3 verschiedenen Rechts-Links-Mustern**	18
Nr. 9 **Damenpulli mit Strukturmuster**	20
Nr. 10 **Damenpulli glatt rechts gestrickt**	21
Nr. 11 **Damenpulli in Patentmuster**	22
Nr. 12 **Babypulli mit Hose, Jäckchen und Schühchen**	23
Nr. 13/14 **Damenpullis mit aufgestickten Blumenmustern** .	25
Nr. 15 **Damenpulli und Rock mit Farbstreifen**	27

Stricken mit Zopfmustern und Noppen

Nr. 16 **Damenpulli mit Zopfstreifen ohne Ärmel**	32
Nr. 17 **Damenpulli mit Zopf- und Zackenmuster**	49
Nr. 18 **Herrenpullover mit doppeltem Zopfmuster**	50
Nr. 19 **Damenpulli mit Perlmuster und Zopfstreifen**	51
Nr. 20 **Kinderpulli mit Perlmuster und Zopfstreifen**	52
Nr. 21 **Herrenpullover mit Perlmuster und Zopfstreifen** ...	53
Nr. 22 **Damenpulli im Mustermix mit Zöpfen**	54
Nr. 23 **Damenpulli mit Rippen- und Zopfmuster**	56
Nr. 24 **Herrenpullover mit Rippen und Zopfmuster**	57
Nr. 25 **Damenpulli mit Zopfmuster, ohne Ärmel**	58
Nr. 26/27 **Damenpullis mit Zopfstreifen in V-Form**	59/60
Nr. 28/29 **Damenpullis mit waagerechtem Zopfstreifen** ...	61
Nr. 30 **Knabenpulli mit mehreren Musterkombinationen** ..	62
Nr. 31 **Herrenpullover mit mehreren Musterkombinationen**	63
Nr. 32 **Damenpulli mit schräg laufendem Zopfmuster**	65

Stricken mit Lochmustern

Nr. 33	**Damenpulli mit diagonalem und waagerechtem Lochmuster**	70
Nr. 34	**Damenpulli mit Lochzacken und Zöpfen**	72
Nr. 35	**Damenpulli mit rautenförmigem Lochmuster**	73
Nr. 36	**Damenpulli mit Blattstreifen, ohne Ärmel**	74
Nr. 37	**Damenpulli mit Ajourmuster, ohne Ärmel**	75
Nr. 38	**Damenpulli mit großen Blattmotiven**	77
Nr. 39	**Damenpulli mit Lochstruktur**	78
Nr. 40/41	**Damenpullis mit durchgehendem Lochmuster, ohne Ärmel**	79/80
Nr. 42	**Damenpulli und Rock mit Ajour-Gittermuster**	97
Nr. 43	**Damenpulli mit diagonal verlaufendem Blattmuster**	99
Nr. 44	**Damenpulli mit Fantasie-Ajourmuster**	102
Nr. 45	**Damenpulli und Rock mit Spitzenmotiv**	103
Nr. 46/47	**Damenpullis mit durchgehendem Lochmuster**	106/107
Nr. 48	**Damenpulli mit Fallmaschenmuster**	107

Stricken mit Jacquardmustern

Nr. 49	**Herrenjacke mit Schachbrettmuster**	111
Nr. 50	**Herrenpullover mit Fantasiemuster**	113
Nr. 51	**Herrenjacke mit Rebhuhnmuster**	115
Nr. 52	**Herrenpullover mit Schachbrett- und Diagonalmuster**	117
Nr. 53	**Herrenpullover mit Norwegermuster**	119
Nr. 54	**Herrenpullover mit Kästchenmuster**	121
Nr. 55	**Damenpulli mit Kästchenmuster**	123
Nr. 56	**Damenpulli mit Zackenmuster**	124
Nr. 57	**Damenpulli mit Rautenmuster**	125
Nr. 58	**Damenpulli mit Fantasiemuster**	127
Nr. 59	**Damenpulli mit Zackenmuster**	145
Nr. 60	**Herrenpullover mit Streifenmuster**	146
Nr. 61	**Damenpulli mit Streifenmuster**	148
Nr. 62	**Damenpulli mit Einstrickmuster und Rippenpasse**	149
Nr. 63	**Damenpulli mit großem Streifenmuster**	151
Nr. 64	**Damenpulli durchgehend mit kleinen Jacquards**	153

Stricken mit Intarsienmustern

Nr. 65	**Damenpulli mit bunten Feldern ohne Ärmel**	157
Nr. 66	**Damenpulli mit Farbstreifen**	159
Nr. 67	**Damenpulli mit Dreiecksstreifen**	160
Nr. 68/69	**Damenpullis mit großflächigem Muster**	162/165
Nr. 70	**Damenpulli mit Pfauenaugen**	168
Nr. 71	**Damenpulli mit Wellenstreifen**	171
Nr. 72/73	**Damenjacken im Trachtenstil**	173/175
Nr. 74/75	**Babypullis mit Blumenmotiven**	194/196
Nr. 76	**Kinderpulli mit Tiermotiv**	197
Nr. 77	**Kindermantel mit Landschaft**	199
Nr. 78	**Damenpulli mit Schwarzweißstreifen**	204
Nr. 79	**Damenpulli mit diagonalem Schwarzweißstreifen**	206
Nr. 80	**Damenpulli mit Pfauenaugenstreifen**	209

Stricken mit Garn- und Mustermix

Nr. 81	**Damenpulli mit bunten Musterfeldern**	214
Nr. 82	**Damenpulli mit Wellenmuster**	218
Nr. 83	**Damenpulli mit großer Raute**	222
Nr. 84	**Damenjacke mit Materialmix**	241
Nr. 85	**Damenpulli mit Materialmix**	246
Nr. 86	**Damenpulli mit Ajourmuster und Garnmix**	250
Nr. 87	**Damenpulli mit Muster- und Garnmix**	251
Nr. 88	**Damenpulli mit V-förmigem Farbmuster**	253
Nr. 89	**Damenpulli mit großflächigem Farb- und Materialmuster**	256
Nr. 90	**Damenpulli mit verschiedenem Ärmelmuster**	260
Nr. 91	**Damenpulli mit waagerechtem Muster ohne Ärmel**	263
Nr. 92	**Damenpulli mit verlaufenden Farbfeldern**	265
Nr. 93	**Damenpulli mit flächen Farbfeldern**	268
Nr. 94	**Damenpulli mit abstrakten Farb- und Musterfeldern**	290
Nr. 95	**Damenpulli mit Streifen und Musterfeldern**	294
Nr. 96	**Damenpulli mit geometrischen Farb- und Musterstreifen**	298